AF532571

GUARDIANS OF THE GALAXY

SPACE-AVENGERS

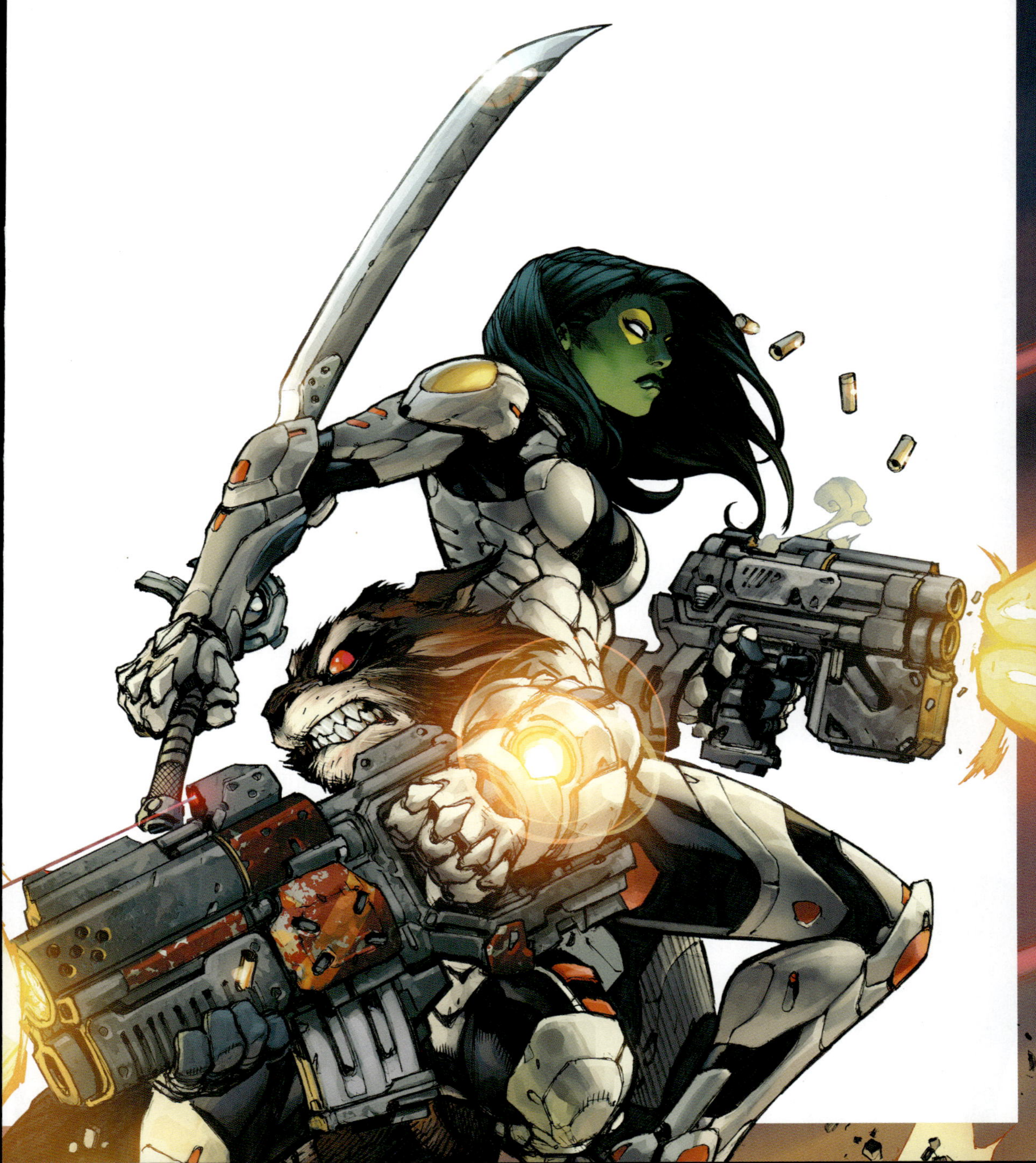

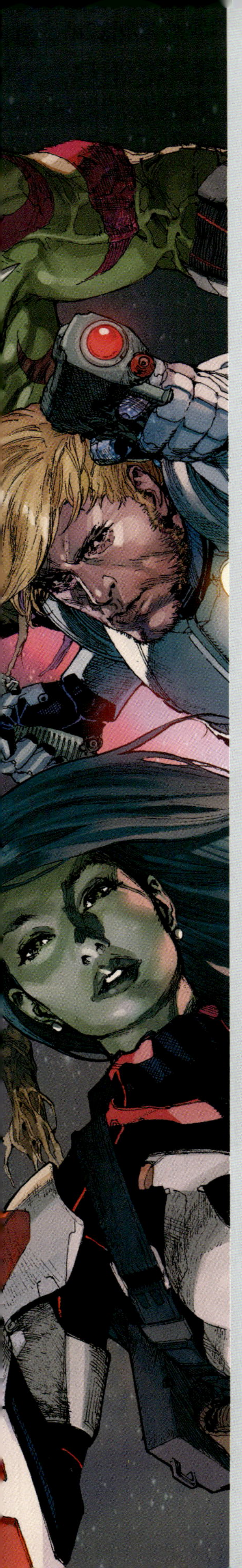

INHALT

7
SPACE-AVENGERS, TEIL 1
Untitled
Guardians of the Galaxy (2013) 0.1
April 2013

40
SPACE-AVENGERS, TEIL 2
Untitled
Guardians of the Galaxy (2013) 1
Mai 2013

62
SPACE-AVENGERS, TEIL 3
Untitled
Guardians of the Galaxy (2013) 2
Juni 2013

84
SPACE-AVENGERS, TEIL 4
Untitled
Guardians of the Galaxy (2013) 3
August 2013

105
SPACE-AVENGERS, TEIL 5
Untitled
Guardians of the Galaxy: Tomorrow's Avengers (2013) 1
September 2013

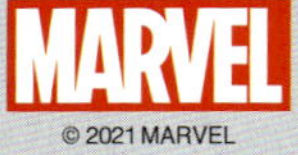

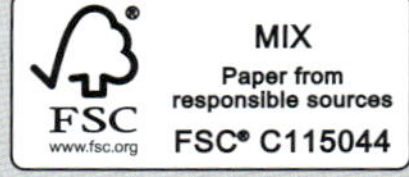

GUARDIANS OF THE GALAXY
SPACE-AVENGERS

BRIAN MICHAEL BENDIS
STORY

MIKE DEL MUNDO (Tomorrow's Avengers)
MING DOYLE (Tomorrow's Avengers)
STEVE McNIVEN (0.1, 1-3)
MICHAEL AVON OEMING (Tomorrow's Avengers)
SARA PICHELLI (2-3)
ZEICHNUNGEN

JOHN DELL (0.1, 1-3)
MIKE DEL MUNDO (Tomorrow's Avengers)
MING DOYLE (Tomorrow's Avengers)
STEVE McNIVEN (2-3)
MARK MORALES (2)
MICHAEL AVON OEMING (Tomorrow's Avengers)
SARA PICHELLI (2-3)
TUSCHE

RAIN BEREDO (Tomorrow's Avengers)
MIKE DEL MUNDO (Tomorrow's Avengers)
JUSTIN PONSOR (0.1, 1-3)
JAVIER RODRIGUEZ (Tomorrow's Avengers)
FARBEN

TATIANA BONORA
GIANLUCA PINI
LETTERING

ALEXANDER RÖSCH
ÜBERSETZUNG

SANA AMANAT
ELLIE PYLE
STEPHEN WACKER
REDAKTION USA

C. B. CEBULSKI
CHEFREDAKTEUR USA

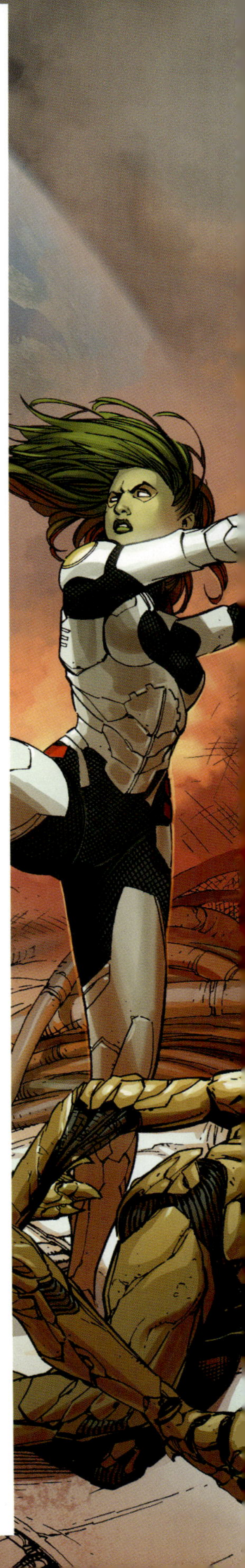

MARVEL MUST-HAVE: GUARDIANS OF THE GALAXY – SPACE-AVENGERS erscheint bei **PANINI COMICS**, Schloßstraße 76, D-70176 Stuttgart. Druck: Lito Terrazzi Industria Grafica. Pressevertrieb: Stella Distribution GmbH, D-22297 Hamburg. Direkt-Abos auf **www.paninicomics.de.** Anzeigenverkauf: BLAUFEUER VERLAGSVERTRETUNGEN GmbH, info@blaufeuer.com. Es gilt die Anzeigenpreisliste Nr. 18 vom 01.10.2020. Geschäftsführer **Hermann Paul**, Publishing Director Europe **Marco M. Lupoi**, Finanzen **Felix Bauer**, Marketing Director **Holger Wiest**, Marketing **Fabio Cunetto**, Vertrieb **Alexander Bubenheimer**, Logistik **Ronald Schäffer**, PR/Presse **Steffen Volkmer**, Publishing Manager **Lisa Pancaldi**, Redaktion **Christian Endres**, **Harald Gantzberg**, **Matthias Korn**, **Anja Seiffert**, **Kristina Starschinski**, **Ilaria Tavoni**, **Daniela Uhlmann**, Übersetzung **Bernd Kronsbein**, **Alexander Rösch**, Proofreading **Aline Reinelt**, Lettering **Tatiana Bonora**, **Gianluca Pini**, grafische Gestaltung **Marco Paroli**, **Barbara Sarti**, Art Director **Alessandro Gucciardo**, Redaktion Panini Comics **Annalisa Califano**, **Beatrice Doti**, Prepress **Cristina Bedini**, **Andrea Lusoli**, **Nicola Soressi**, Repro/Packager **Alessandro Nalli** (coordinator), **Mario Da Rin Zanco**, **Valentina Esposito**, **Luca Ficarelli**, **Linda Leporati**. Deutsche Edition bei Panini Verlags-GmbH unter Lizenz von Marvel Characters B.V. Cover von **Steve McNiven**, *Guardians of the Galaxy* (2013) 1.

Bibliografische Information der Deutschen Nationalbibliothek
Die Deutsche Nationalbibliothek verzeichnet diese Publikation in der Deutschen Nationalbibliografie; detaillierte bibliografische Daten sind im Internet über dnb.d-nb.de abrufbar.

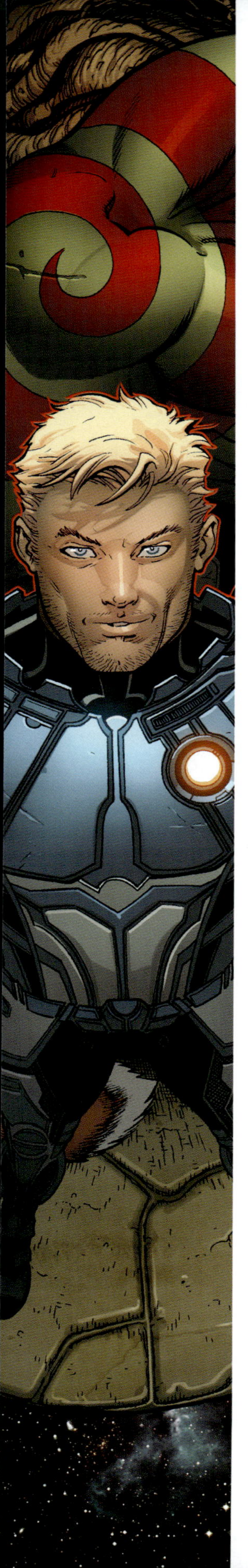

DIE WÄCHTER DES WELTALLS

Nach den Ereignissen im **Annihilation**-Crossover, dessen Höhepunkt wir bereits in einem MARVEL MUST HAVE-Band veröffentlicht haben, versammelte **Star-Lord** eine Einsatztruppe um sich, die fortan rechtzeitig auf Bedrohungen für die gesamte Galaxie reagieren sollte: die **Guardians of the Galaxy**! Die erste Comic-Serie der modernen Guardians inszenierten die britischen Autoren **Dan Abnett** und **Andy Lanning** ab 2008 mit den Zeichnern **Paul Pelletier**, **Brad Walker** und **Wes Craig**. Die Serie und ihre Helden wurden schnell zu Fanfavoriten, und bereits 2014 schafften **Peter Quill**, **Gamora**, **Drax**, **Groot** und **Rocket Raccoon** mit Überlichtgeschwindigkeit den Sprung ins Marvel Cinematic Universe und auf die große Leinwand.

Doch schon 2013 übernahm Bestsellerautor **Brian Michael Bendis** die Comic-Abenteuer der Guardians für eine lange neue Serie, die am Anfang die Top-Künstler **Steve McNiven** und **Sara Pichelli** bebilderten. Dieser Band unserer goldgefassten Reihe MARVEL MUST-HAVE präsentiert die ersten grundlegenden Storys der Ära Bendis. Diese begann damit, dass Star-Autor Bendis und Publikumsliebling McNiven die Herkunftsgeschichte von Star-Lord Peter Quill neu erzählten, bevor sie **Avengers**-Gründungsmitglied **Iron Man** Tony Stark zu einem Guardian machten und für eine Auszeit von der Erde ins All schicken sollten (Tony hatte dafür eigens eine neue Space-Rüstung entworfen und mit einer nach seiner Freundin **Pepper** benannten künstlichen Intelligenz ausgestattet). Später sollten sich noch **Angela**, **Agent Venom** und **Captain Marvel** den Guardians dieser Inkarnation und Epoche anschließen.

Star-Lord, Gamora, Drax, Groot und Rocket Raccoon sind aber zweifellos das Herz der Guardians of the Galaxy, und sie sind schon länger Teil des Marvel-Universums. Der Weltraumpirat und Abenteurer Peter Quill, Sohn einer irdischen Mutter und des Königs vom Planeten Spartax, wurde 1976 von **Steve Englehart** und **Steve Gan** ersonnen. Der ebenfalls 1976 von **Bill Mantlo** und **Keith Giffen** kreierte Waffennarr Rocket Raccoon wachte anfangs im Keystone-Quadranten über den Planeten Halfworld, welcher einer Gruppe menschlicher Siedler als Irrenanstalt diente. Drax der Zerstörer, der 1973 von **Thanos**-Schöpfer **Jim Starlin** erschaffen wurde, kannte lange nur das Ziel, den irren Titanen zu töten. Die 1975 ihrerseits von Starlin vorgestellte Gamora, die gefährlichste und tödlichste Frau im All, wurde wiederum von ihrem Ziehvater Thanos zur Killermaschine gemacht. Und der baumlange Groot, den **Stan Lee**, **Larry Lieber** und **Jack Kirby** 1960 für eine Sci-Fi-Horrorstory erfunden hatten, als Marvel noch gar nicht Marvel hieß, kann selbst aus einem einzelnen Splitter seines Körpers immer wieder nachwachsen.

Während Bendis der nicht zum ersten Mal neu interpretierten Legende von Star-Lord zu Beginn seiner Guardians-Saga eine lange Entstehungsgeschichte widmete, brachte er den Marvel-Fans die anderen vier Wächter des Alls in mehreren Kurzgeschichten näher, die wir ebenfalls in diesen Band gepackt haben. Viel Vergnügen in den unendlichen Weiten des Marvel-Kosmos – der dank der Guardians of the Galaxy ein etwas sicherer, aber garantiert nicht ruhiger Ort ist …

Christian Endres

SPACE-AVENGERS, TEIL 1

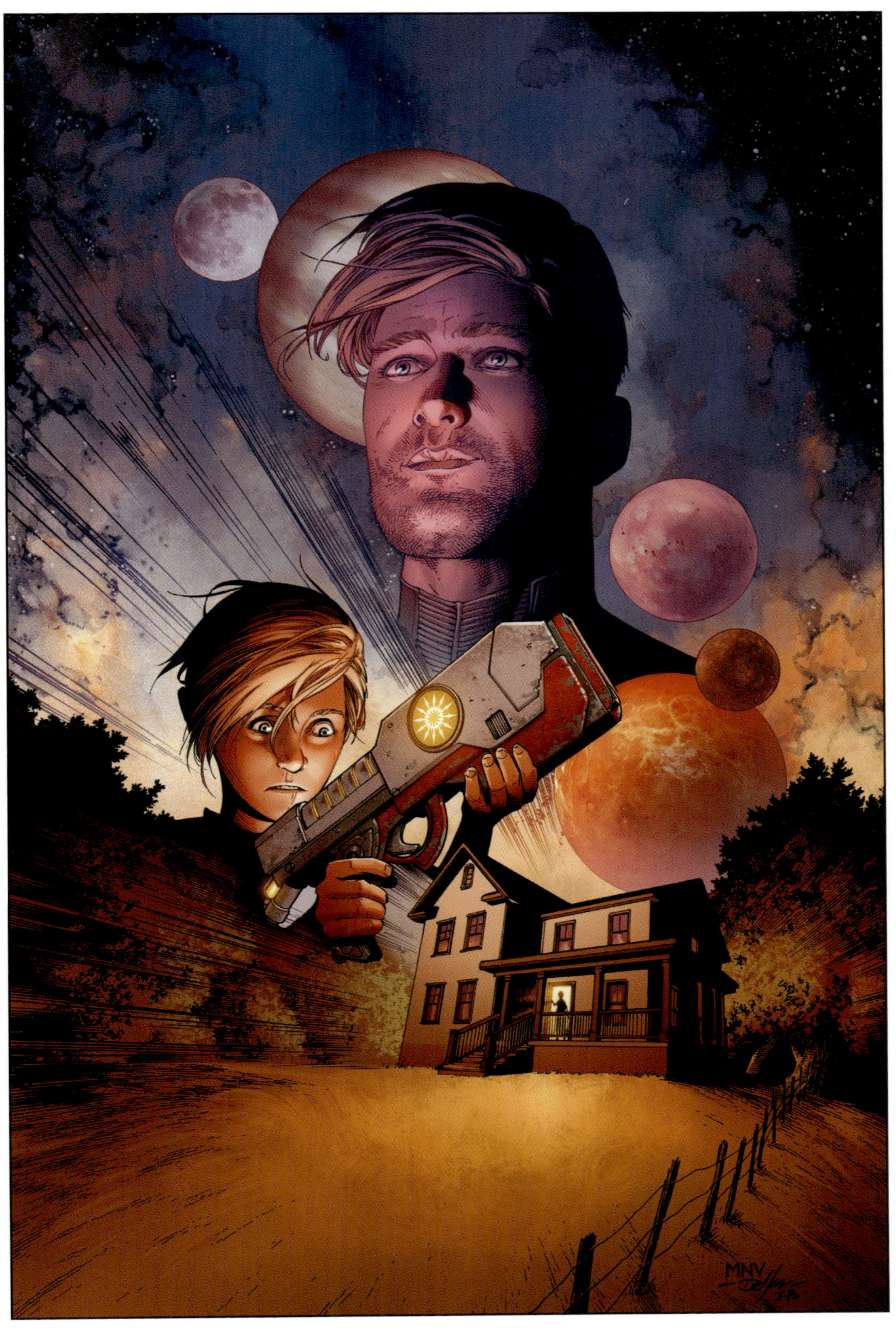

Guardians of the Galaxy (2013) 0.1
Cover von **STEVE McNIVEN**

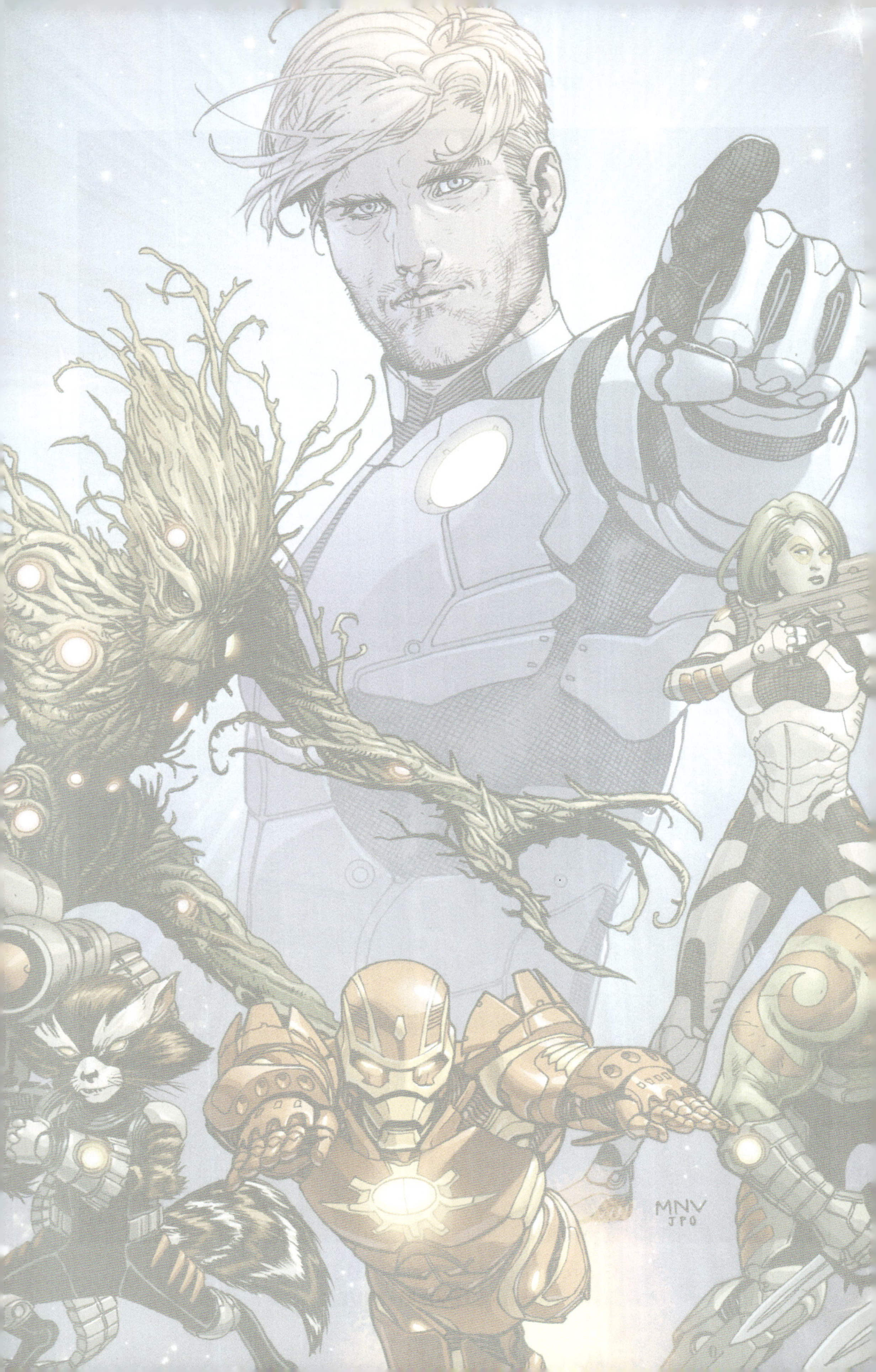
MNV
JPO

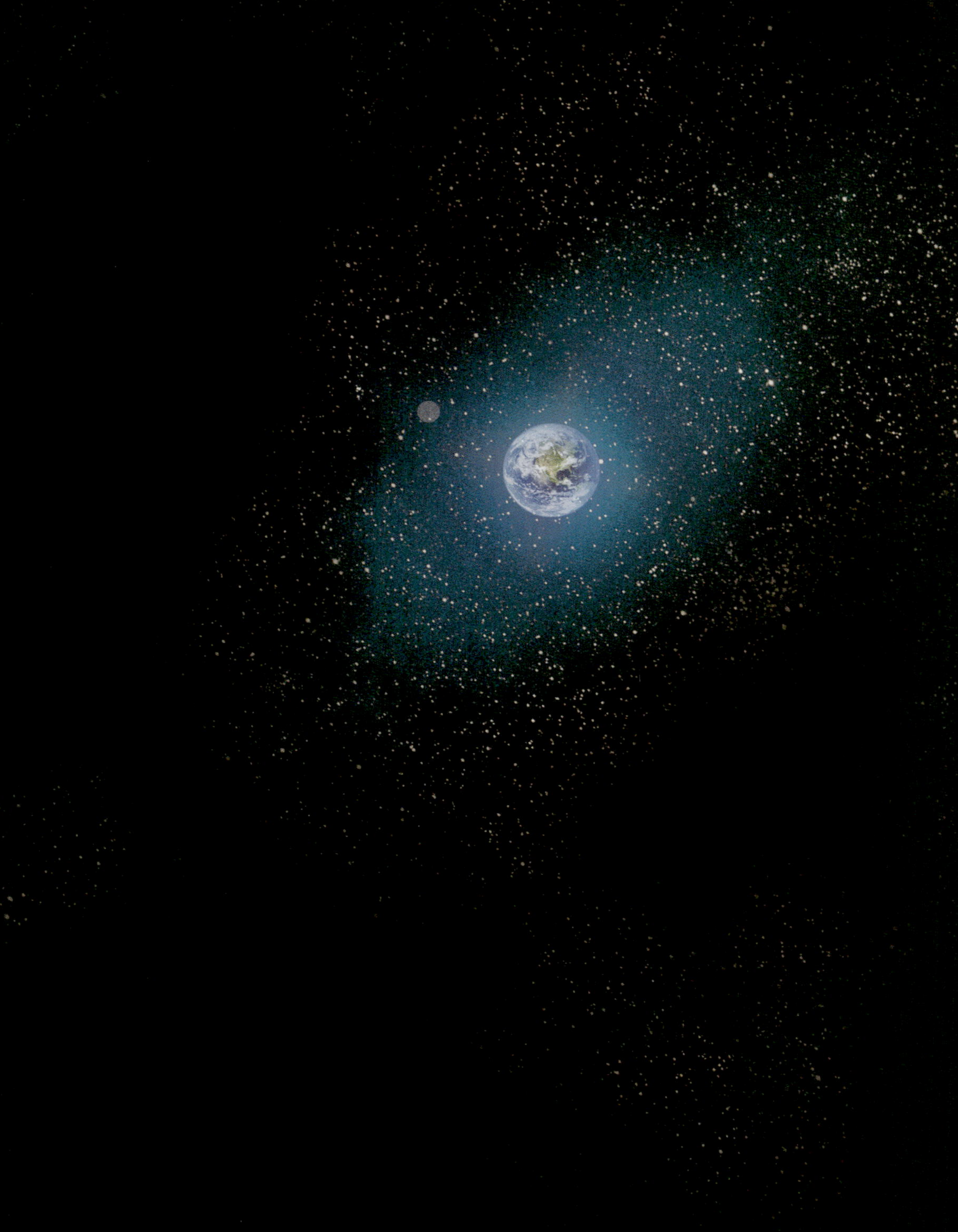

VOR 30 JAHREN...

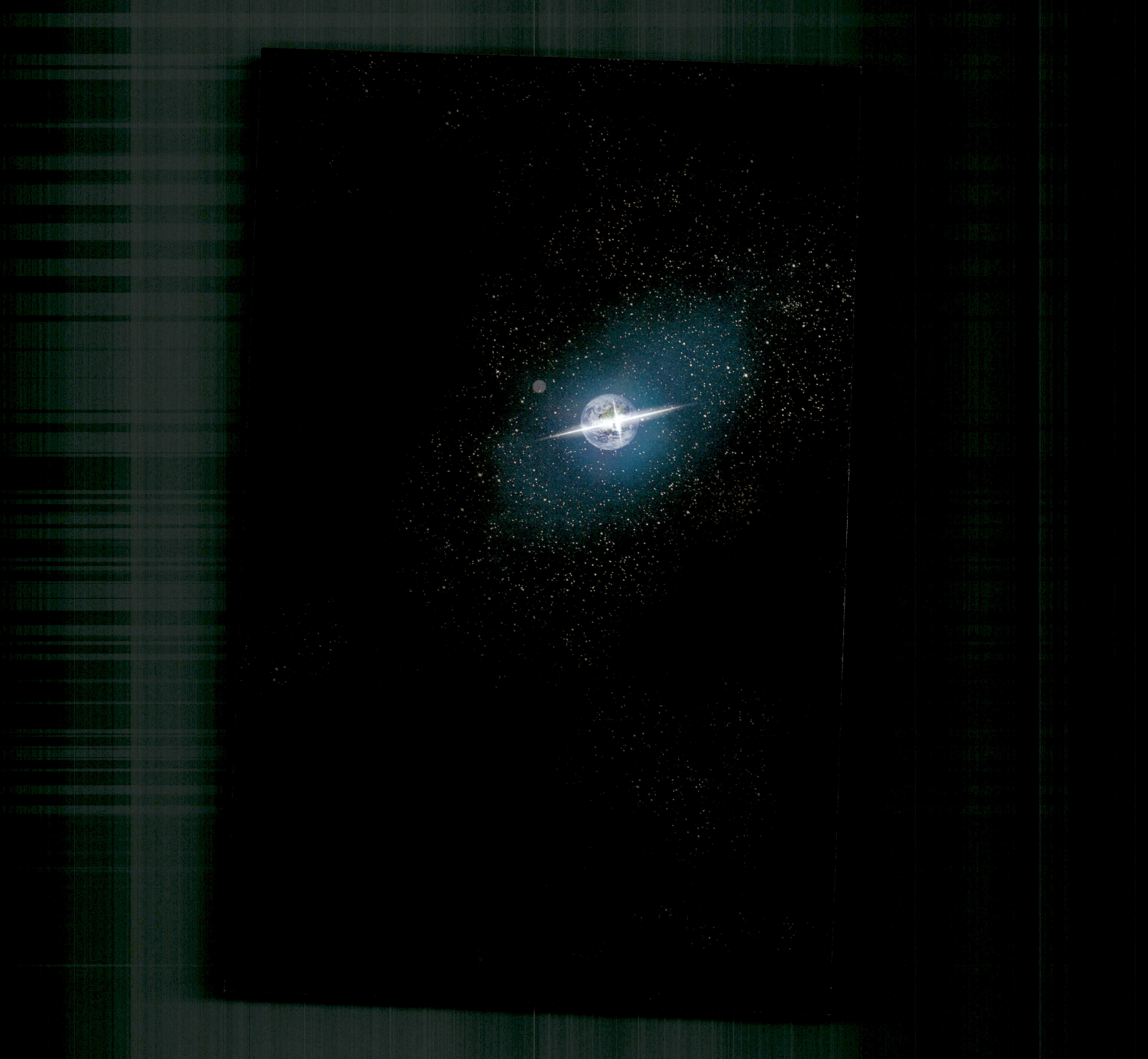

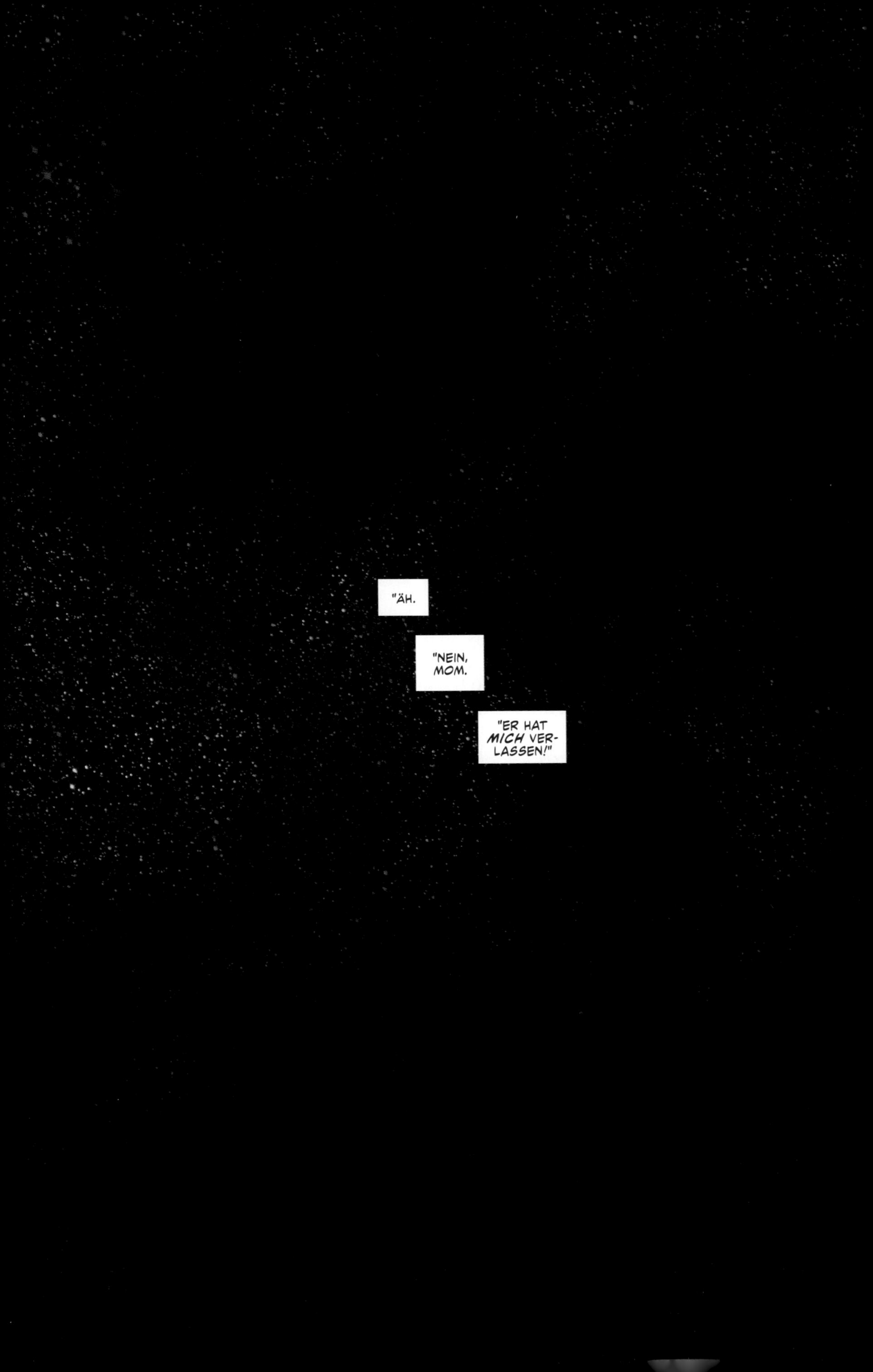

"ÄH.

"NEIN, MOM.

"ER HAT *MICH* VERLASSEN!"

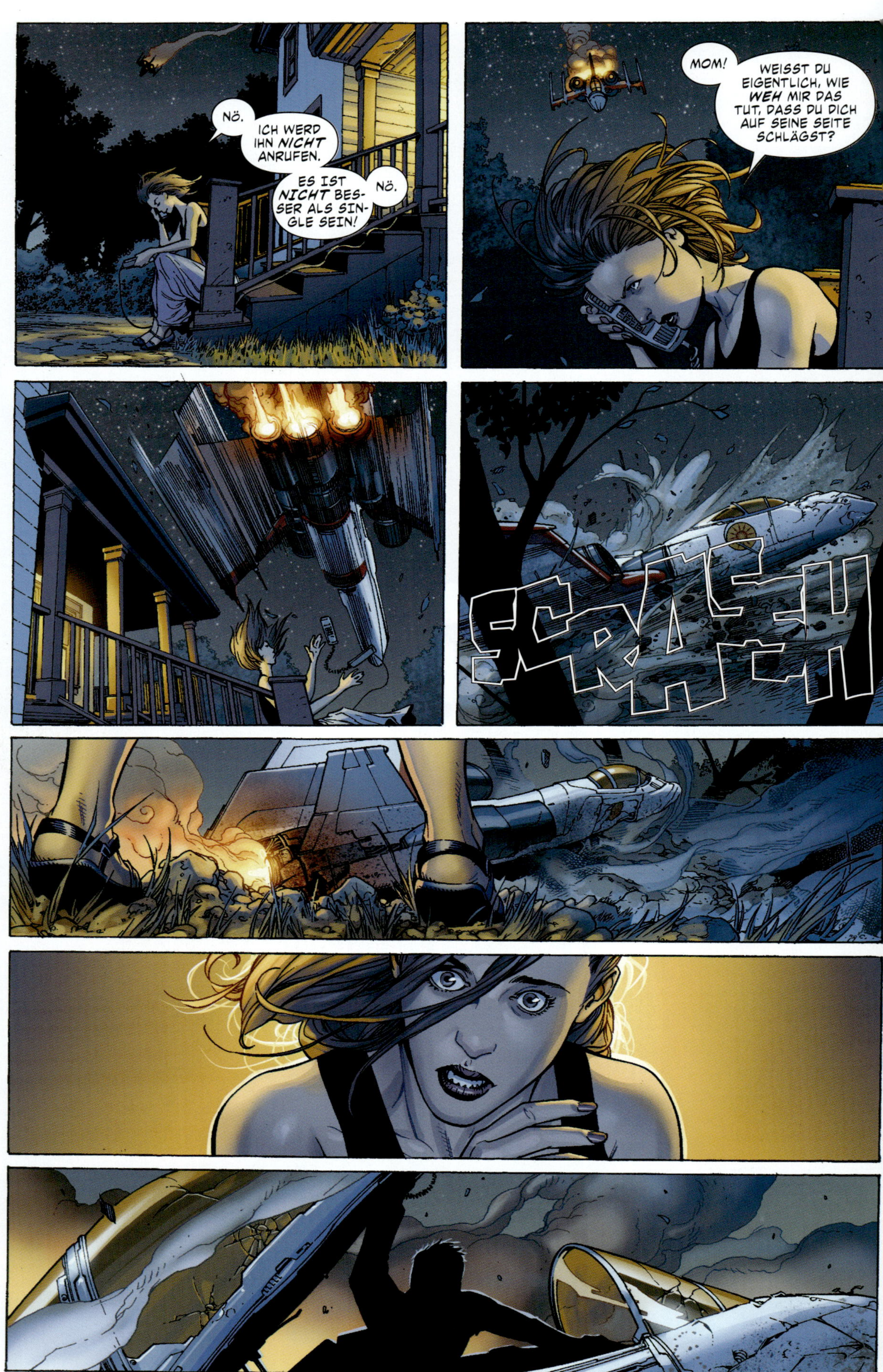
NÖ.
ICH WERD IHN NICHT ANRUFEN.
ES IST NICHT BESSER ALS SINGLE SEIN!
NÖ.
MOM!
WEISST DU EIGENTLICH, WIE WEH MIR DAS TUT, DASS DU DICH AUF SEINE SEITE SCHLÄGST?
SCRATCH

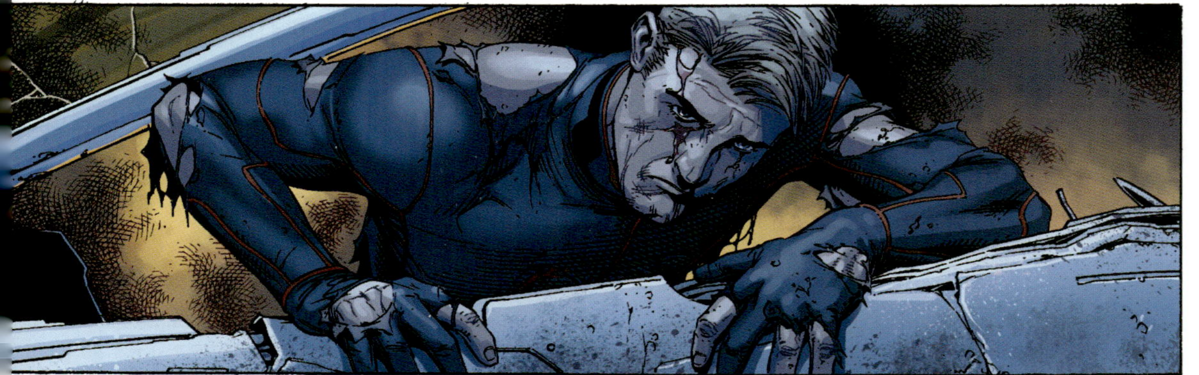

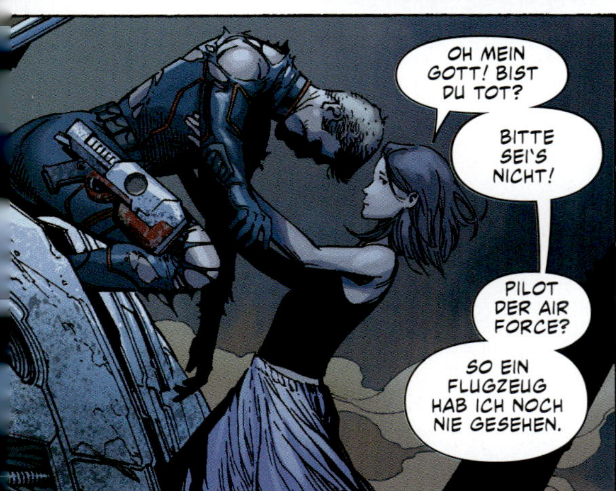
OH MEIN GOTT! BIST DU TOT?
BITTE SEI'S NICHT!
PILOT DER AIR FORCE?
SO EIN FLUGZEUG HAB ICH NOCH NIE GESEHEN.

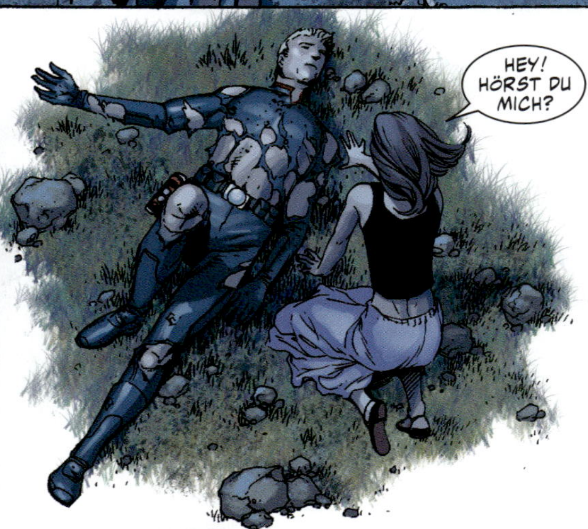
HEY! HÖRST DU MICH?

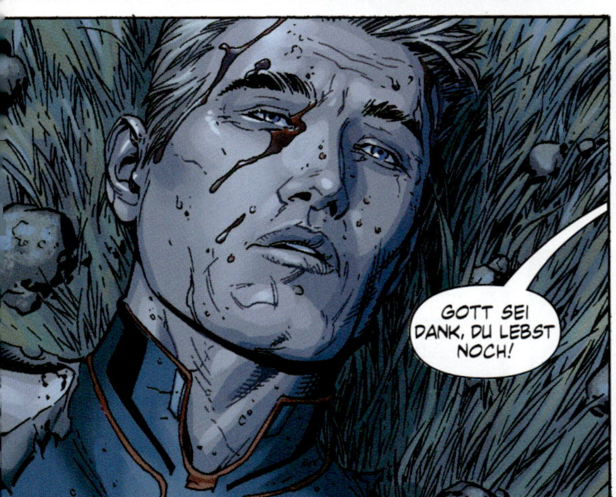
GOTT SEI DANK, DU LEBST NOCH!

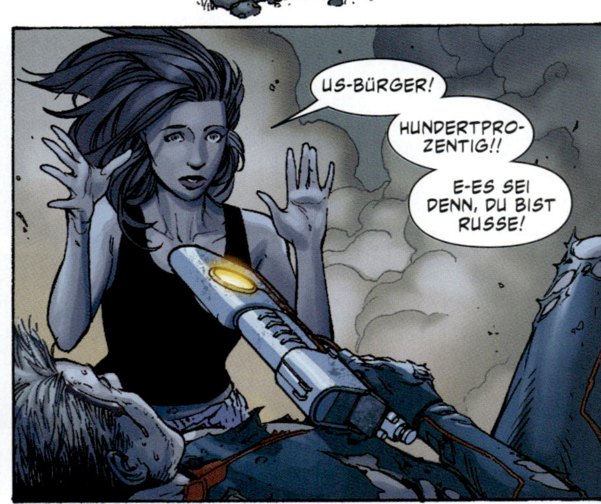
US-BÜRGER!
HUNDERTPRO-ZENTIG!!
E-ES SEI DENN, DU BIST RUSSE!

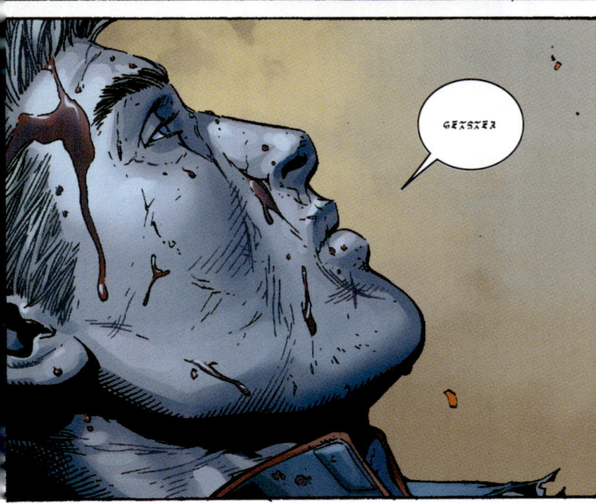

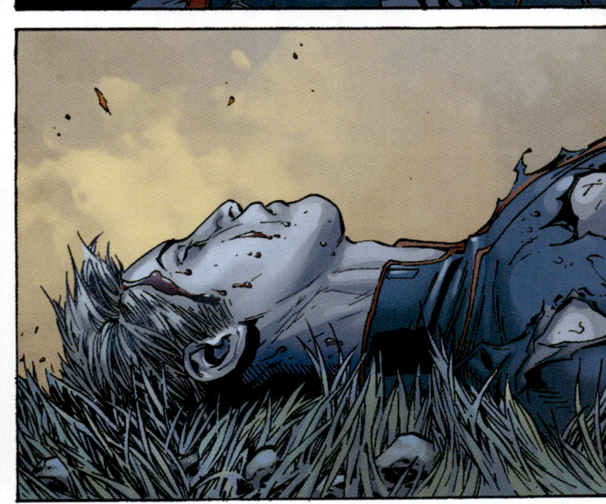

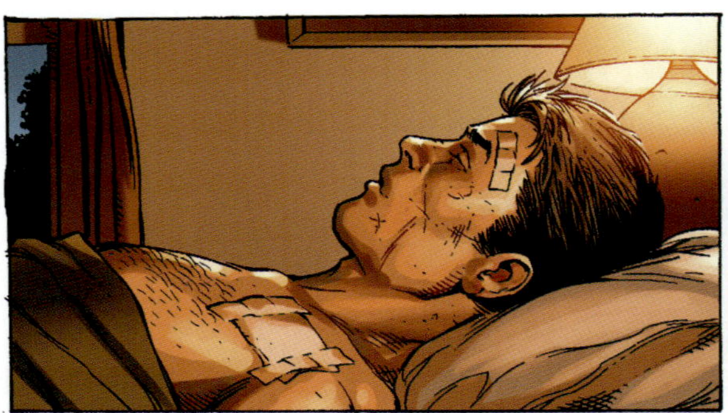
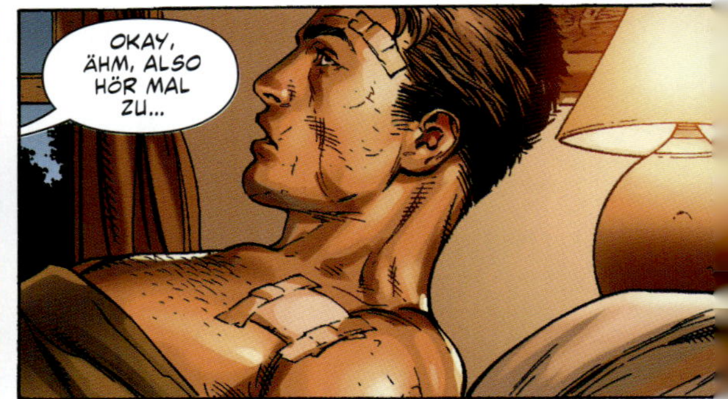
OKAY, ÄHM, ALSO HÖR MAL ZU...
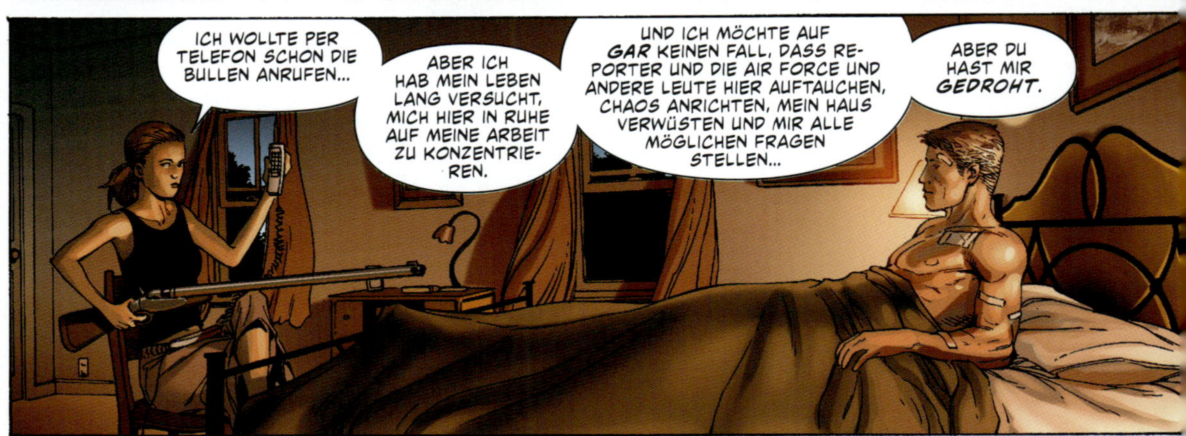
ICH WOLLTE PER TELEFON SCHON DIE BULLEN ANRUFEN...
ABER ICH HAB MEIN LEBEN LANG VERSUCHT, MICH HIER IN RUHE AUF MEINE ARBEIT ZU KONZENTRIEREN.
UND ICH MÖCHTE AUF GAR KEINEN FALL, DASS REPORTER UND DIE AIR FORCE UND ANDERE LEUTE HIER AUFTAUCHEN, CHAOS ANRICHTEN, MEIN HAUS VERWÜSTEN UND MIR ALLE MÖGLICHEN FRAGEN STELLEN...
ABER DU HAST MIR GEDROHT.
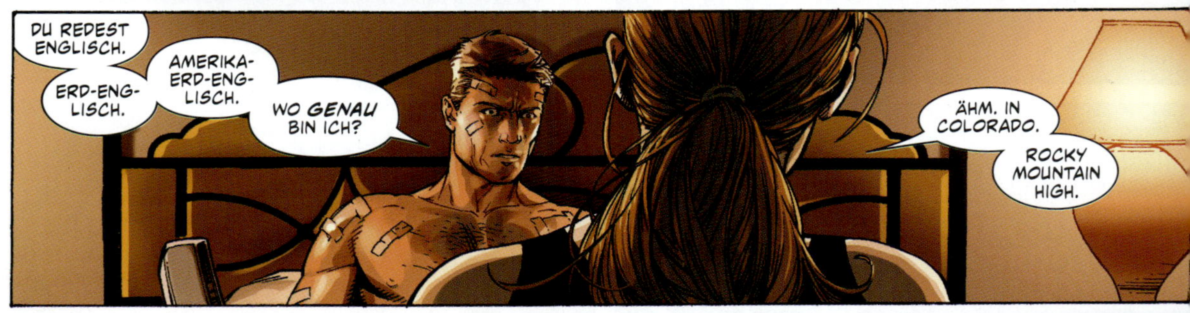
DU REDEST ENGLISCH.
ERD-ENGLISCH.
AMERIKA-ERD-ENGLISCH.
WO GENAU BIN ICH?
ÄHM. IN COLORADO.
ROCKY MOUNTAIN HIGH.
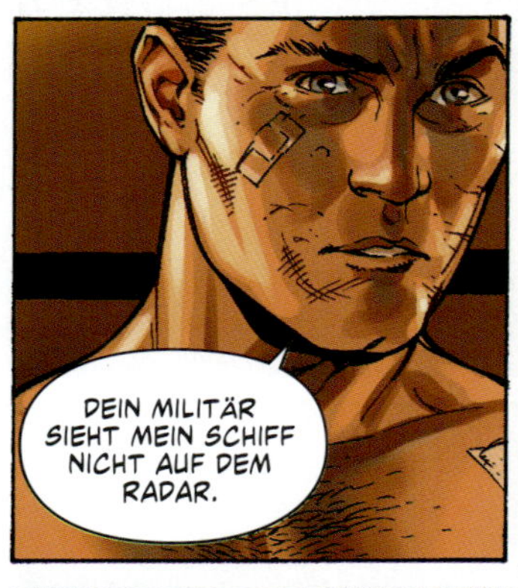
DEIN MILITÄR SIEHT MEIN SCHIFF NICHT AUF DEM RADAR.
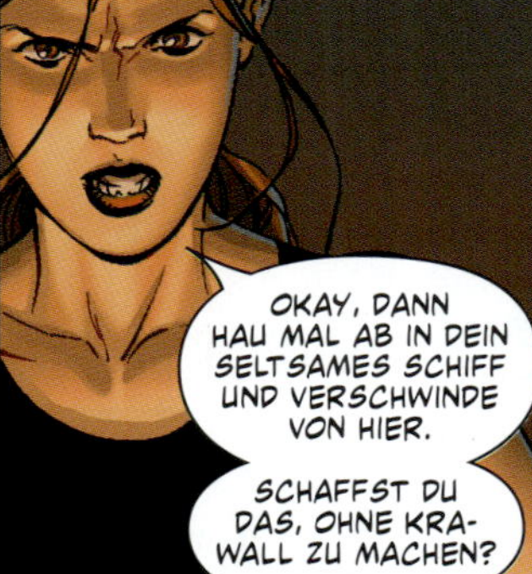
OKAY, DANN HAU MAL AB IN DEIN SELTSAMES SCHIFF UND VERSCHWINDE VON HIER.
SCHAFFST DU DAS, OHNE KRAWALL ZU MACHEN?
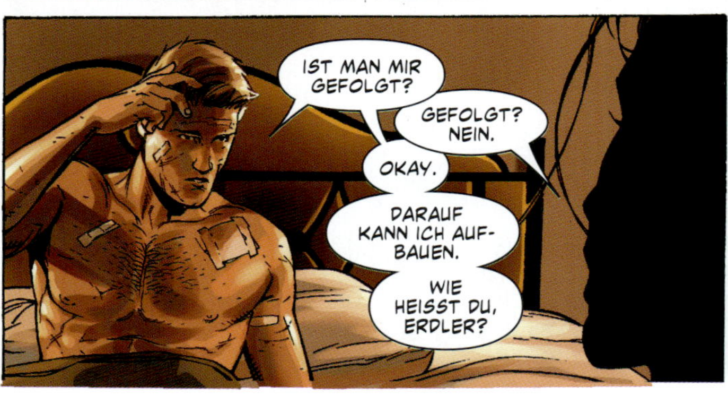
IST MAN MIR GEFOLGT?
GEFOLGT? NEIN.
OKAY.
DARAUF KANN ICH AUFBAUEN.
WIE HEISST DU, ERDLER?
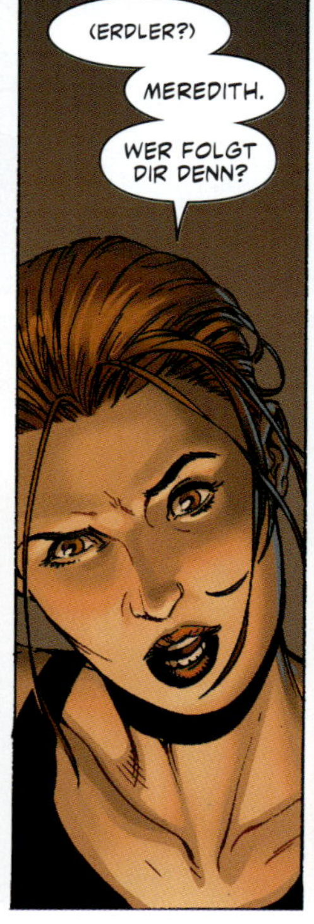
(ERDLER?)
MEREDITH.
WER FOLGT DIR DENN?
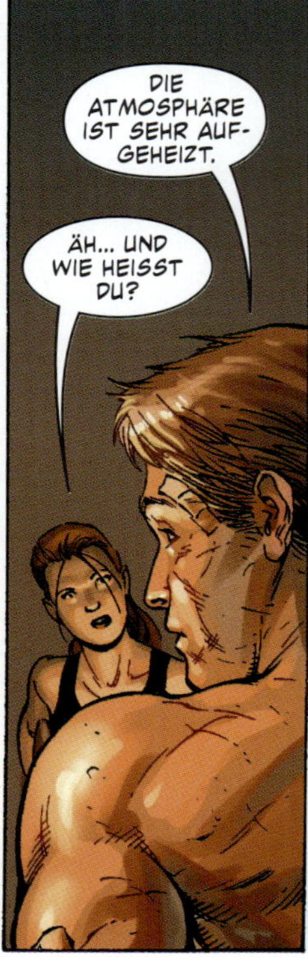
DIE ATMOSPHÄRE IST SEHR AUFGEHEIZT.
ÄH... UND WIE HEISST DU?

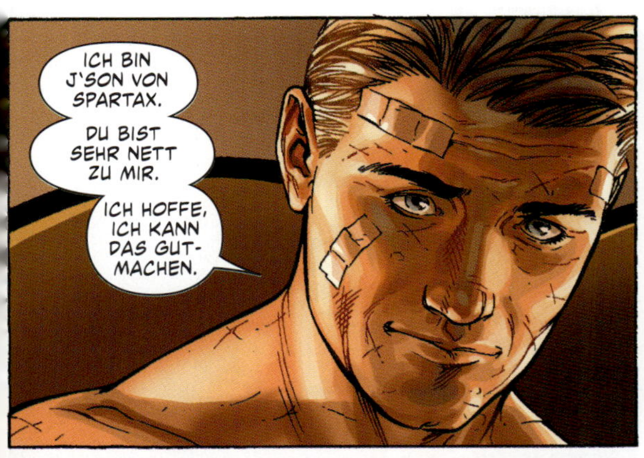
ICH BIN J'SON VON SPARTAX.
DU BIST SEHR NETT ZU MIR.
ICH HOFFE, ICH KANN DAS GUT-MACHEN.

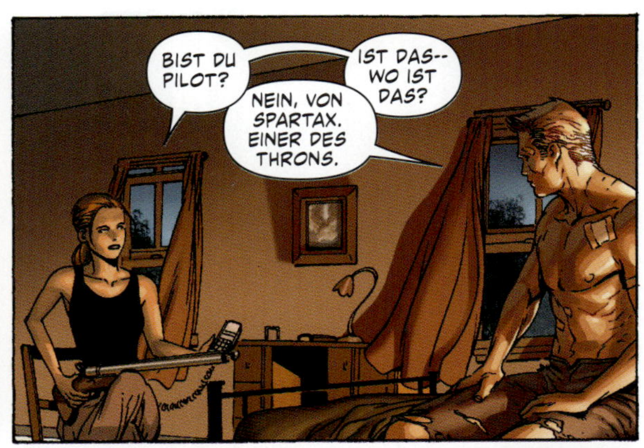
BIST DU PILOT?
IST DAS-- WO IST DAS?
NEIN, VON SPARTAX. EINER DES THRONS.

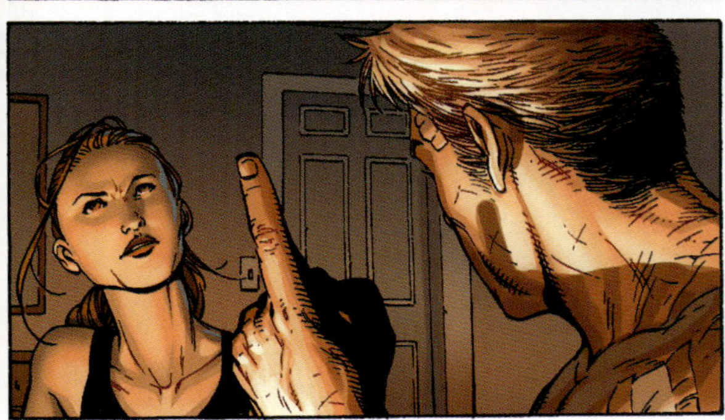

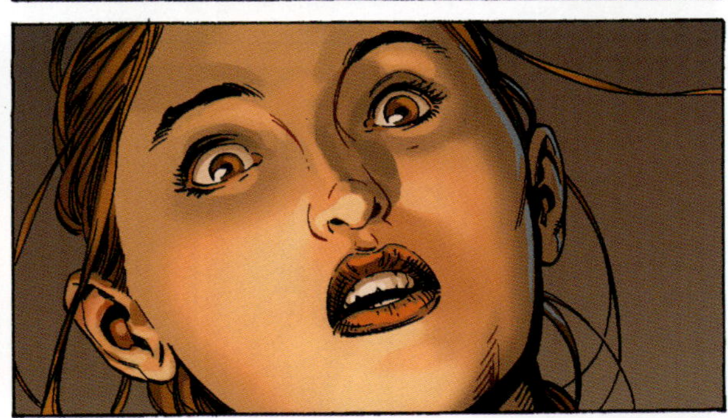

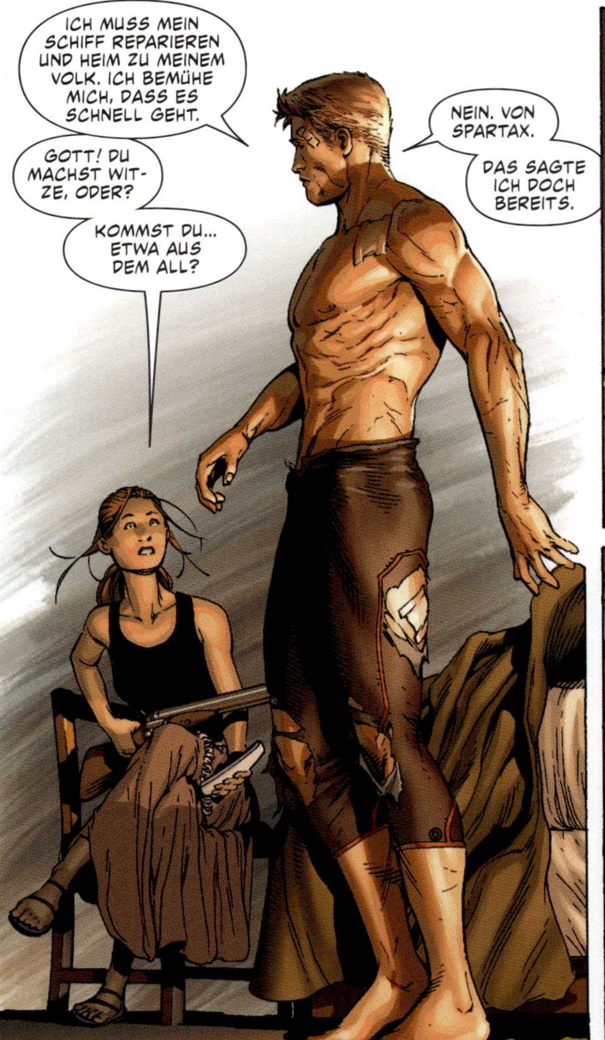
ICH MUSS MEIN SCHIFF REPARIEREN UND HEIM ZU MEINEM VOLK. ICH BEMÜHE MICH, DASS ES SCHNELL GEHT.
GOTT! DU MACHST WITZE, ODER?
KOMMST DU... ETWA AUS DEM ALL?
NEIN. VON SPARTAX.
DAS SAGTE ICH DOCH BEREITS.

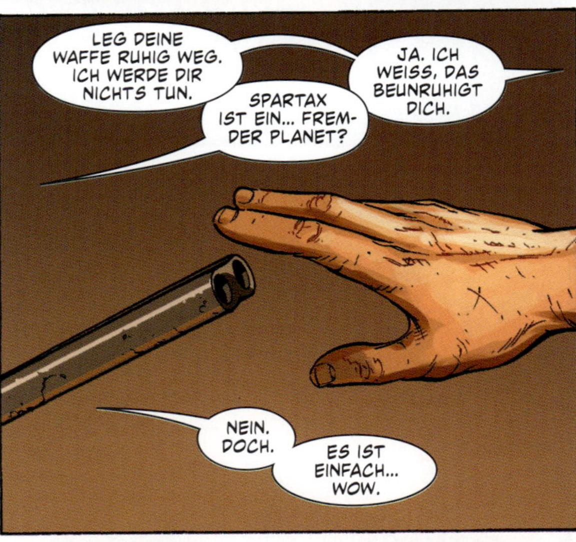
LEG DEINE WAFFE RUHIG WEG. ICH WERDE DIR NICHTS TUN.
JA. ICH WEISS, DAS BEUNRUHIGT DICH.
SPARTAX IST EIN... FREMDER PLANET?
NEIN. DOCH.
ES IST EINFACH... WOW.

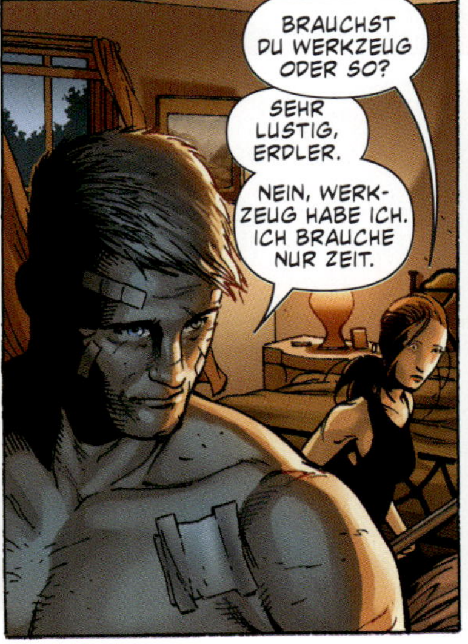
BRAUCHST DU WERKZEUG ODER SO?
SEHR LUSTIG, ERDLER.
NEIN, WERKZEUG HABE ICH. ICH BRAUCHE NUR ZEIT.

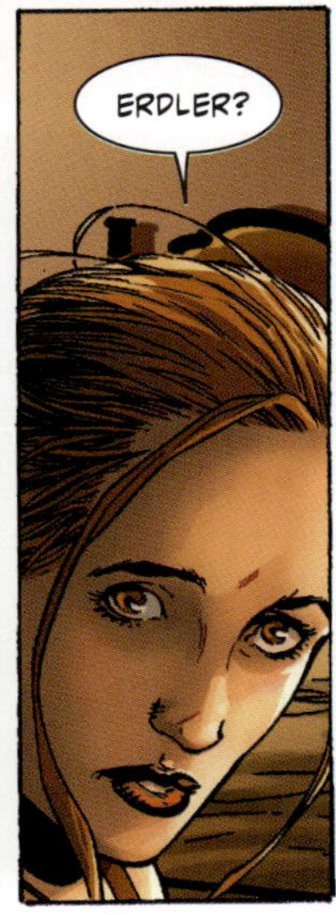
ERDLER?

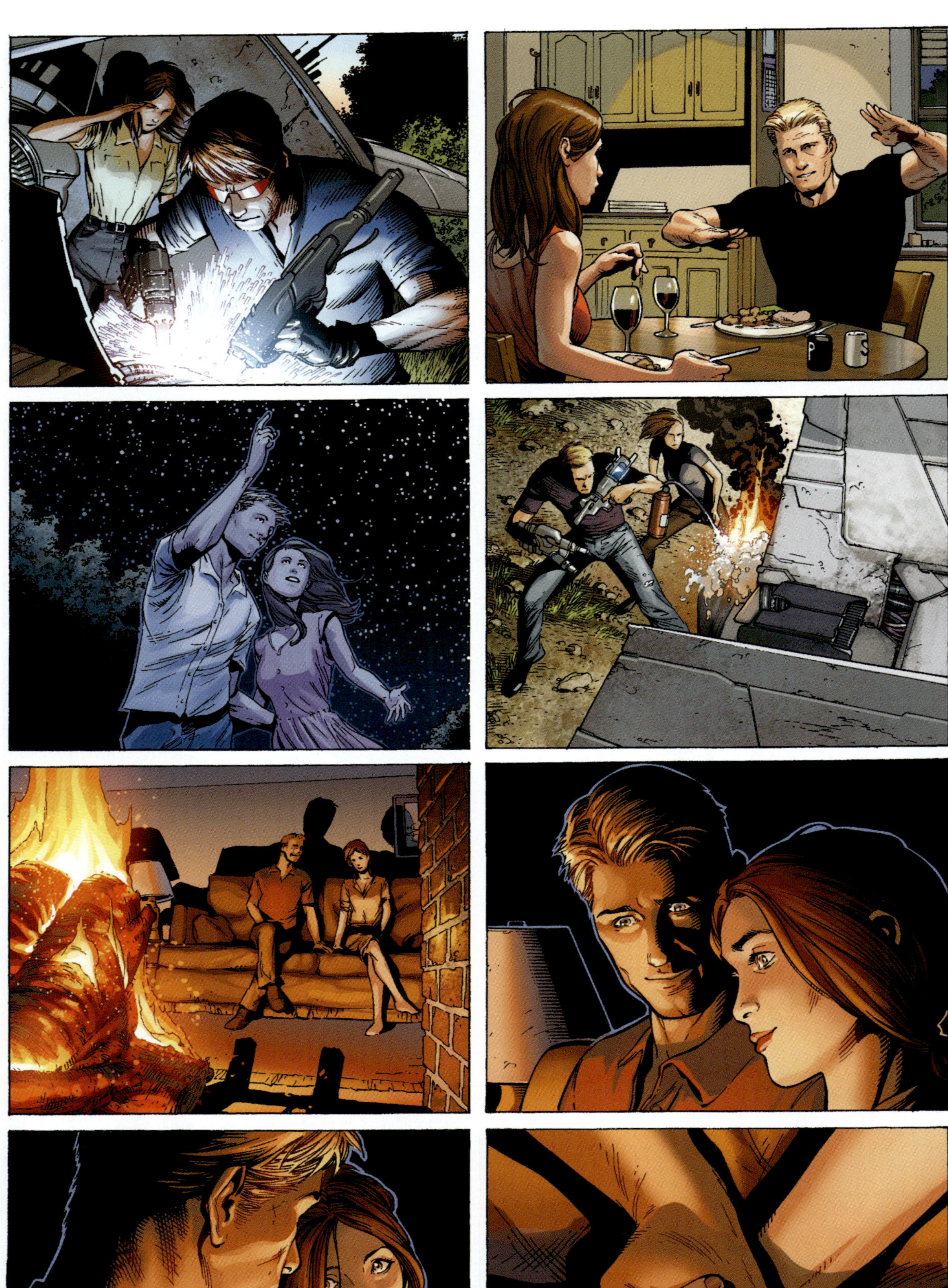

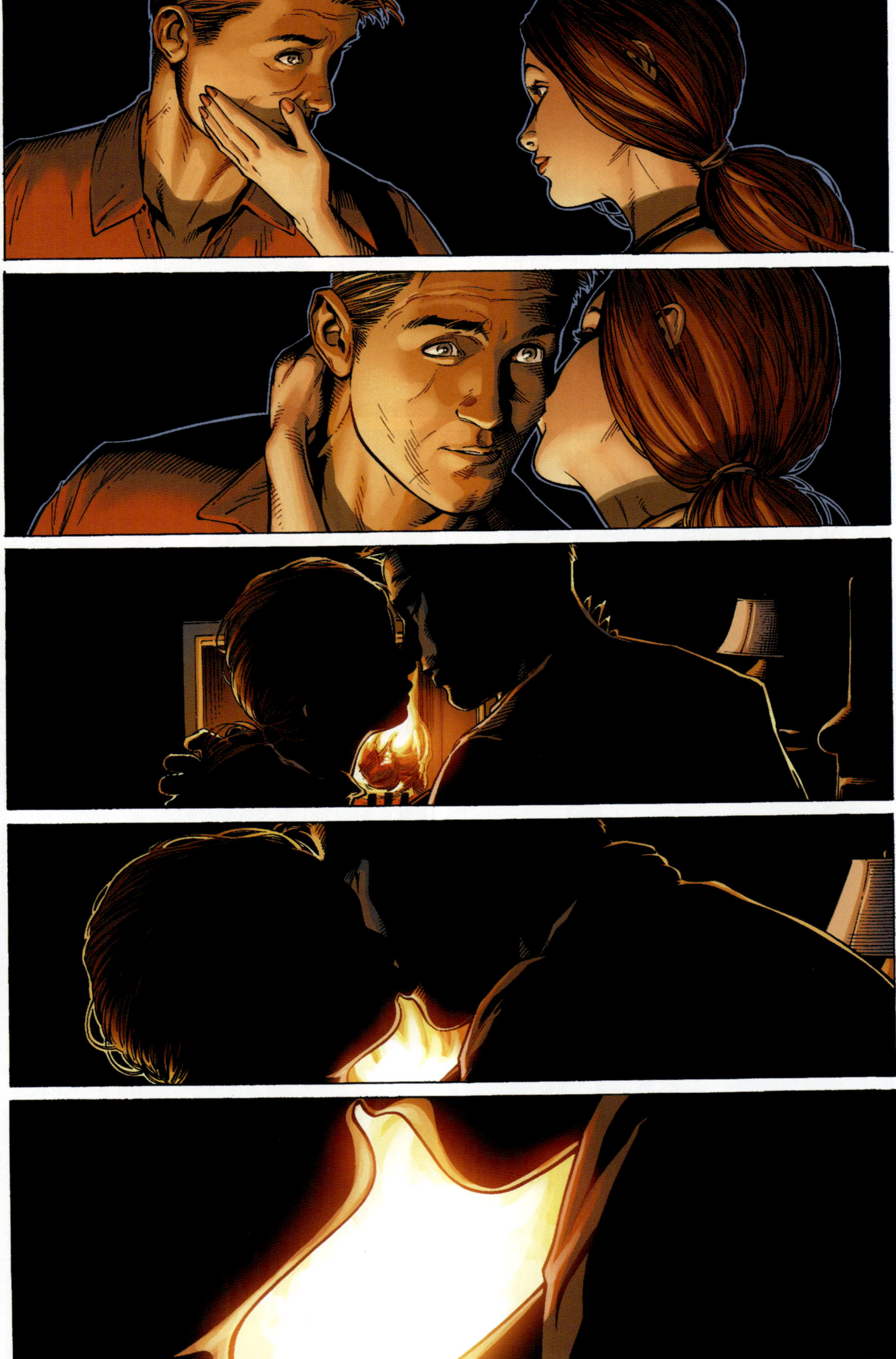

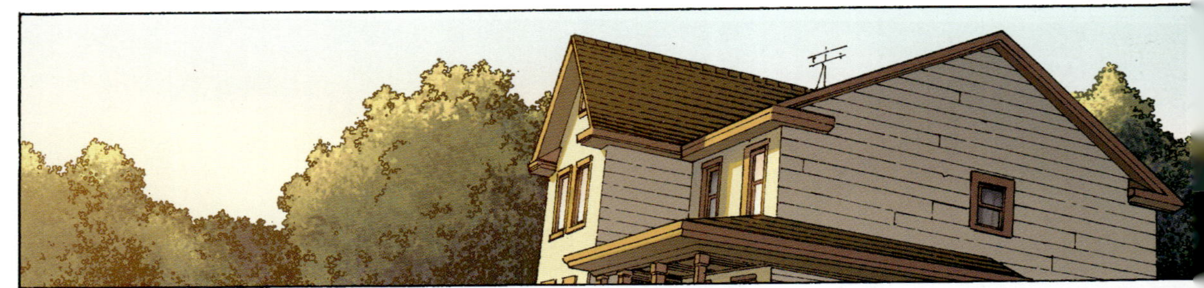
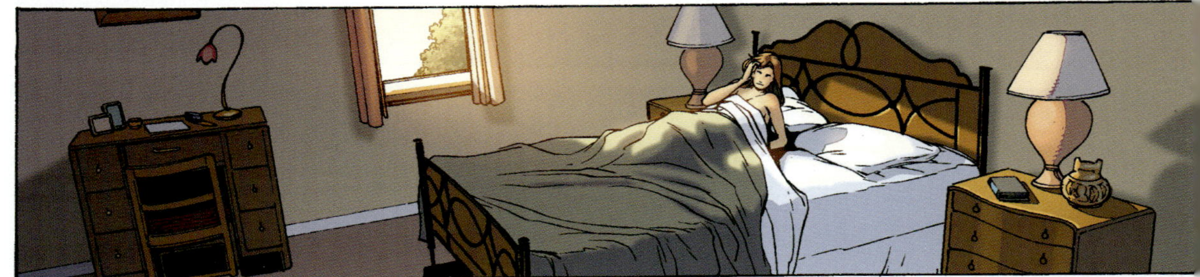
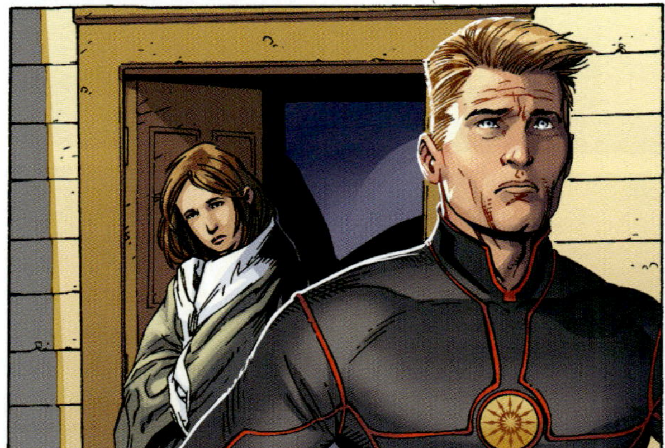
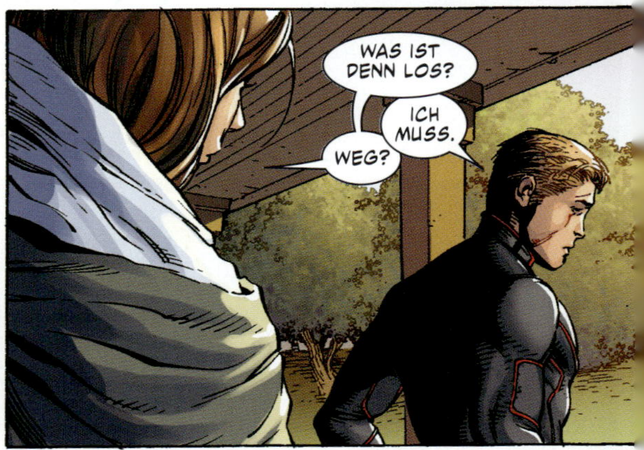
WAS IST DENN LOS?
ICH MUSS.
WEG?
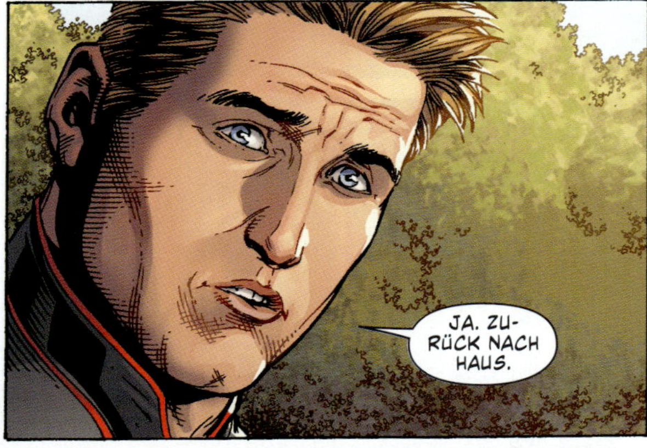
JA. ZU-RÜCK NACH HAUS.
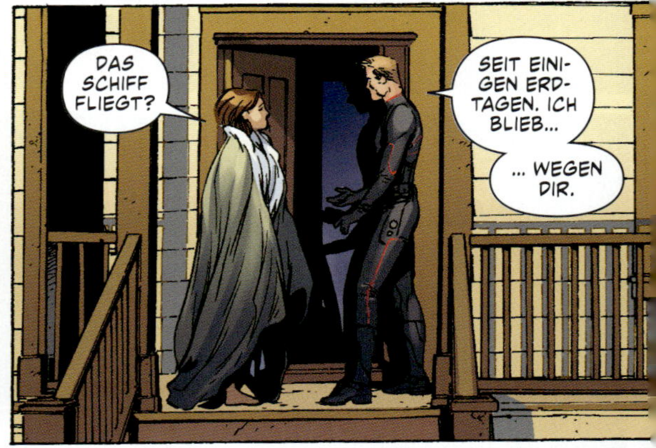
DAS SCHIFF FLIEGT?
SEIT EINI-GEN ERD-TAGEN. ICH BLIEB...
... WEGEN DIR.
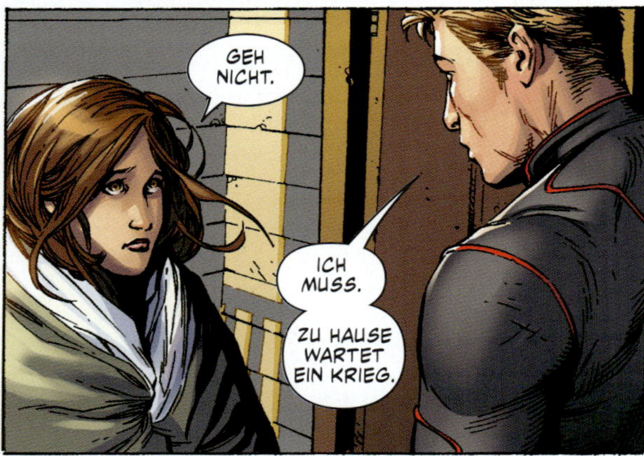
GEH NICHT.
ICH MUSS.
ZU HAUSE WARTET EIN KRIEG.
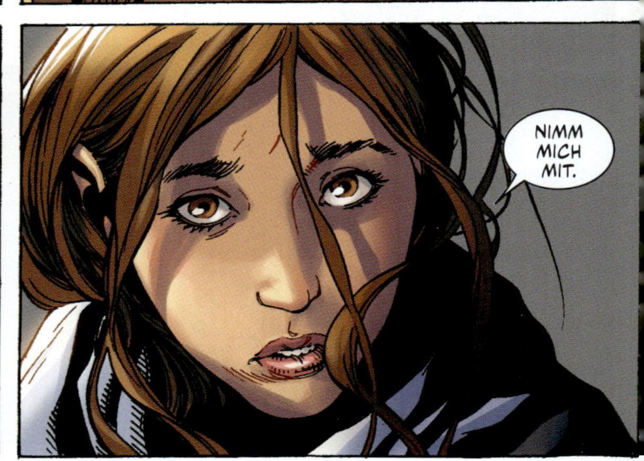
NIMM MICH MIT.

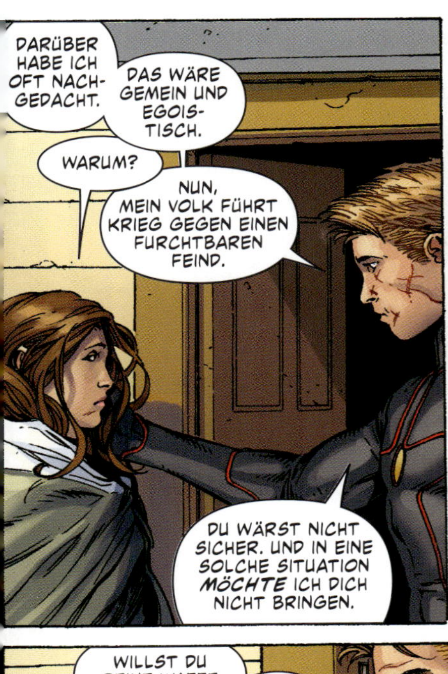
DARÜBER HABE ICH OFT NACHGEDACHT.
WARUM?
DAS WÄRE GEMEIN UND EGOISTISCH.
NUN, MEIN VOLK FÜHRT KRIEG GEGEN EINEN FURCHTBAREN FEIND.
DU WÄRST NICHT SICHER. UND IN EINE SOLCHE SITUATION MÖCHTE ICH DICH NICHT BRINGEN.

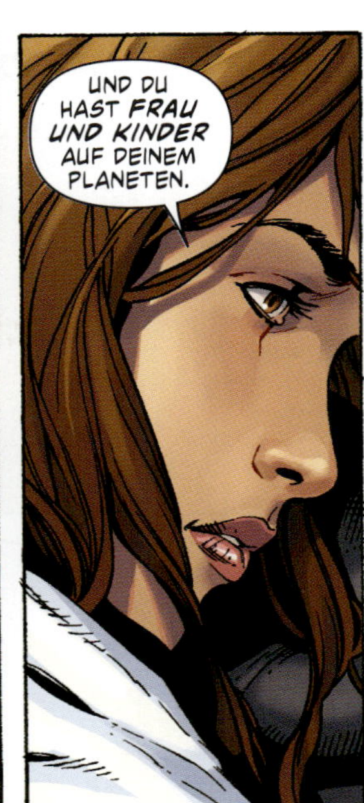
UND DU HAST FRAU UND KINDER AUF DEINEM PLANETEN.

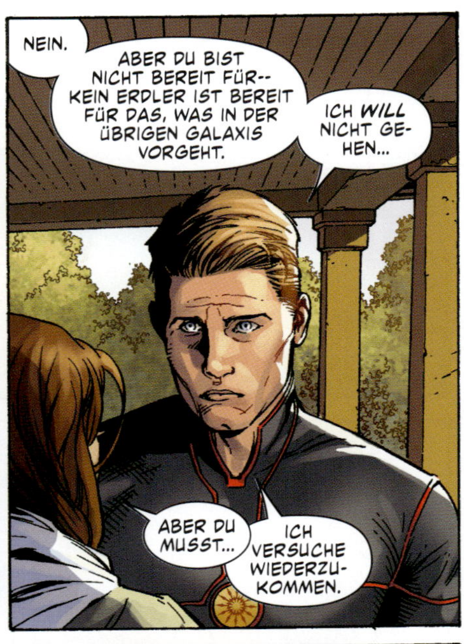
NEIN.
ABER DU BIST NICHT BEREIT FÜR-- KEIN ERDLER IST BEREIT FÜR DAS, WAS IN DER ÜBRIGEN GALAXIS VORGEHT.
ICH WILL NICHT GEHEN...
ABER DU MUSST...
ICH VERSUCHE WIEDERZUKOMMEN.

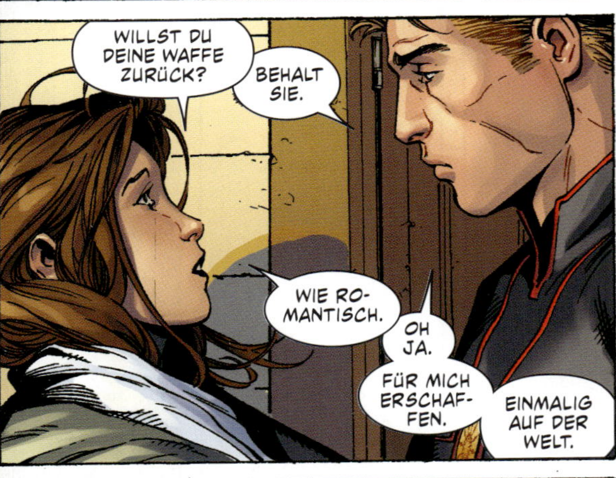
WILLST DU DEINE WAFFE ZURÜCK?
BEHALT SIE.
WIE ROMANTISCH.
OH JA.
FÜR MICH ERSCHAFFEN.
EINMALIG AUF DER WELT.

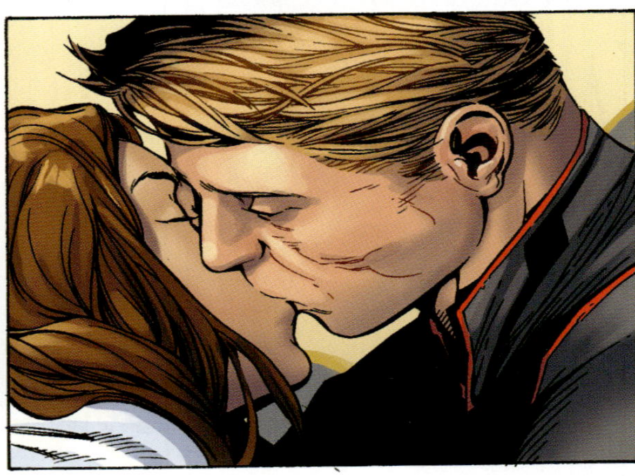

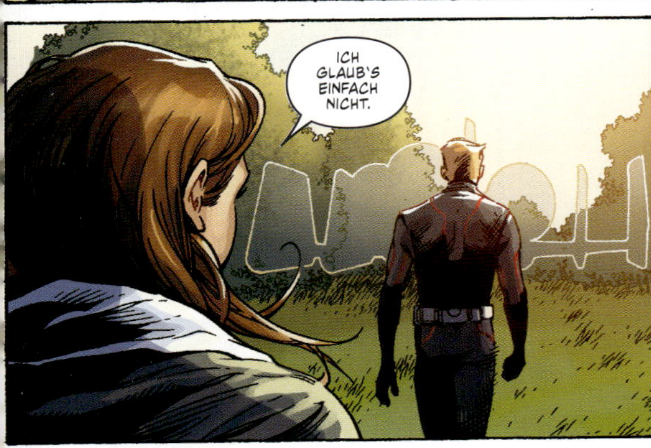
ICH GLAUB'S EINFACH NICHT.

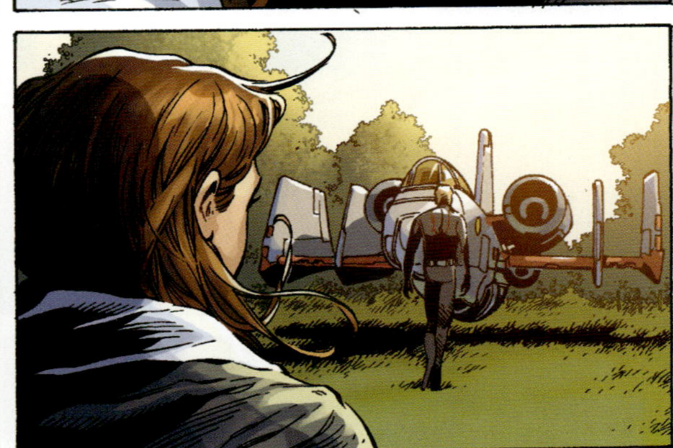

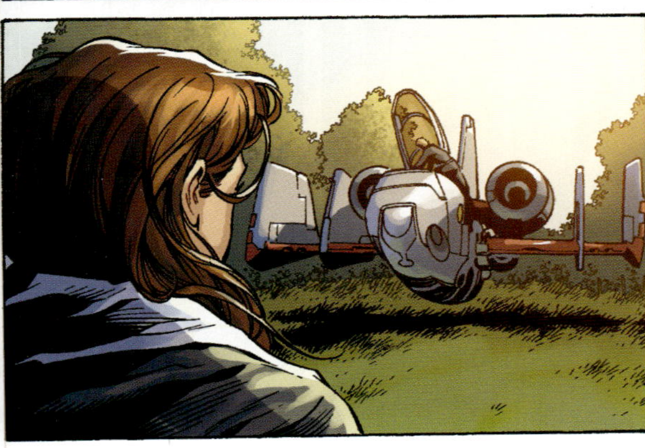

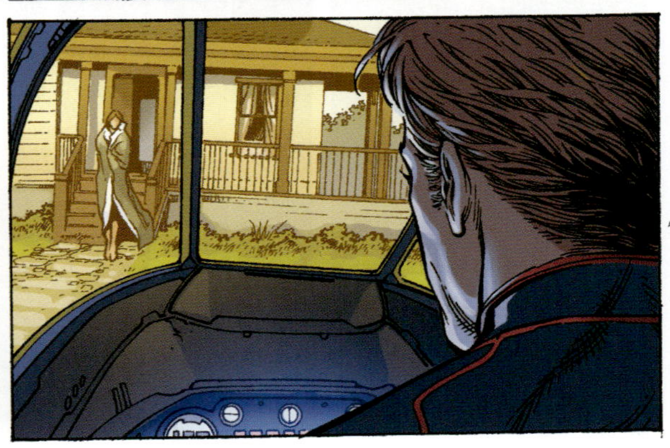

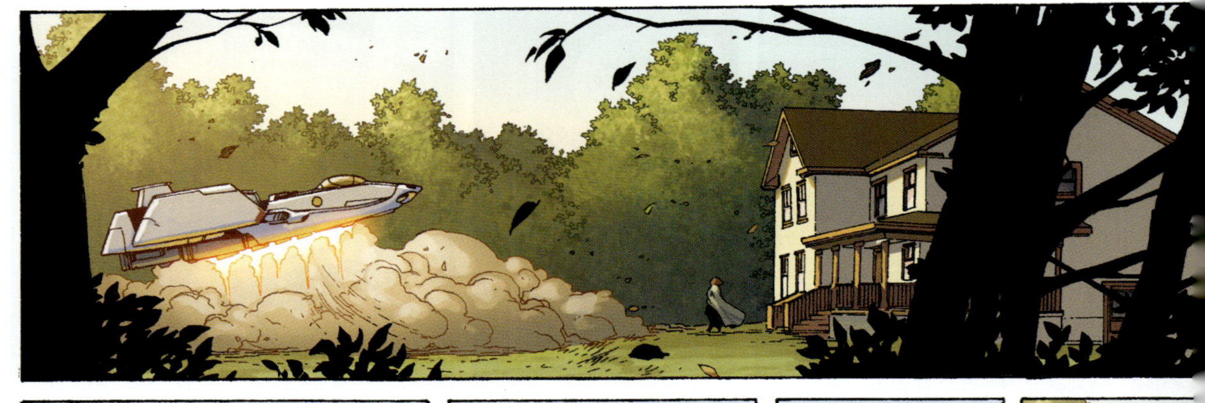
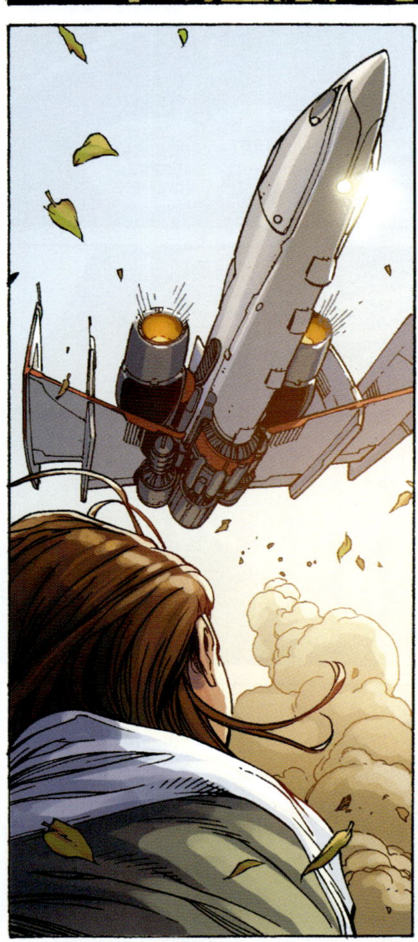
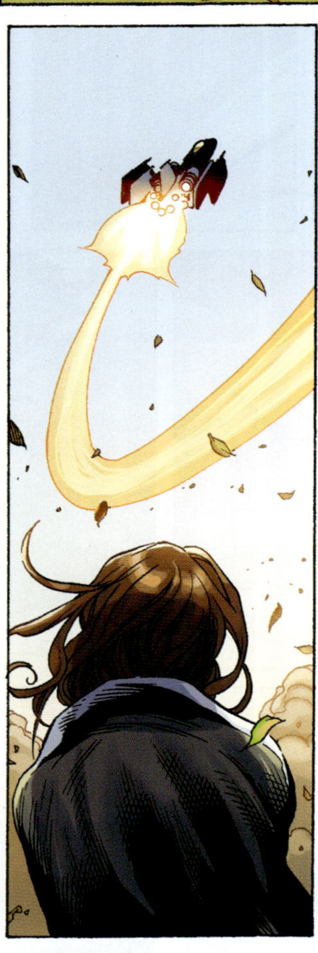
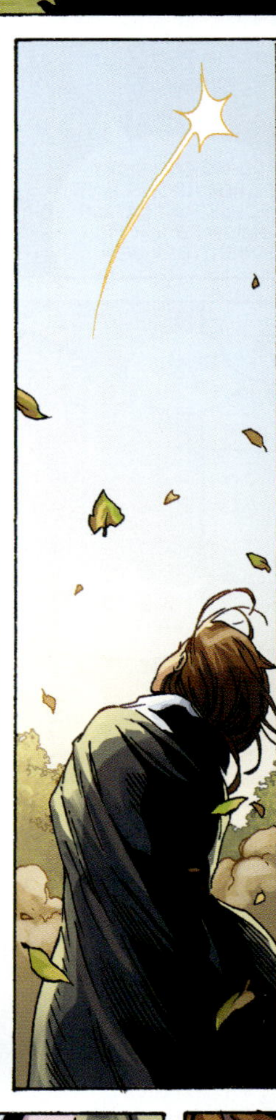
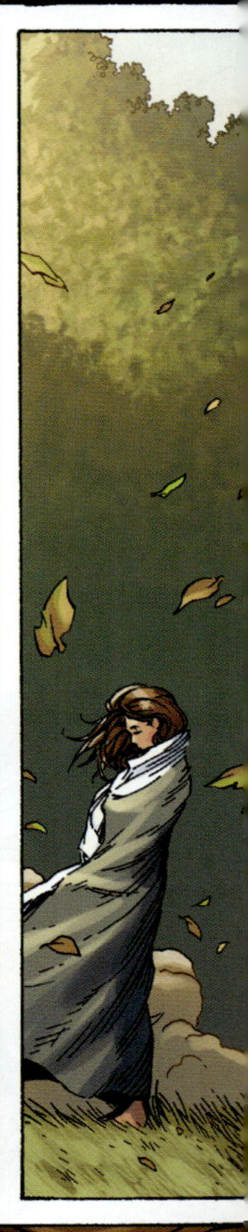
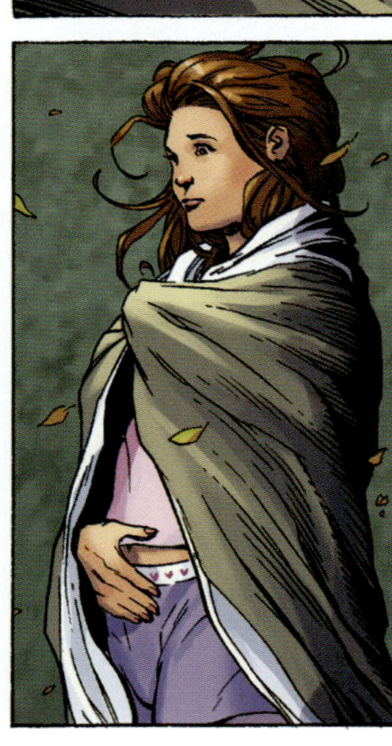
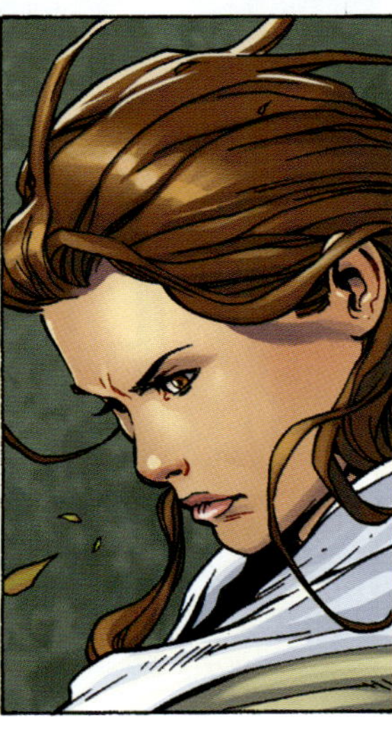
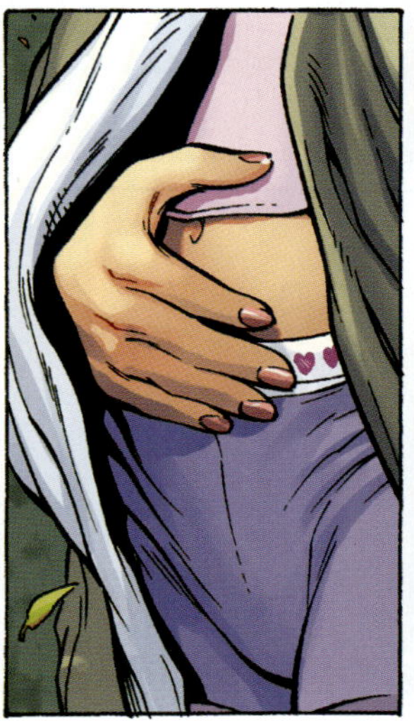
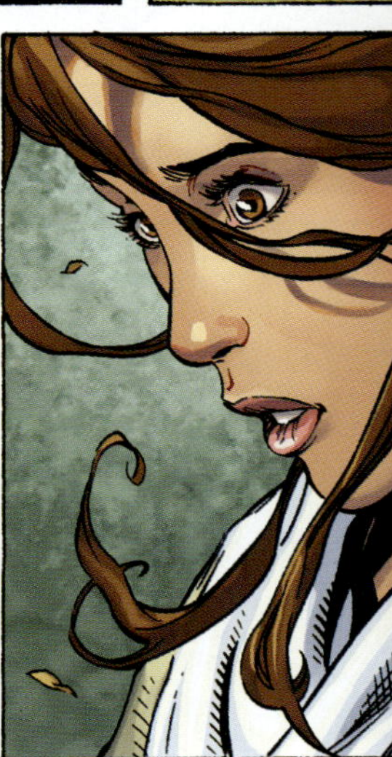

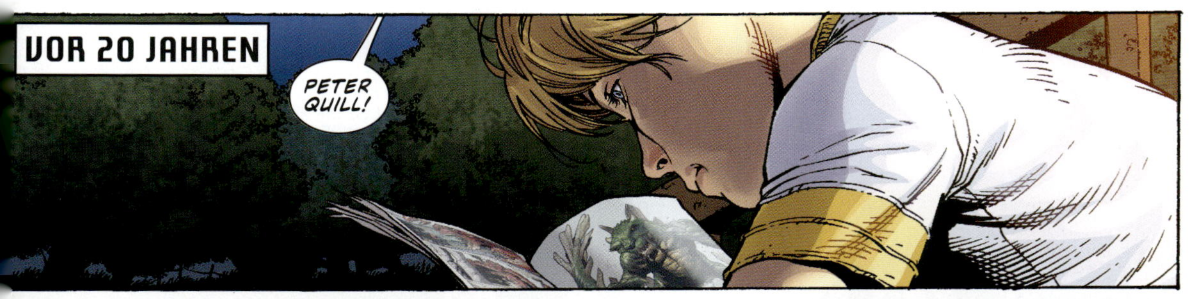
VOR 20 JAHREN
PETER QUILL!

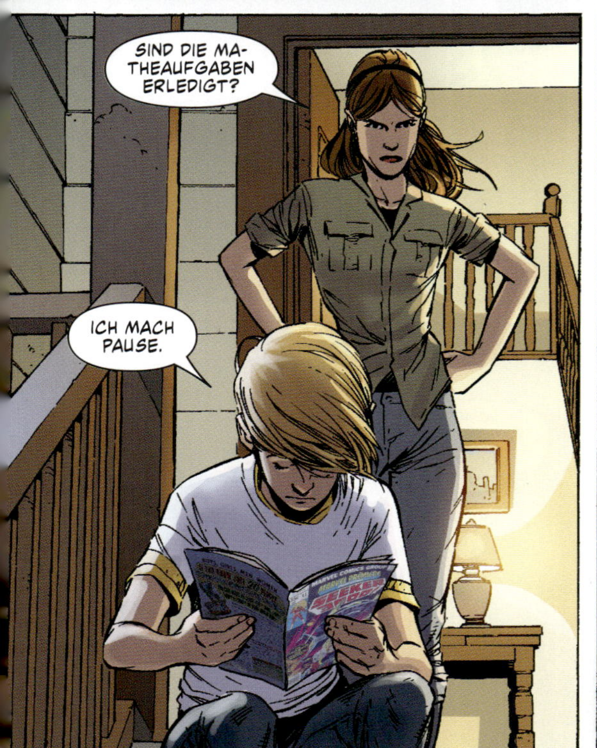
SIND DIE MATHEAUFGABEN ERLEDIGT?
ICH MACH PAUSE.

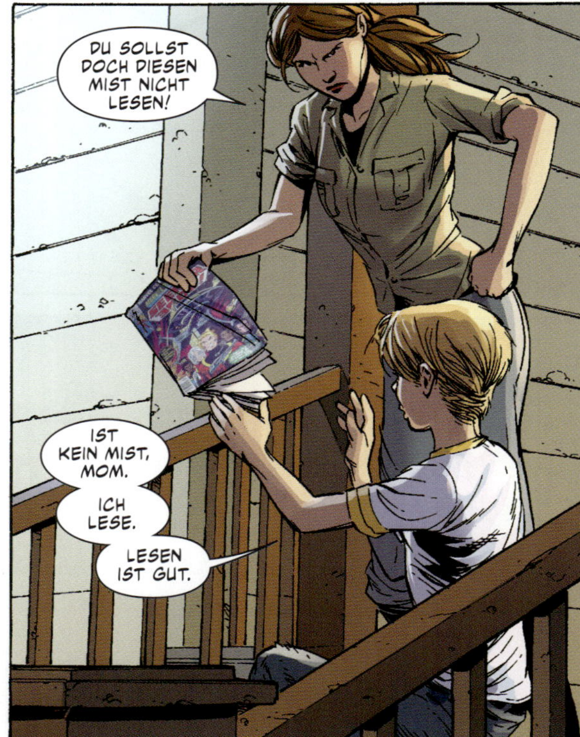
DU SOLLST DOCH DIESEN MIST NICHT LESEN!
IST KEIN MIST, MOM.
ICH LESE.
LESEN IST GUT.

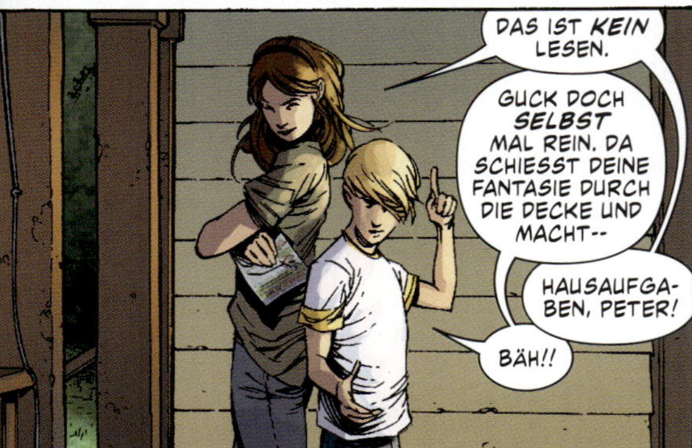
DAS IST *KEIN* LESEN.
GUCK DOCH **SELBST** MAL REIN. DA SCHIESST DEINE FANTASIE DURCH DIE DECKE UND MACHT--
HAUSAUFGABEN, PETER!
BÄH!!

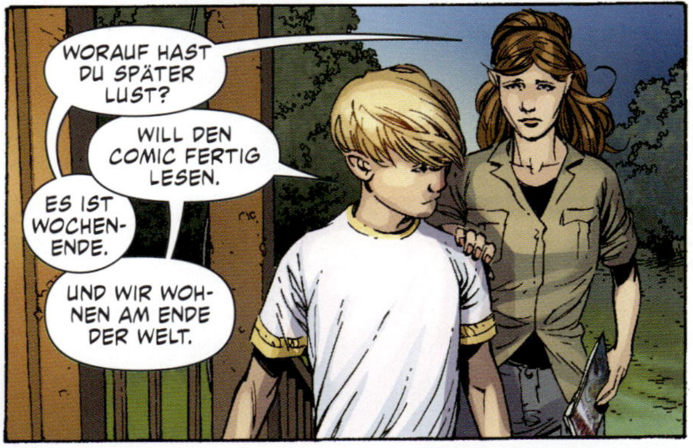
WORAUF HAST DU SPÄTER LUST?
WILL DEN COMIC FERTIG LESEN.
ES IST WOCHENENDE.
UND WIR WOHNEN AM ENDE DER WELT.

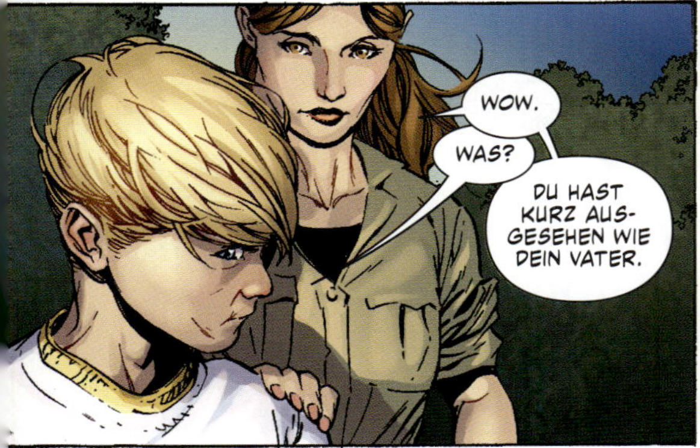
WOW.
WAS?
DU HAST KURZ AUSGESEHEN WIE DEIN VATER.

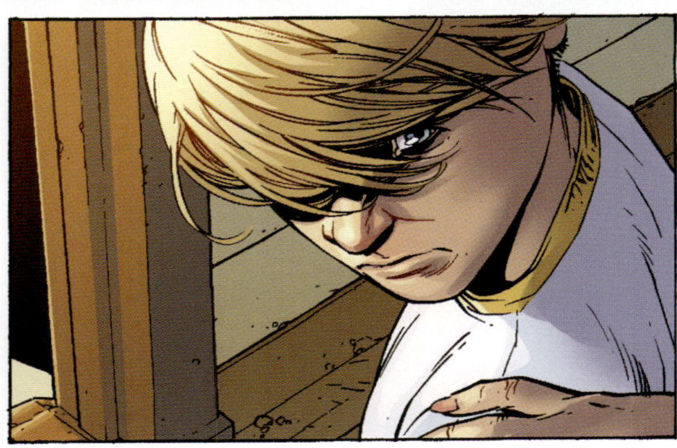

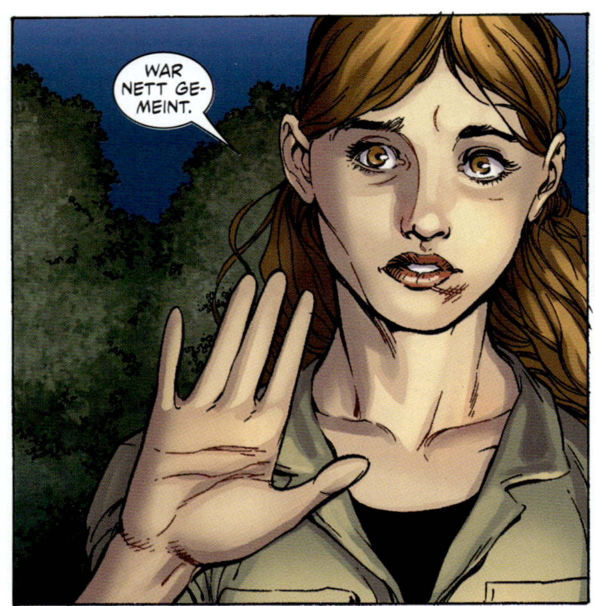
WAR NETT GEMEINT.

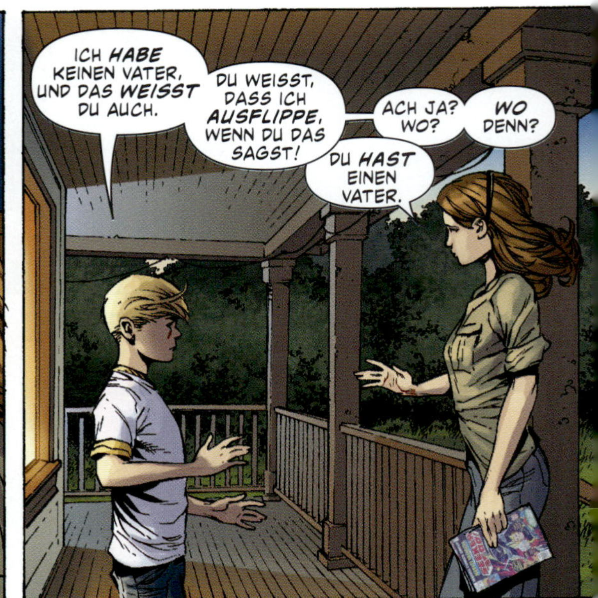
ICH HABE KEINEN VATER, UND DAS WEISST DU AUCH.
DU WEISST, DASS ICH AUSFLIPPE, WENN DU DAS SAGST!
DU HAST EINEN VATER.
ACH JA? WO?
WO DENN?

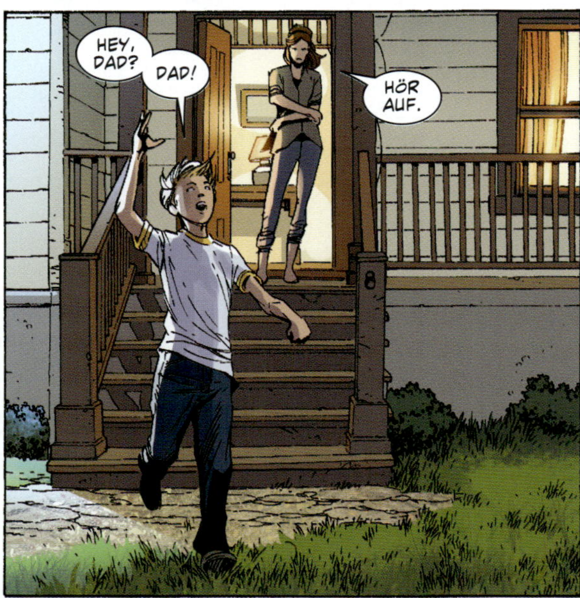
HEY, DAD?
DAD!
HÖR AUF.

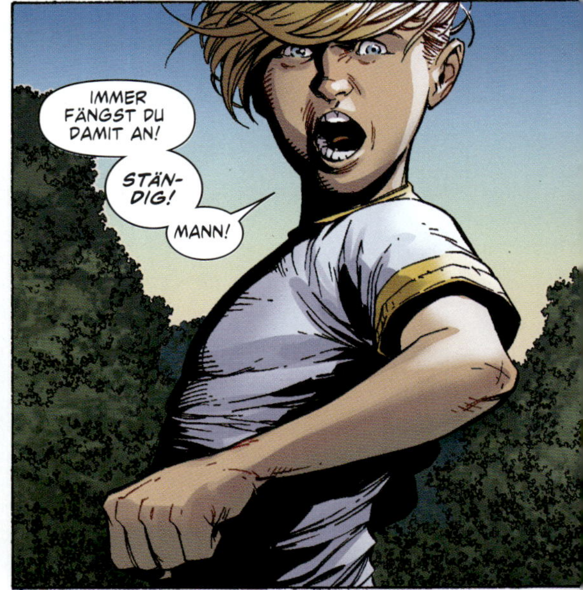
IMMER FÄNGST DU DAMIT AN!
STÄNDIG!
MANN!

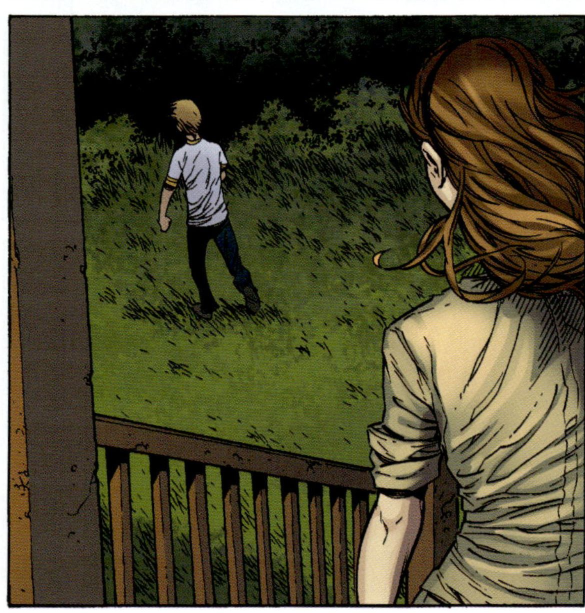

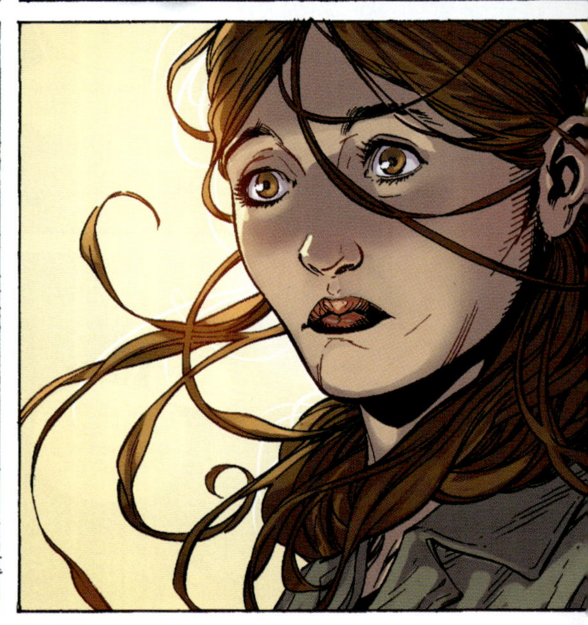

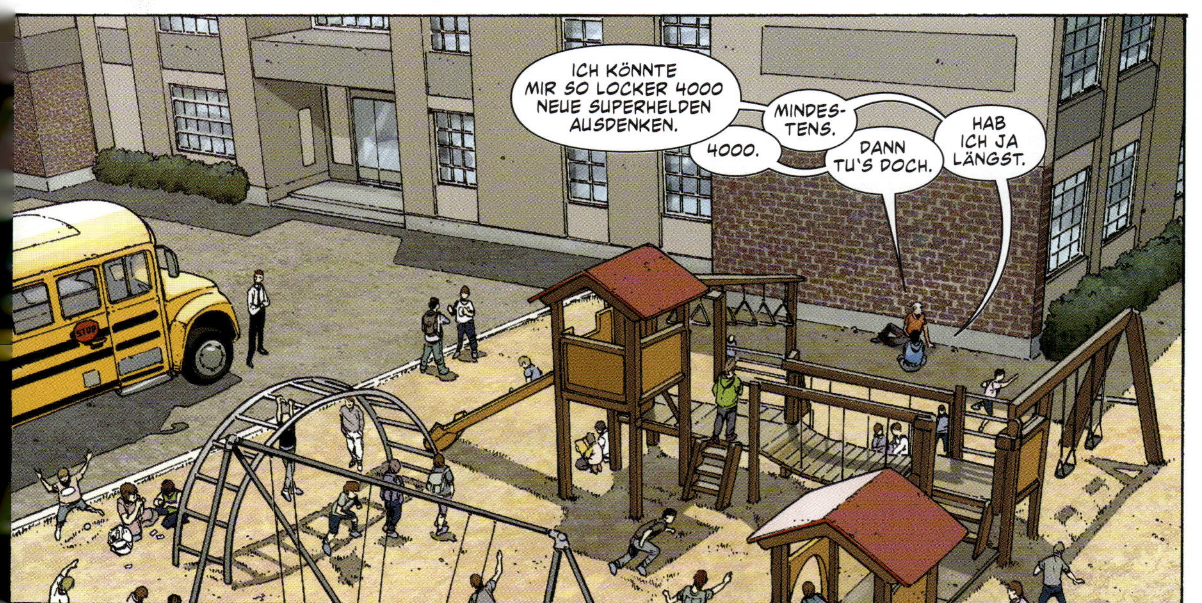
ICH KÖNNTE MIR SO LOCKER 4000 NEUE SUPERHELDEN AUSDENKEN.
MINDESTENS.
4000.
DANN TU'S DOCH.
HAB ICH JA LÄNGST.

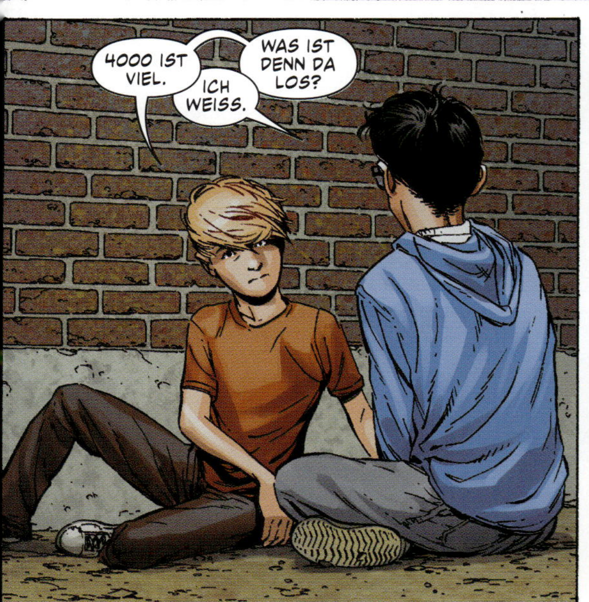
4000 IST VIEL.
WAS IST DENN DA LOS?
ICH WEISS.

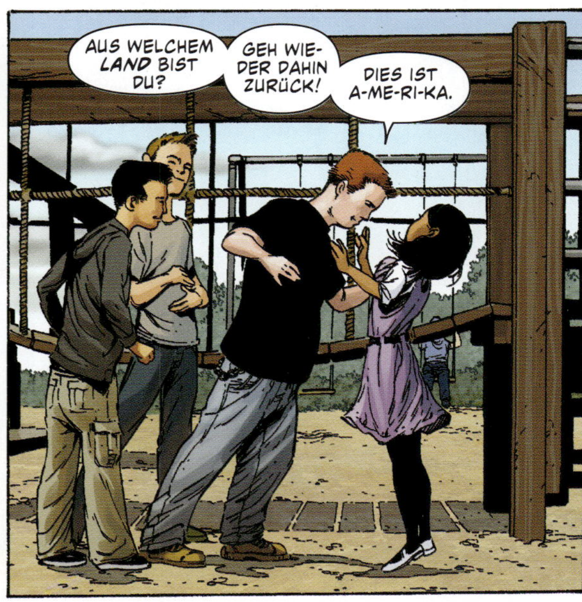
AUS WELCHEM LAND BIST DU?
GEH WIEDER DAHIN ZURÜCK!
DIES IST A-ME-RI-KA.

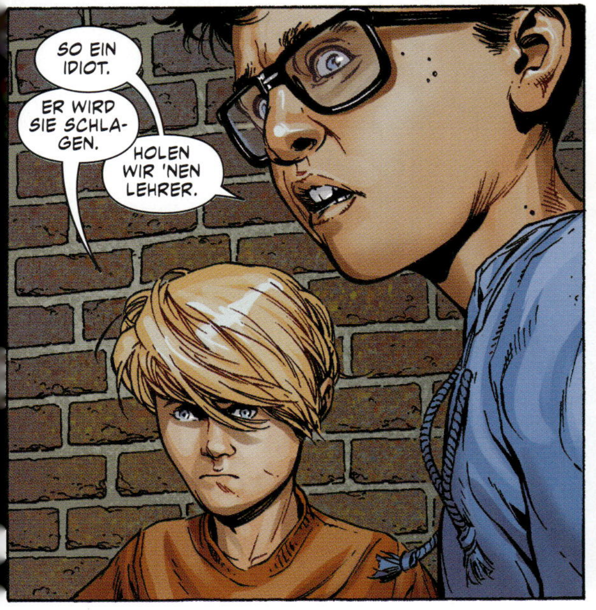
SO EIN IDIOT.
ER WIRD SIE SCHLAGEN.
HOLEN WIR 'NEN LEHRER.

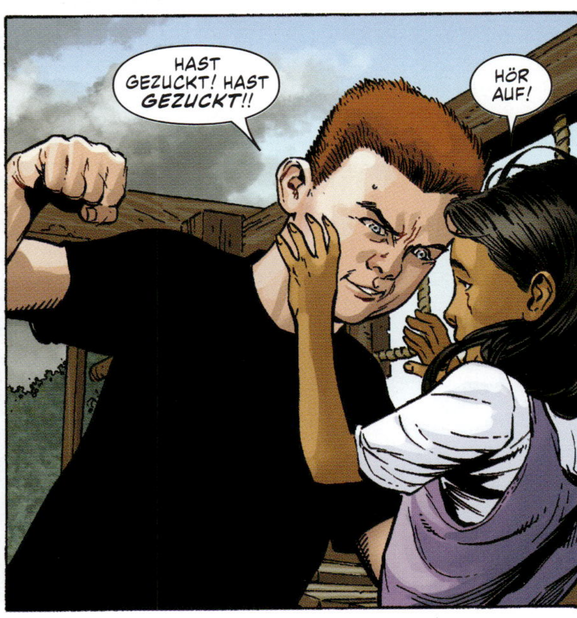
HAST GEZUCKT! HAST GEZUCKT!!
HÖR AUF!

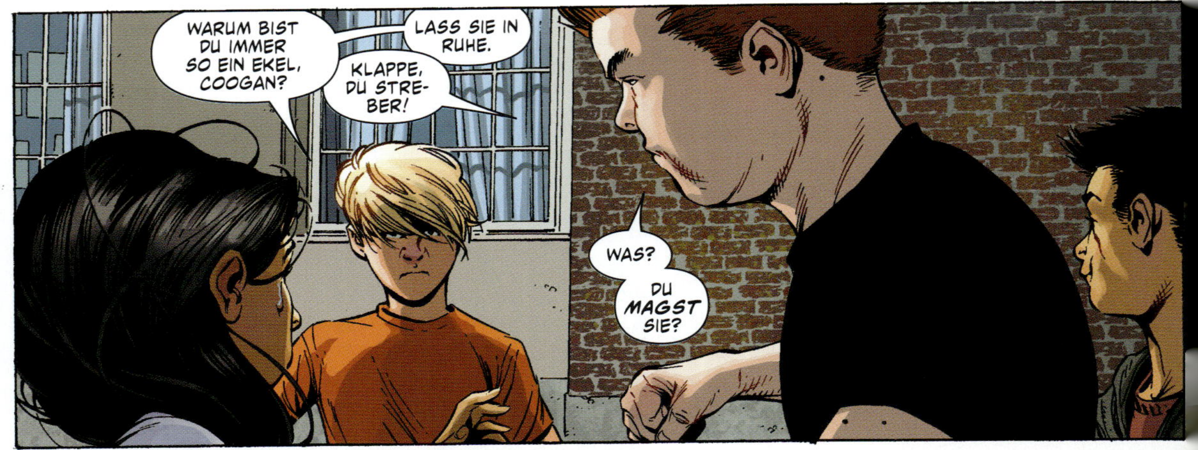
WARUM BIST DU IMMER SO EIN EKEL, COOGAN?
LASS SIE IN RUHE.
KLAPPE, DU STREBER!
WAS?
DU **MAGST** SIE?

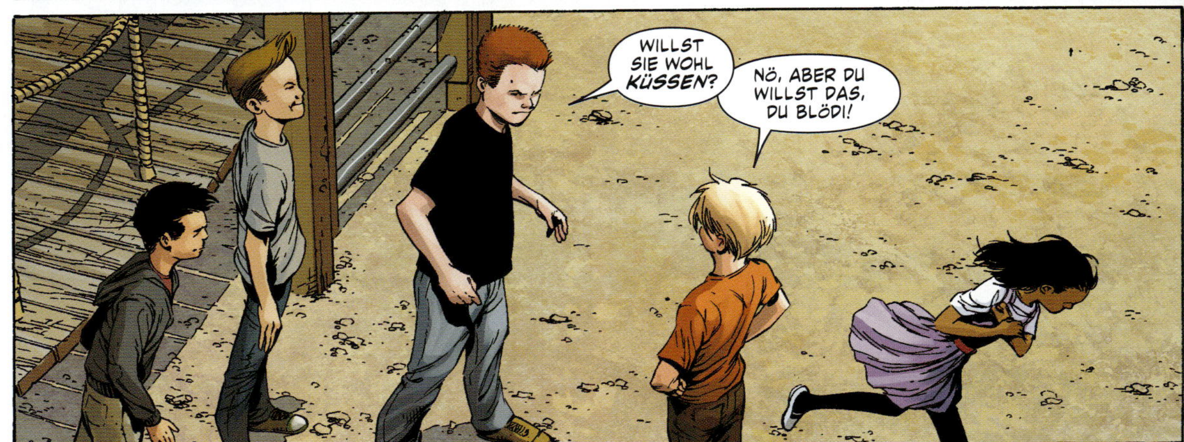
WILLST SIE WOHL **KÜSSEN?**
NÖ, ABER DU WILLST DAS, DU BLÖDI!

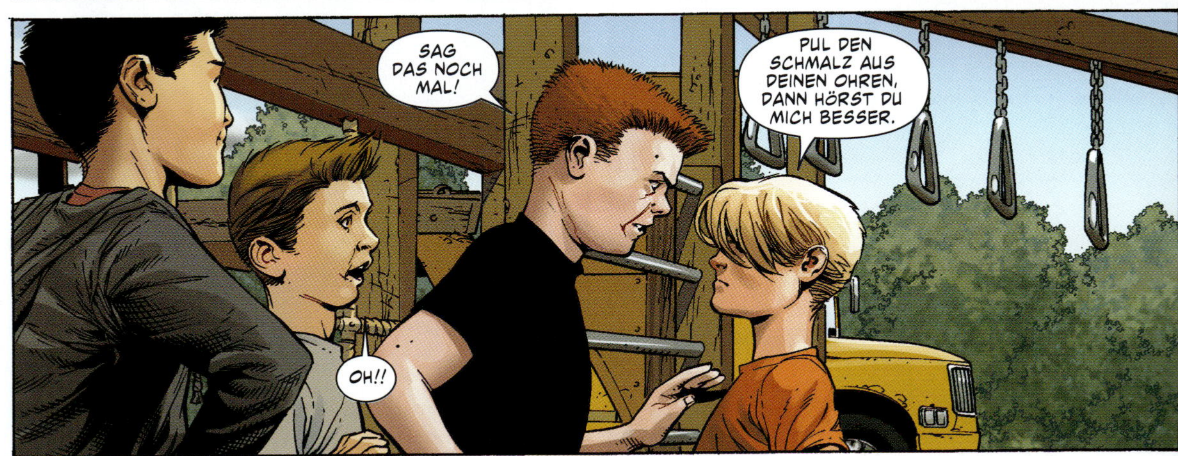
SAG DAS NOCH MAL!
PUL DEN SCHMALZ AUS DEINEN OHREN, DANN HÖRST DU MICH BESSER.
OH!!

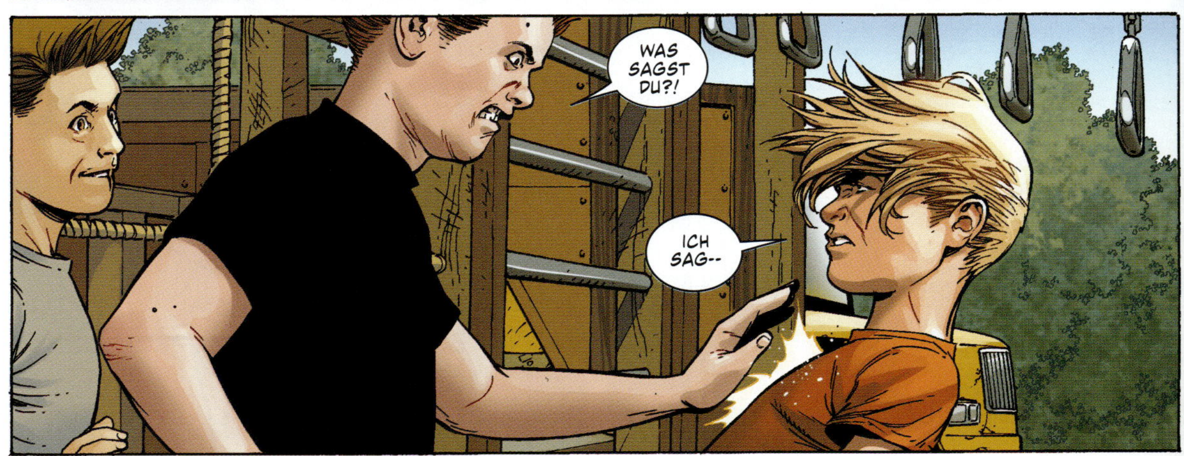
WAS SAGST DU?!
ICH SAG--

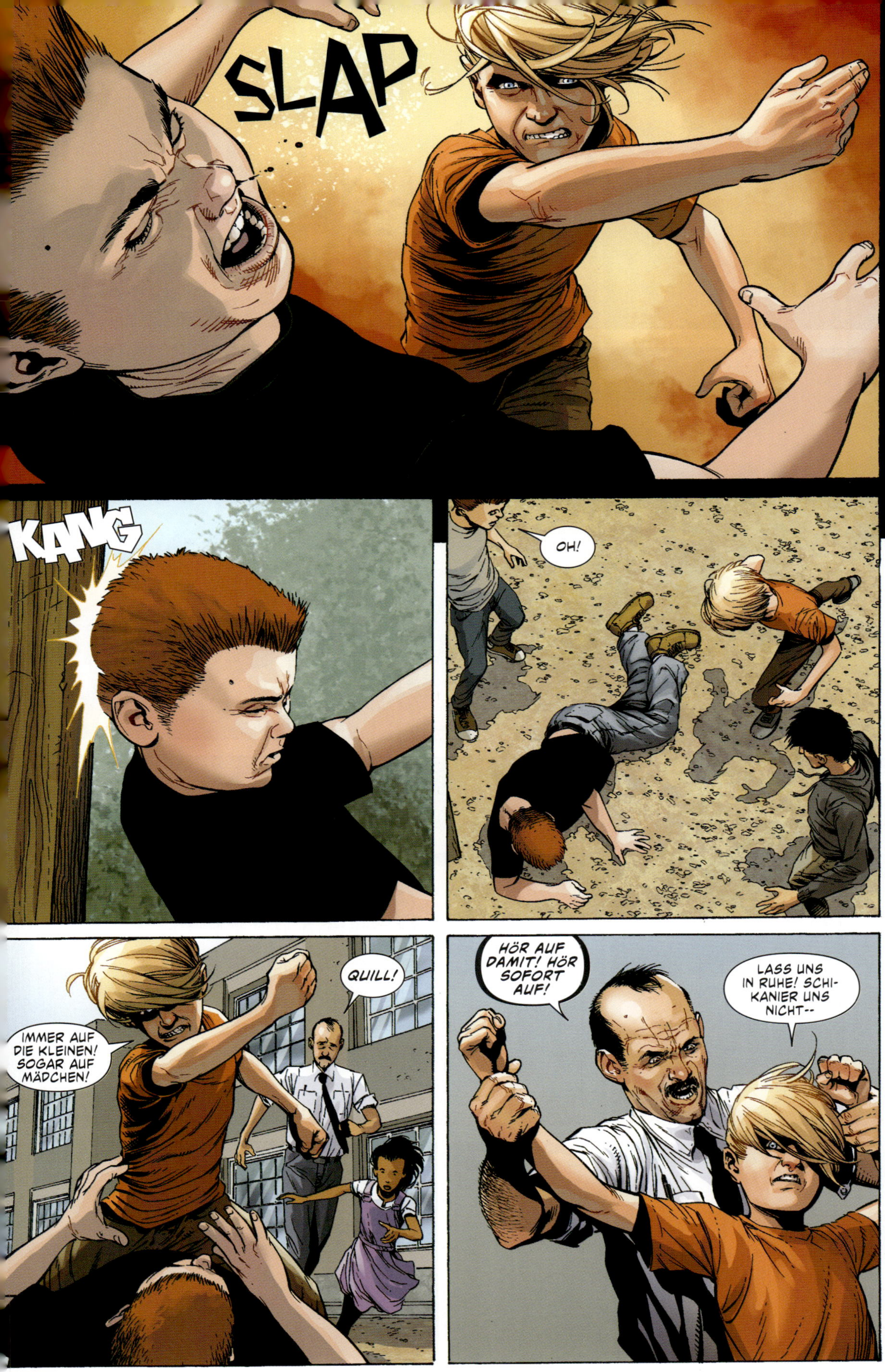

SLAP

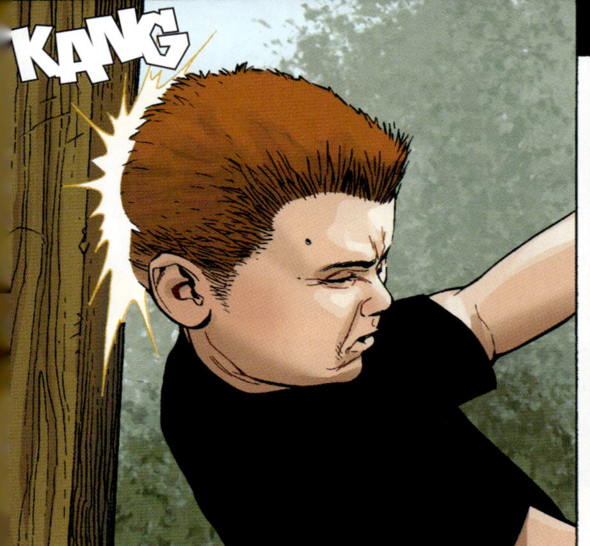
KANG

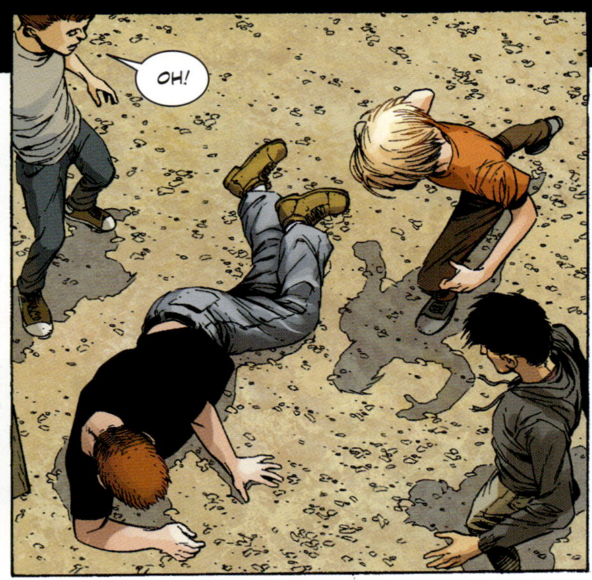
OH!

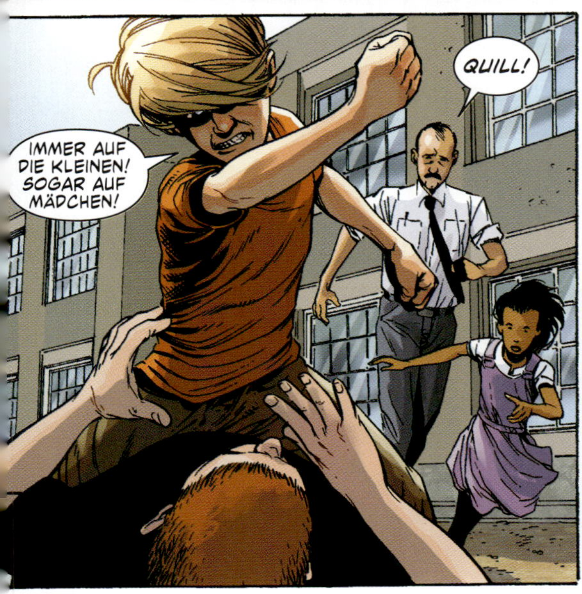
IMMER AUF DIE KLEINEN! SOGAR AUF MÄDCHEN!
QUILL!

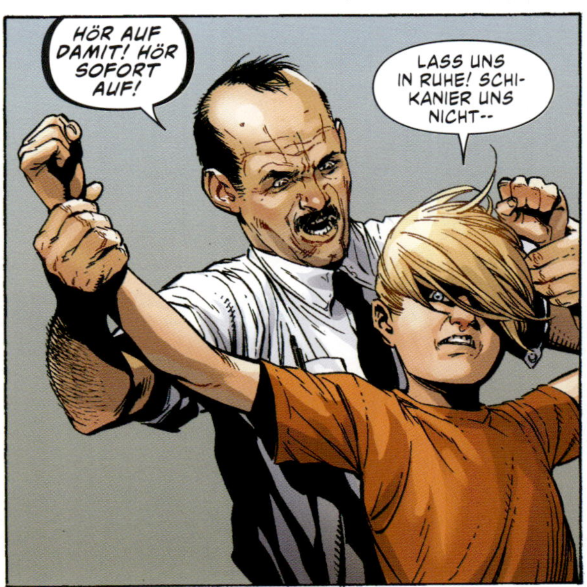
HÖR AUF DAMIT! HÖR SOFORT AUF!
LASS UNS IN RUHE! SCHIKANIER UNS NICHT--

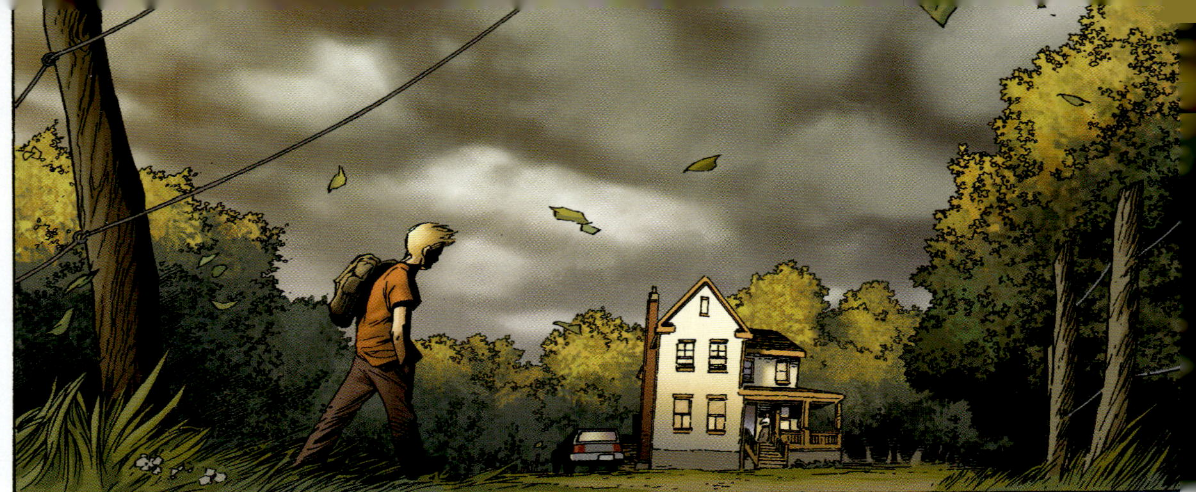

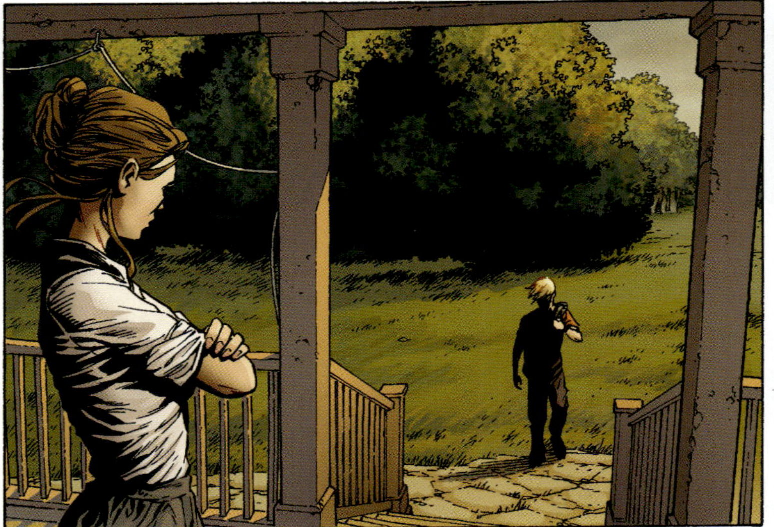

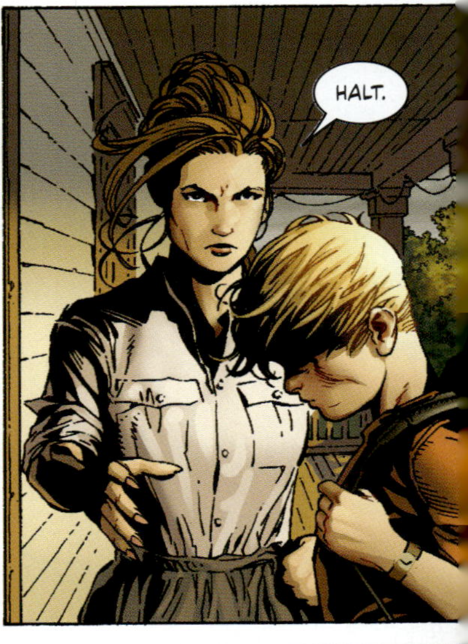
HALT.

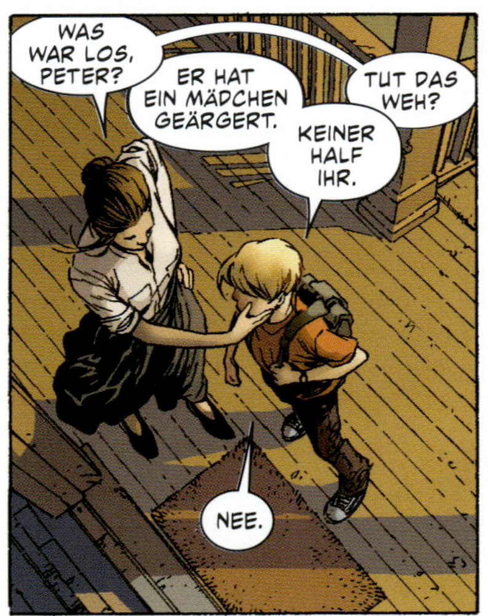
WAS WAR LOS, PETER?
ER HAT EIN MÄDCHEN GEÄRGERT.
TUT DAS WEH?
KEINER HALF IHR.
NEE.

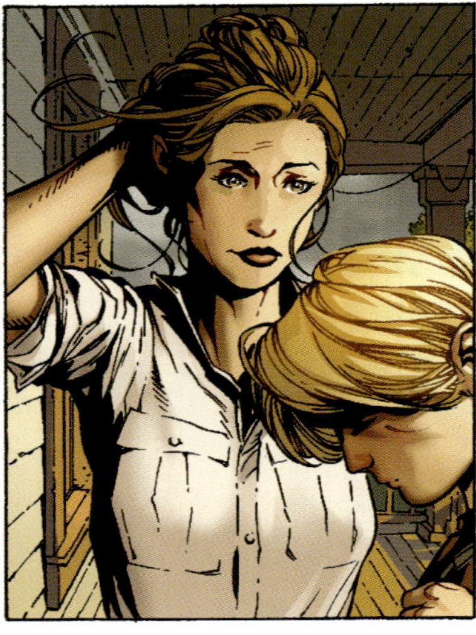

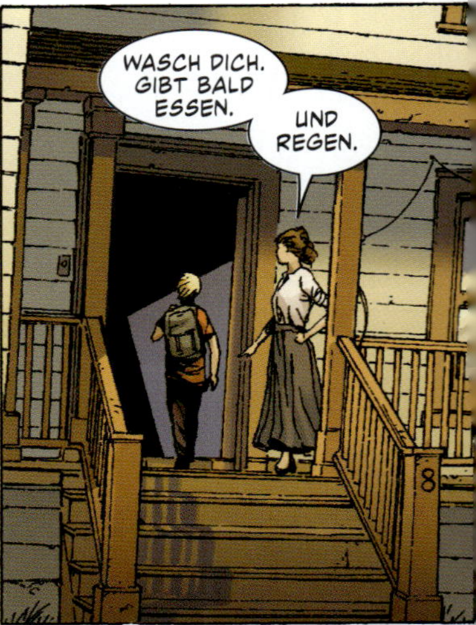
WASCH DICH. GIBT BALD ESSEN.
UND REGEN.

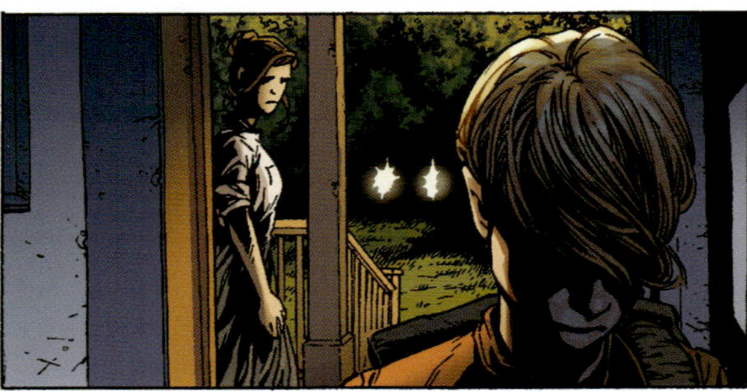

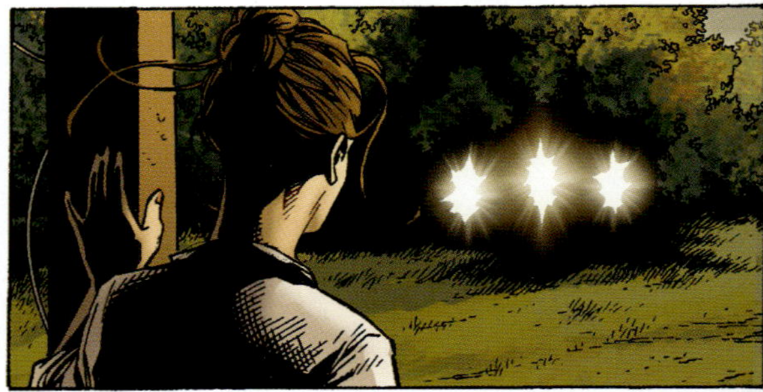

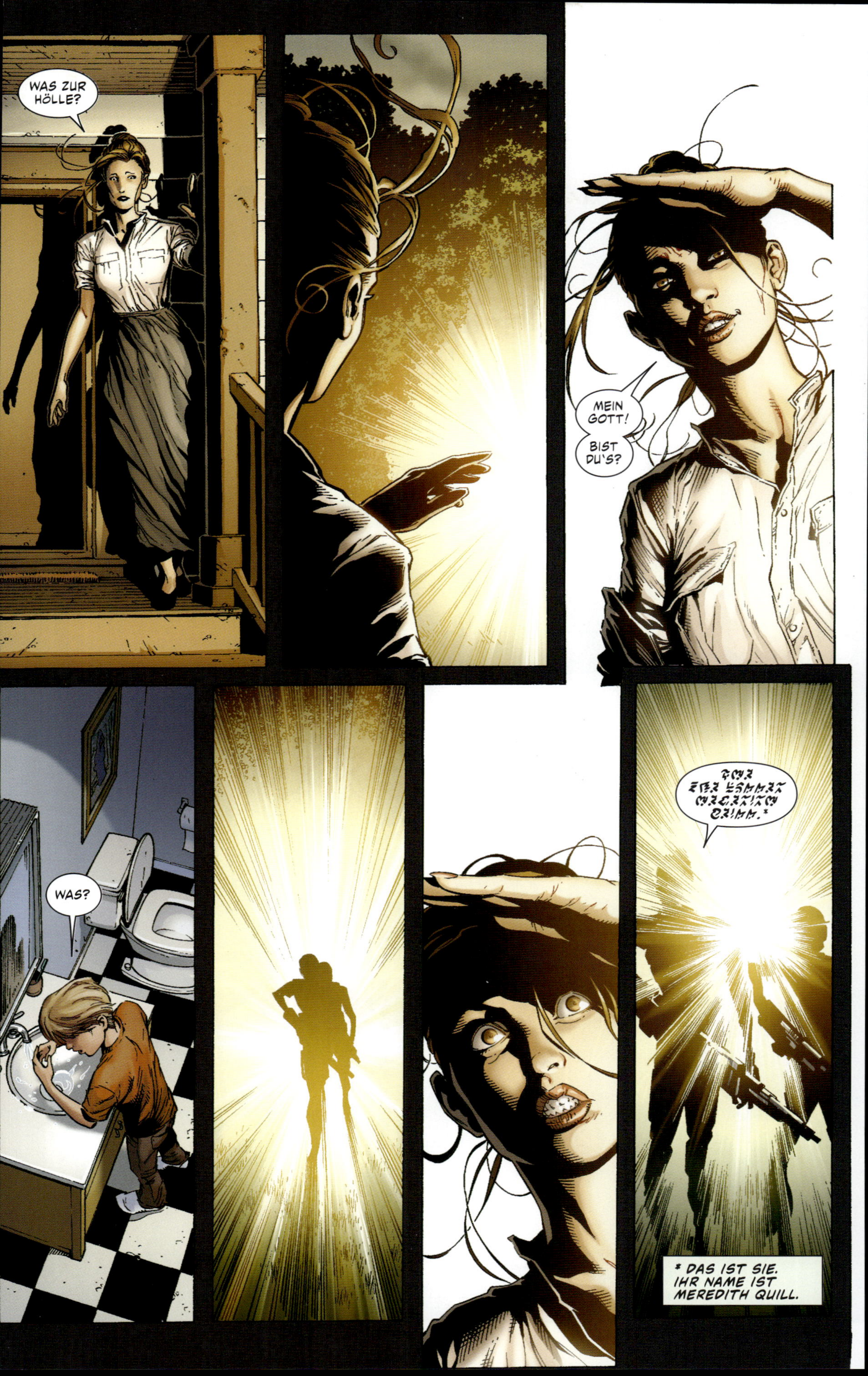

WAS ZUR HÖLLE?

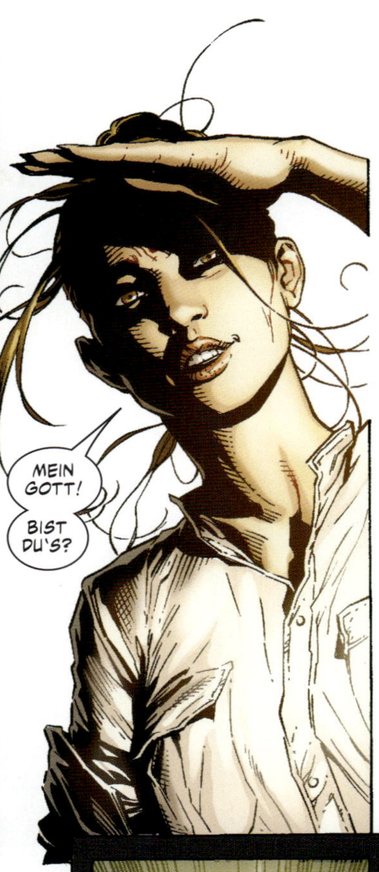

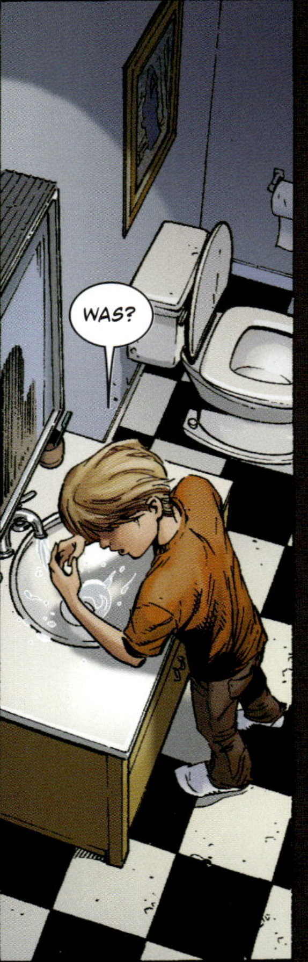

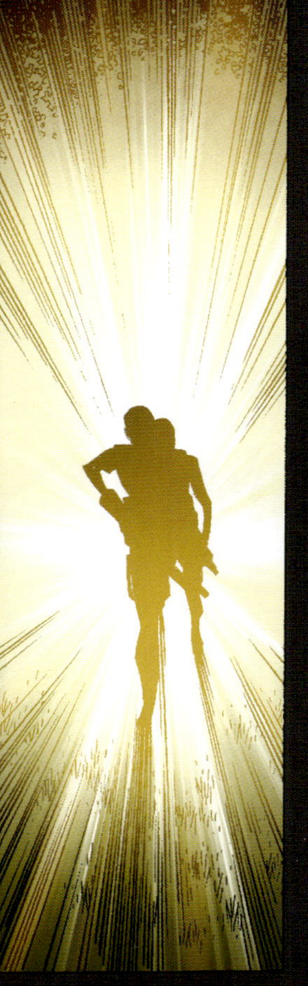

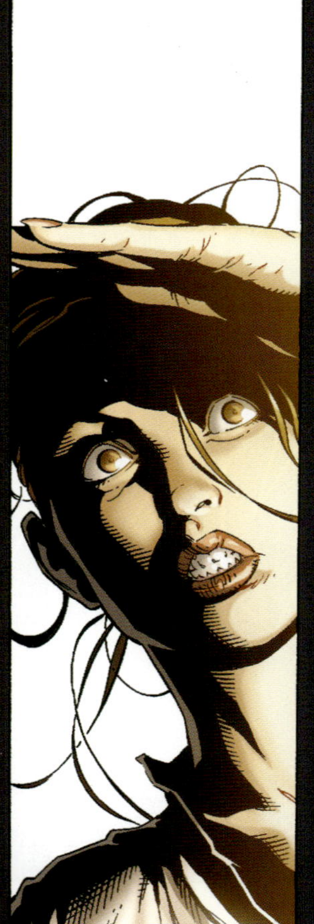

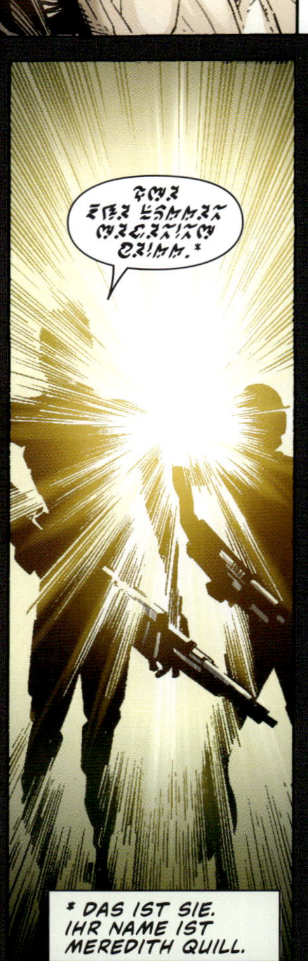

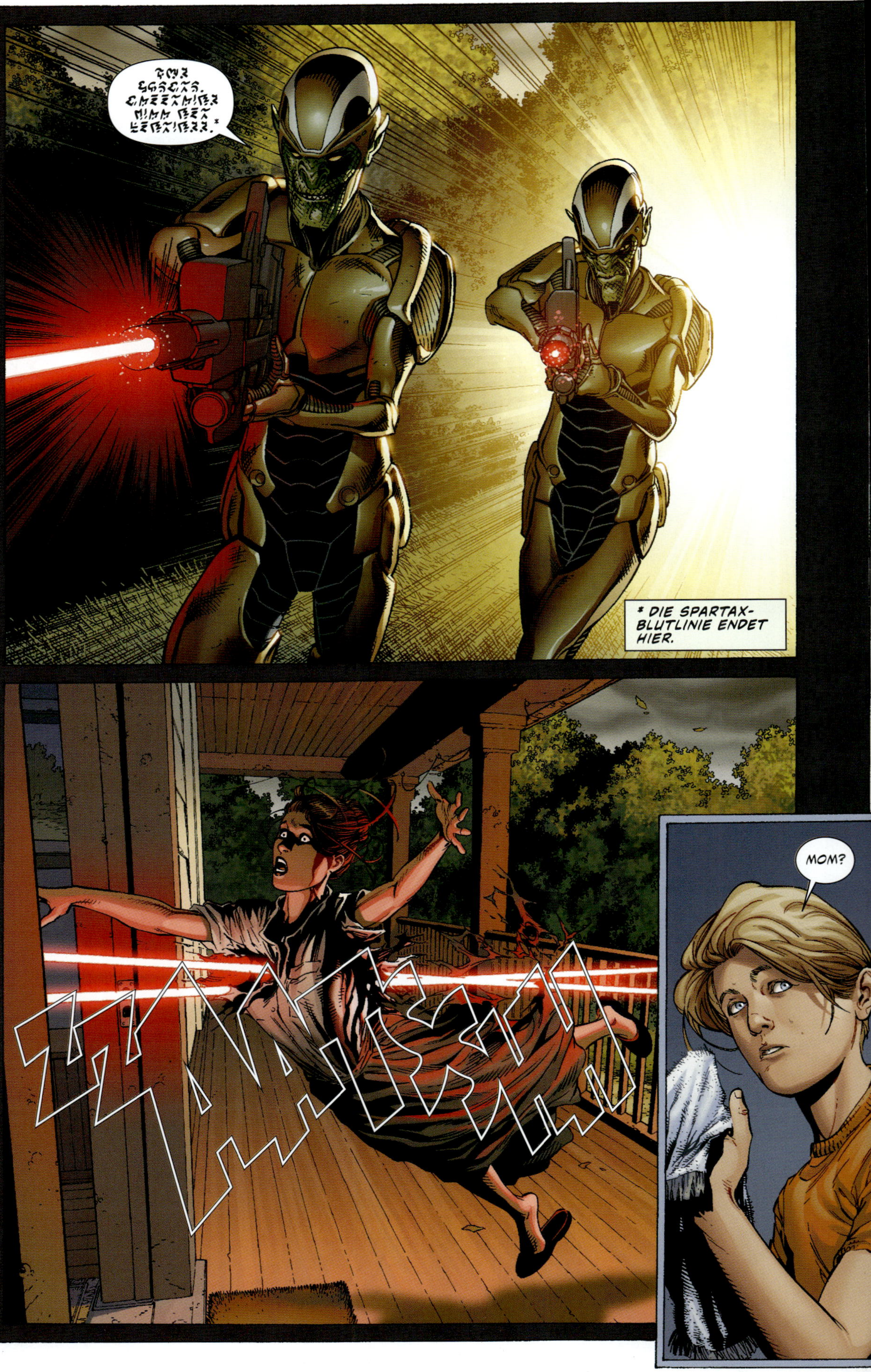

* DIE SPARTAX-BLUTLINIE ENDET HIER.

MOM?

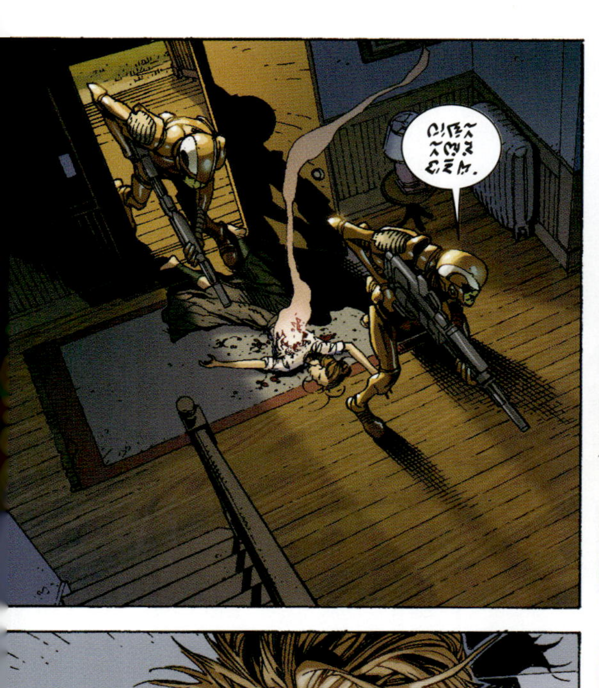

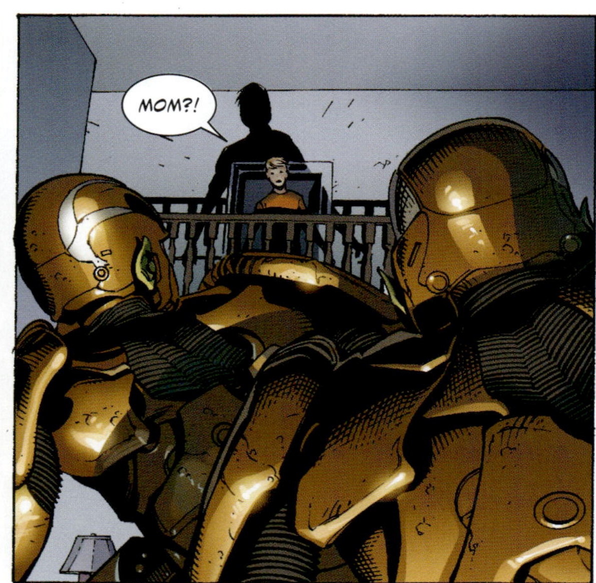

MOM?!

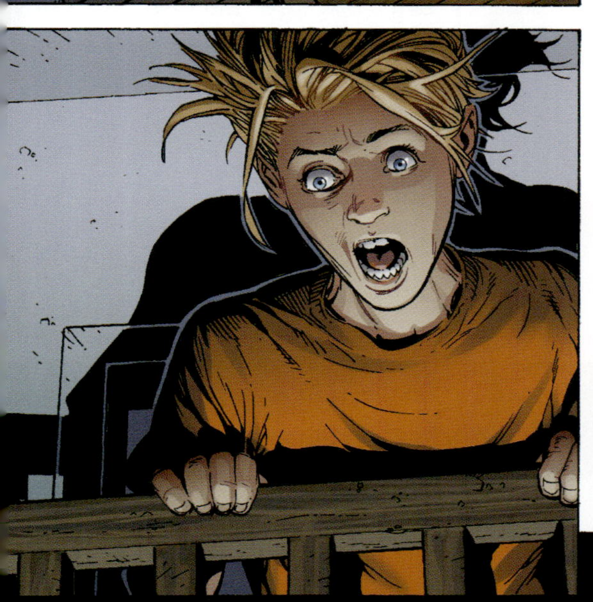

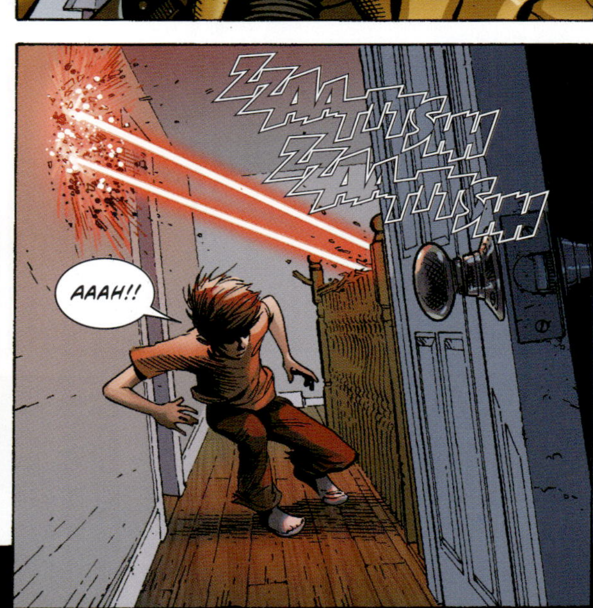

AAAH!!

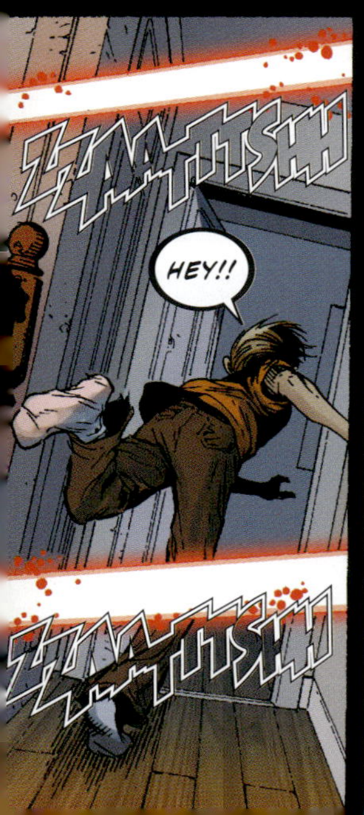

HEY!!

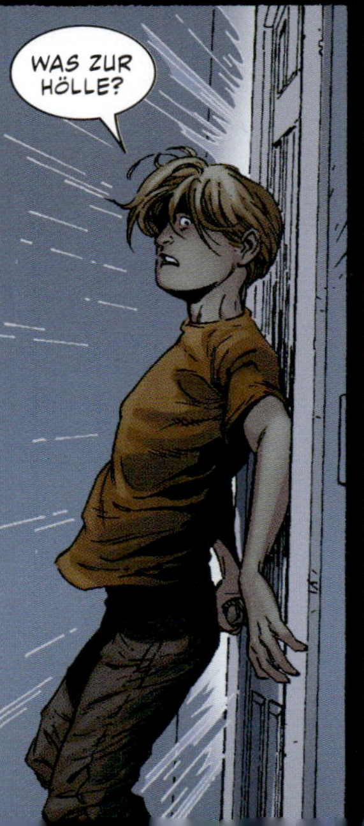

WAS ZUR
HÖLLE?

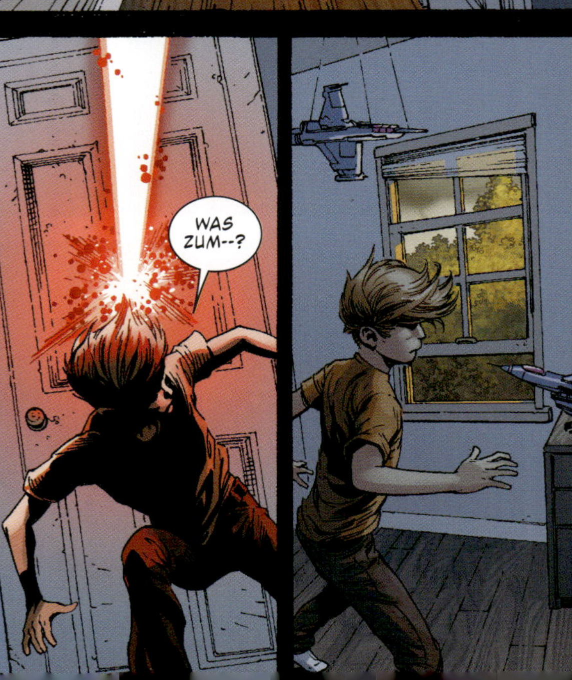

WAS
ZUM--?

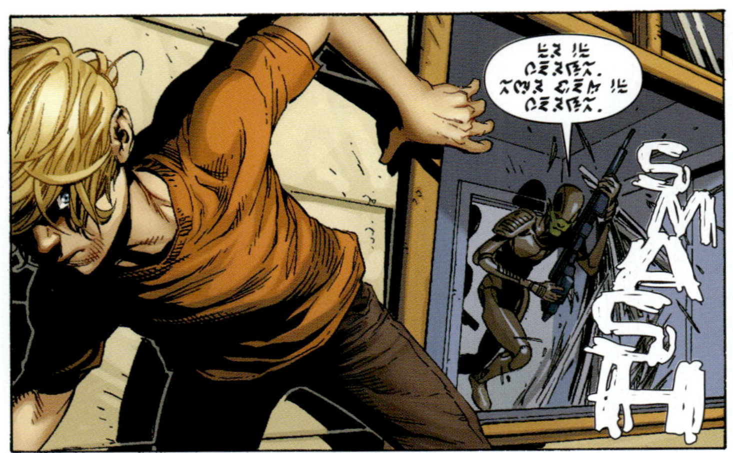
SMASH
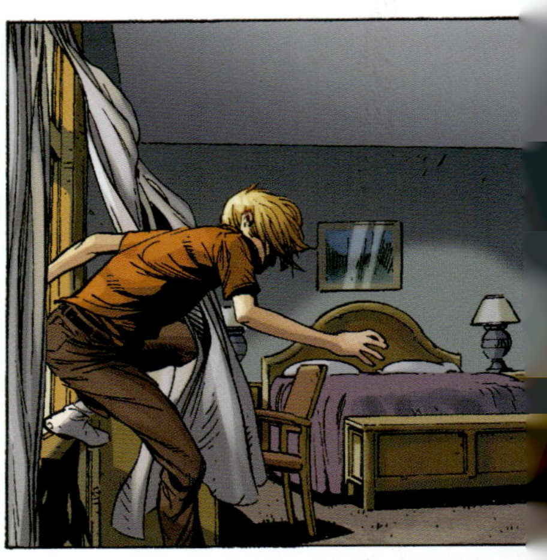
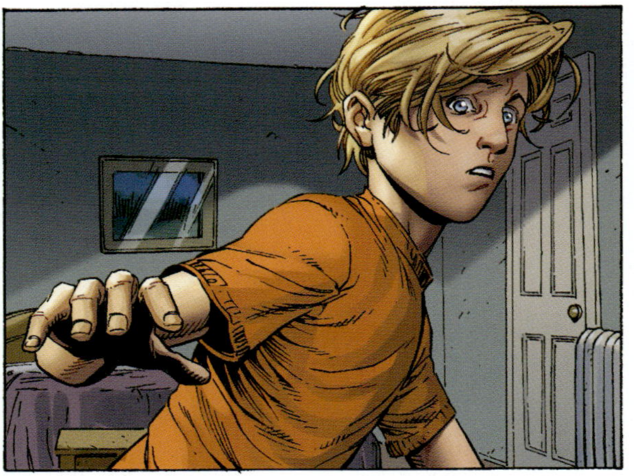
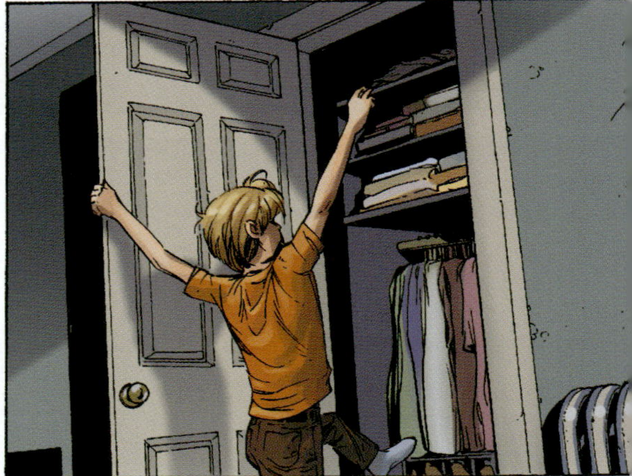
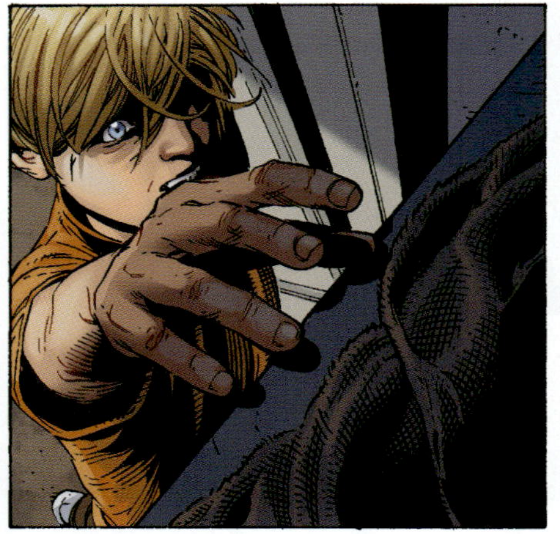
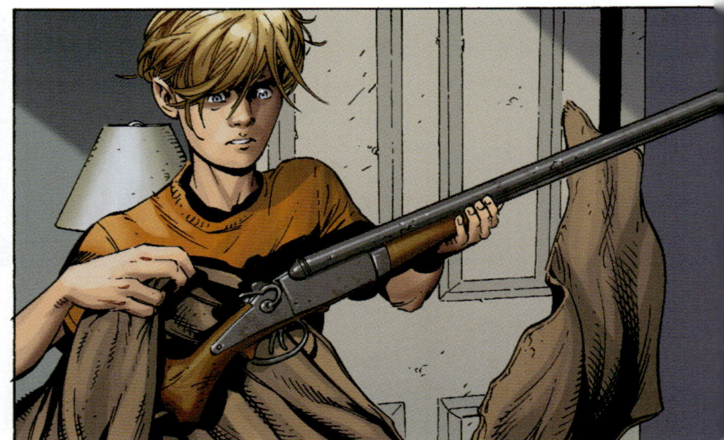
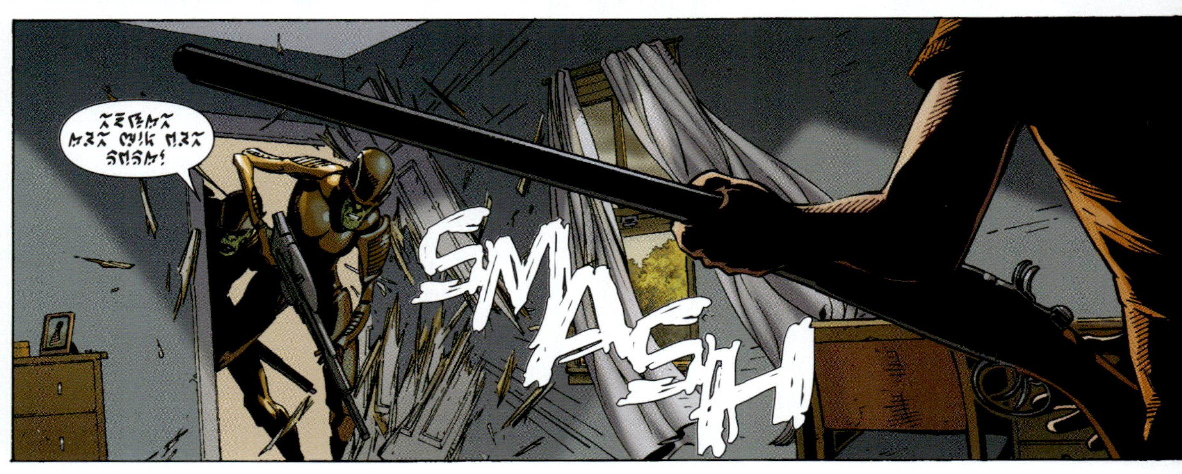
SMASH

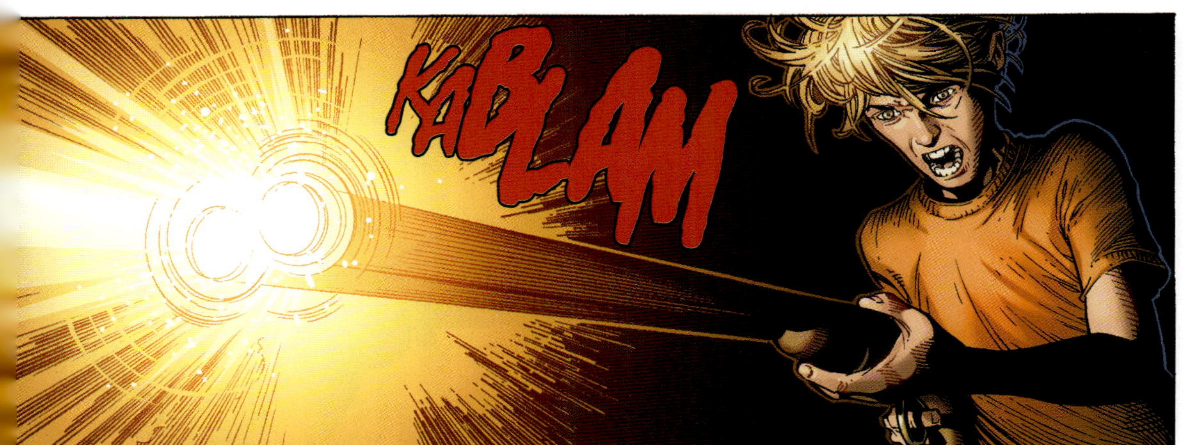
KABLAM
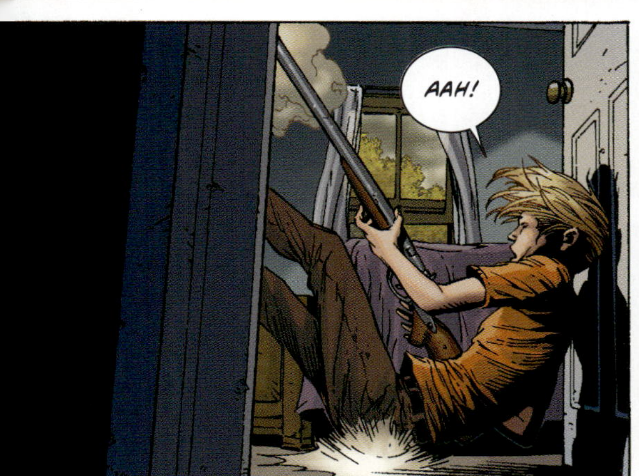
AAH!
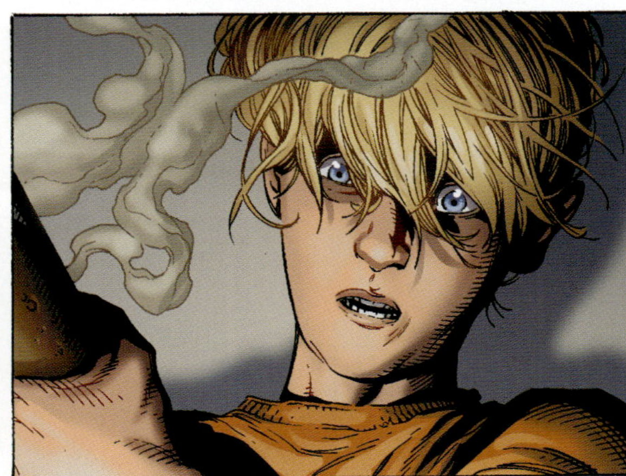
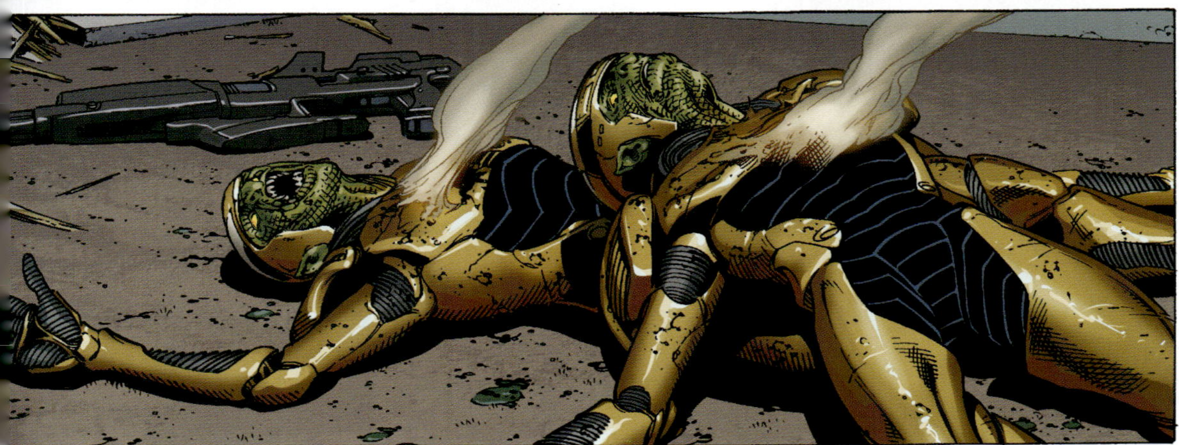
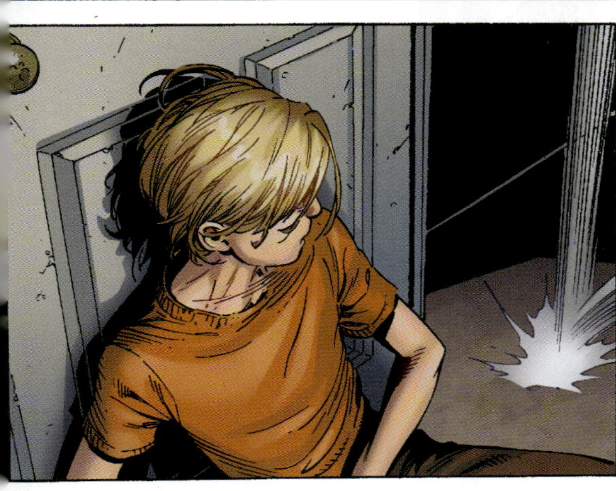
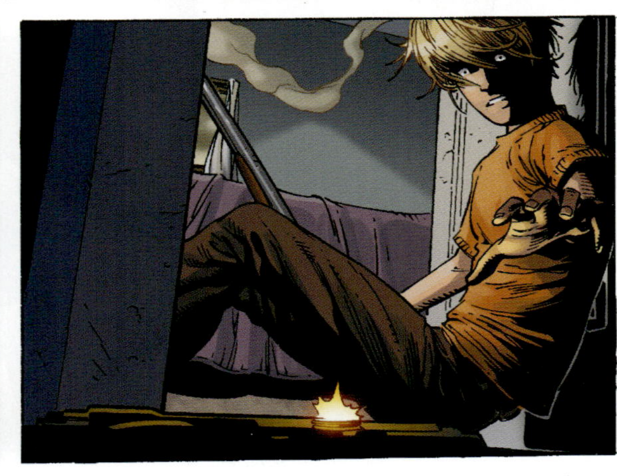

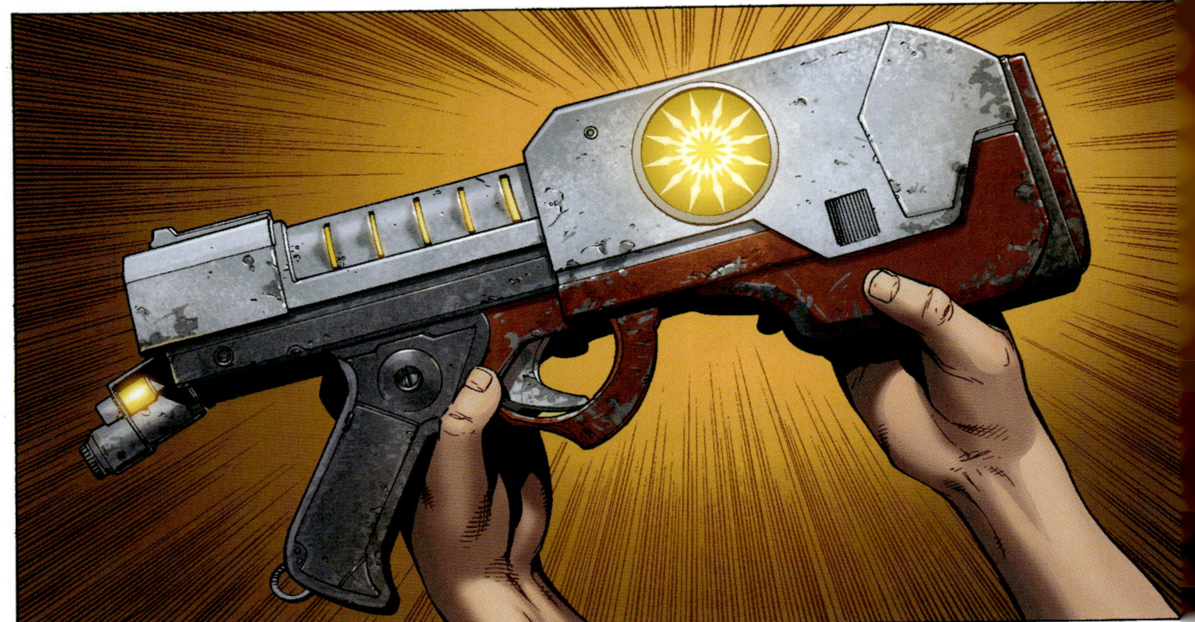
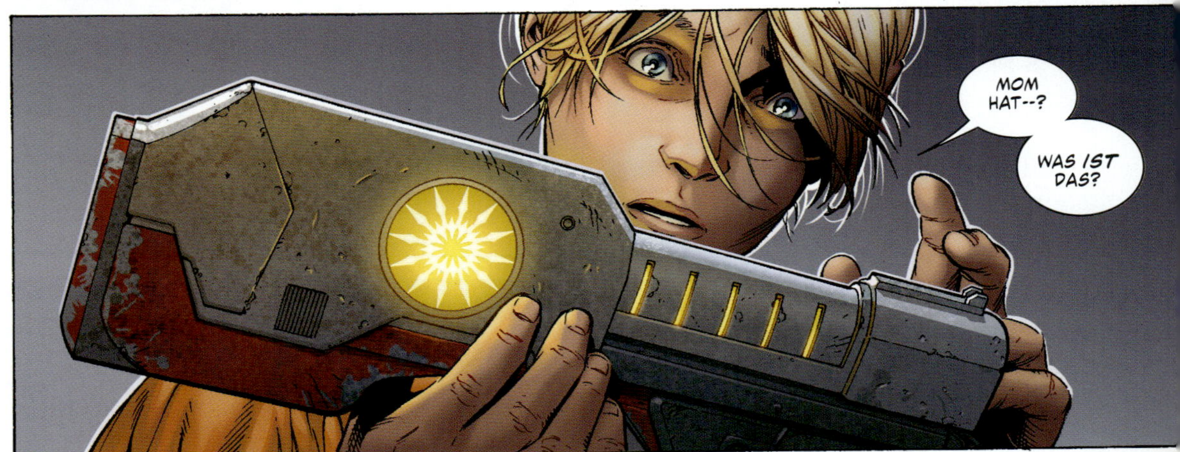
MOM HAT--?
WAS IST DAS?
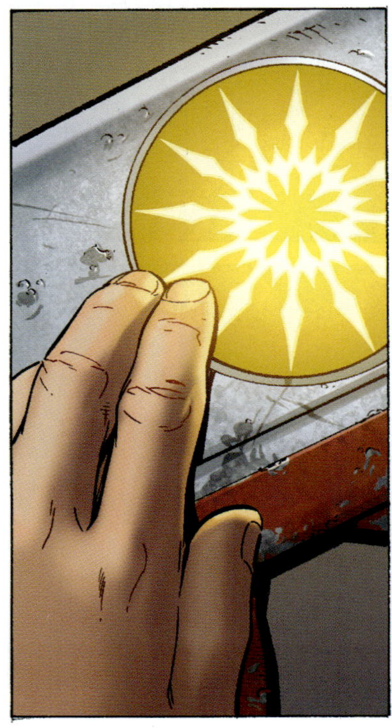
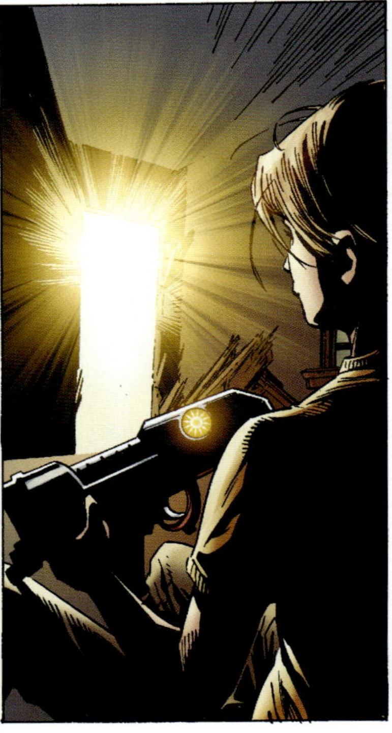
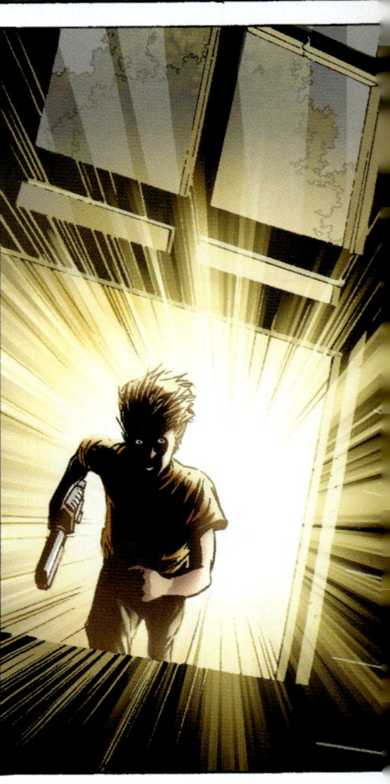

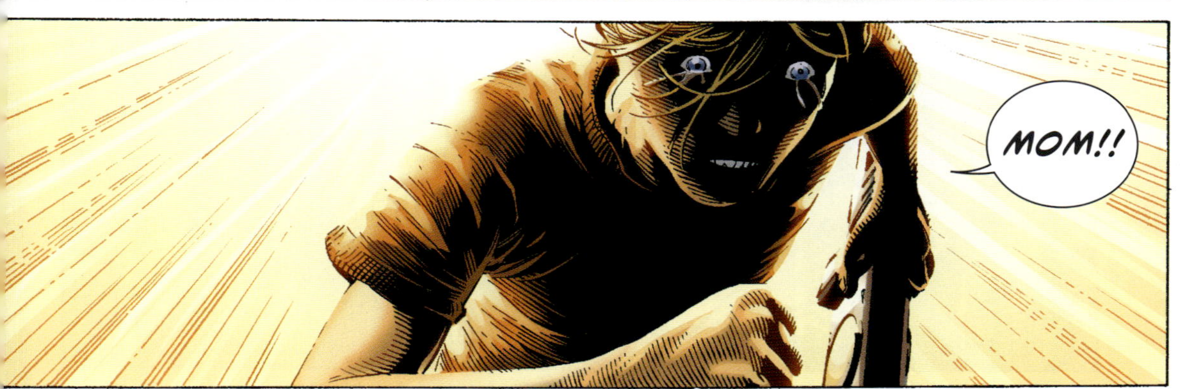
MOM!!

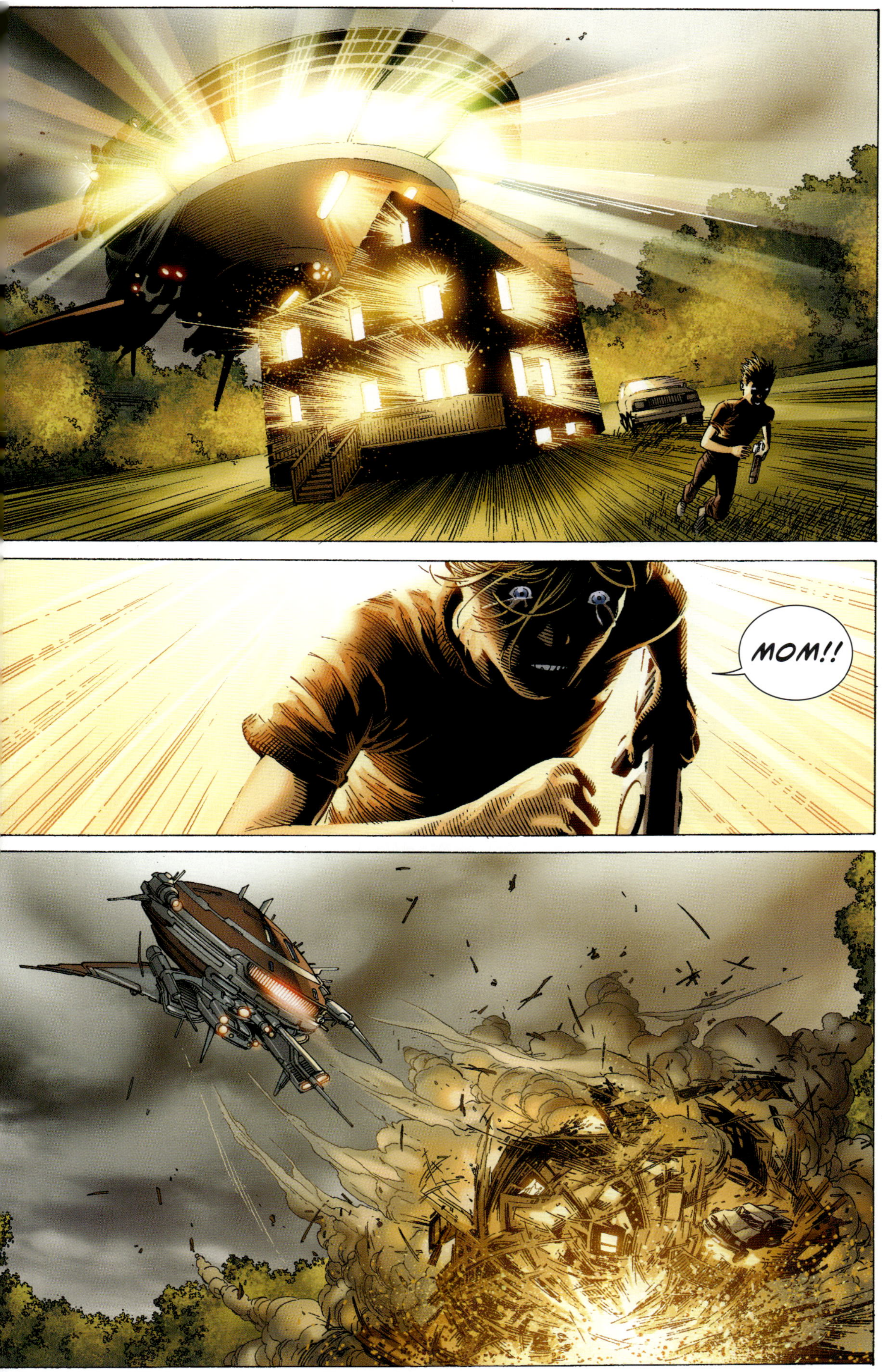

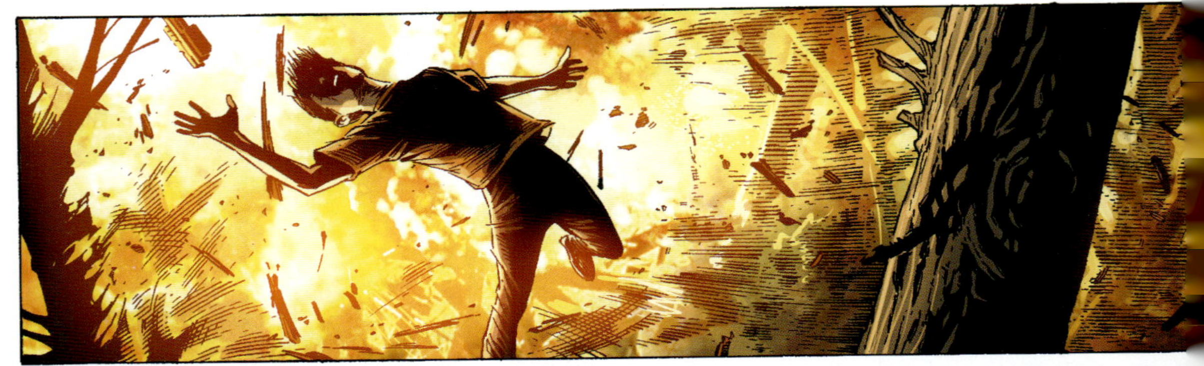

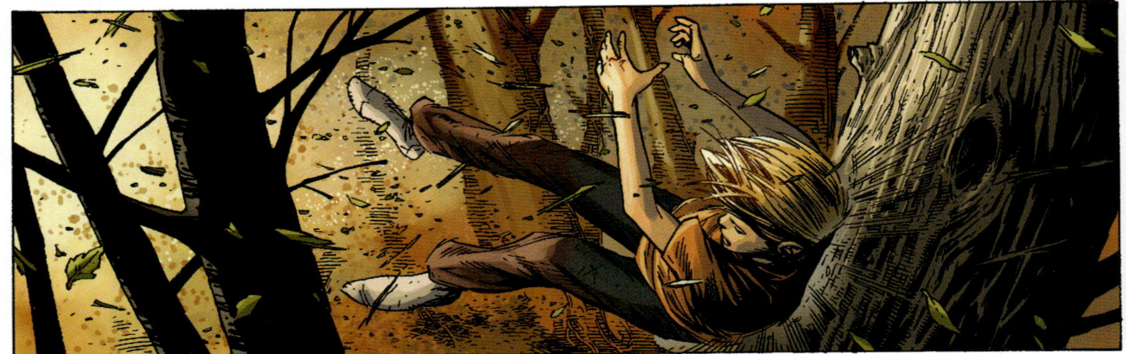

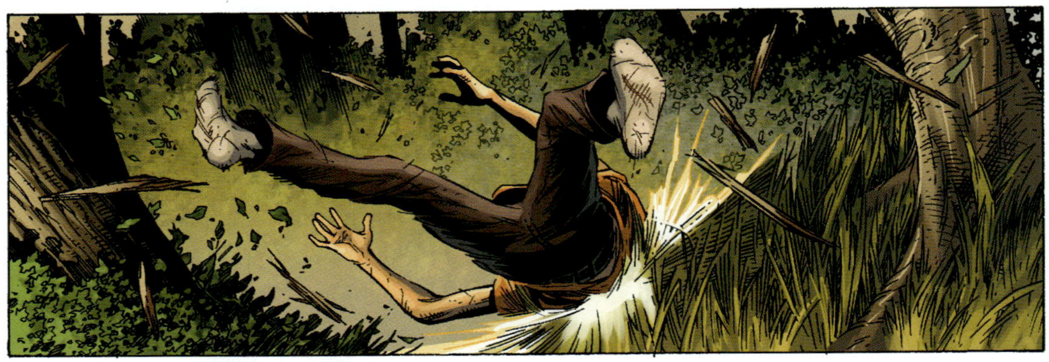

GAS-LECK?

ALLES IN SCHUTT UND ASCHE.

ÜBEL?

WIE ZUNDER.

ARMER JUNGE.

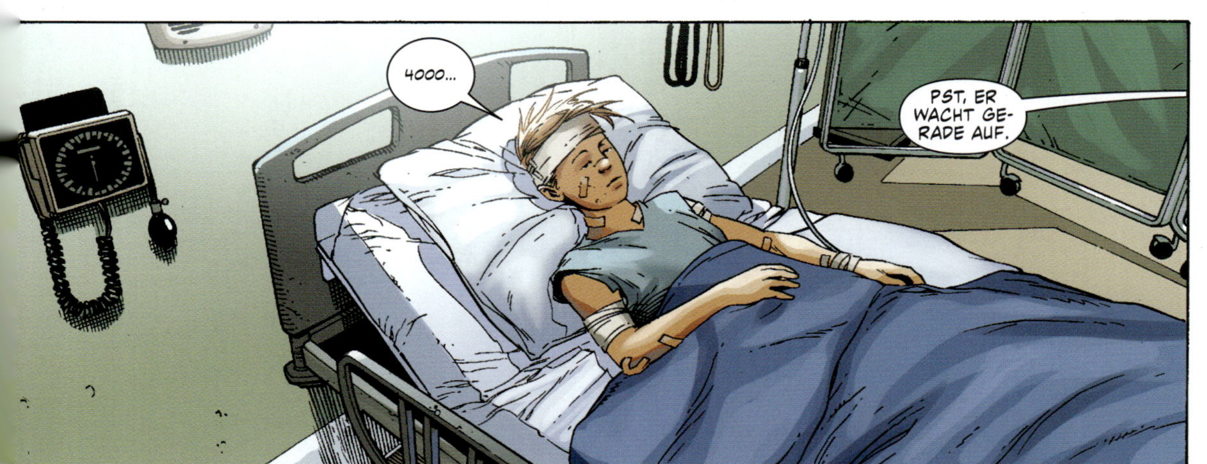
4000...
PST, ER WACHT GERADE AUF.

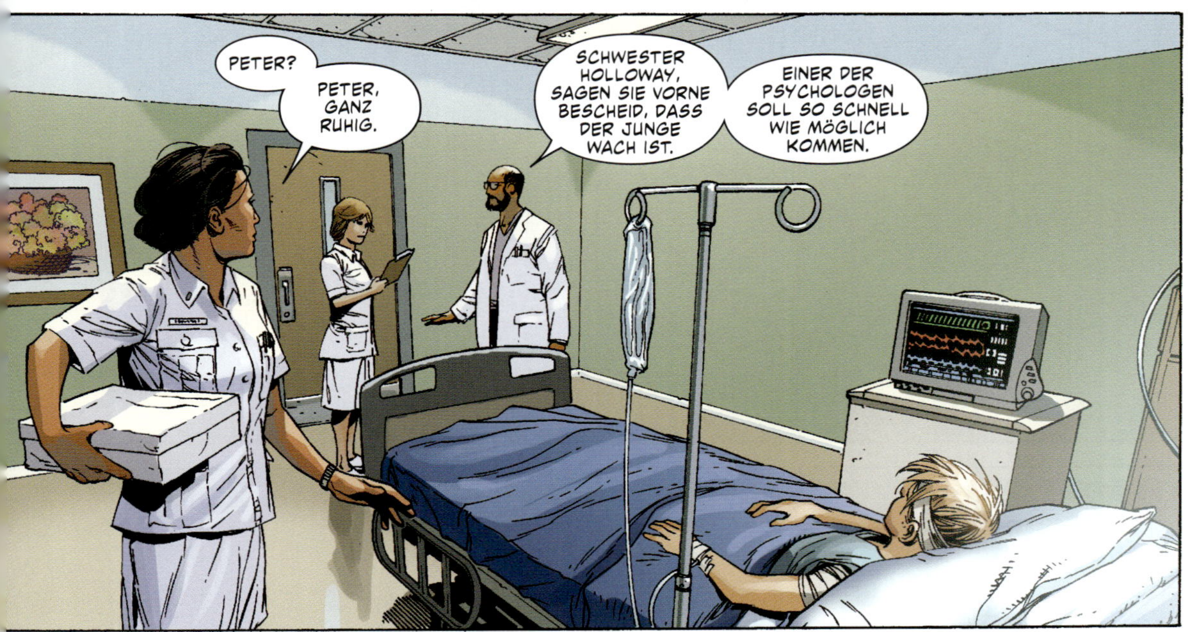
PETER?
PETER, GANZ RUHIG.
SCHWESTER HOLLOWAY, SAGEN SIE VORNE BESCHEID, DASS DER JUNGE WACH IST.
EINER DER PSYCHOLOGEN SOLL SO SCHNELL WIE MÖGLICH KOMMEN.

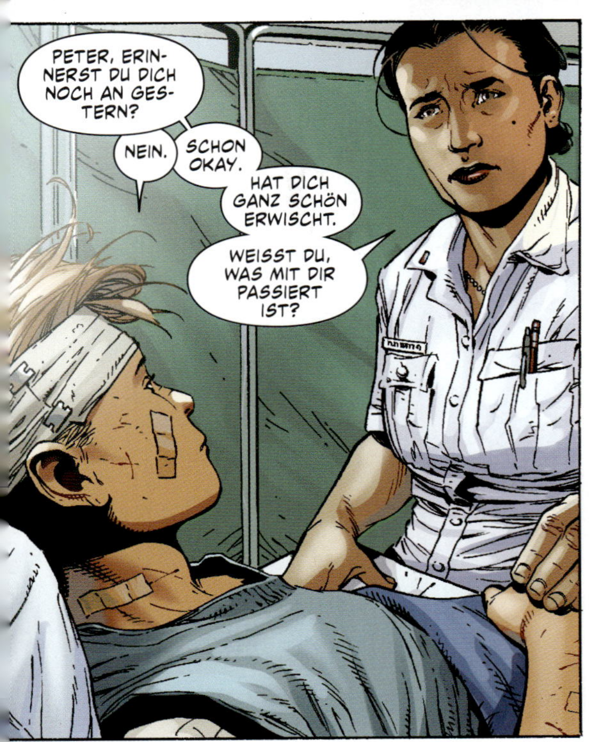
PETER, ERINNERST DU DICH NOCH AN GESTERN?
NEIN.
SCHON OKAY.
HAT DICH GANZ SCHÖN ERWISCHT.
WEISST DU, WAS MIT DIR PASSIERT IST?

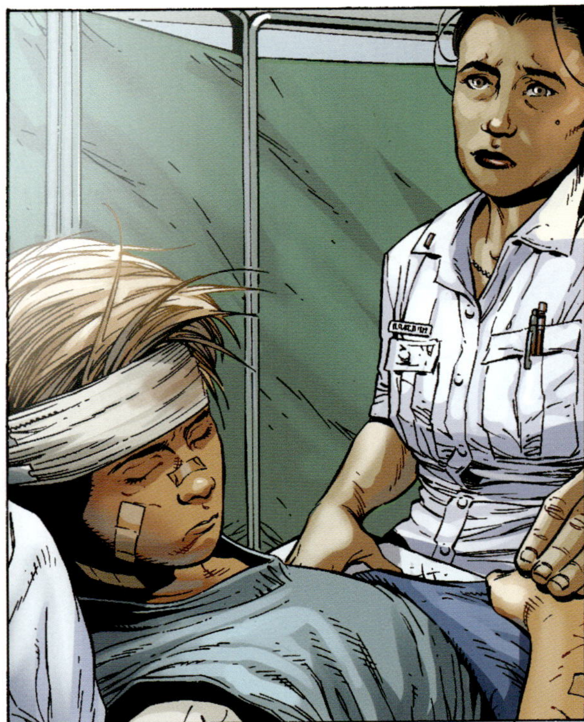

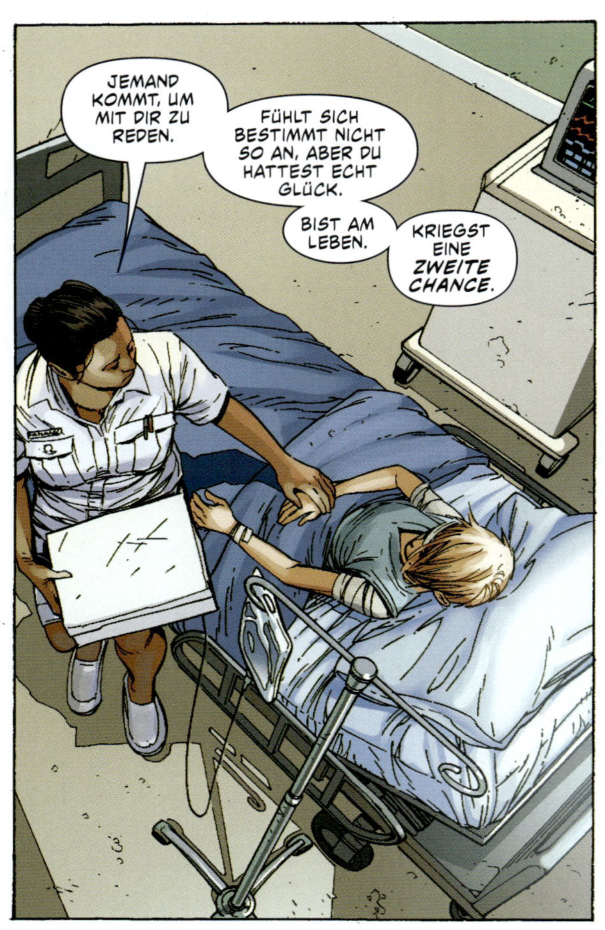
JEMAND KOMMT, UM MIT DIR ZU REDEN.
FÜHLT SICH BESTIMMT NICHT SO AN, ABER DU HATTEST ECHT GLÜCK.
BIST AM LEBEN.
KRIEGST EINE *ZWEITE CHANCE*.

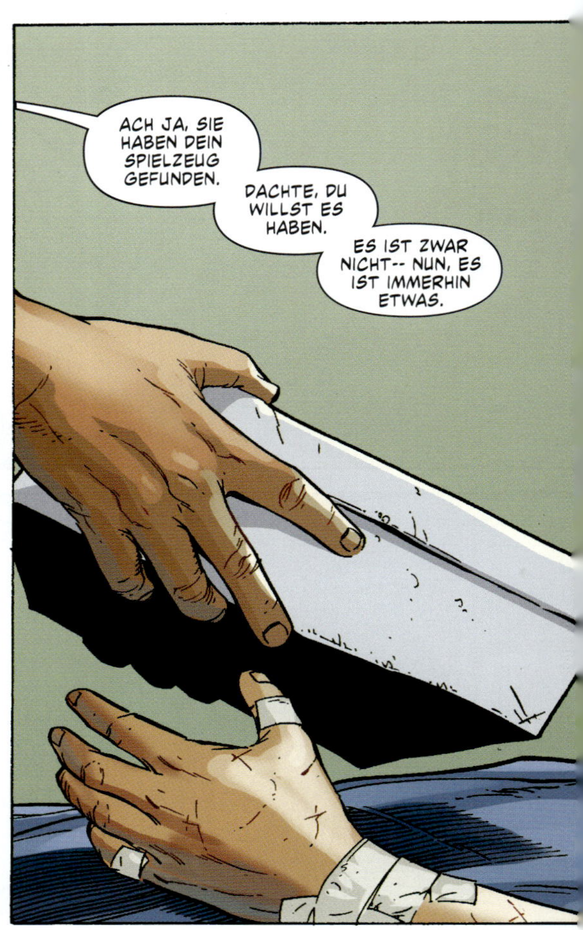
ACH JA, SIE HABEN DEIN SPIELZEUG GEFUNDEN.
DACHTE, DU WILLST ES HABEN.
ES IST ZWAR NICHT-- NUN, ES IST IMMERHIN ETWAS.

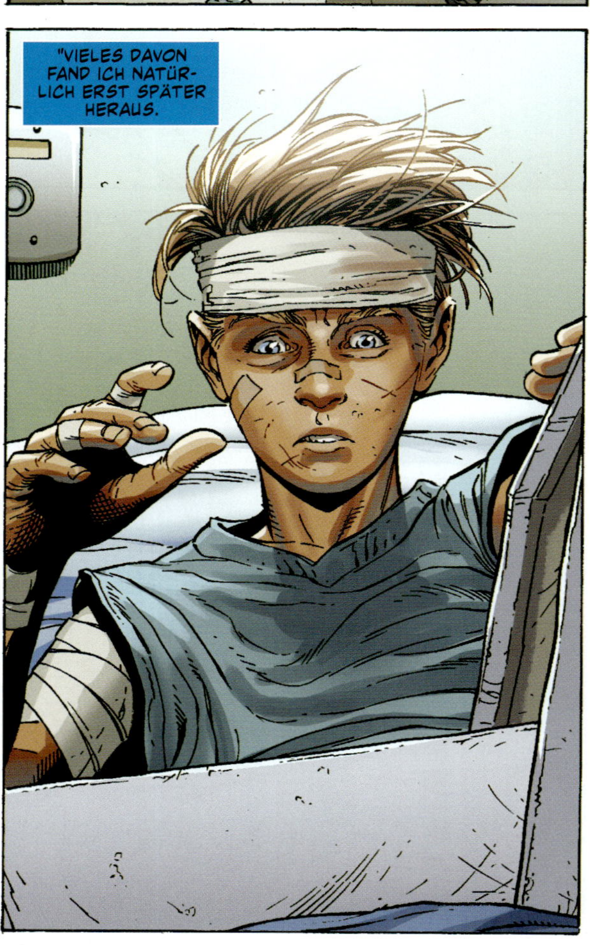
"VIELES DAVON FAND ICH NATÜRLICH ERST SPÄTER HERAUS.

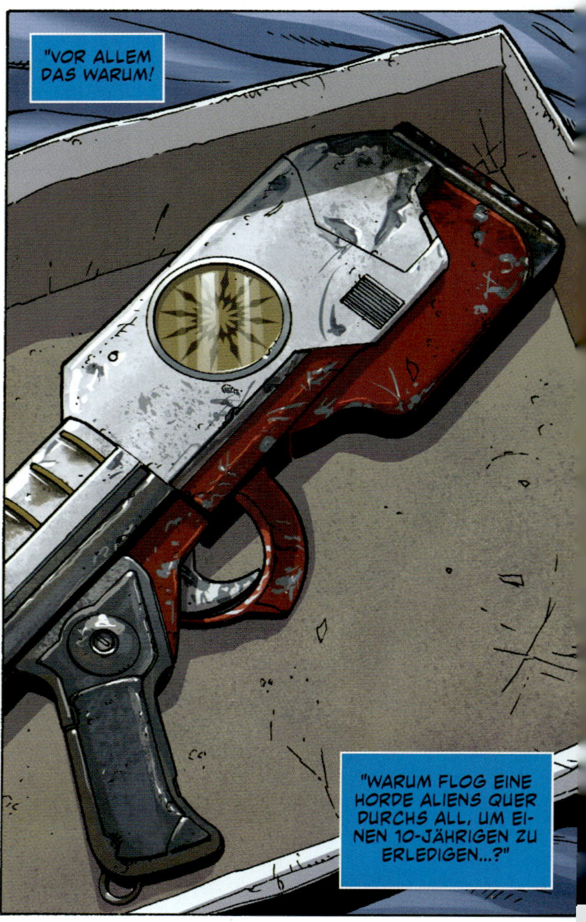
"VOR ALLEM DAS WARUM!
"WARUM FLOG EINE HORDE ALIENS QUER DURCHS ALL, UM EINEN 10-JÄHRIGEN ZU ERLEDIGEN...?"

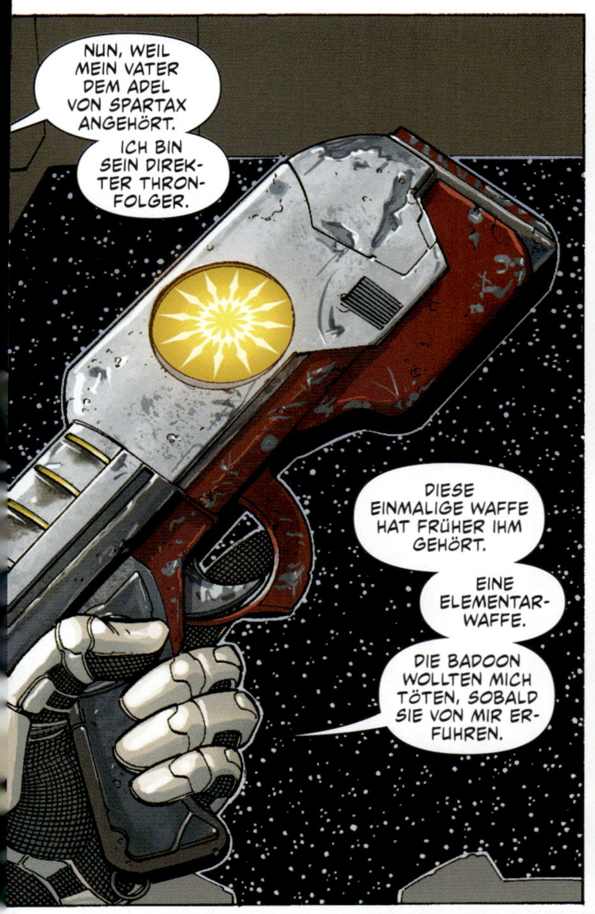
NUN, WEIL MEIN VATER DEM ADEL VON SPARTAX ANGEHÖRT.
ICH BIN SEIN DIREKTER THRONFOLGER.
DIESE EINMALIGE WAFFE HAT FRÜHER IHM GEHÖRT.
EINE ELEMENTARWAFFE.
DIE BADOON WOLLTEN MICH TÖTEN, SOBALD SIE VON MIR ERFUHREN.

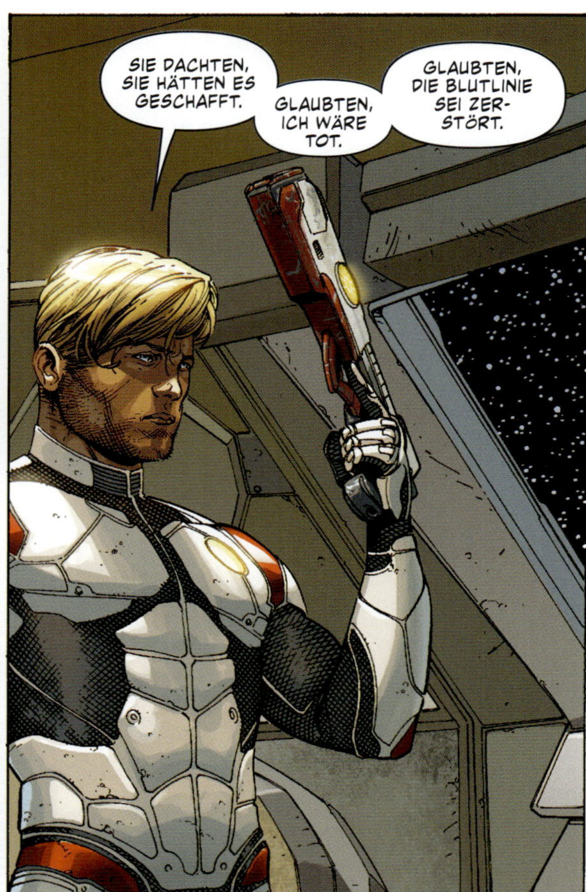
SIE DACHTEN, SIE HÄTTEN ES GESCHAFFT.
GLAUBTEN, ICH WÄRE TOT.
GLAUBTEN, DIE BLUTLINIE SEI ZERSTÖRT.

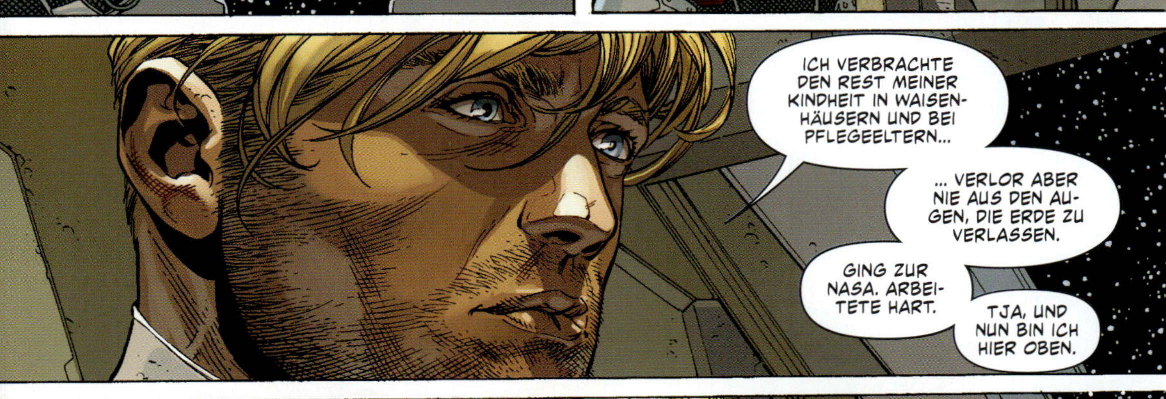
ICH VERBRACHTE DEN REST MEINER KINDHEIT IN WAISENHÄUSERN UND BEI PFLEGEELTERN...
... VERLOR ABER NIE AUS DEN AUGEN, DIE ERDE ZU VERLASSEN.
GING ZUR NASA. ARBEITETE HART.
TJA, UND NUN BIN ICH HIER OBEN.

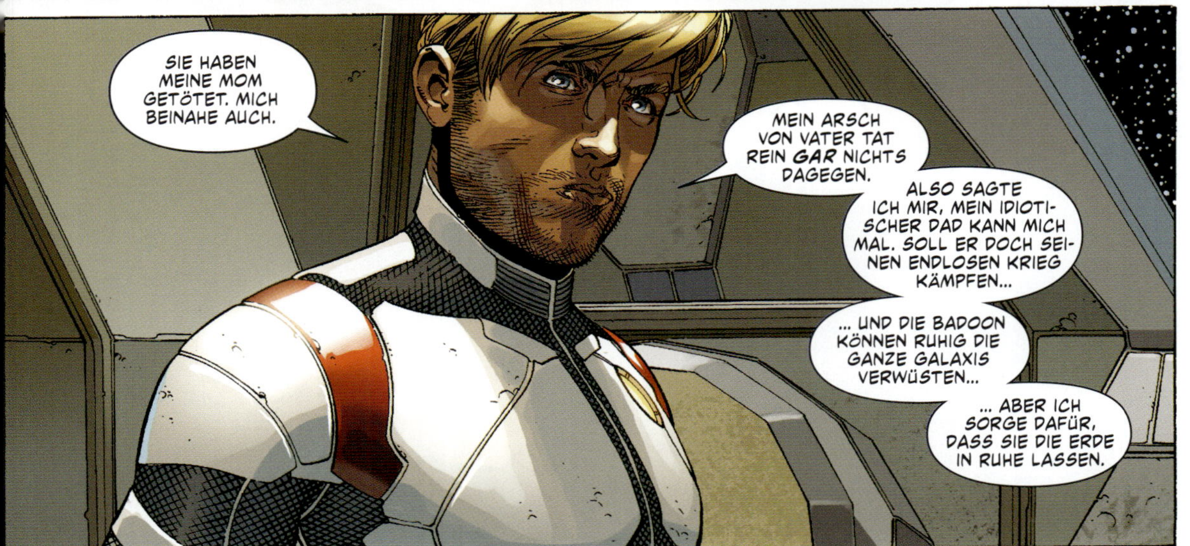
SIE HABEN MEINE MOM GETÖTET. MICH BEINAHE AUCH.
MEIN ARSCH VON VATER TAT REIN *GAR* NICHTS DAGEGEN.
ALSO SAGTE ICH MIR, MEIN IDIOTISCHER DAD KANN MICH MAL. SOLL ER DOCH SEINEN ENDLOSEN KRIEG KÄMPFEN...
... UND DIE BADOON KÖNNEN RUHIG DIE GANZE GALAXIS VERWÜSTEN...
... ABER ICH SORGE DAFÜR, DASS SIE DIE ERDE IN RUHE LASSEN.

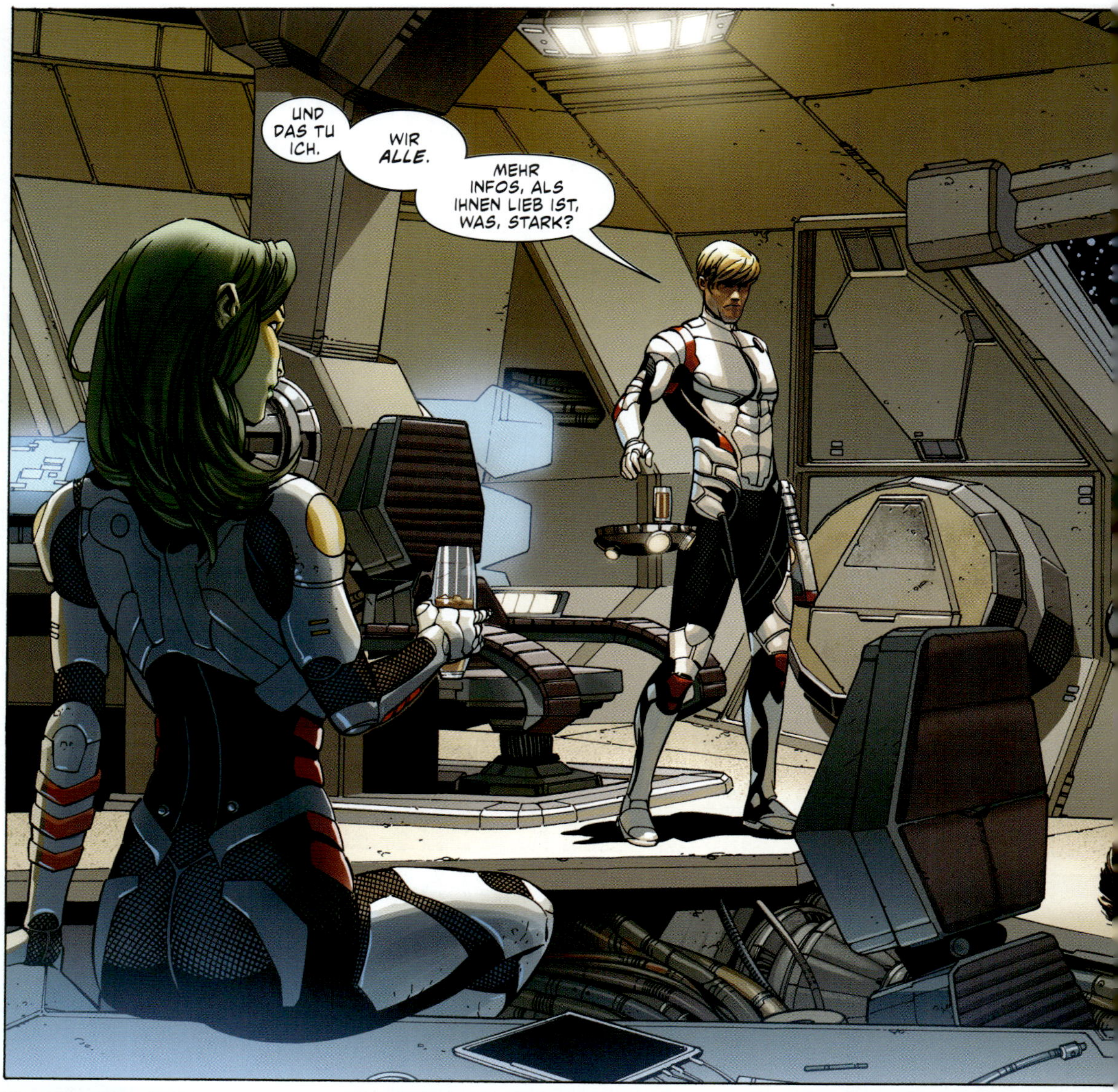

UND DAS TU ICH.
WIR ALLE.
MEHR INFOS, ALS IHNEN LIEB IST, WAS, STARK?

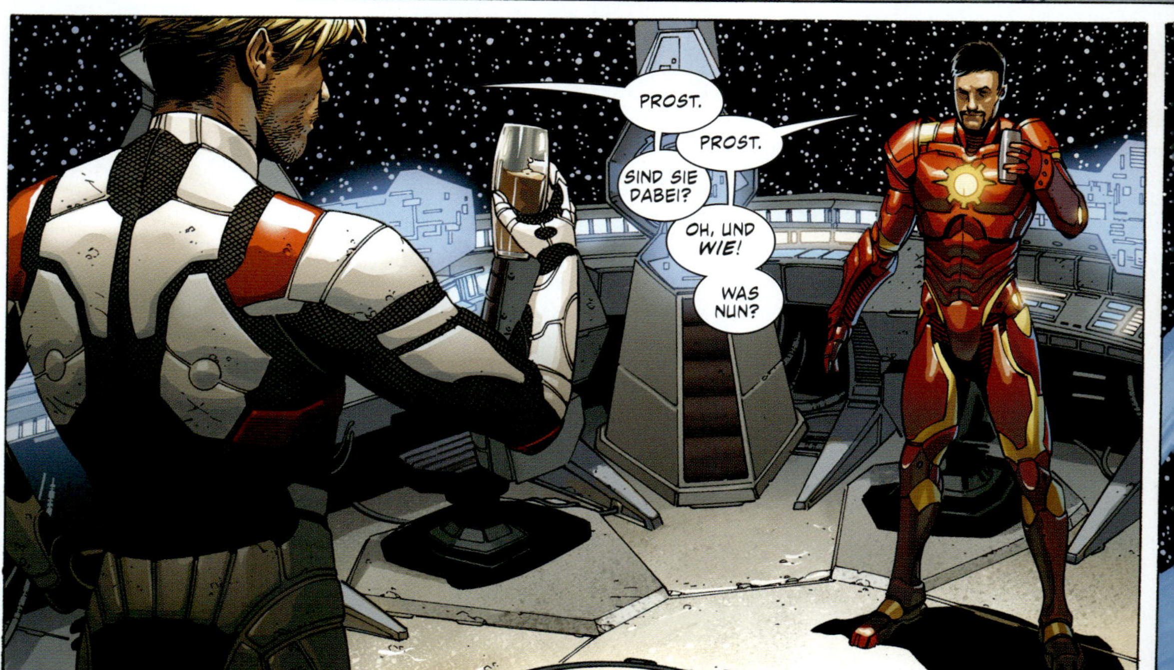
PROST.
PROST.
SIND SIE DABEI?
OH, UND WIE!
WAS NUN?

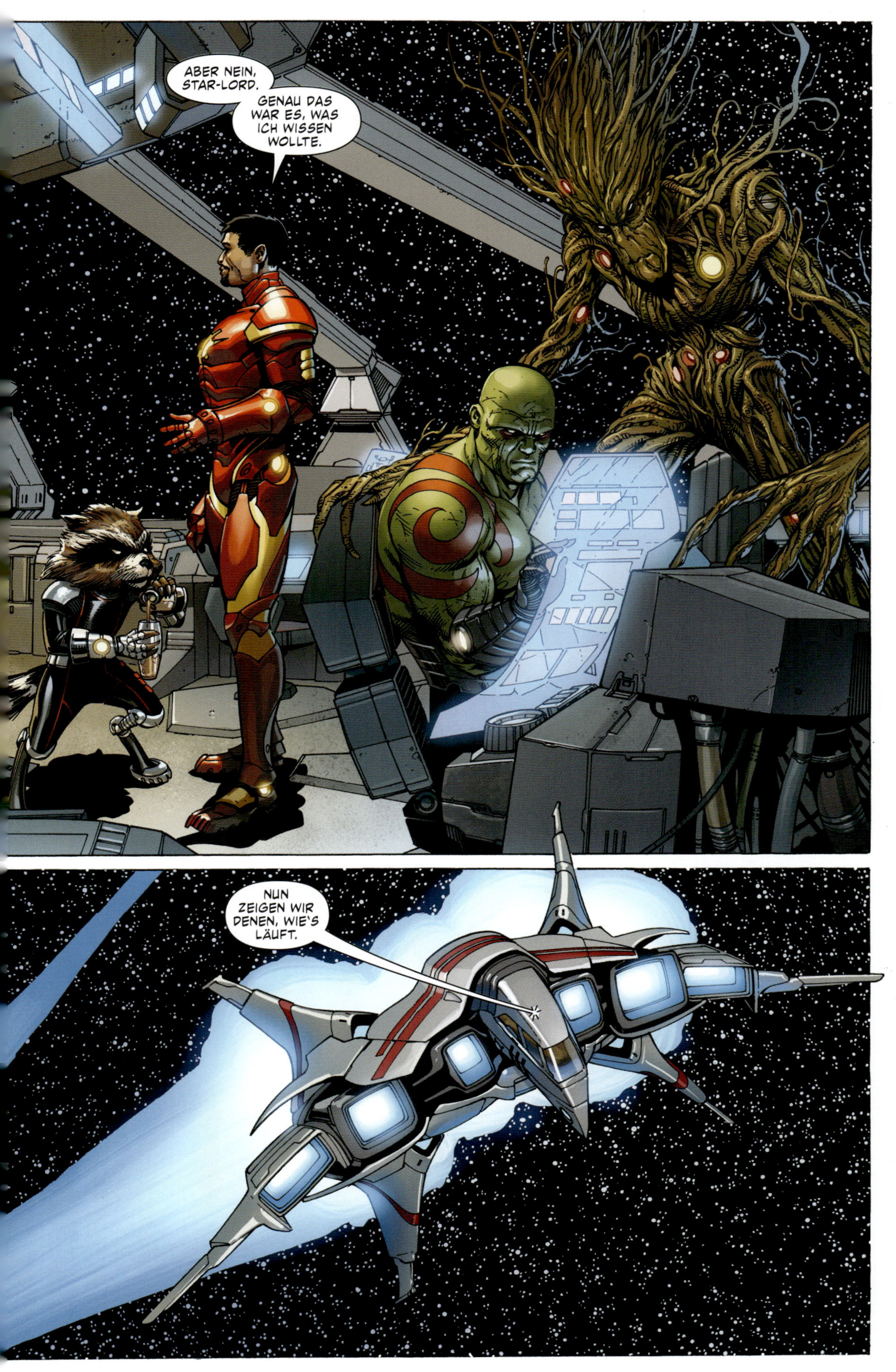
ABER NEIN, STAR-LORD.
GENAU DAS WAR ES, WAS ICH WISSEN WOLLTE.
NUN ZEIGEN WIR DENEN, WIE'S LÄUFT.

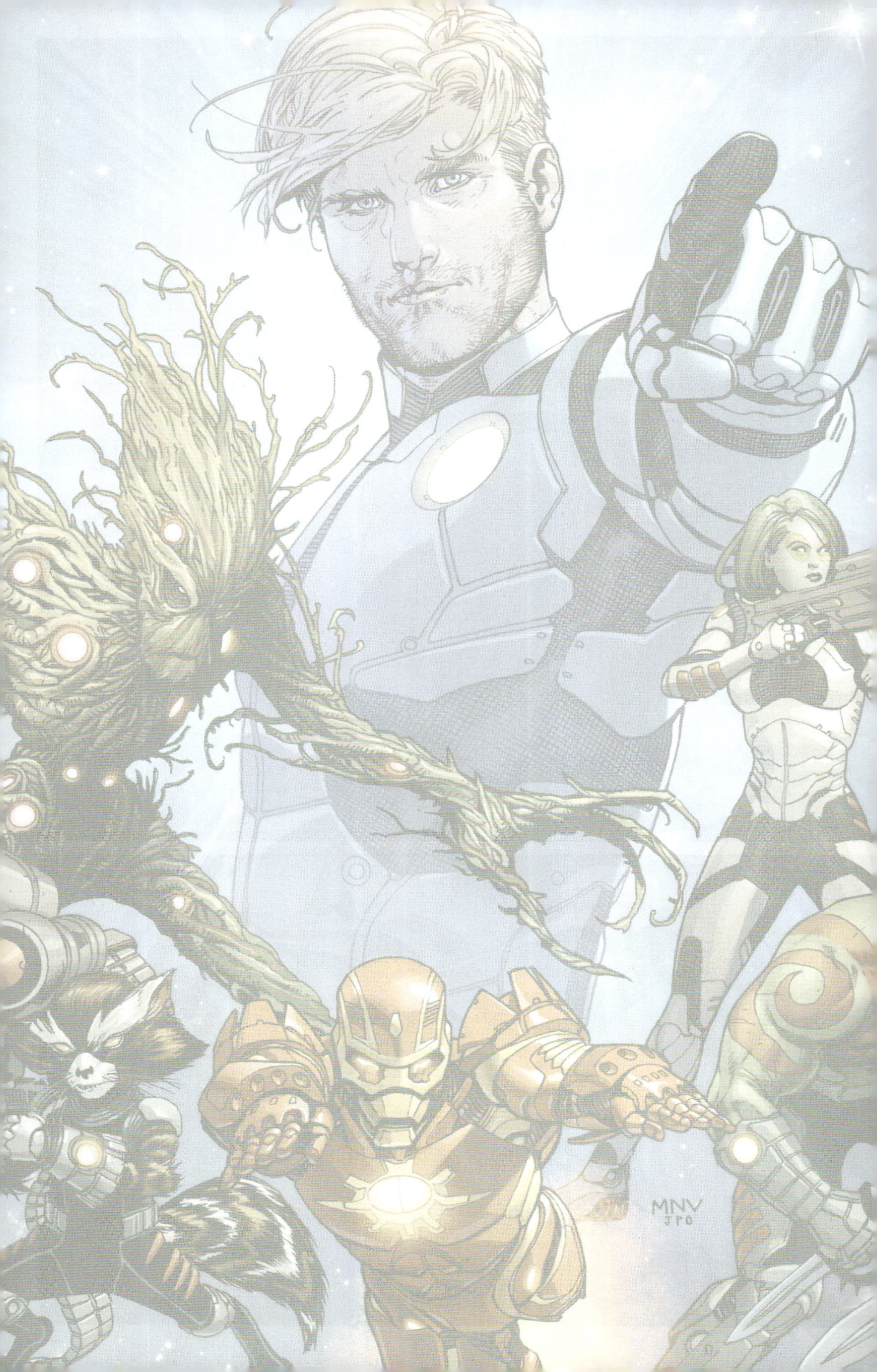
MNV
JPO

SPACE-AVENGERS, TEIL 2

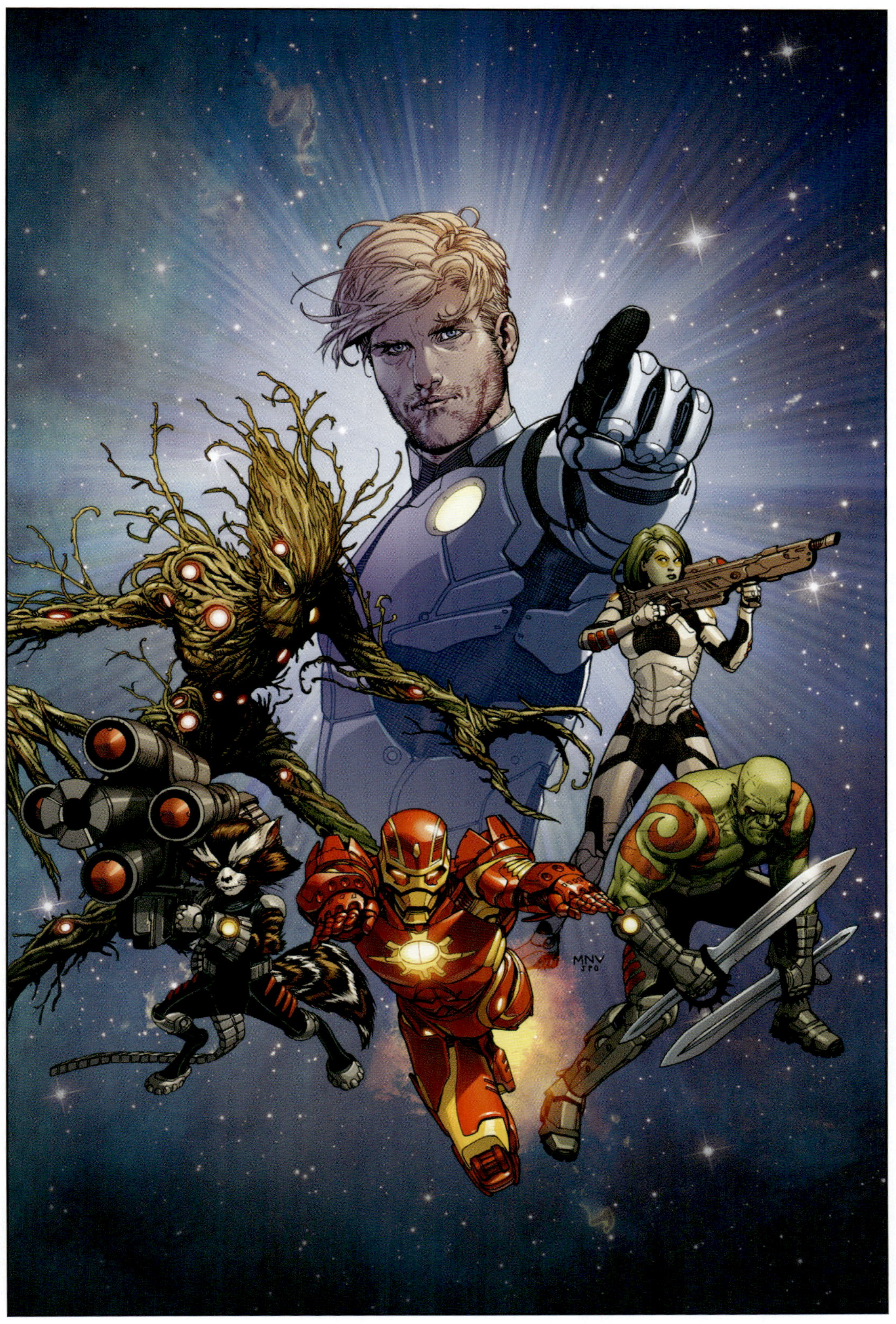

Guardians of the Galaxy (2013) 1
Cover von **STEVE McNIVEN**

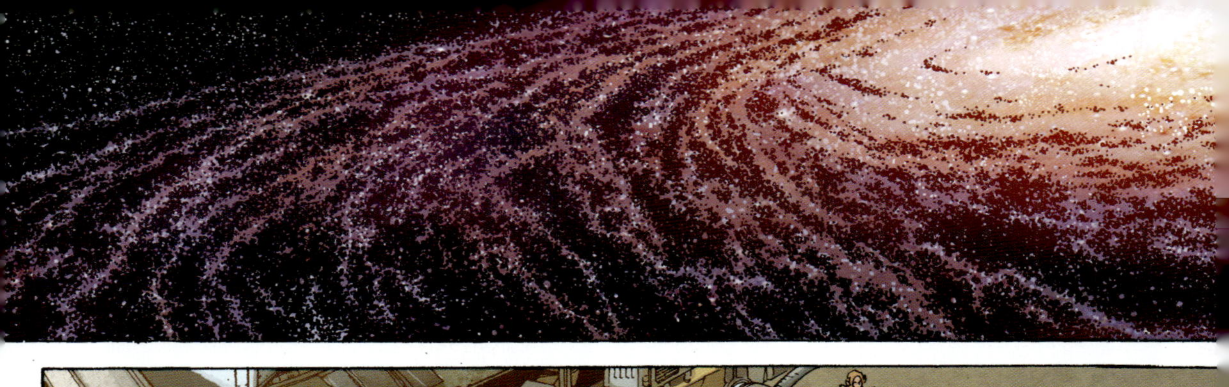

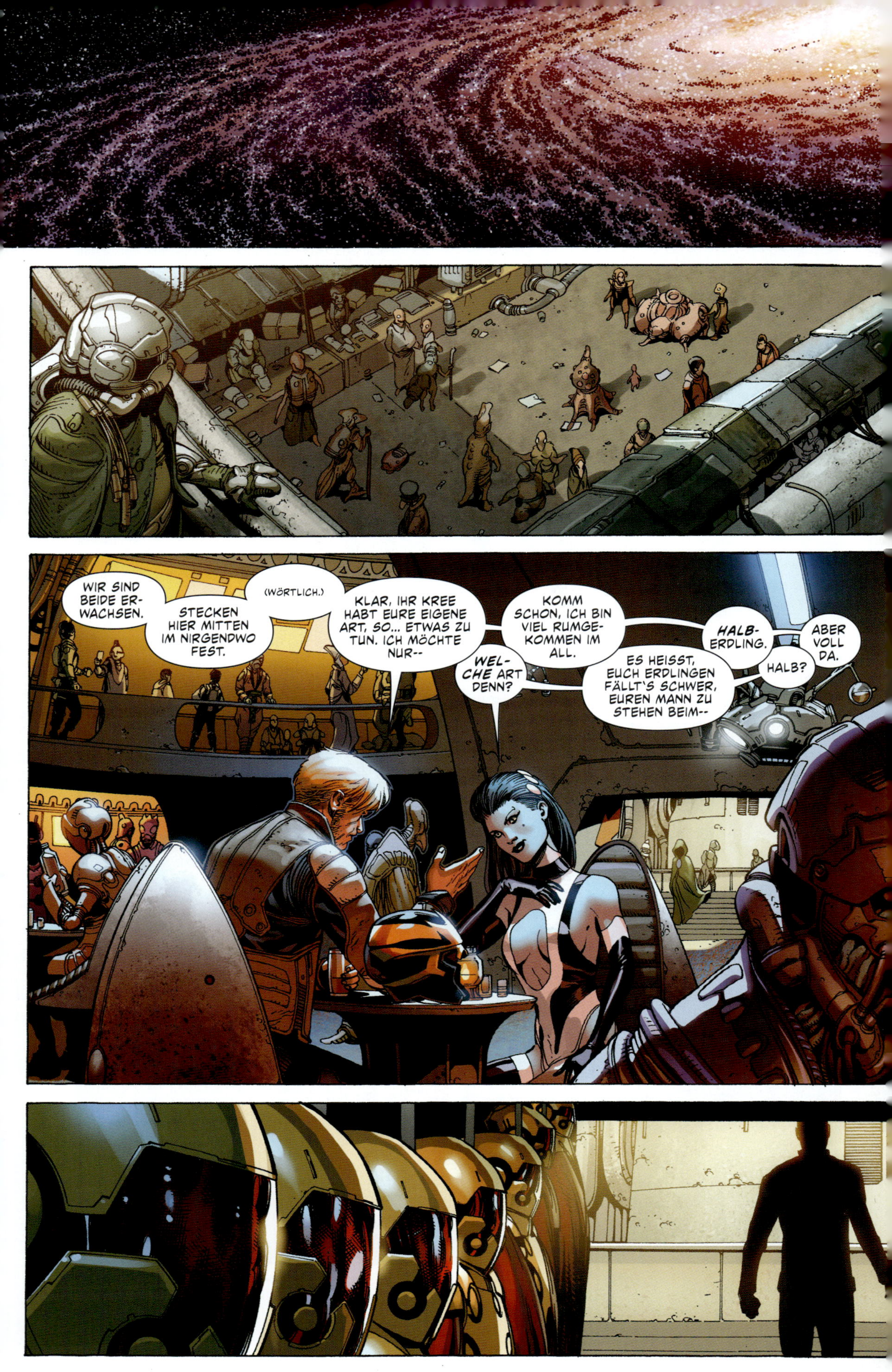

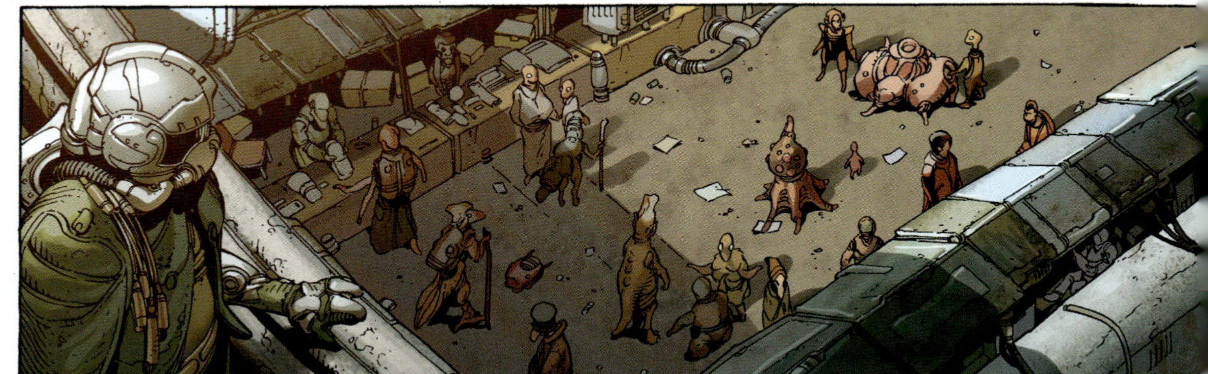

WIR SIND BEIDE ERWACHSEN.
STECKEN HIER MITTEN IM NIRGENDWO FEST.
(WÖRTLICH.)
KLAR, IHR KREE HABT EURE EIGENE ART, SO... ETWAS ZU TUN. ICH MÖCHTE NUR--
WELCHE ART DENN?
KOMM SCHON, ICH BIN VIEL RUMGEKOMMEN IM ALL.
ES HEISST, EUCH ERDLINGEN FÄLLT'S SCHWER, EUREN MANN ZU STEHEN BEIM--
HALB-ERDLING.
HALB?
ABER VOLL DA.

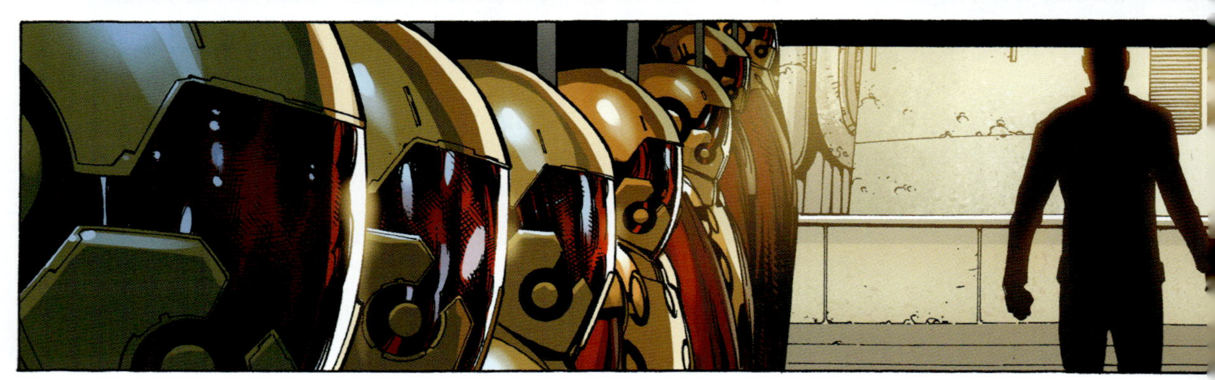

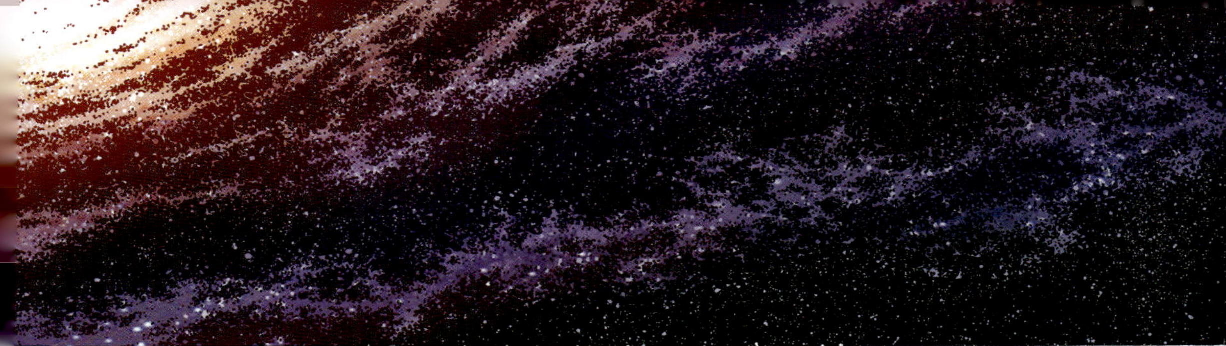

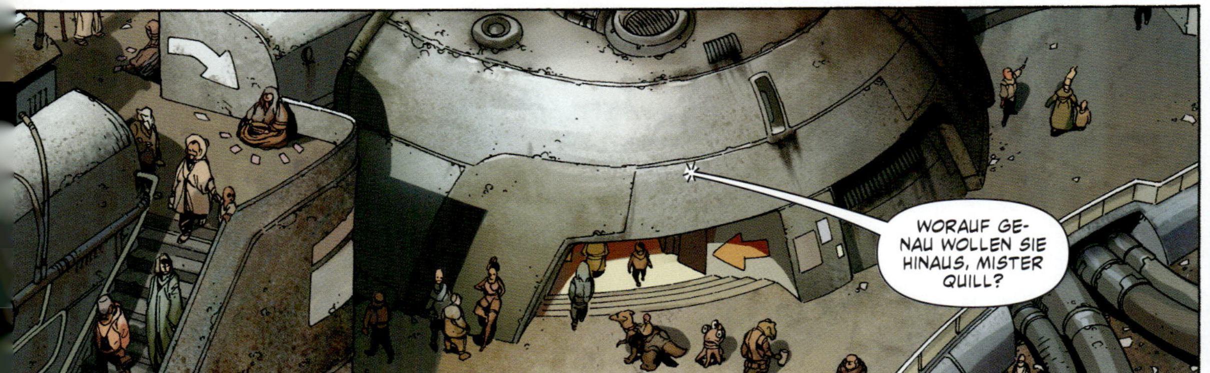
WORAUF GENAU WOLLEN SIE HINAUS, MISTER QUILL?

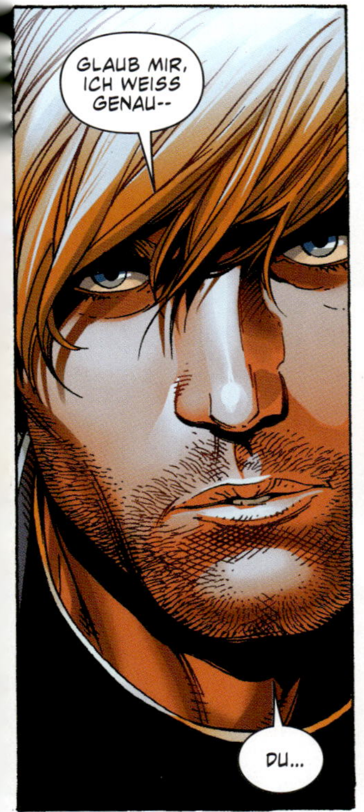
GLAUB MIR, ICH WEISS GENAU--
DU...

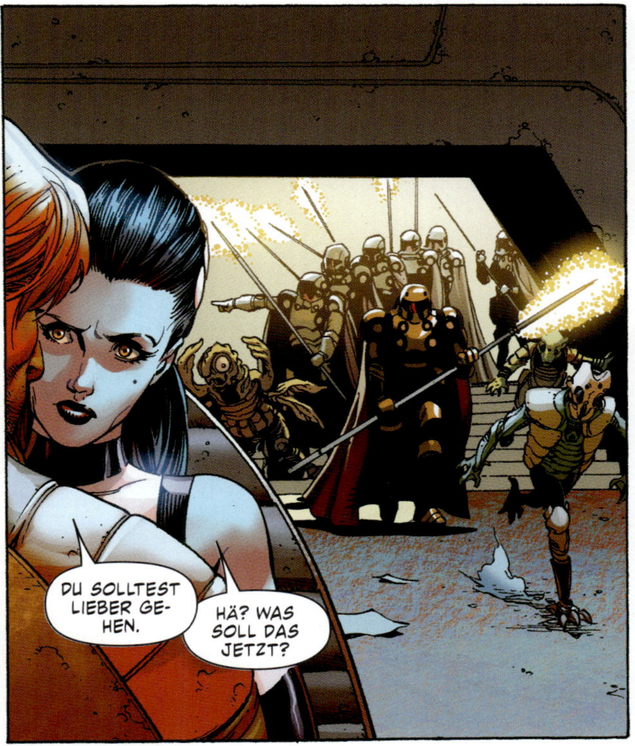
DU SOLLTEST LIEBER GEHEN.
HÄ? WAS SOLL DAS JETZT?

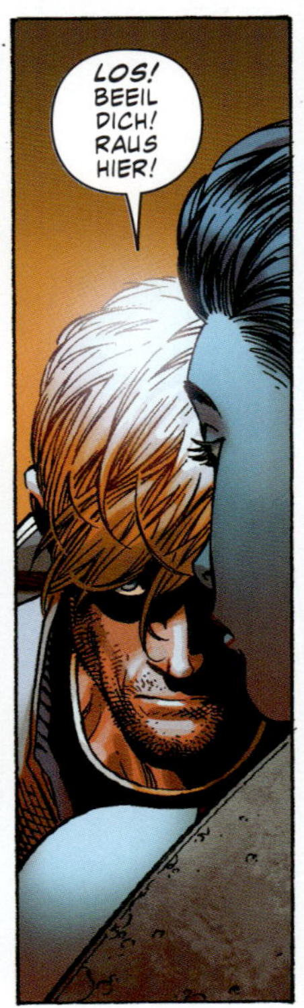
LOS! BEEIL DICH! RAUS HIER!

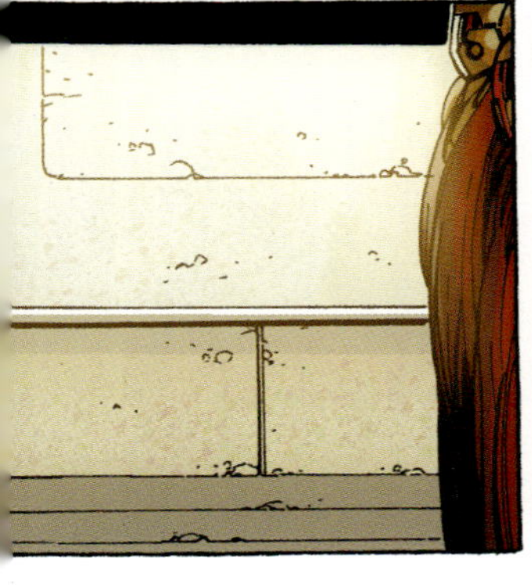

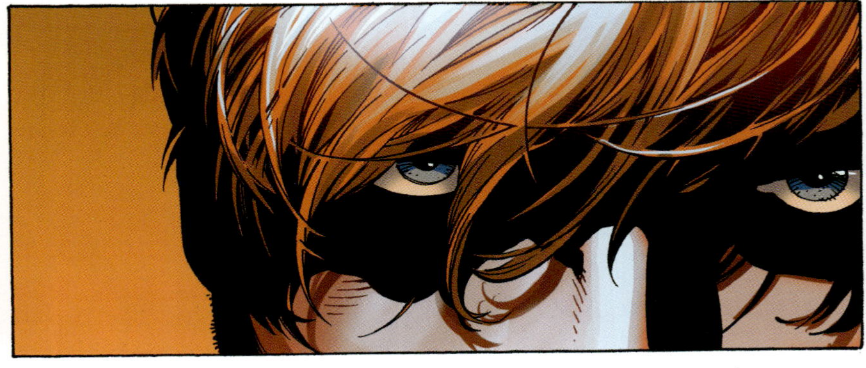

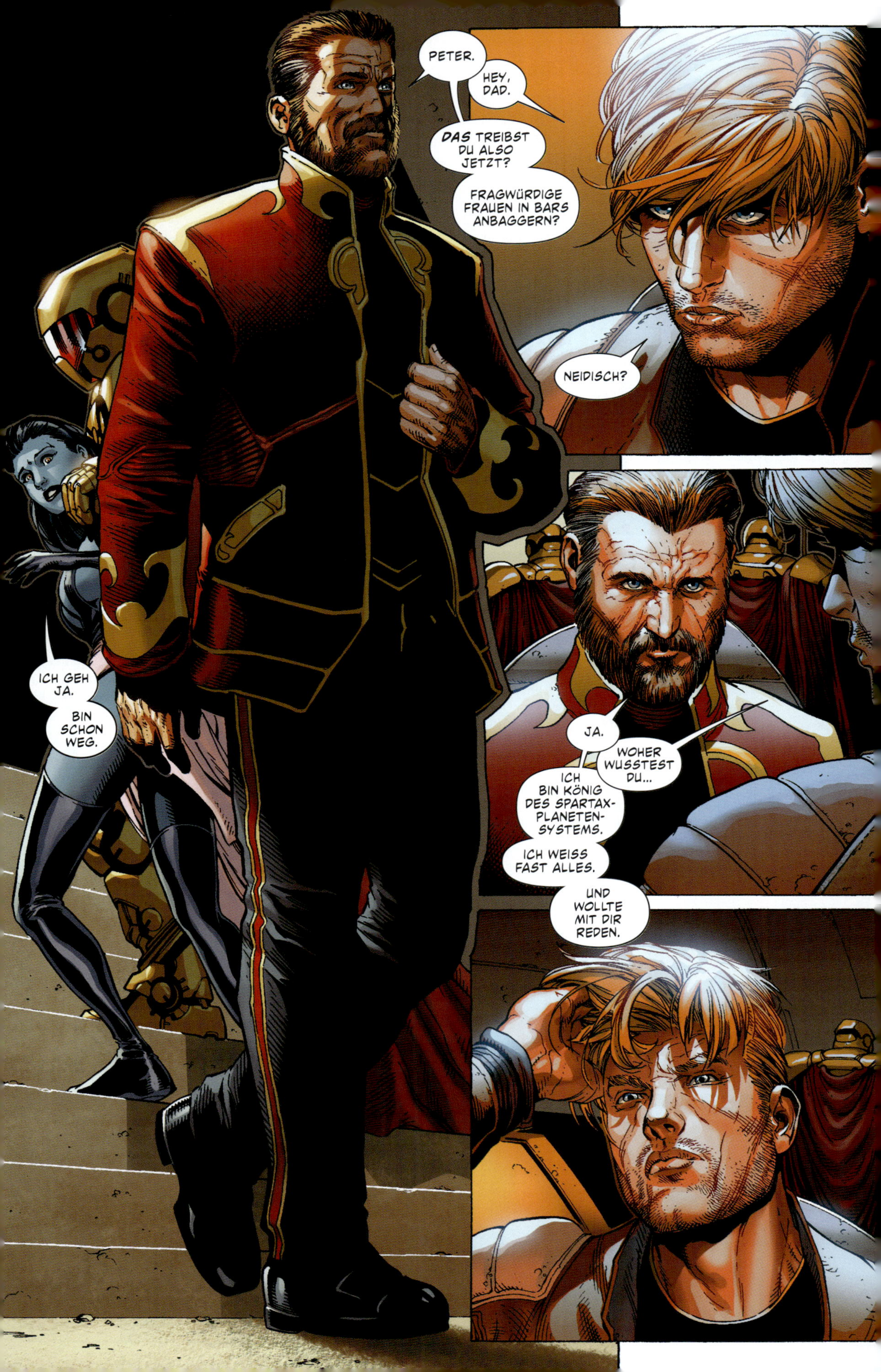
PETER.
HEY, DAD.
DAS TREIBST DU ALSO JETZT?
FRAGWÜRDIGE FRAUEN IN BARS ANBAGGERN?
NEIDISCH?
ICH GEH JA.
BIN SCHON WEG.
JA.
WOHER WUSSTEST DU...
ICH BIN KÖNIG DES SPARTAX-PLANETEN-SYSTEMS.
ICH WEISS FAST ALLES.
UND WOLLTE MIT DIR REDEN.

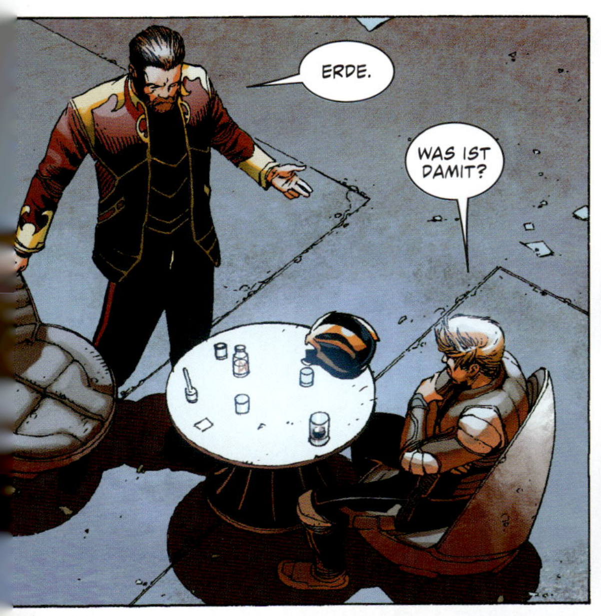
ERDE.
WAS IST DAMIT?

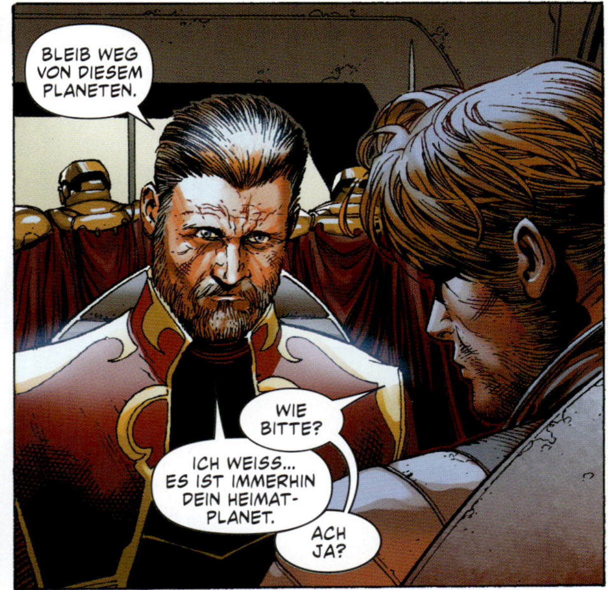
BLEIB WEG VON DIESEM PLANETEN.
WIE BITTE?
ICH WEISS... ES IST IMMERHIN DEIN HEIMAT-PLANET.
ACH JA?

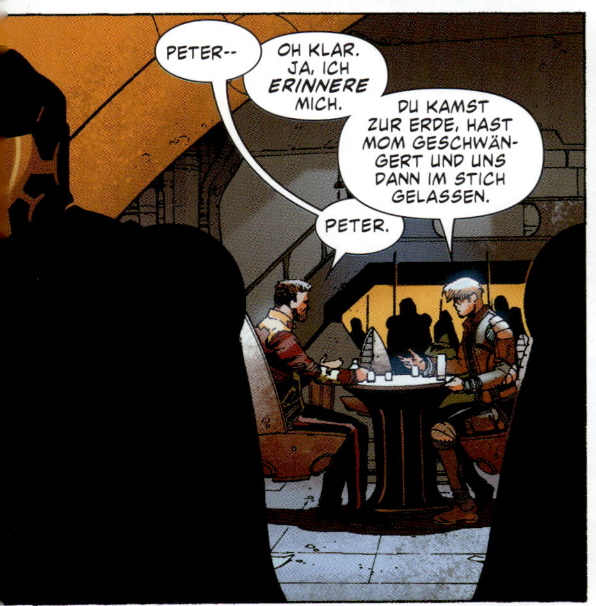
PETER--
OH KLAR. JA, ICH ERINNERE MICH.
DU KAMST ZUR ERDE, HAST MOM GESCHWÄN-GERT UND UNS DANN IM STICH GELASSEN.
PETER.

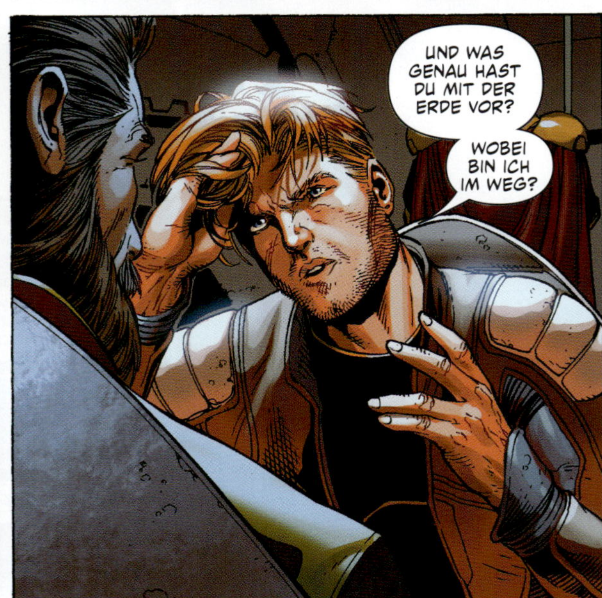
UND WAS GENAU HAST DU MIT DER ERDE VOR?
WOBEI BIN ICH IM WEG?

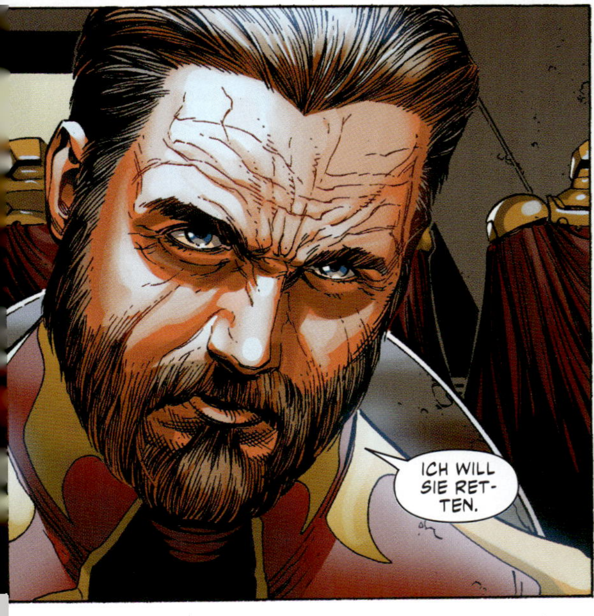
ICH WILL SIE RET-TEN.

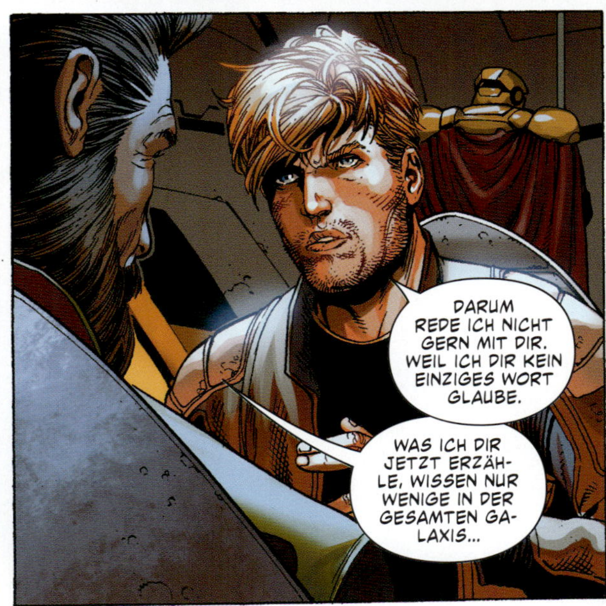
DARUM REDE ICH NICHT GERN MIT DIR. WEIL ICH DIR KEIN EINZIGES WORT GLAUBE.
WAS ICH DIR JETZT ERZÄH-LE, WISSEN NUR WENIGE IN DER GESAMTEN GA-LAXIS...

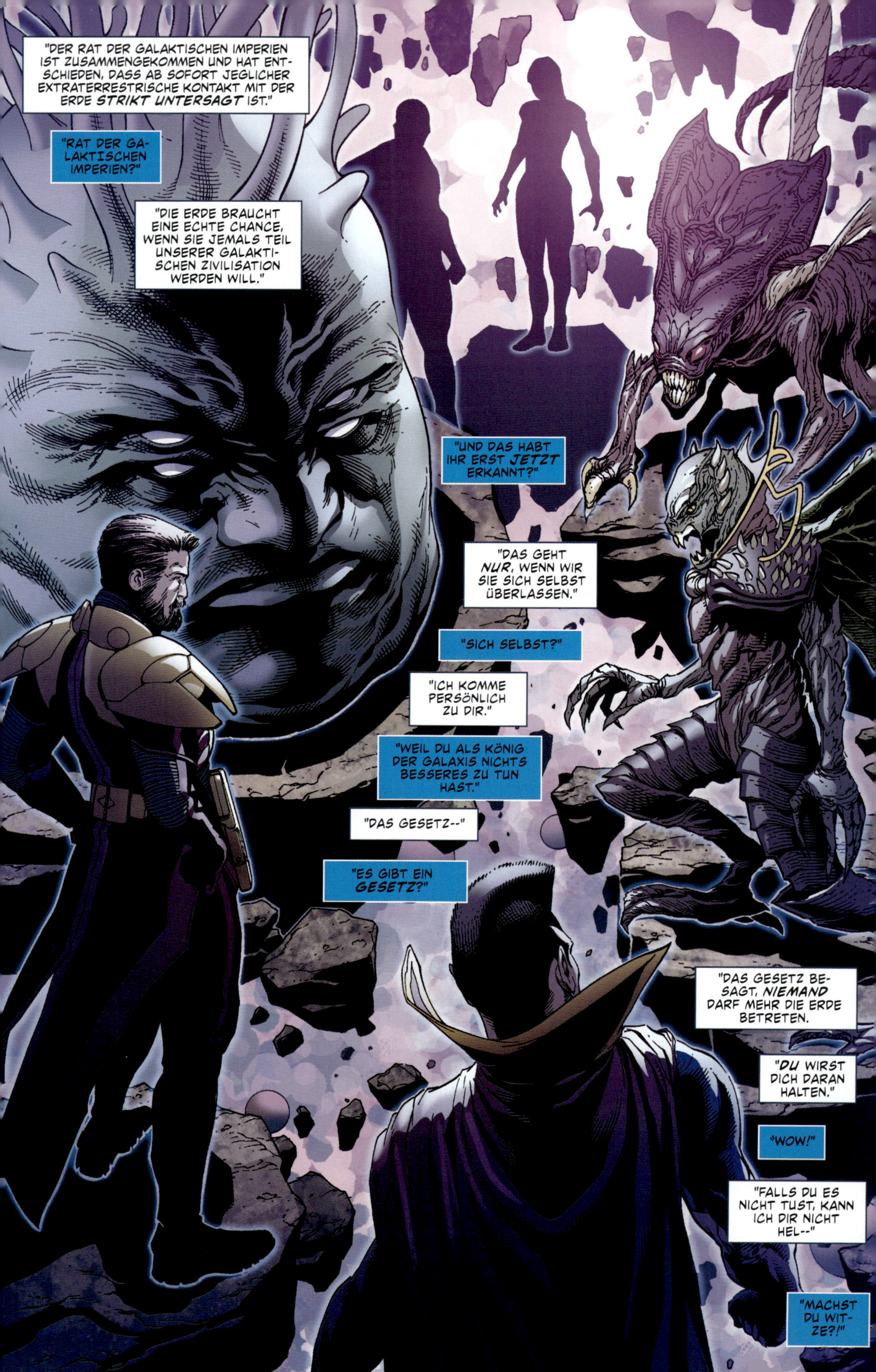

"DER RAT DER GALAKTISCHEN IMPERIEN IST ZUSAMMENGEKOMMEN UND HAT ENTSCHIEDEN, DASS AB SOFORT JEGLICHER EXTRATERRESTRISCHE KONTAKT MIT DER ERDE *STRIKT UNTERSAGT* IST."
"RAT DER GALAKTISCHEN IMPERIEN?"
"DIE ERDE BRAUCHT EINE ECHTE CHANCE, WENN SIE JEMALS TEIL UNSERER GALAKTISCHEN ZIVILISATION WERDEN WILL."
"UND DAS HABT IHR ERST *JETZT* ERKANNT?"
"DAS GEHT *NUR*, WENN WIR SIE SICH SELBST ÜBERLASSEN."
"SICH SELBST?"
"ICH KOMME PERSÖNLICH ZU DIR."
"WEIL DU ALS KÖNIG DER GALAXIS NICHTS BESSERES ZU TUN HAST."
"DAS GESETZ--"
"ES GIBT EIN *GESETZ*?"
"DAS GESETZ BESAGT, *NIEMAND* DARF MEHR DIE ERDE BETRETEN.
"*DU* WIRST DICH DARAN HALTEN."
"WOW!"
"FALLS DU ES NICHT TUST, KANN ICH DIR NICHT HEL--"
"MACHST DU WITZE?!"

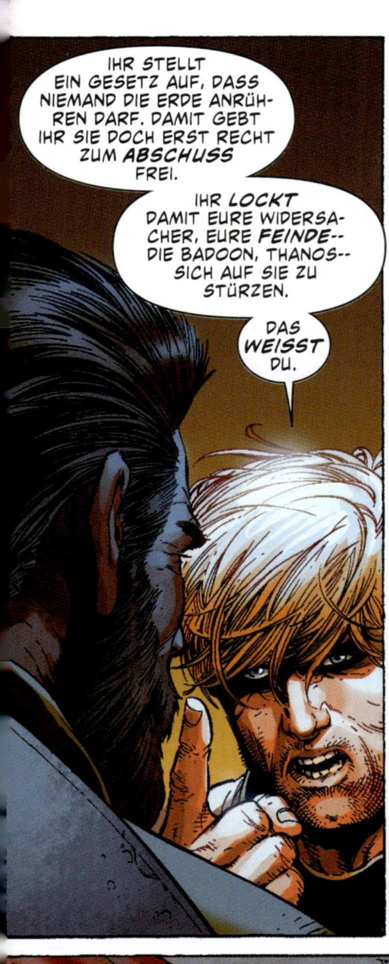
IHR STELLT EIN GESETZ AUF, DASS NIEMAND DIE ERDE ANRÜHREN DARF. DAMIT GEBT IHR SIE DOCH ERST RECHT ZUM ABSCHUSS FREI.
IHR LOCKT DAMIT EURE WIDERSACHER, EURE FEINDE-- DIE BADOON, THANOS-- SICH AUF SIE ZU STÜRZEN.
DAS WEISST DU.

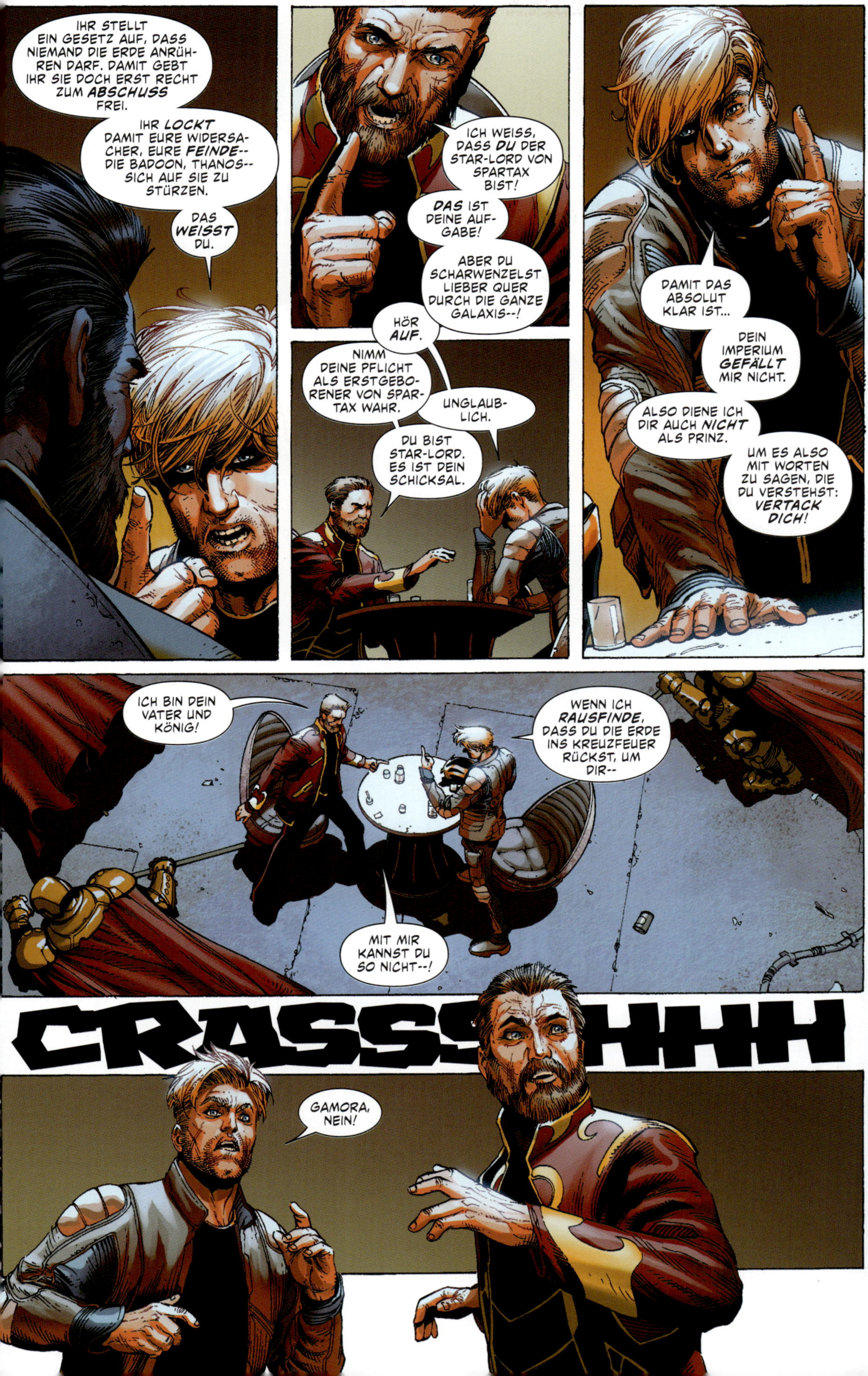

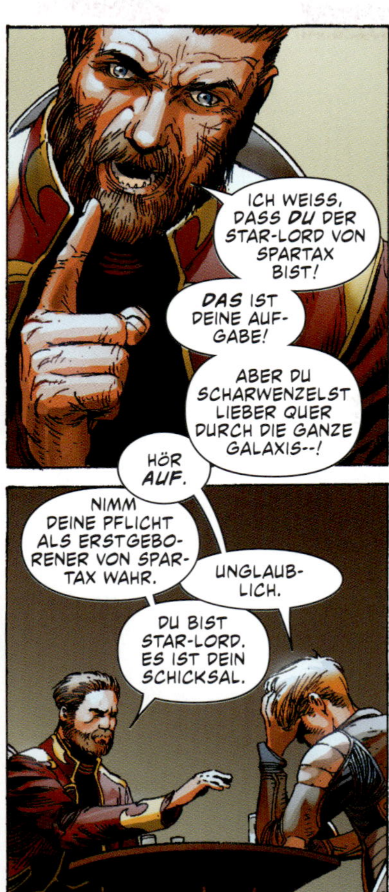
ICH WEISS, DASS DU DER STAR-LORD VON SPARTAX BIST!
DAS IST DEINE AUFGABE!
ABER DU SCHARWENZELST LIEBER QUER DURCH DIE GANZE GALAXIS--!
HÖR AUF.
NIMM DEINE PFLICHT ALS ERSTGEBORENER VON SPARTAX WAHR.
UNGLAUBLICH.
DU BIST STAR-LORD. ES IST DEIN SCHICKSAL.

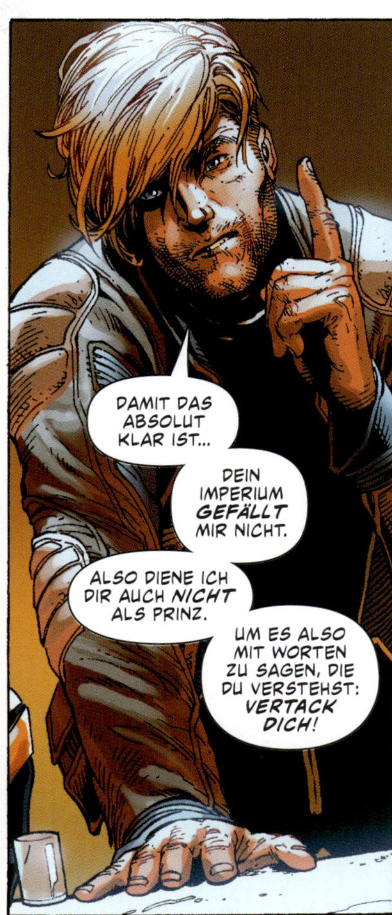
DAMIT DAS ABSOLUT KLAR IST...
DEIN IMPERIUM GEFÄLLT MIR NICHT.
ALSO DIENE ICH DIR AUCH NICHT ALS PRINZ.
UM ES ALSO MIT WORTEN ZU SAGEN, DIE DU VERSTEHST: VERTACK DICH!

ICH BIN DEIN VATER UND KÖNIG!
WENN ICH RAUSFINDE, DASS DU DIE ERDE INS KREUZFEUER RÜCKST, UM DIR--
MIT MIR KANNST DU SO NICHT--!
CRASSSHHH
GAMORA, NEIN!

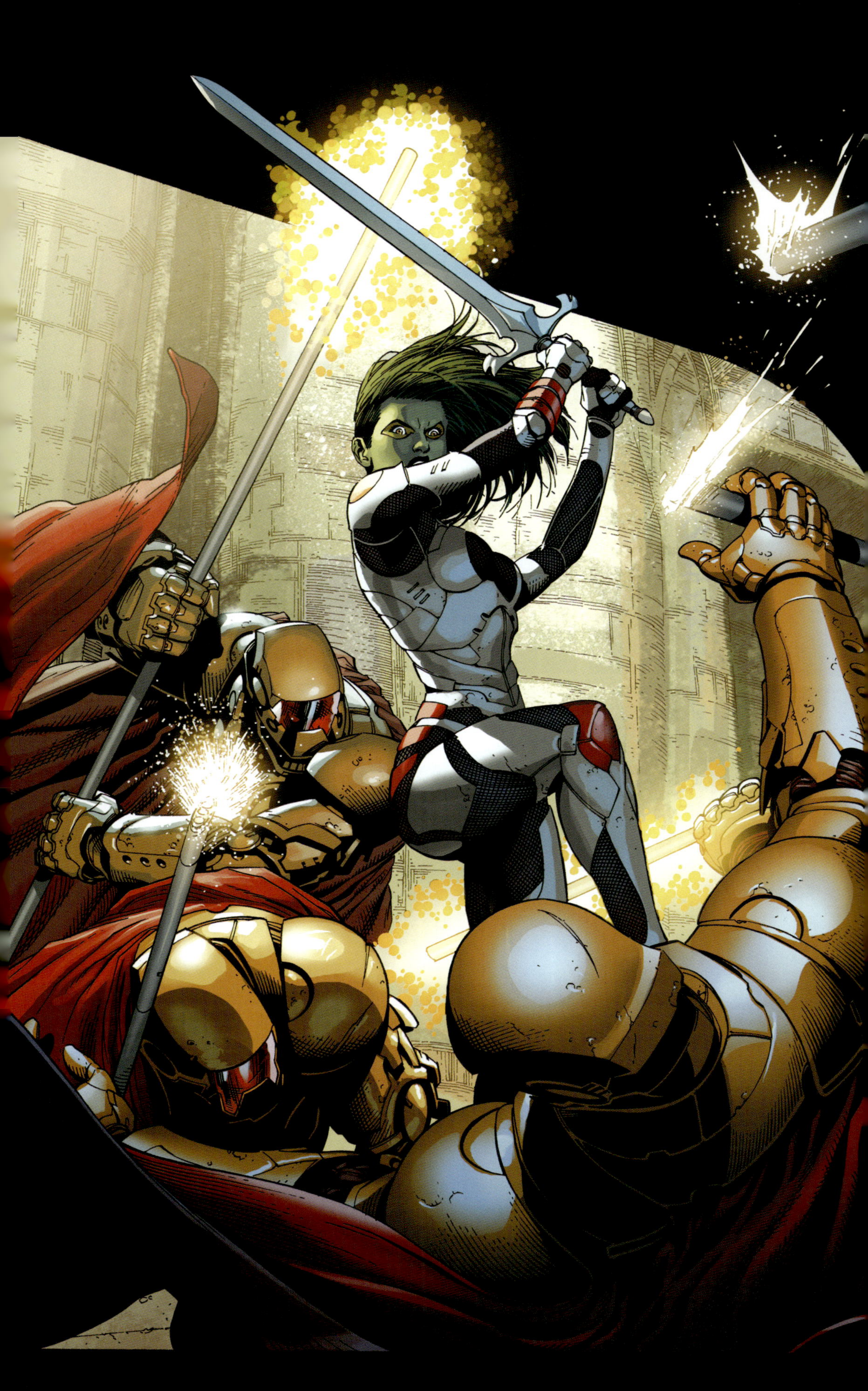

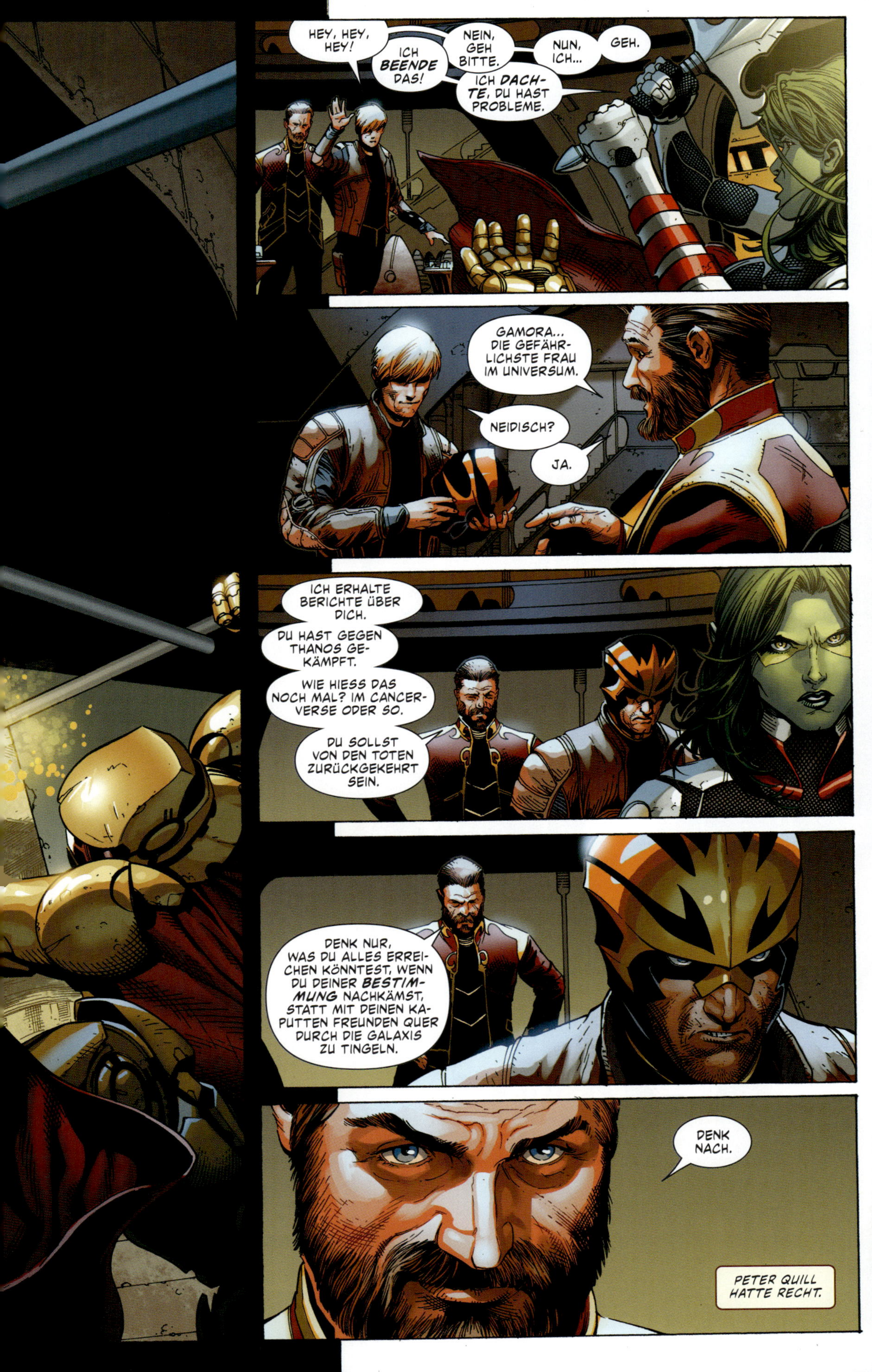
HEY, HEY, HEY!
ICH BEENDE DAS!
NEIN, GEH BITTE.
ICH DACHTE, DU HAST PROBLEME.
NUN, ICH...
GEH.
GAMORA... DIE GEFÄHRLICHSTE FRAU IM UNIVERSUM.
NEIDISCH?
JA.
ICH ERHALTE BERICHTE ÜBER DICH.
DU HAST GEGEN THANOS GEKÄMPFT.
WIE HIESS DAS NOCH MAL? IM CANCERVERSE ODER SO.
DU SOLLST VON DEN TOTEN ZURÜCKGEKEHRT SEIN.
DENK NUR, WAS DU ALLES ERREICHEN KÖNNTEST, WENN DU DEINER BESTIMMUNG NACHKÄMST, STATT MIT DEINEN KAPUTTEN FREUNDEN QUER DURCH DIE GALAXIS ZU TINGELN.
DENK NACH.
PETER QUILL HATTE RECHT.

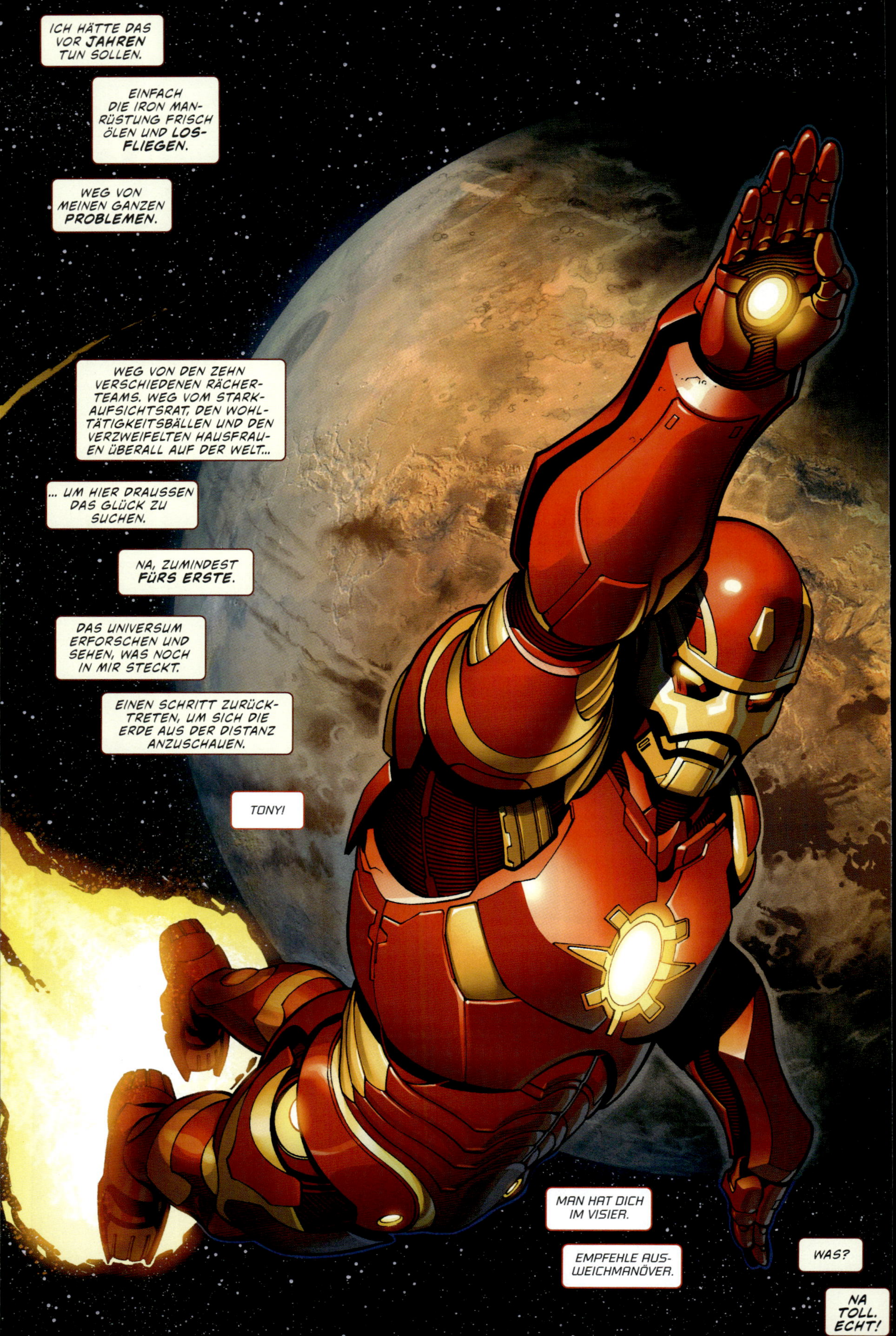

ICH HÄTTE DAS VOR JAHREN TUN SOLLEN.
EINFACH DIE IRON MAN-RÜSTUNG FRISCH ÖLEN UND LOS-FLIEGEN.
WEG VON MEINEN GANZEN PROBLEMEN.
WEG VON DEN ZEHN VERSCHIEDENEN RÄCHER-TEAMS. WEG VOM STARK-AUFSICHTSRAT, DEN WOHL-TÄTIGKEITSBÄLLEN UND DEN VERZWEIFELTEN HAUSFRAU-EN ÜBERALL AUF DER WELT...
... UM HIER DRAUSSEN DAS GLÜCK ZU SUCHEN.
NA, ZUMINDEST FÜRS ERSTE.
DAS UNIVERSUM ERFORSCHEN UND SEHEN, WAS NOCH IN MIR STECKT.
EINEN SCHRITT ZURÜCK-TRETEN, UM SICH DIE ERDE AUS DER DISTANZ ANZUSCHAUEN.
TONY!
MAN HAT DICH IM VISIER.
EMPFEHLE AUS-WEICHMANÖVER.
WAS?
NA TOLL. ECHT!

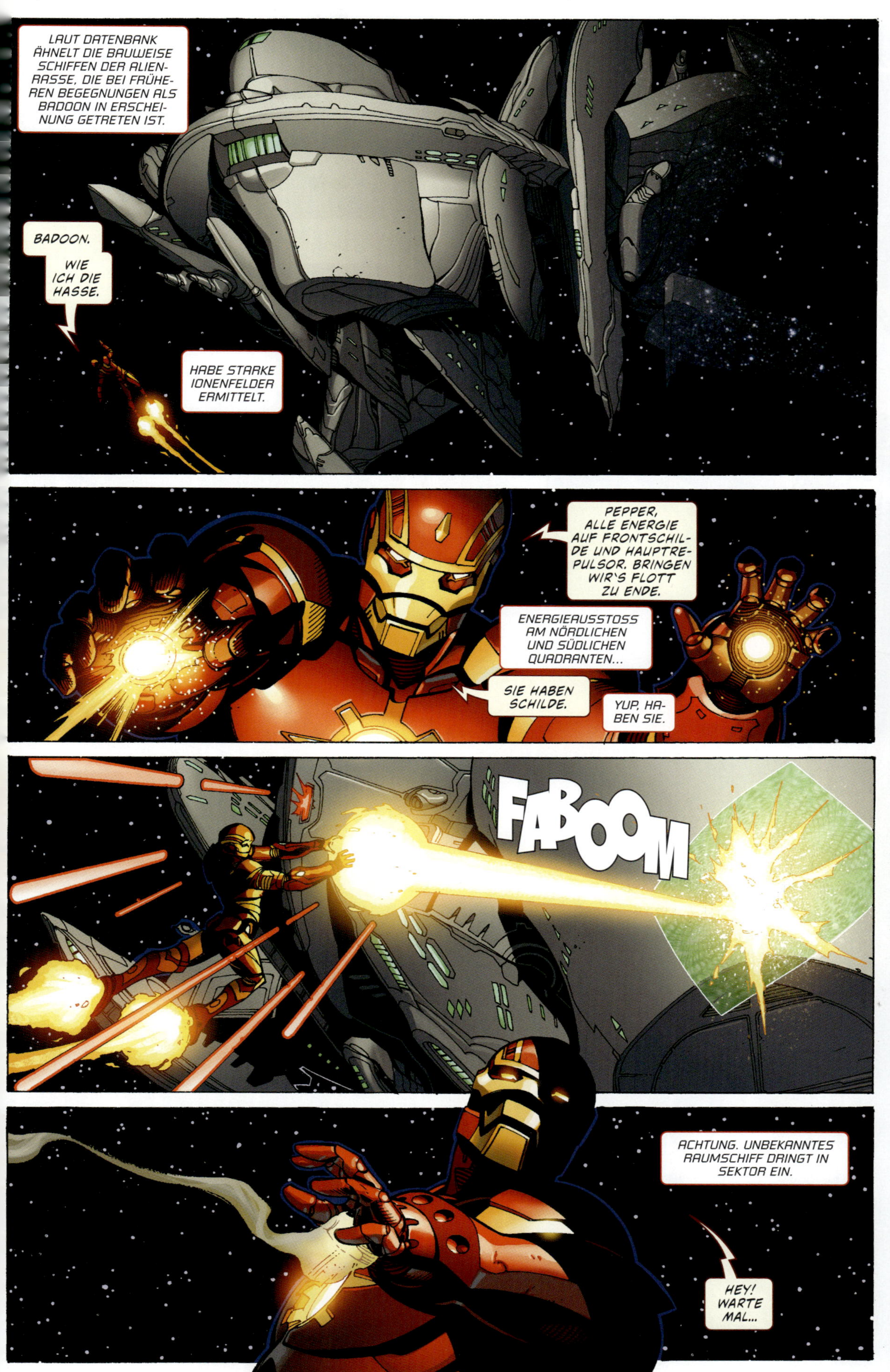
LAUT DATENBANK ÄHNELT DIE BAUWEISE SCHIFFEN DER ALIEN-RASSE, DIE BEI FRÜHE-REN BEGEGNUNGEN ALS BADOON IN ERSCHEI-NUNG GETRETEN IST.
BADOON.
WIE ICH DIE HASSE.
HABE STARKE IONENFELDER ERMITTELT.
PEPPER, ALLE ENERGIE AUF FRONTSCHIL-DE UND HAUPTRE-PULSOR. BRINGEN WIR'S FLOTT ZU ENDE.
ENERGIEAUSSTOSS AM NÖRDLICHEN UND SÜDLICHEN QUADRANTEN...
SIE HABEN SCHILDE.
YUP, HA-BEN SIE.
FABOOM
ACHTUNG. UNBEKANNTES RAUMSCHIFF DRINGT IN SEKTOR EIN.
HEY! WARTE MAL...

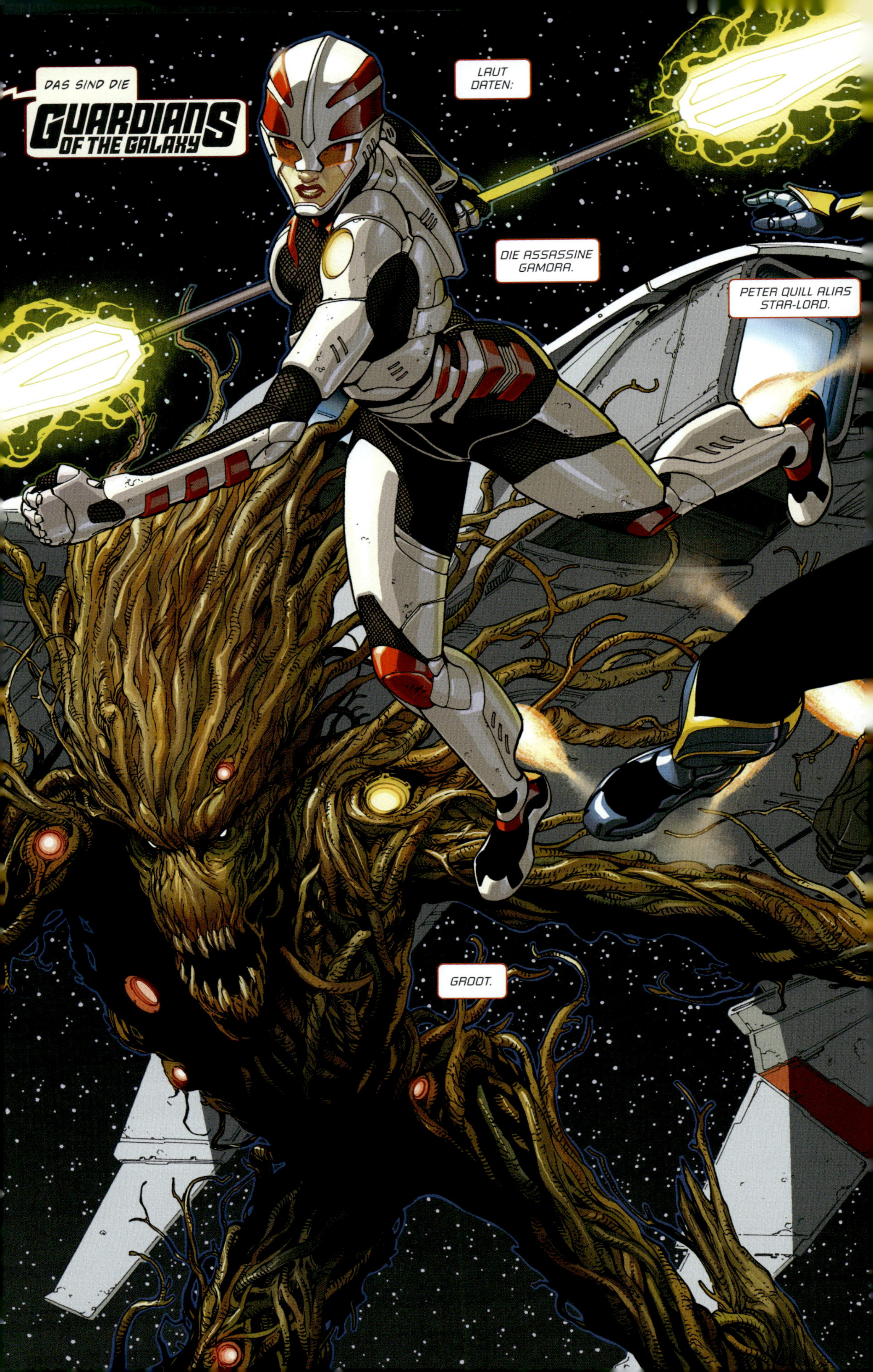
DAS SIND DIE
GUARDIANS OF THE GALAXY
LAUT DATEN:
DIE ASSASSINE GAMORA.
PETER QUILL ALIAS STAR-LORD.
GROOT.

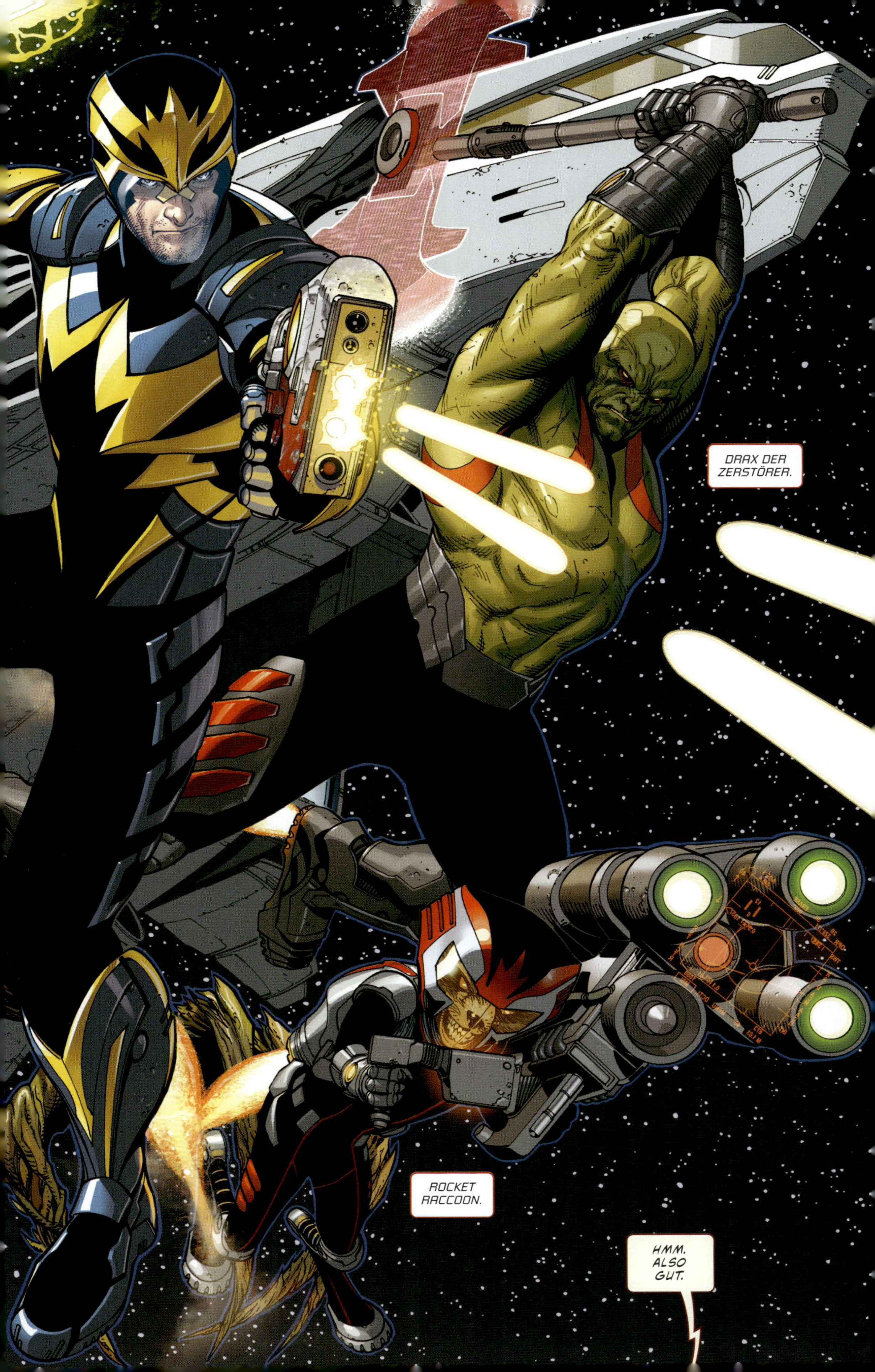
DRAX DER ZERSTÖRER.
ROCKET RACCOON.
HMM. ALSO GUT.

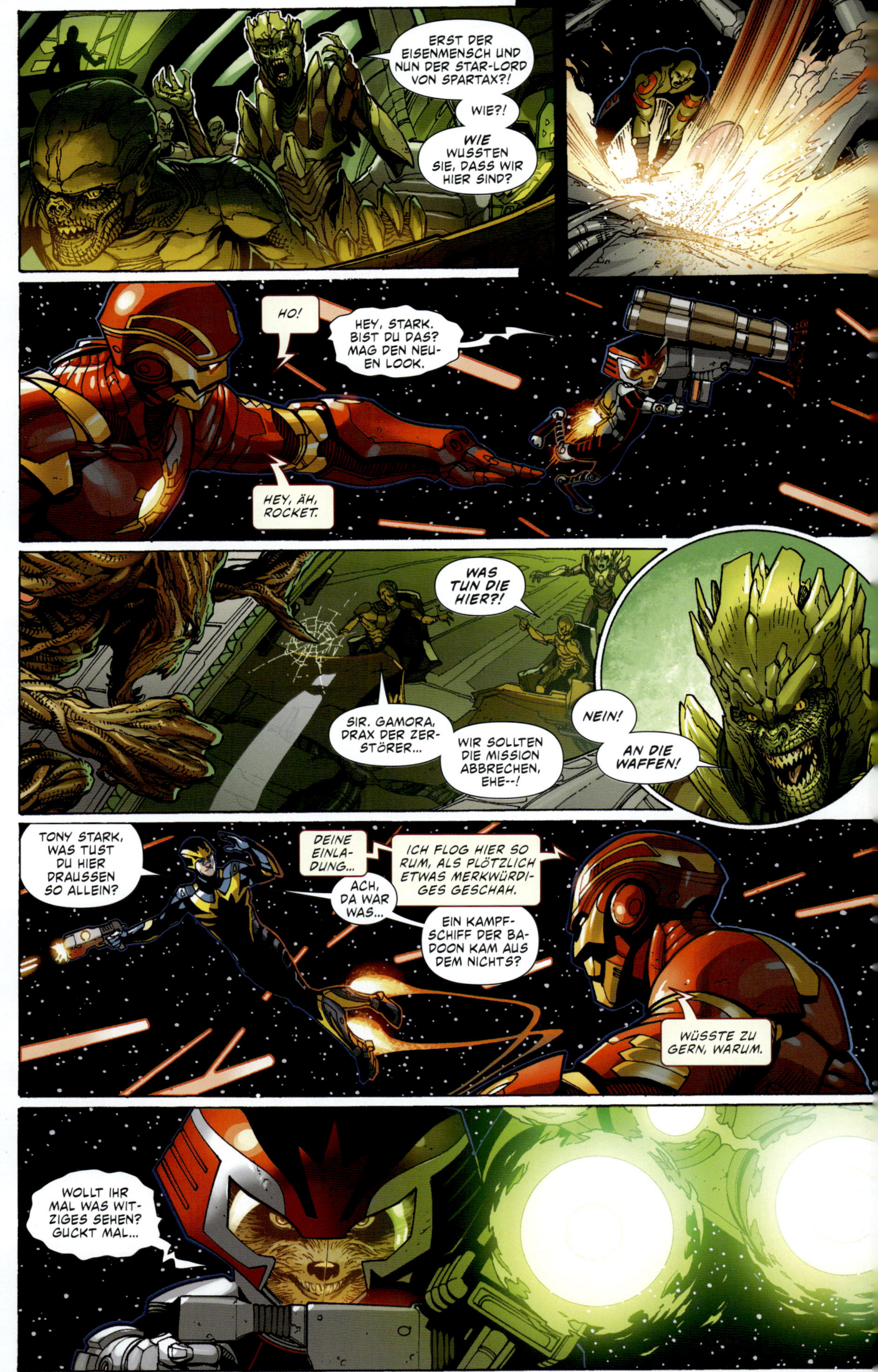
ERST DER EISENMENSCH UND NUN DER STAR-LORD VON SPARTAX?!
WIE?!
WIE WUSSTEN SIE, DASS WIR HIER SIND?
HO!
HEY, STARK. BIST DU DAS? MAG DEN NEU-EN LOOK.
HEY, ÄH, ROCKET.
WAS TUN DIE HIER?!
SIR. GAMORA, DRAX DER ZER-STÖRER...
WIR SOLLTEN DIE MISSION ABBRECHEN, EHE--!
NEIN!
AN DIE WAFFEN!
TONY STARK, WAS TUST DU HIER DRAUSSEN SO ALLEIN?
DEINE EINLA-DUNG...
ICH FLOG HIER SO RUM, ALS PLÖTZLICH ETWAS MERKWÜRDI-GES GESCHAH.
ACH, DA WAR WAS...
EIN KAMPF-SCHIFF DER BA-DOON KAM AUS DEM NICHTS?
WÜSSTE ZU GERN, WARUM.
WOLLT IHR MAL WAS WIT-ZIGES SEHEN? GUCKT MAL...

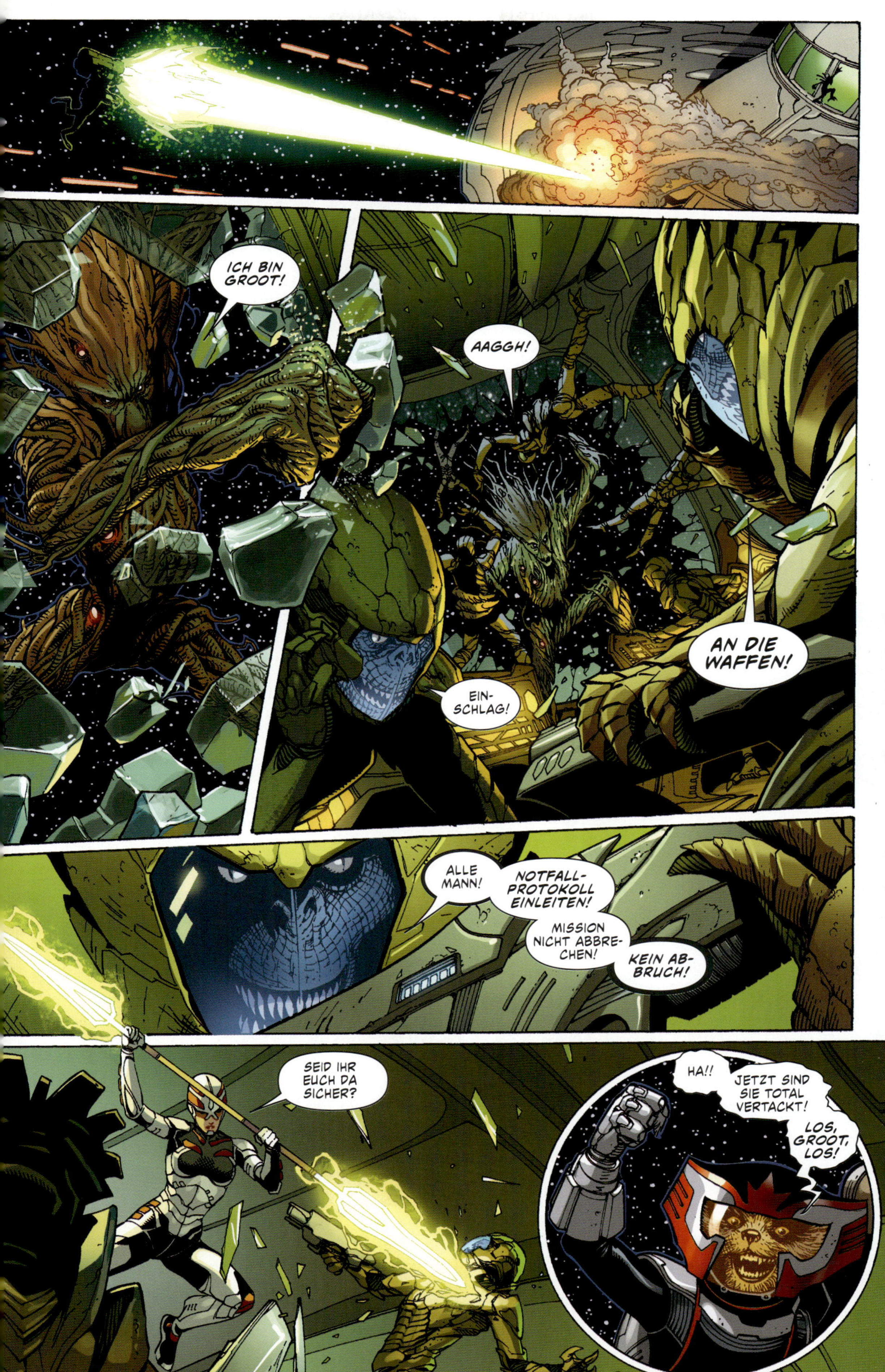
ICH BIN GROOT!
AAGGH!
AN DIE WAFFEN!
EIN-SCHLAG!
ALLE MANN!
NOTFALL-PROTOKOLL EINLEITEN!
MISSION NICHT ABBRE-CHEN!
KEIN AB-BRUCH!
SEID IHR EUCH DA SICHER?
HA!!
JETZT SIND SIE TOTAL VERTACKT!
LOS, GROOT, LOS!

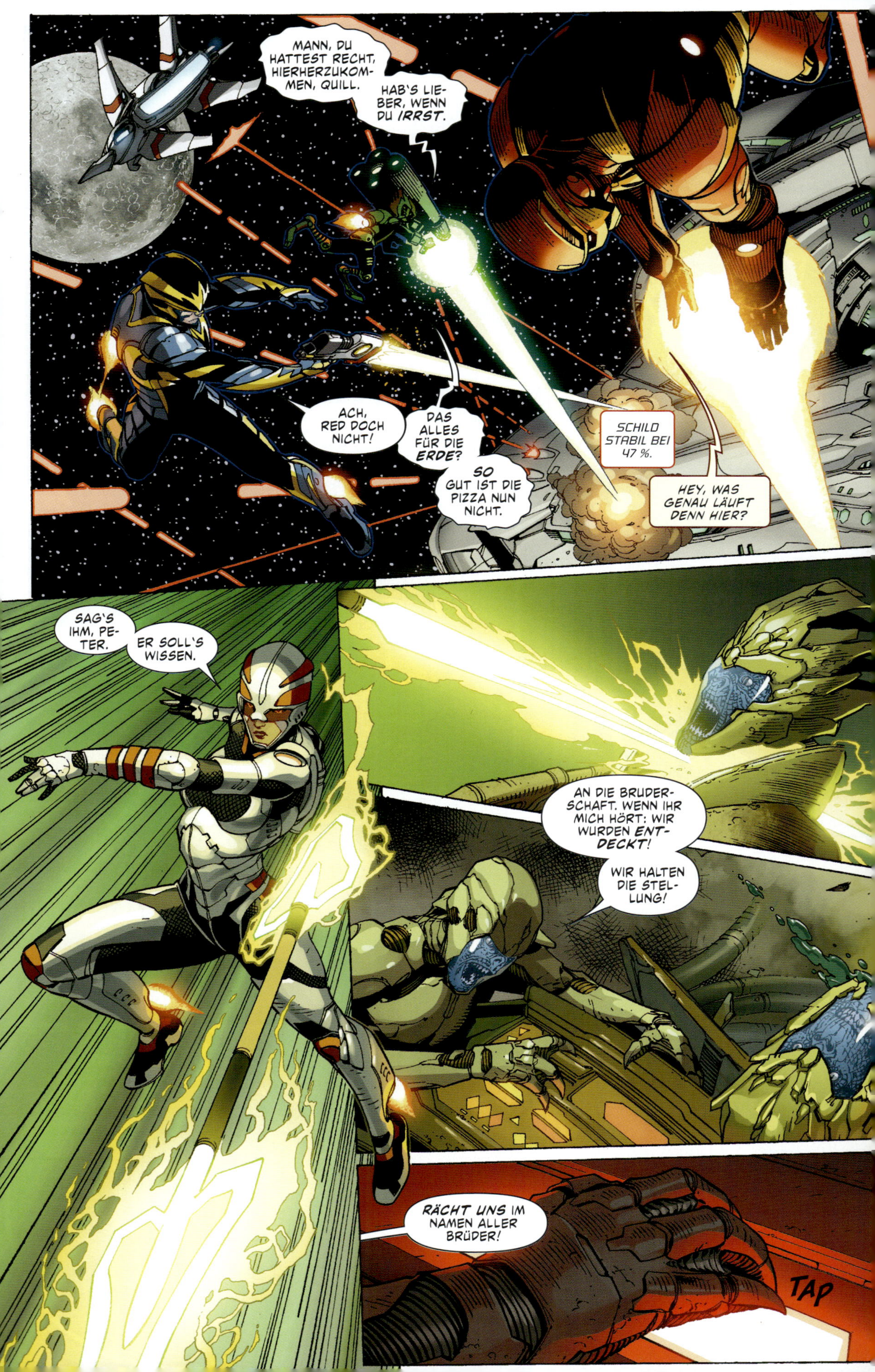

MANN, DU HATTEST RECHT, HIERHERZUKOMMEN, QUILL.
HAB'S LIEBER, WENN DU *IRRST*.
ACH, RED DOCH NICHT!
DAS ALLES FÜR DIE *ERDE*?
SO GUT IST DIE PIZZA NUN NICHT.
SCHILD STABIL BEI 47 %.
HEY, WAS GENAU LÄUFT DENN HIER?
SAG'S IHM, PETER.
ER SOLL'S WISSEN.
AN DIE BRUDERSCHAFT. WENN IHR MICH HÖRT: WIR WURDEN *ENTDECKT*!
WIR HALTEN DIE STELLUNG!
RÄCHT UNS IM NAMEN ALLER BRÜDER!
TAP

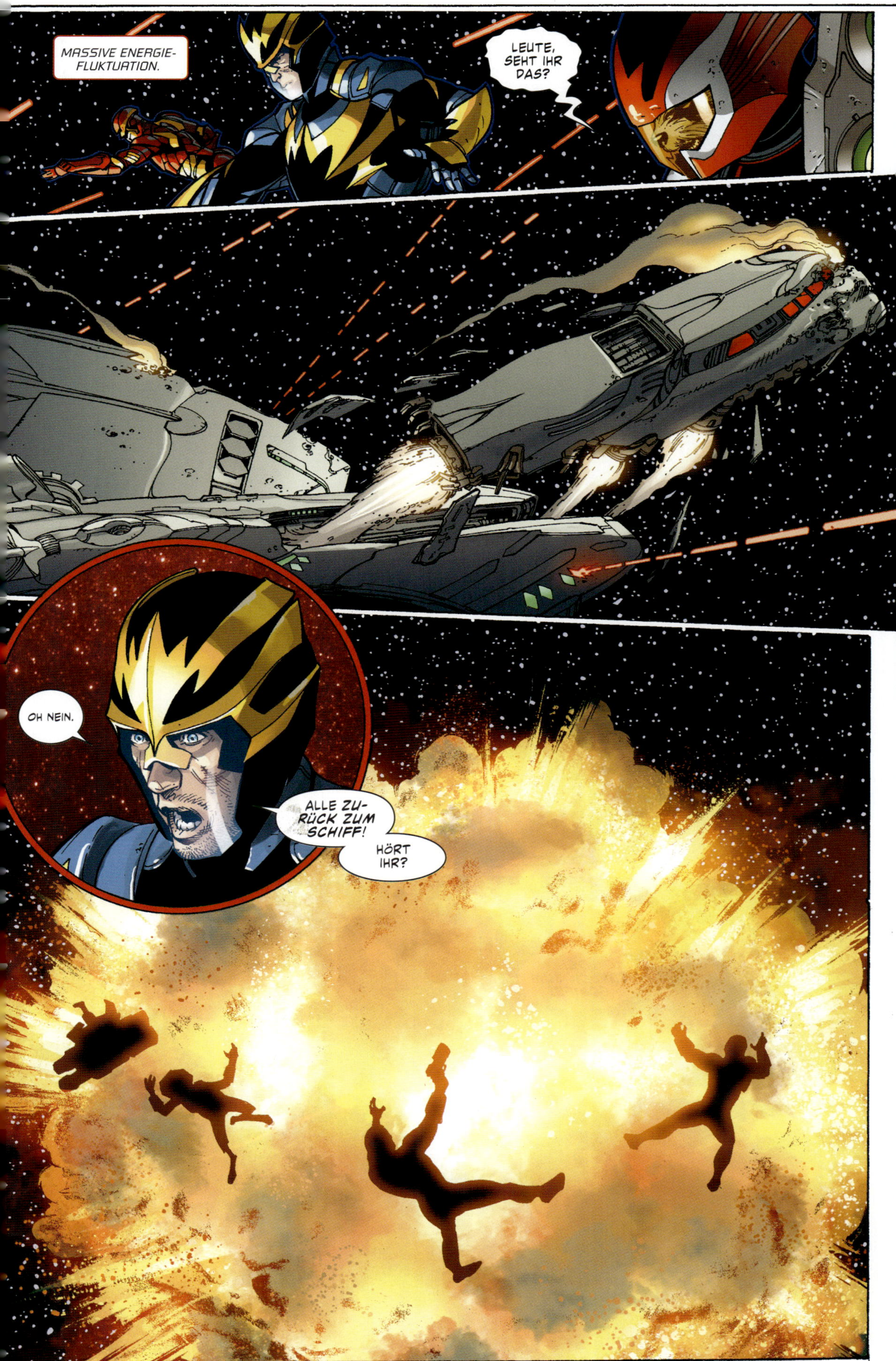
MASSIVE ENERGIE-FLUKTUATION.
LEUTE, SEHT IHR DAS?
OH NEIN.
ALLE ZURÜCK ZUM SCHIFF!
HÖRT IHR?

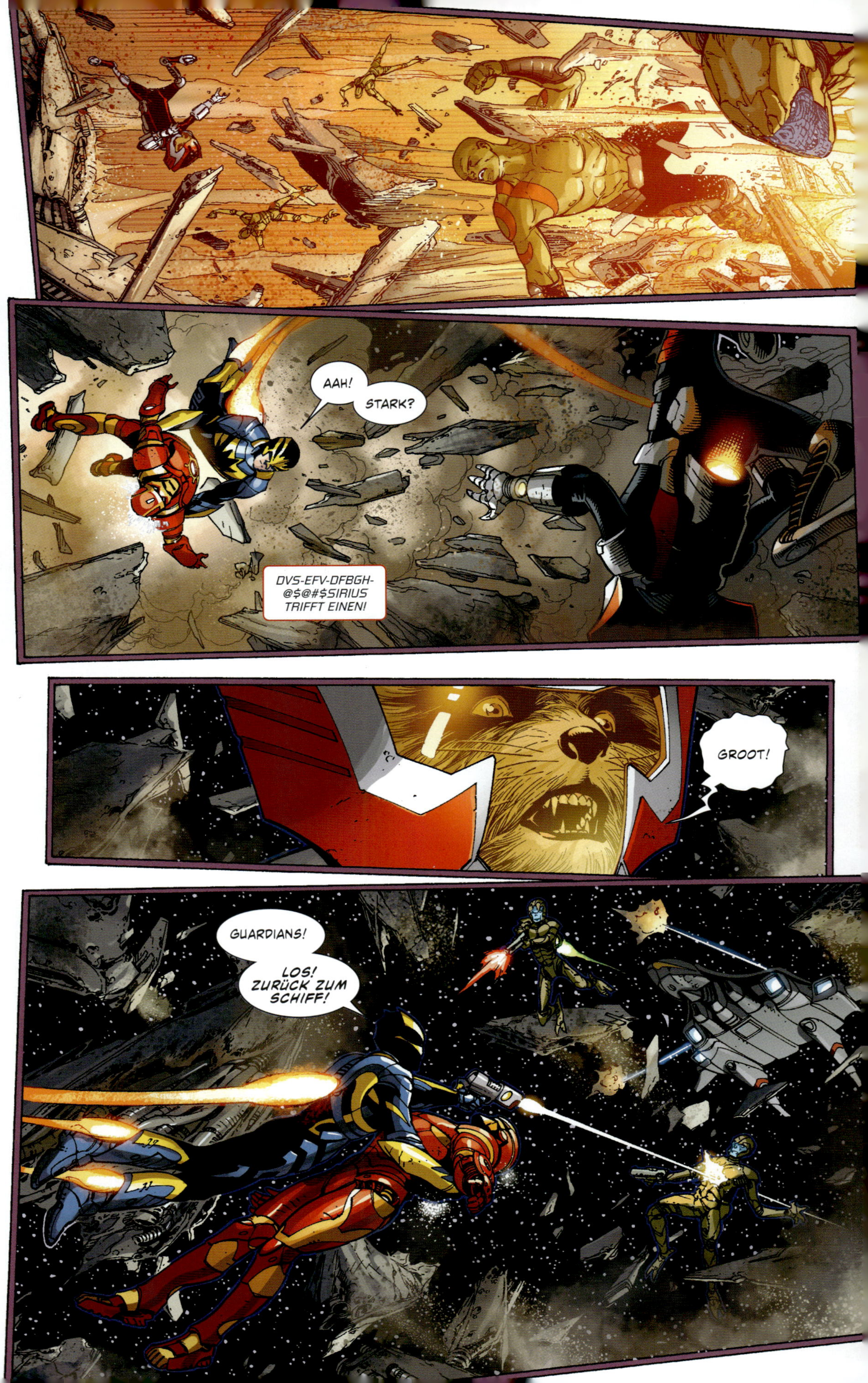

AAH!
STARK?
DVS-EFV-DFBGH-
@$@#$SIRIUS
TRIFFT EINEN!

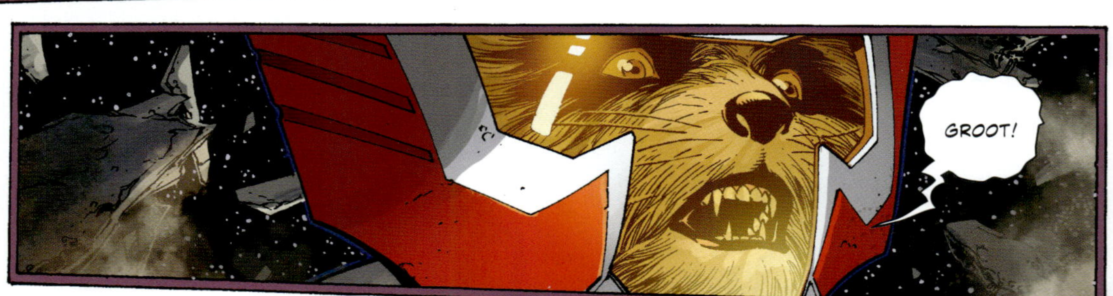
GROOT!

GUARDIANS!
LOS!
ZURÜCK ZUM
SCHIFF!

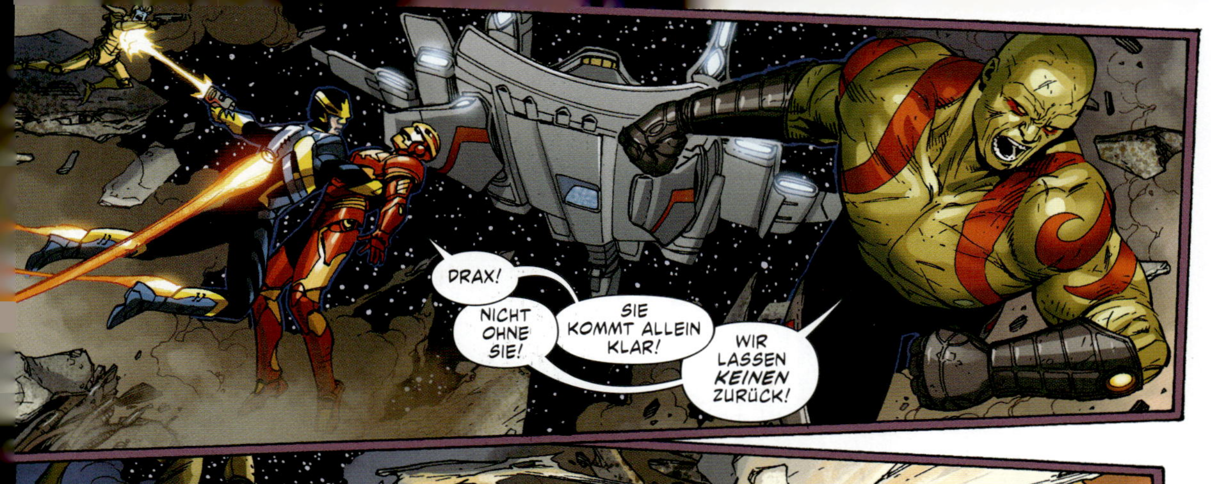
DRAX!
NICHT OHNE SIE!
SIE KOMMT ALLEIN KLAR!
WIR LASSEN KEINEN ZURÜCK!

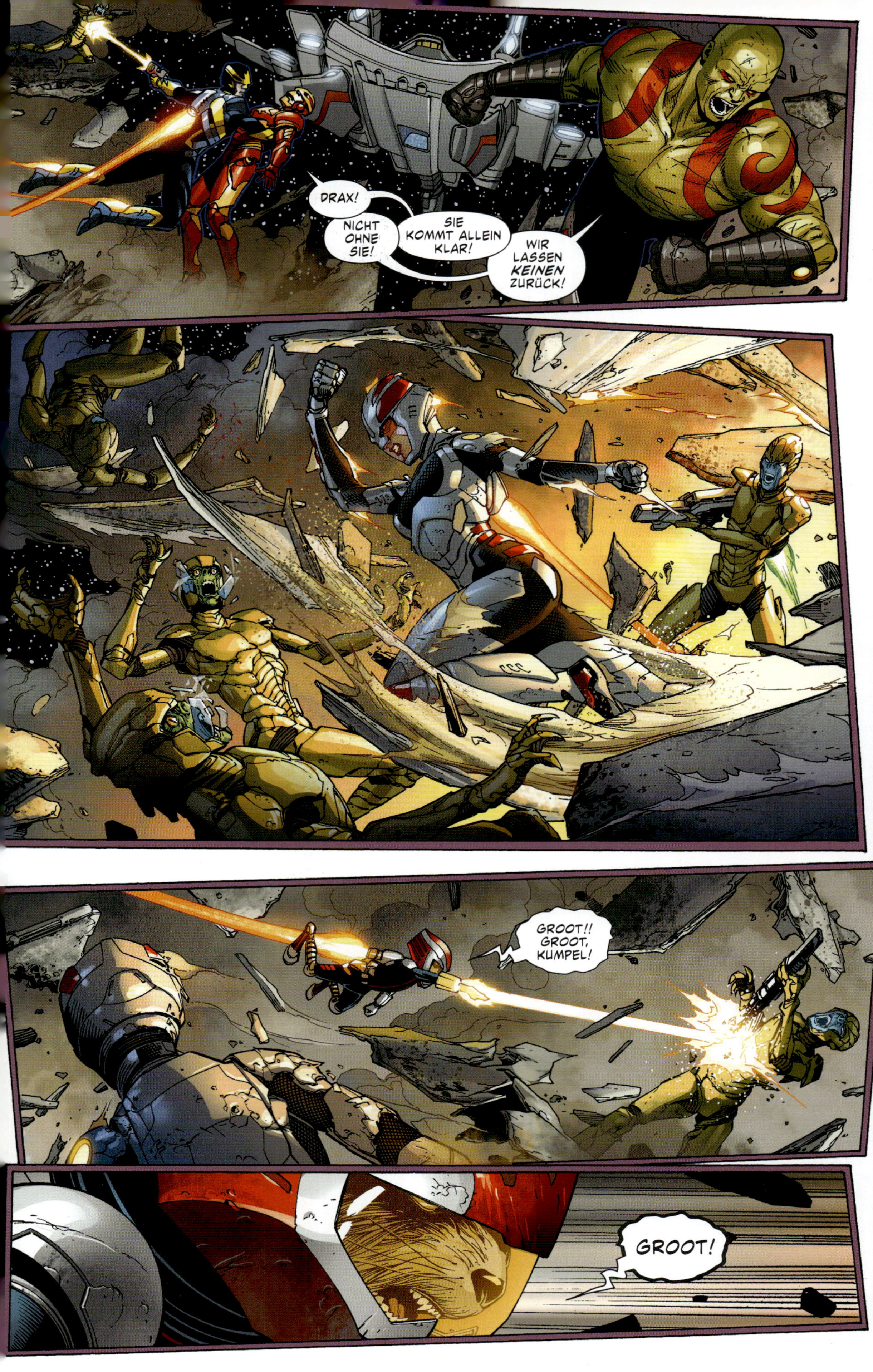

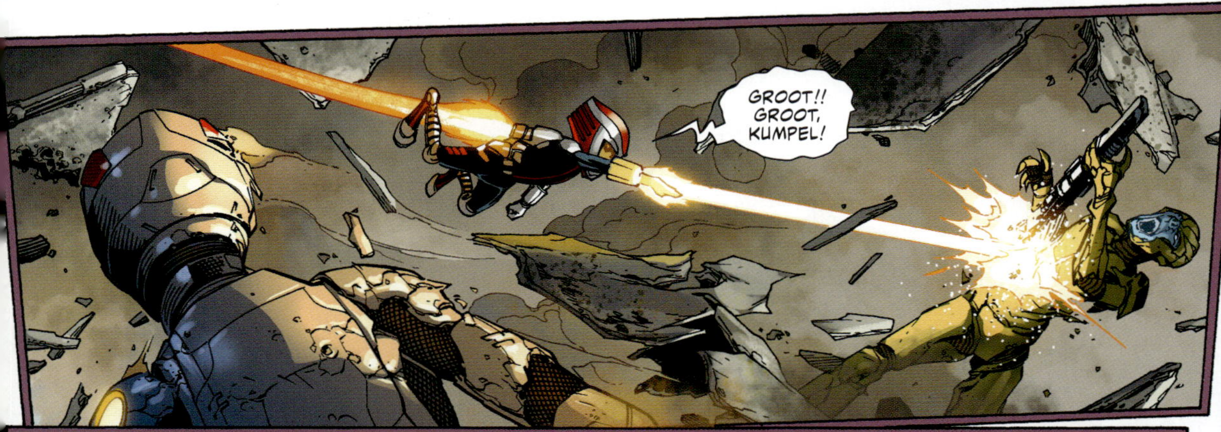
GROOT!! GROOT, KUMPEL!

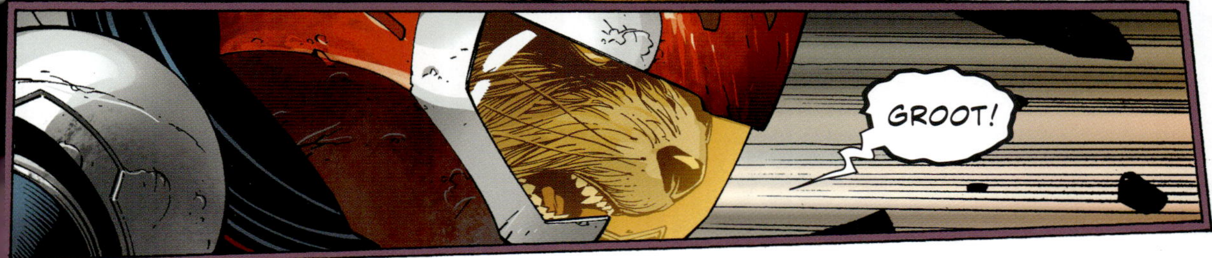
GROOT!

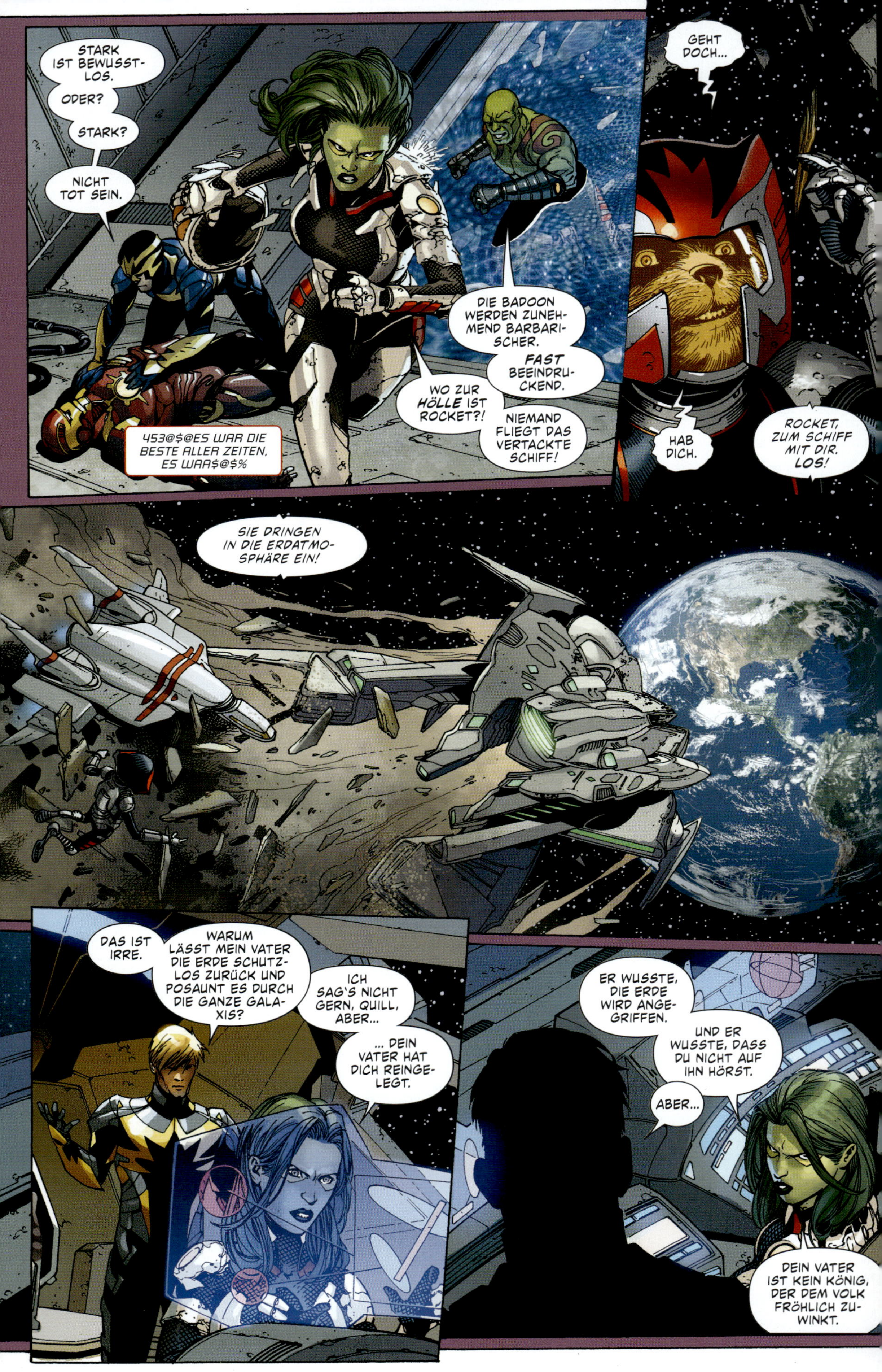
STARK IST BEWUSST-LOS.
ODER?
STARK?
NICHT TOT SEIN.
453@$@ES WAR DIE BESTE ALLER ZEITEN. ES WAR$@$%
DIE BADOON WERDEN ZUNEH-MEND BARBARI-SCHER.
FAST BEEINDRU-CKEND.
WO ZUR HÖLLE IST ROCKET?!
NIEMAND FLIEGT DAS VERTACKTE SCHIFF!
GEHT DOCH...
HAB DICH.
ROCKET, ZUM SCHIFF MIT DIR. LOS!
SIE DRINGEN IN DIE ERDATMO-SPHÄRE EIN!
DAS IST IRRE.
WARUM LÄSST MEIN VATER DIE ERDE SCHUTZ-LOS ZURÜCK UND POSAUNT ES DURCH DIE GANZE GALA-XIS?
ICH SAG'S NICHT GERN, QUILL, ABER...
... DEIN VATER HAT DICH REINGE-LEGT.
ER WUSSTE, DIE ERDE WIRD ANGE-GRIFFEN.
UND ER WUSSTE, DASS DU NICHT AUF IHN HÖRST.
ABER...
DEIN VATER IST KEIN KÖNIG, DER DEM VOLK FRÖHLICH ZU-WINKT.

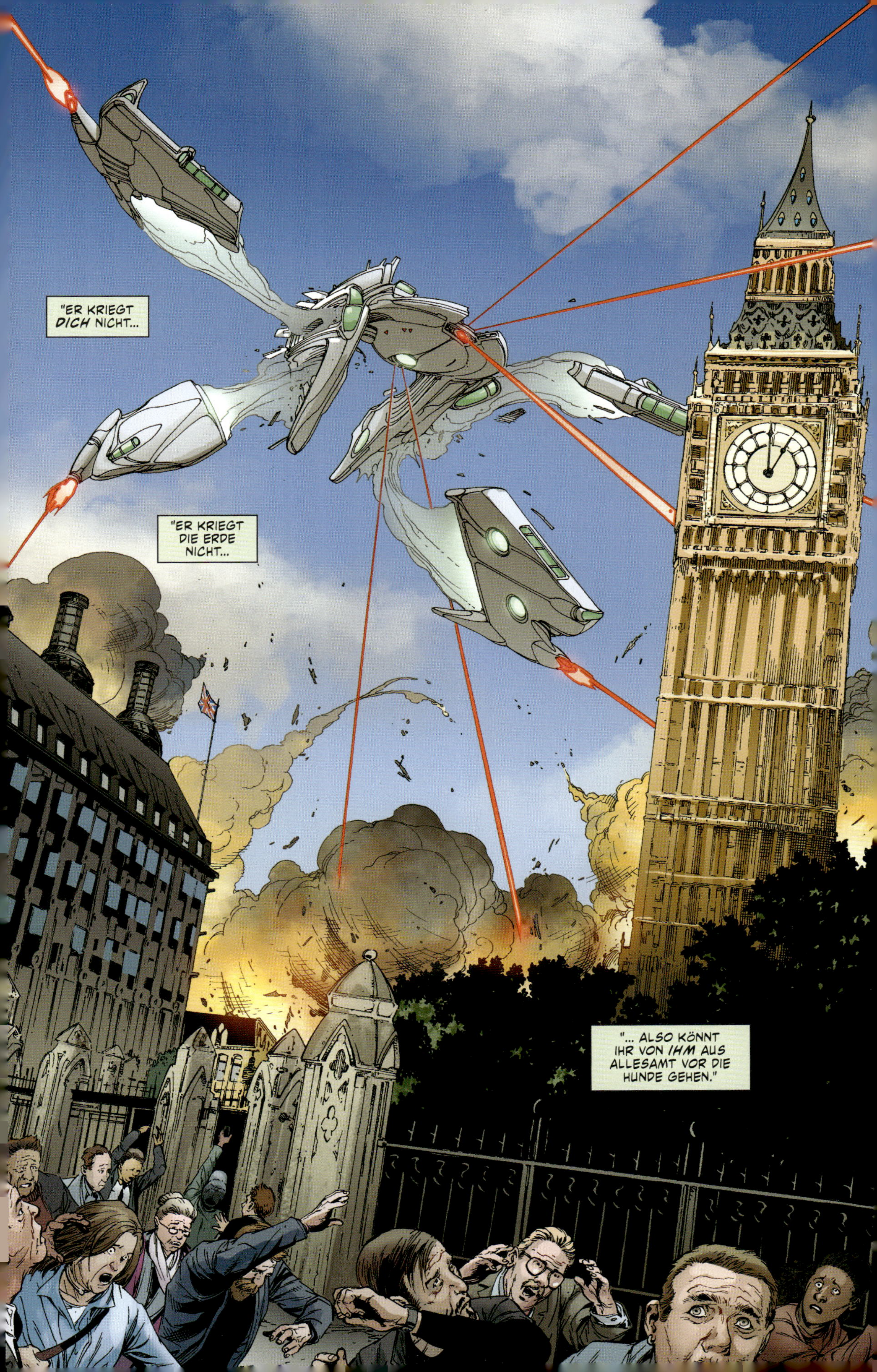
"ER KRIEGT DICH NICHT...
"ER KRIEGT DIE ERDE NICHT...
"... ALSO KÖNNT IHR VON IHM AUS ALLESAMT VOR DIE HUNDE GEHEN."

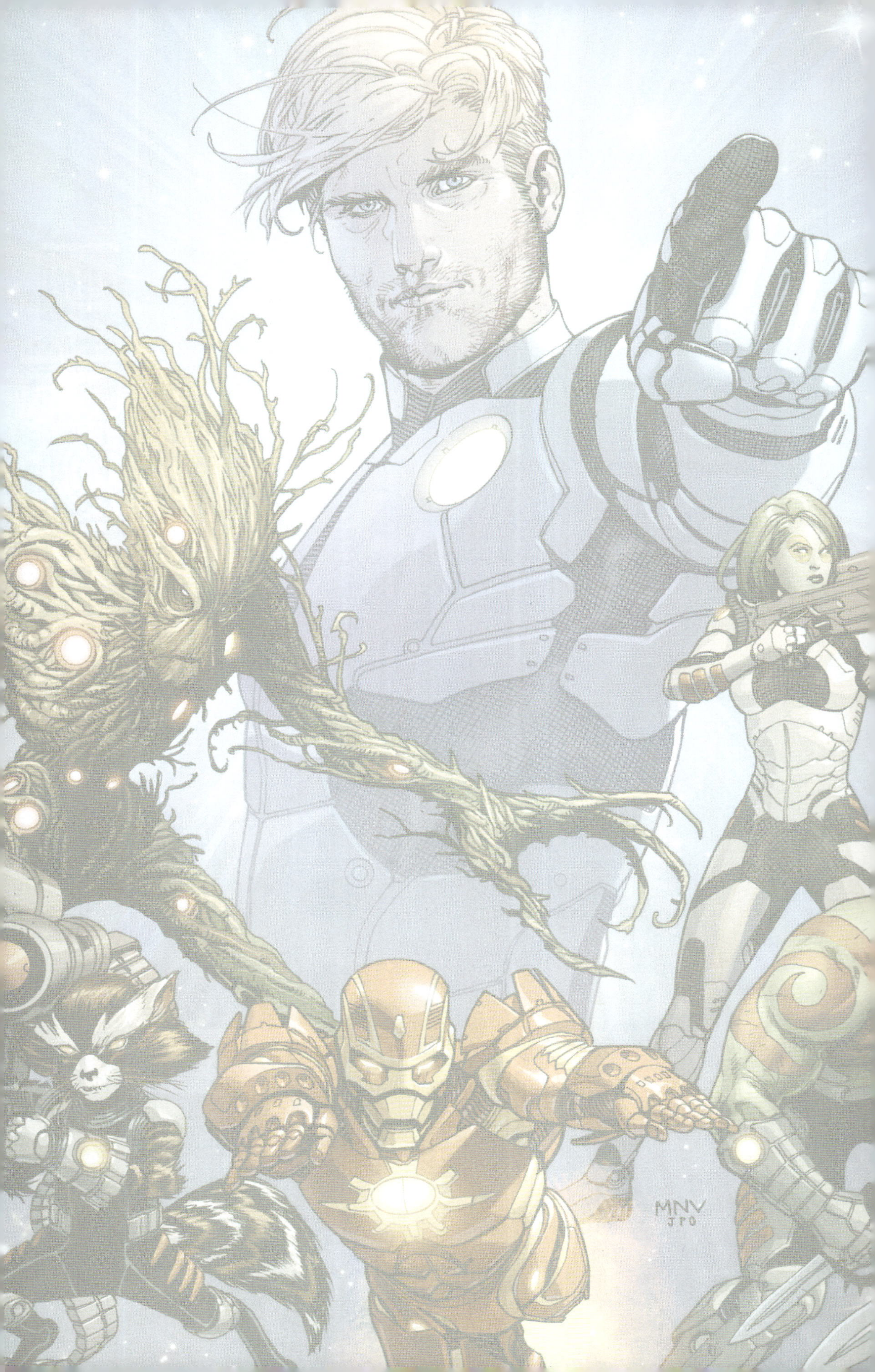
MNV
JPO

SPACE-AVENGERS, TEIL 3

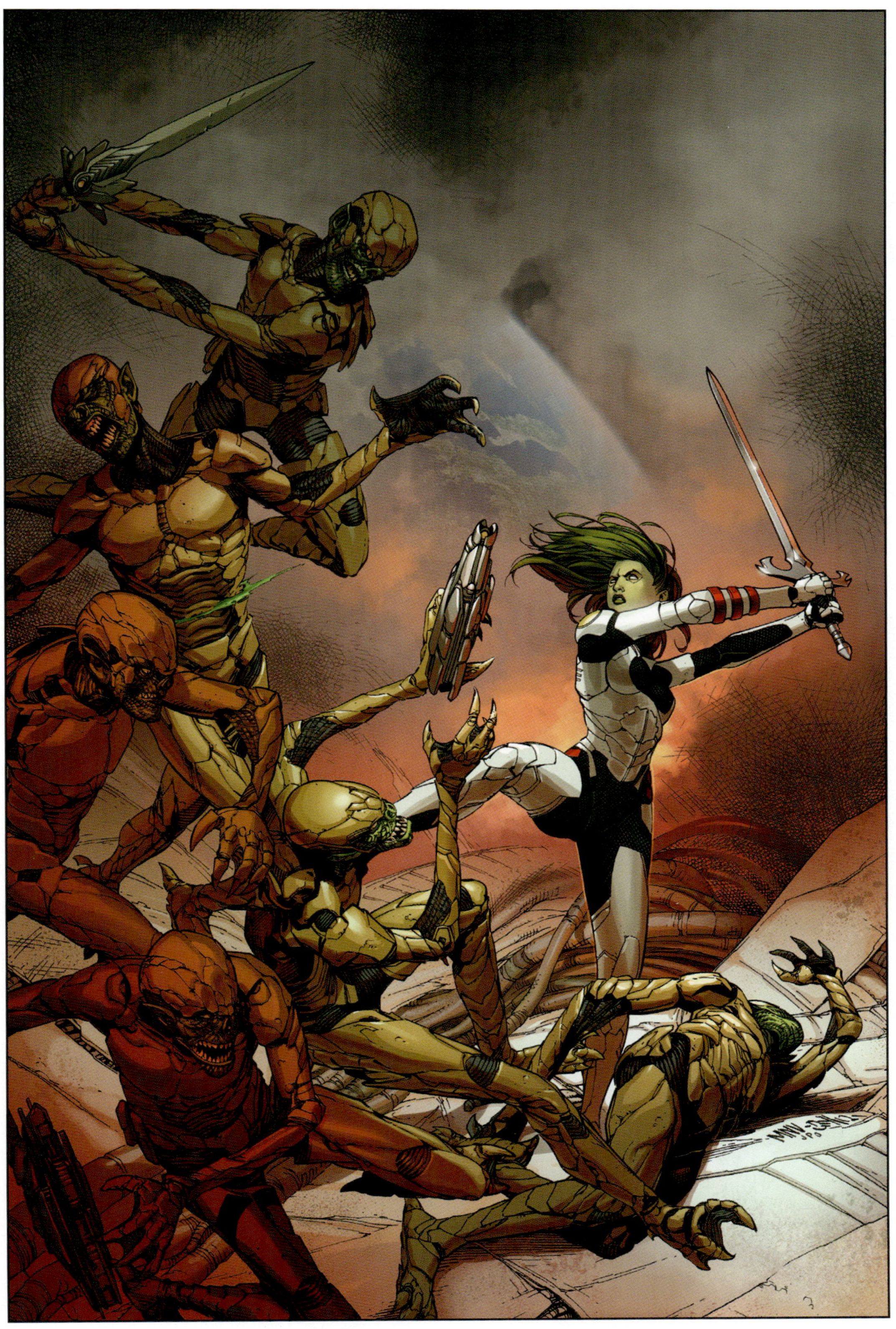

Guardians of the Galaxy (2013) 2
Cover von **STEVE McNIVEN**

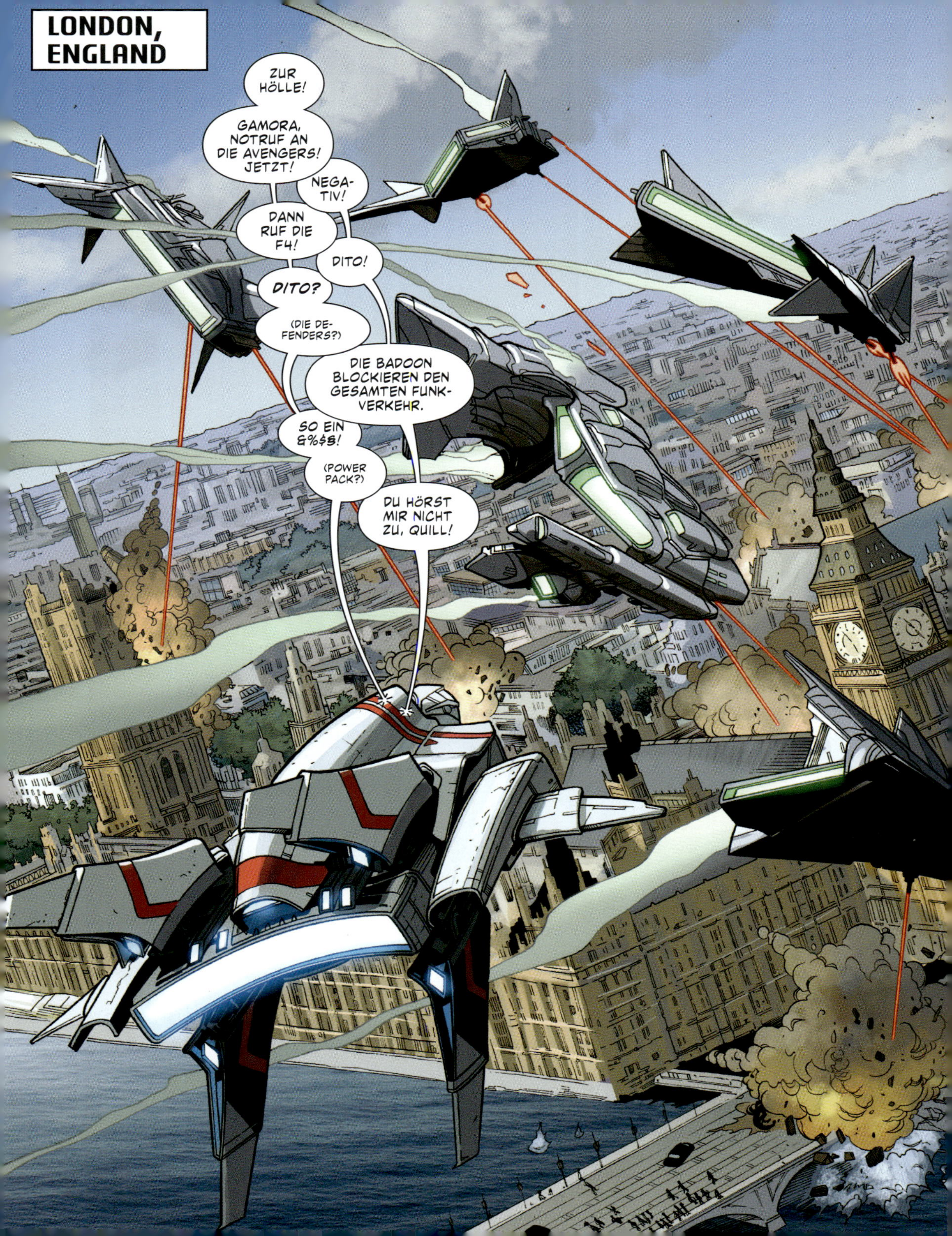
LONDON, ENGLAND
ZUR HÖLLE!
GAMORA, NOTRUF AN DIE AVENGERS! JETZT!
NEGA-TIV!
DANN RUF DIE F4!
DITO!
DITO?
(DIE DE-FENDERS?)
DIE BADOON BLOCKIEREN DEN GESAMTEN FUNK-VERKEHR.
SO EIN &%$§!
(POWER PACK?)
DU HÖRST MIR NICHT ZU, QUILL!

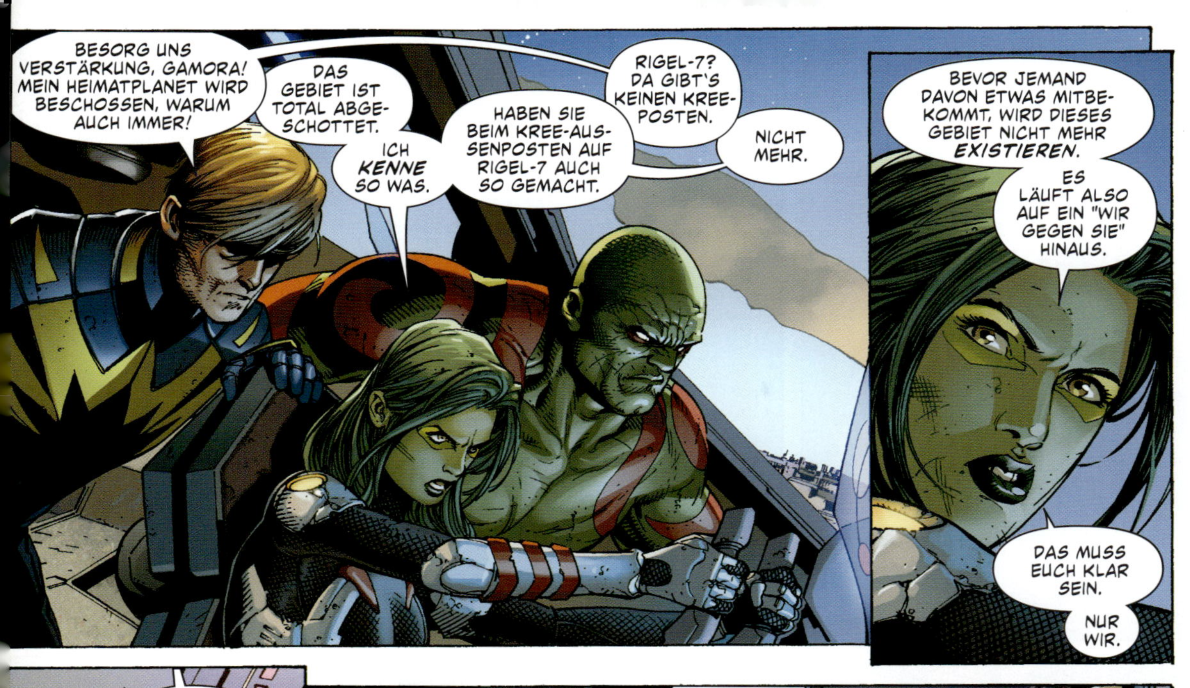
BESORG UNS VERSTÄRKUNG, GAMORA! MEIN HEIMATPLANET WIRD BESCHOSSEN, WARUM AUCH IMMER!
DAS GEBIET IST TOTAL ABGE-SCHOTTET.
ICH KENNE SO WAS.
HABEN SIE BEIM KREE-AUS-SENPOSTEN AUF RIGEL-7 AUCH SO GEMACHT.
RIGEL-7? DA GIBT'S KEINEN KREE-POSTEN.
NICHT MEHR.
BEVOR JEMAND DAVON ETWAS MITBE-KOMMT, WIRD DIESES GEBIET NICHT MEHR EXISTIEREN.
ES LÄUFT ALSO AUF EIN "WIR GEGEN SIE" HINAUS.
DAS MUSS EUCH KLAR SEIN.
NUR WIR.

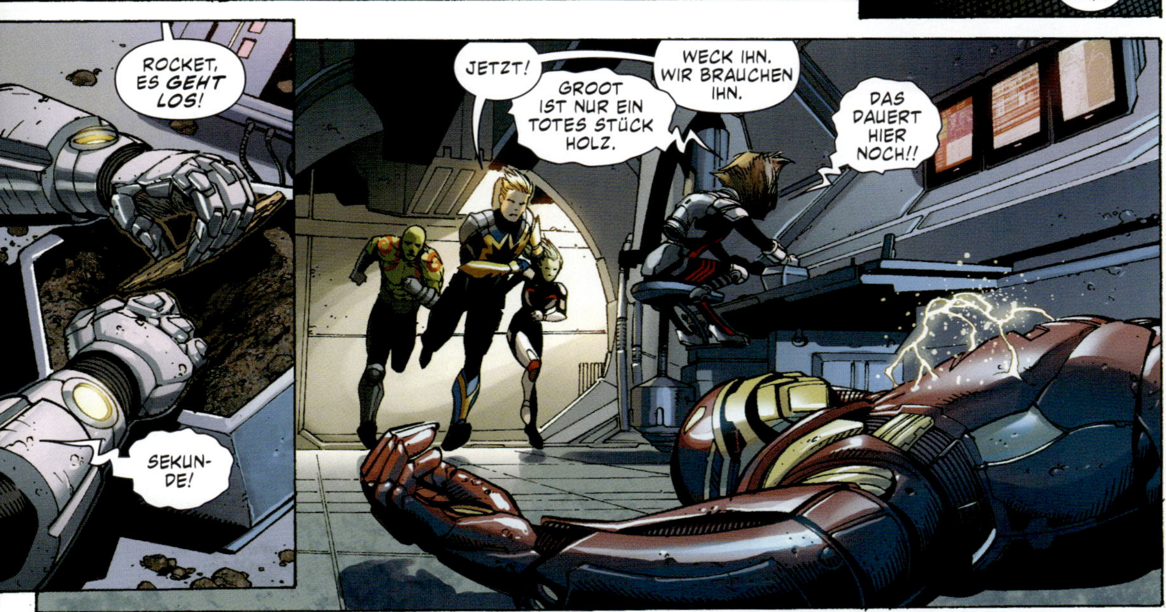
ROCKET, ES GEHT LOS!
SEKUN-DE!
JETZT!
GROOT IST NUR EIN TOTES STÜCK HOLZ.
WECK IHN. WIR BRAUCHEN IHN.
DAS DAUERT HIER NOCH!!

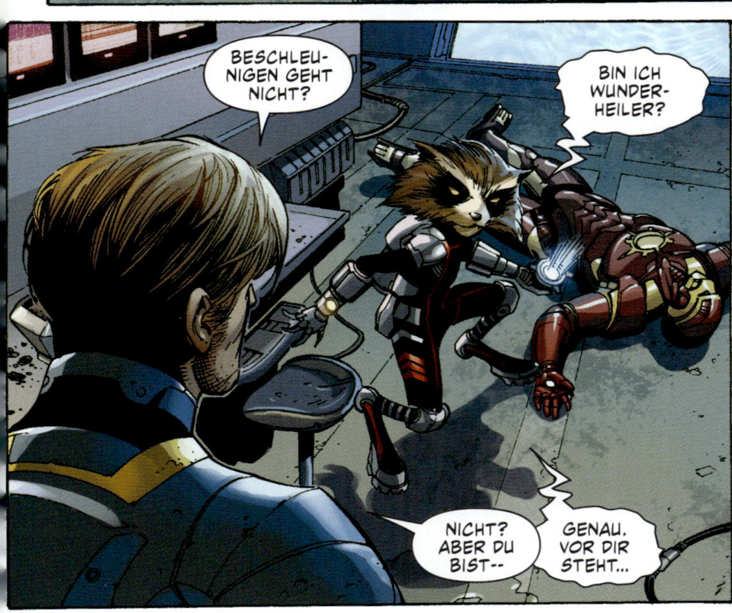
BESCHLEU-NIGEN GEHT NICHT?
BIN ICH WUNDER-HEILER?
NICHT? ABER DU BIST--
GENAU. VOR DIR STEHT...

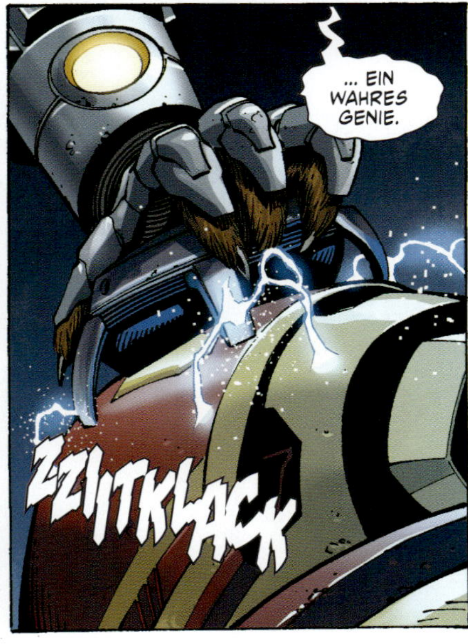
... EIN WAHRES GENIE.
ZZIITKLACK

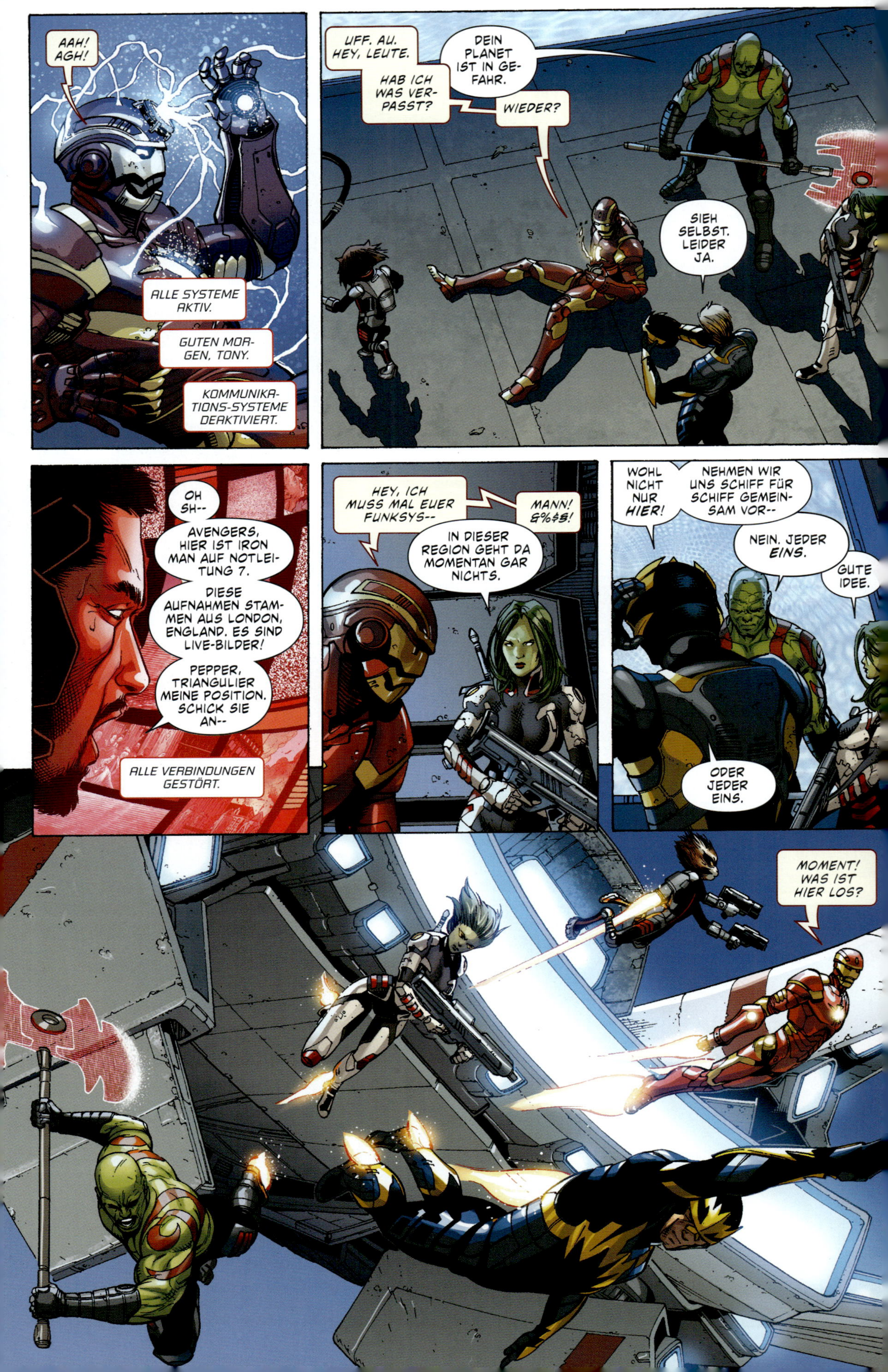

AAH! AGH!
ALLE SYSTEME AKTIV.
GUTEN MORGEN, TONY.
KOMMUNIKATIONS-SYSTEME DEAKTIVIERT.
UFF. AU. HEY, LEUTE.
HAB ICH WAS VERPASST?
DEIN PLANET IST IN GEFAHR.
WIEDER?
SIEH SELBST. LEIDER JA.
OH SH--
AVENGERS, HIER IST IRON MAN AUF NOTLEITUNG 7.
DIESE AUFNAHMEN STAMMEN AUS LONDON, ENGLAND. ES SIND LIVE-BILDER!
PEPPER, TRIANGULIER MEINE POSITION. SCHICK SIE AN--
ALLE VERBINDUNGEN GESTÖRT.
HEY, ICH MUSS MAL EUER FUNKSYS--
MANN! &%$$!
IN DIESER REGION GEHT DA MOMENTAN GAR NICHTS.
WOHL NICHT NUR *HIER*!
NEHMEN WIR UNS SCHIFF FÜR SCHIFF GEMEINSAM VOR--
NEIN. JEDER *EINS*.
GUTE IDEE.
ODER JEDER EINS.
MOMENT! WAS IST HIER LOS?

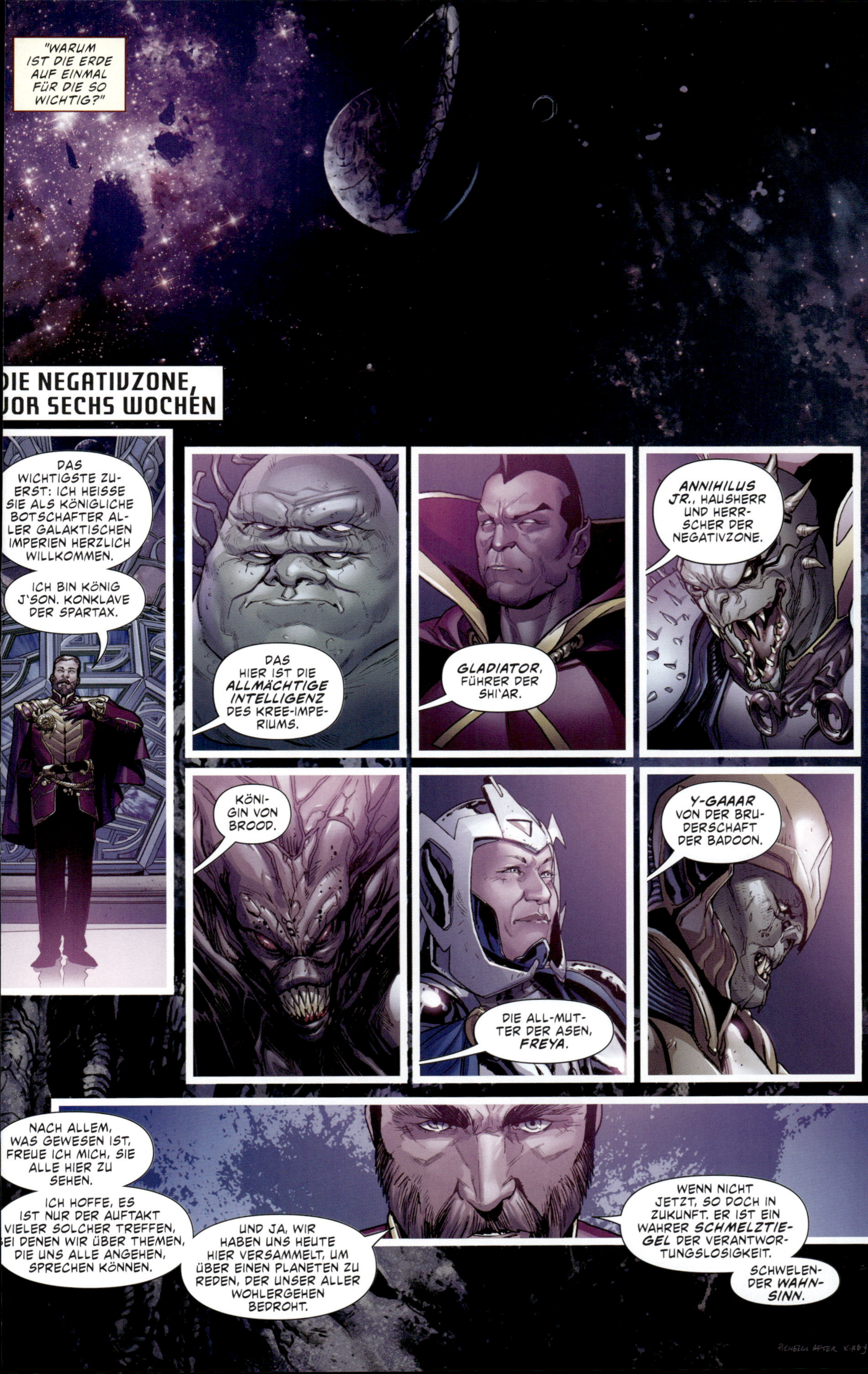

"WARUM IST DIE ERDE AUF EINMAL FÜR DIE SO WICHTIG?"

DIE NEGATIVZONE, VOR SECHS WOCHEN

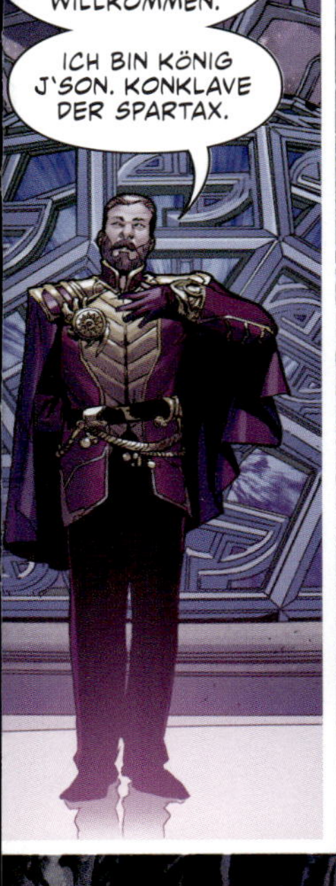

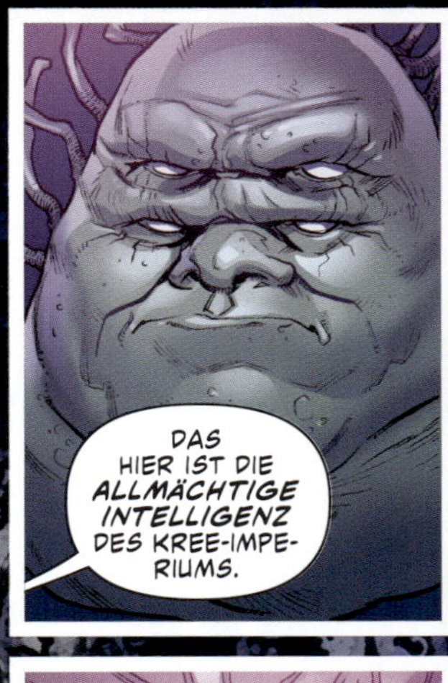

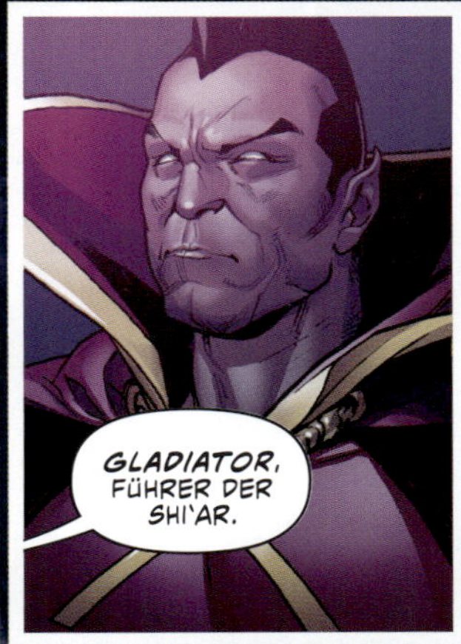

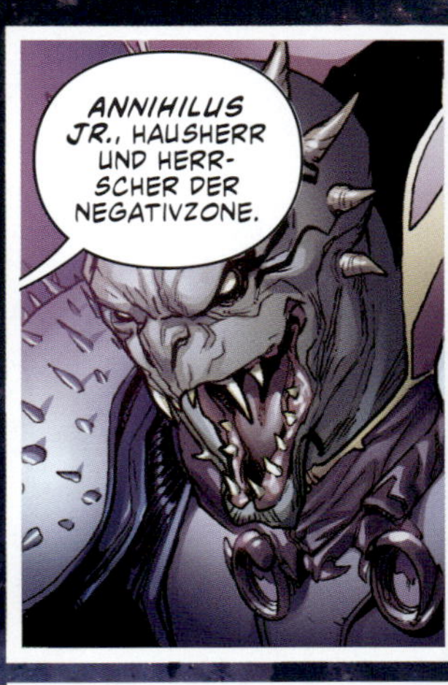

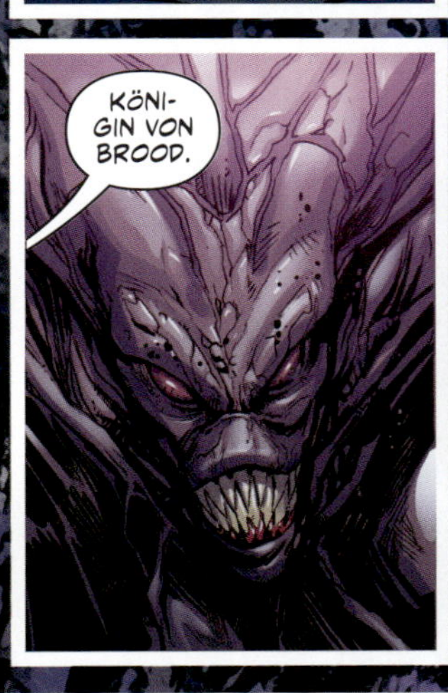

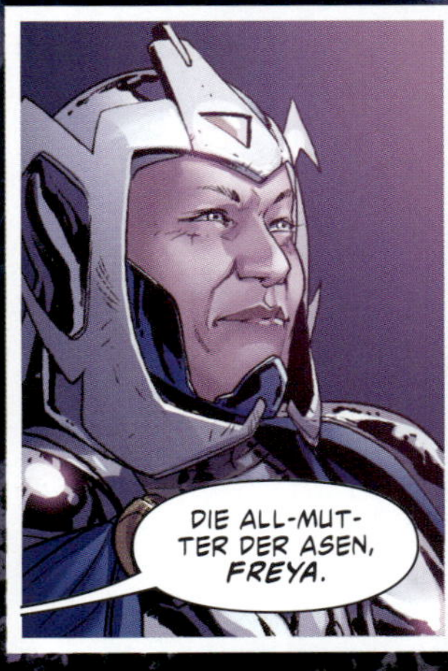

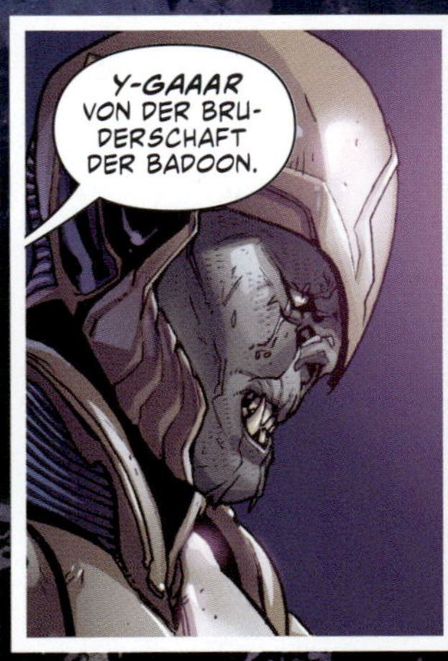

NACH ALLEM, WAS GEWESEN IST, FREUE ICH MICH, SIE ALLE HIER ZU SEHEN.

ICH HOFFE, ES IST NUR DER AUFTAKT VIELER SOLCHER TREFFEN, BEI DENEN WIR ÜBER THEMEN, DIE UNS ALLE ANGEHEN, SPRECHEN KÖNNEN.

UND JA, WIR HABEN UNS HEUTE HIER VERSAMMELT, UM ÜBER EINEN PLANETEN ZU REDEN, DER UNSER ALLER WOHLERGEHEN BEDROHT.

WENN NICHT JETZT, SO DOCH IN ZUKUNFT. ER IST EIN WAHRER SCHMELZTIEGEL DER VERANTWORTUNGSLOSIGKEIT.

SCHWELENDER WAHNSINN.

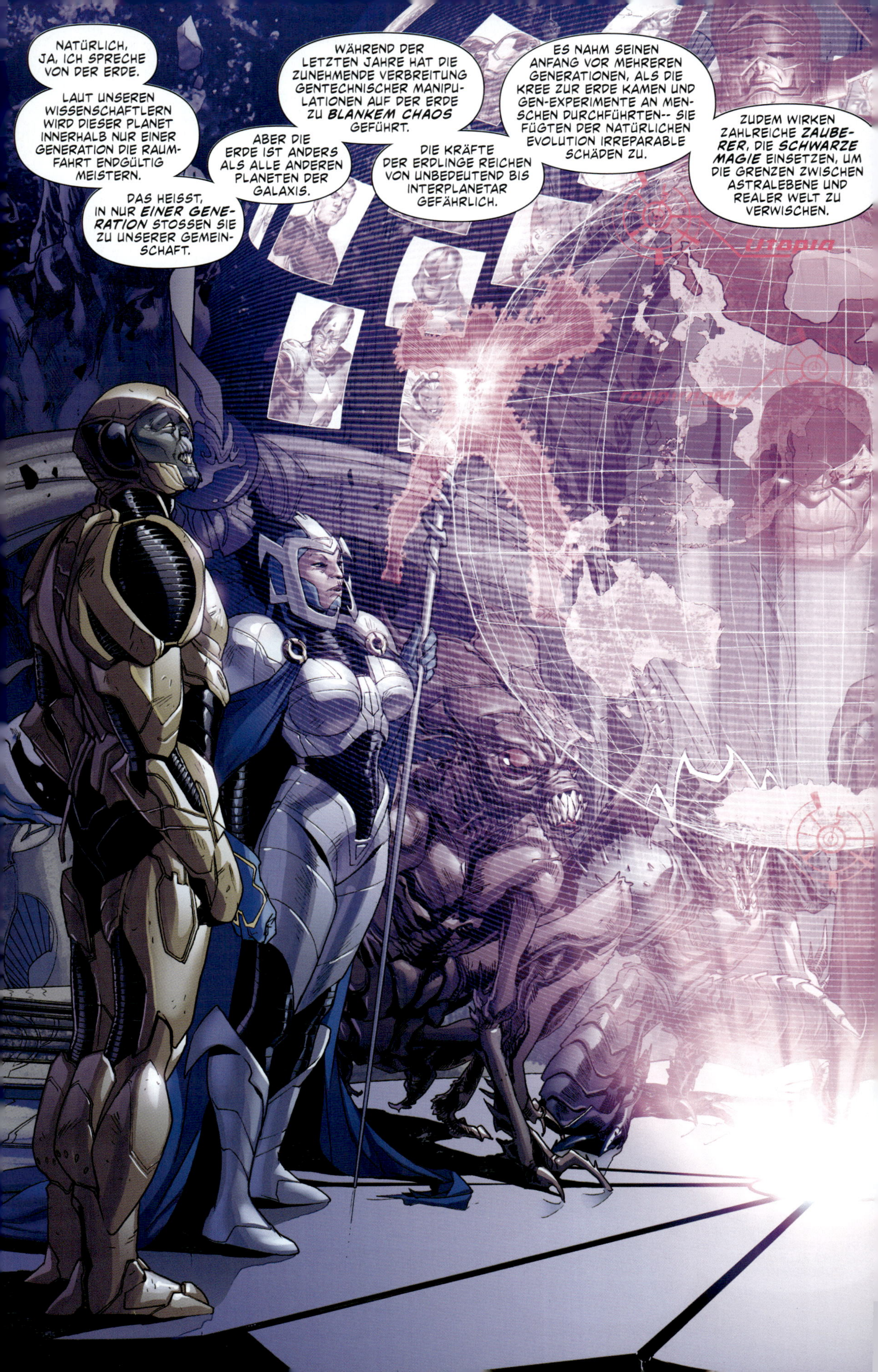
NATÜRLICH, JA, ICH SPRECHE VON DER ERDE.
LAUT UNSEREN WISSENSCHAFTLERN WIRD DIESER PLANET INNERHALB NUR EINER GENERATION DIE RAUMFAHRT ENDGÜLTIG MEISTERN.
DAS HEISST, IN NUR EINER GENERATION STOSSEN SIE ZU UNSERER GEMEINSCHAFT.
ABER DIE ERDE IST ANDERS ALS ALLE ANDEREN PLANETEN DER GALAXIS.
WÄHREND DER LETZTEN JAHRE HAT DIE ZUNEHMENDE VERBREITUNG GENTECHNISCHER MANIPULATIONEN AUF DER ERDE ZU BLANKEM CHAOS GEFÜHRT.
DIE KRÄFTE DER ERDLINGE REICHEN VON UNBEDEUTEND BIS INTERPLANETAR GEFÄHRLICH.
ES NAHM SEINEN ANFANG VOR MEHREREN GENERATIONEN, ALS DIE KREE ZUR ERDE KAMEN UND GEN-EXPERIMENTE AN MENSCHEN DURCHFÜHRTEN-- SIE FÜGTEN DER NATÜRLICHEN EVOLUTION IRREPARABLE SCHÄDEN ZU.
ZUDEM WIRKEN ZAHLREICHE ZAUBERER, DIE SCHWARZE MAGIE EINSETZEN, UM DIE GRENZEN ZWISCHEN ASTRALEBENE UND REALER WELT ZU VERWISCHEN.
UTOPIA

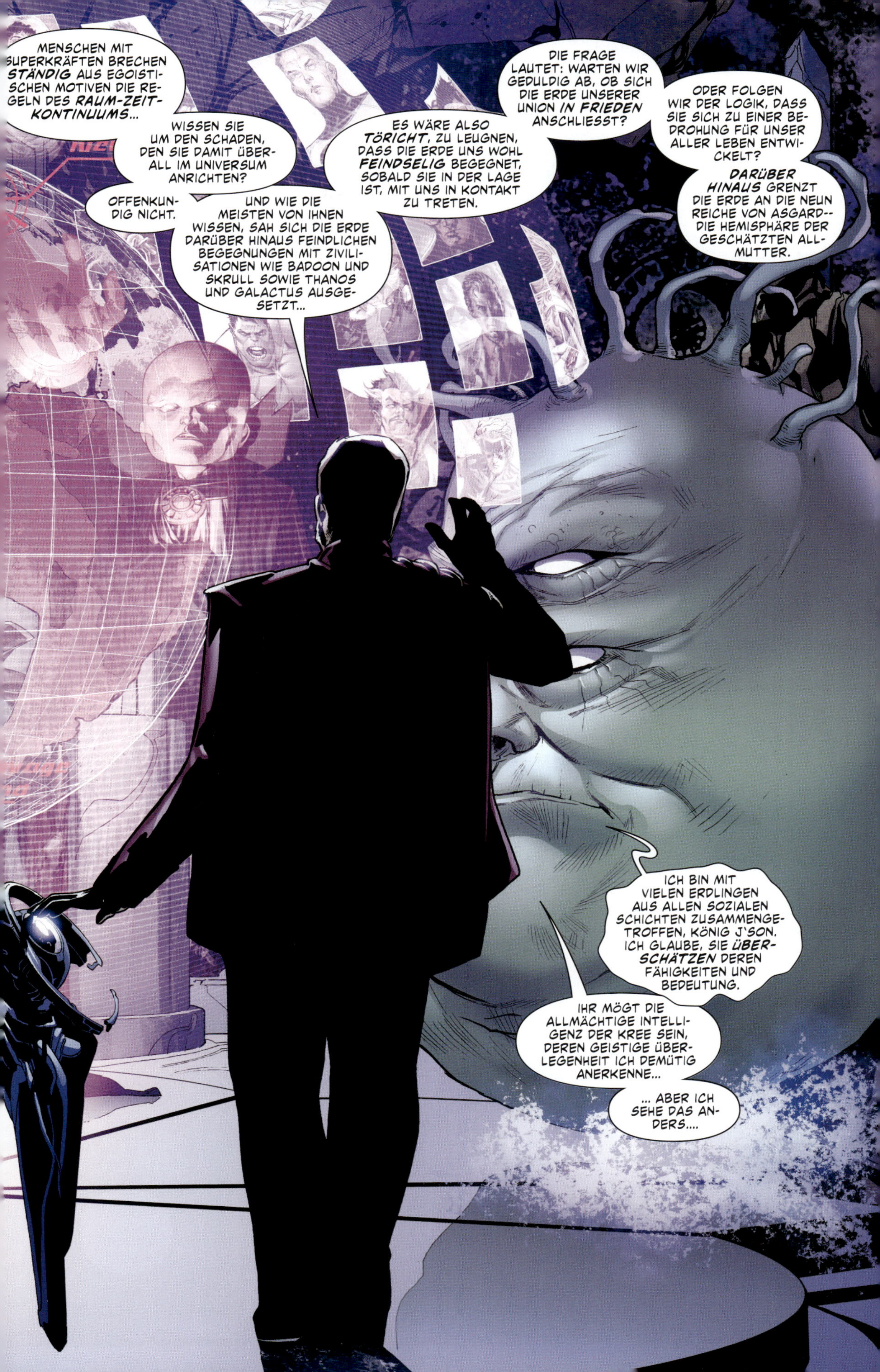
MENSCHEN MIT SUPERKRÄFTEN BRECHEN STÄNDIG AUS EGOISTISCHEN MOTIVEN DIE REGELN DES RAUM-ZEIT-KONTINUUMS...
WISSEN SIE UM DEN SCHADEN, DEN SIE DAMIT ÜBERALL IM UNIVERSUM ANRICHTEN?
OFFENKUNDIG NICHT.
UND WIE DIE MEISTEN VON IHNEN WISSEN, SAH SICH DIE ERDE DARÜBER HINAUS FEINDLICHEN BEGEGNUNGEN MIT ZIVILISATIONEN WIE BADOON UND SKRULL SOWIE THANOS UND GALACTUS AUSGESETZT...
ES WÄRE ALSO TÖRICHT, ZU LEUGNEN, DASS DIE ERDE UNS WOHL FEINDSELIG BEGEGNET, SOBALD SIE IN DER LAGE IST, MIT UNS IN KONTAKT ZU TRETEN.
DIE FRAGE LAUTET: WARTEN WIR GEDULDIG AB, OB SICH DIE ERDE UNSERER UNION IN FRIEDEN ANSCHLIESST?
ODER FOLGEN WIR DER LOGIK, DASS SIE SICH ZU EINER BEDROHUNG FÜR UNSER ALLER LEBEN ENTWICKELT?
DARÜBER HINAUS GRENZT DIE ERDE AN DIE NEUN REICHE VON ASGARD-- DIE HEMISPHÄRE DER GESCHÄTZTEN ALLMUTTER.
ICH BIN MIT VIELEN ERDLINGEN AUS ALLEN SOZIALEN SCHICHTEN ZUSAMMENGETROFFEN, KÖNIG J'SON. ICH GLAUBE, SIE ÜBERSCHÄTZEN DEREN FÄHIGKEITEN UND BEDEUTUNG.
IHR MÖGT DIE ALLMÄCHTIGE INTELLIGENZ DER KREE SEIN, DEREN GEISTIGE ÜBERLEGENHEIT ICH DEMÜTIG ANERKENNE...
... ABER ICH SEHE DAS ANDERS....

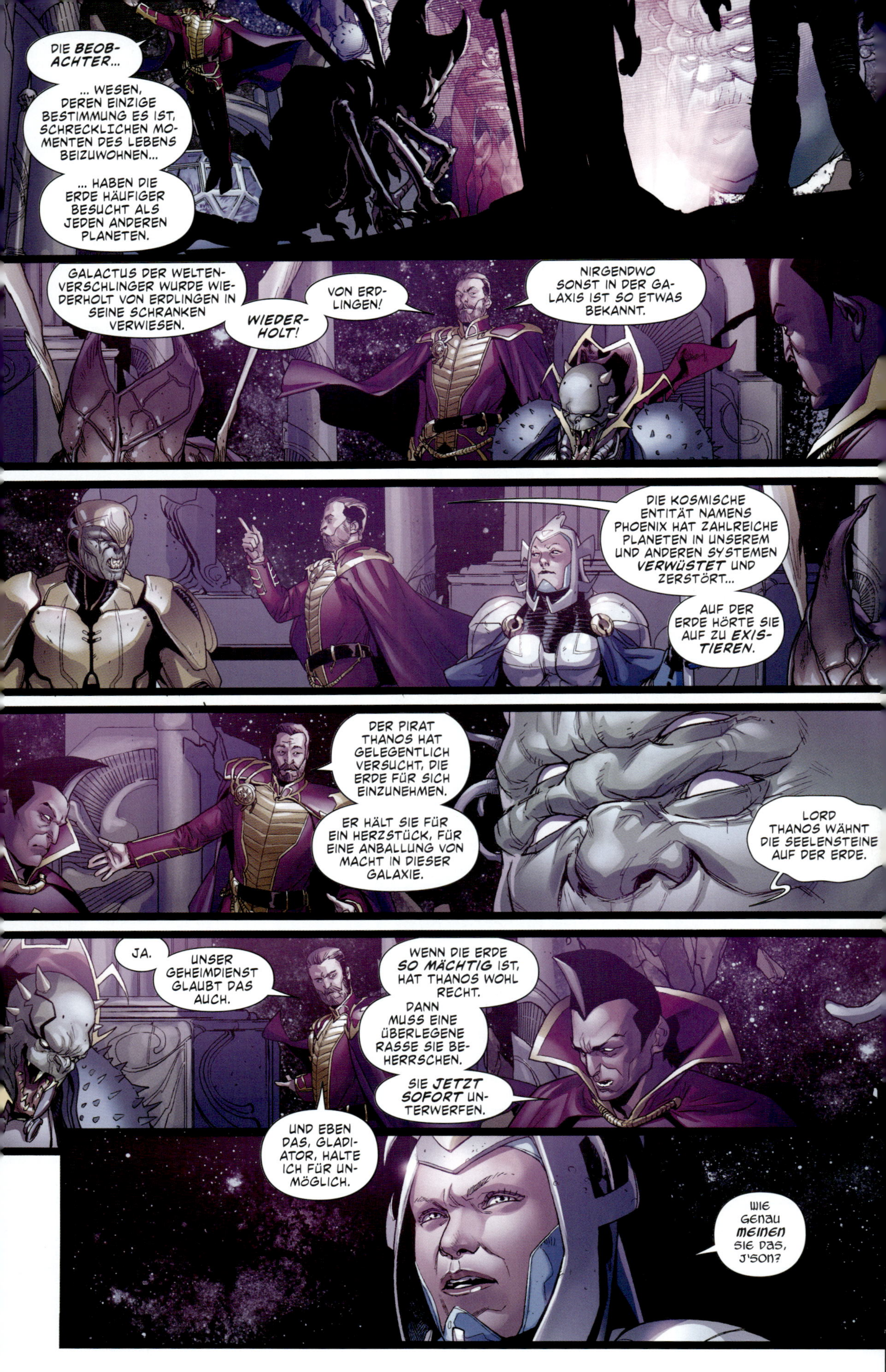
DIE BEOBACHTER...
... WESEN, DEREN EINZIGE BESTIMMUNG ES IST, SCHRECKLICHEN MOMENTEN DES LEBENS BEIZUWOHNEN...
... HABEN DIE ERDE HÄUFIGER BESUCHT ALS JEDEN ANDEREN PLANETEN.
GALACTUS DER WELTENVERSCHLINGER WURDE WIEDERHOLT VON ERDLINGEN IN SEINE SCHRANKEN VERWIESEN.
VON ERDLINGEN!
WIEDERHOLT!
NIRGENDWO SONST IN DER GALAXIS IST SO ETWAS BEKANNT.
DIE KOSMISCHE ENTITÄT NAMENS PHOENIX HAT ZAHLREICHE PLANETEN IN UNSEREM UND ANDEREN SYSTEMEN VERWÜSTET UND ZERSTÖRT...
AUF DER ERDE HÖRTE SIE AUF ZU EXISTIEREN.
DER PIRAT THANOS HAT GELEGENTLICH VERSUCHT, DIE ERDE FÜR SICH EINZUNEHMEN.
ER HÄLT SIE FÜR EIN HERZSTÜCK, FÜR EINE ANBALLUNG VON MACHT IN DIESER GALAXIE.
LORD THANOS WÄHNT DIE SEELENSTEINE AUF DER ERDE.
JA.
UNSER GEHEIMDIENST GLAUBT DAS AUCH.
WENN DIE ERDE SO MÄCHTIG IST, HAT THANOS WOHL RECHT.
DANN MUSS EINE ÜBERLEGENE RASSE SIE BEHERRSCHEN.
SIE JETZT SOFORT UNTERWERFEN.
UND EBEN DAS, GLADIATOR, HALTE ICH FÜR UNMÖGLICH.
WIE GENAU MEINEN SIE DAS, J'SON?

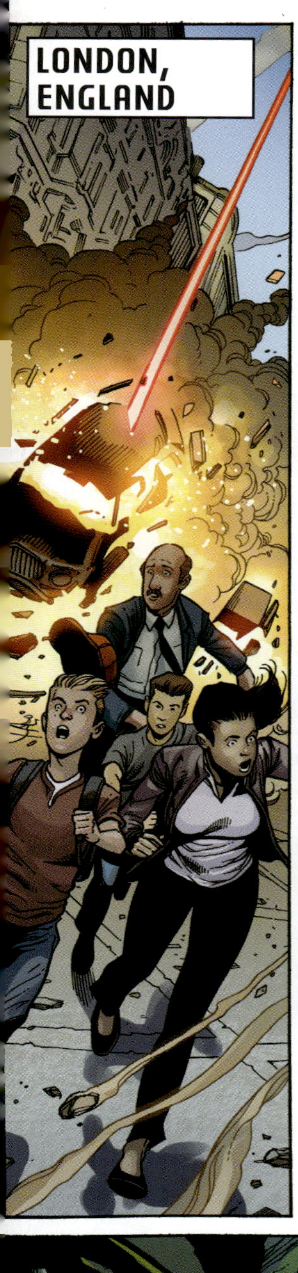
LONDON, ENGLAND

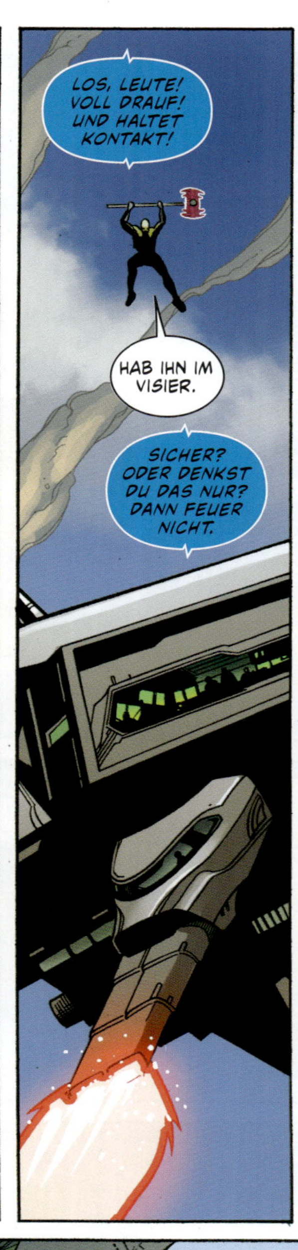
LOS, LEUTE! VOLL DRAUF! UND HALTET KONTAKT!
HAB IHN IM VISIER.
SICHER? ODER DENKST DU DAS NUR? DANN FEUER NICHT.

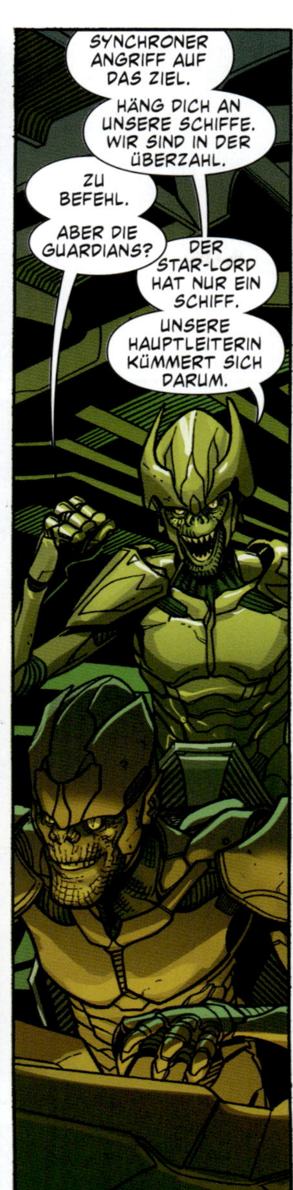
SYNCHRONER ANGRIFF AUF DAS ZIEL.
HÄNG DICH AN UNSERE SCHIFFE. WIR SIND IN DER ÜBERZAHL.
ZU BEFEHL.
ABER DIE GUARDIANS?
DER STAR-LORD HAT NUR EIN SCHIFF.
UNSERE HAUPTLEITERIN KÜMMERT SICH DARUM.

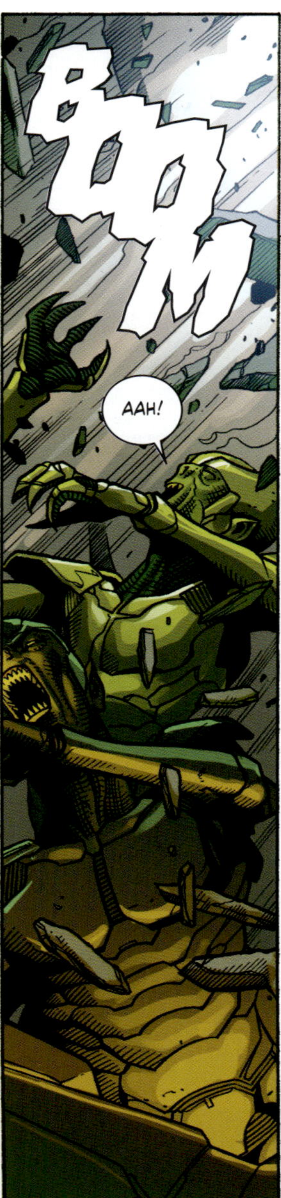
BOOM
AAH!

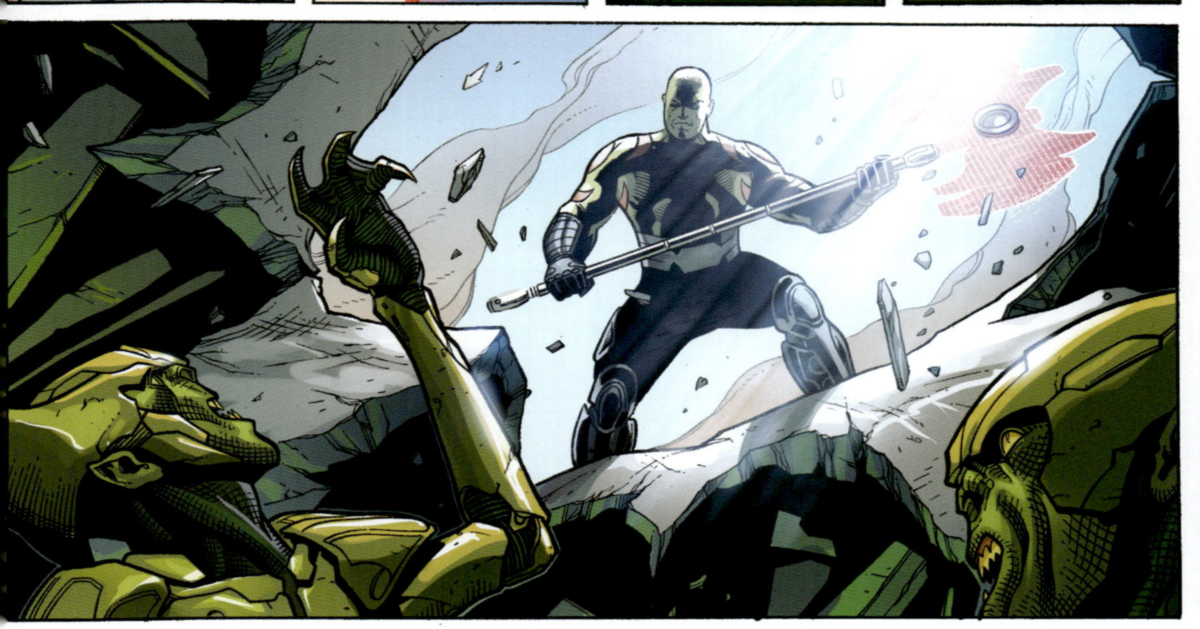

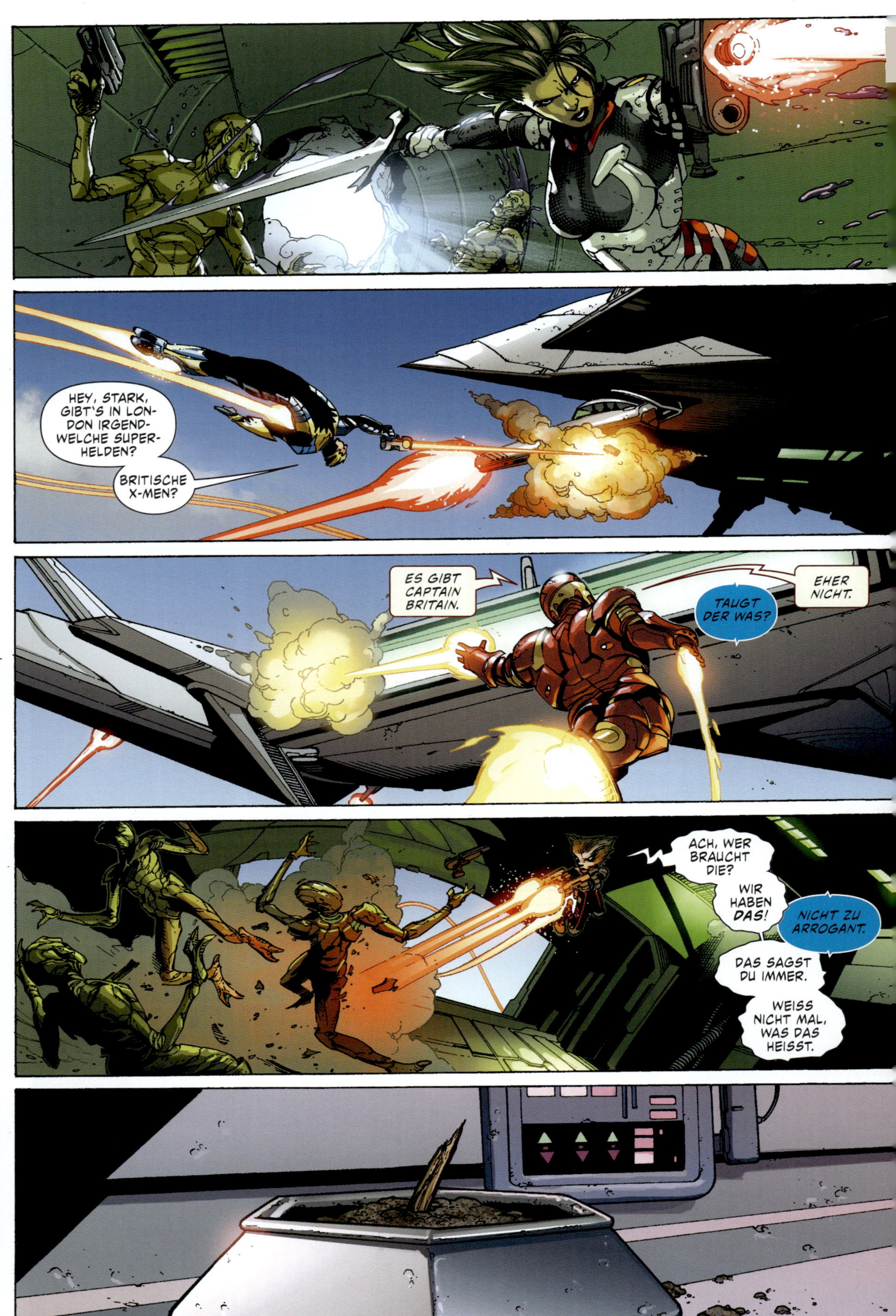

HEY, STARK, GIBT'S IN LONDON IRGENDWELCHE SUPERHELDEN?
BRITISCHE X-MEN?
ES GIBT CAPTAIN BRITAIN.
TAUGT DER WAS?
EHER NICHT.
ACH, WER BRAUCHT DIE?
WIR HABEN *DAS!*
NICHT ZU ARROGANT.
DAS SAGST DU IMMER.
WEISS NICHT MAL, WAS DAS HEISST.

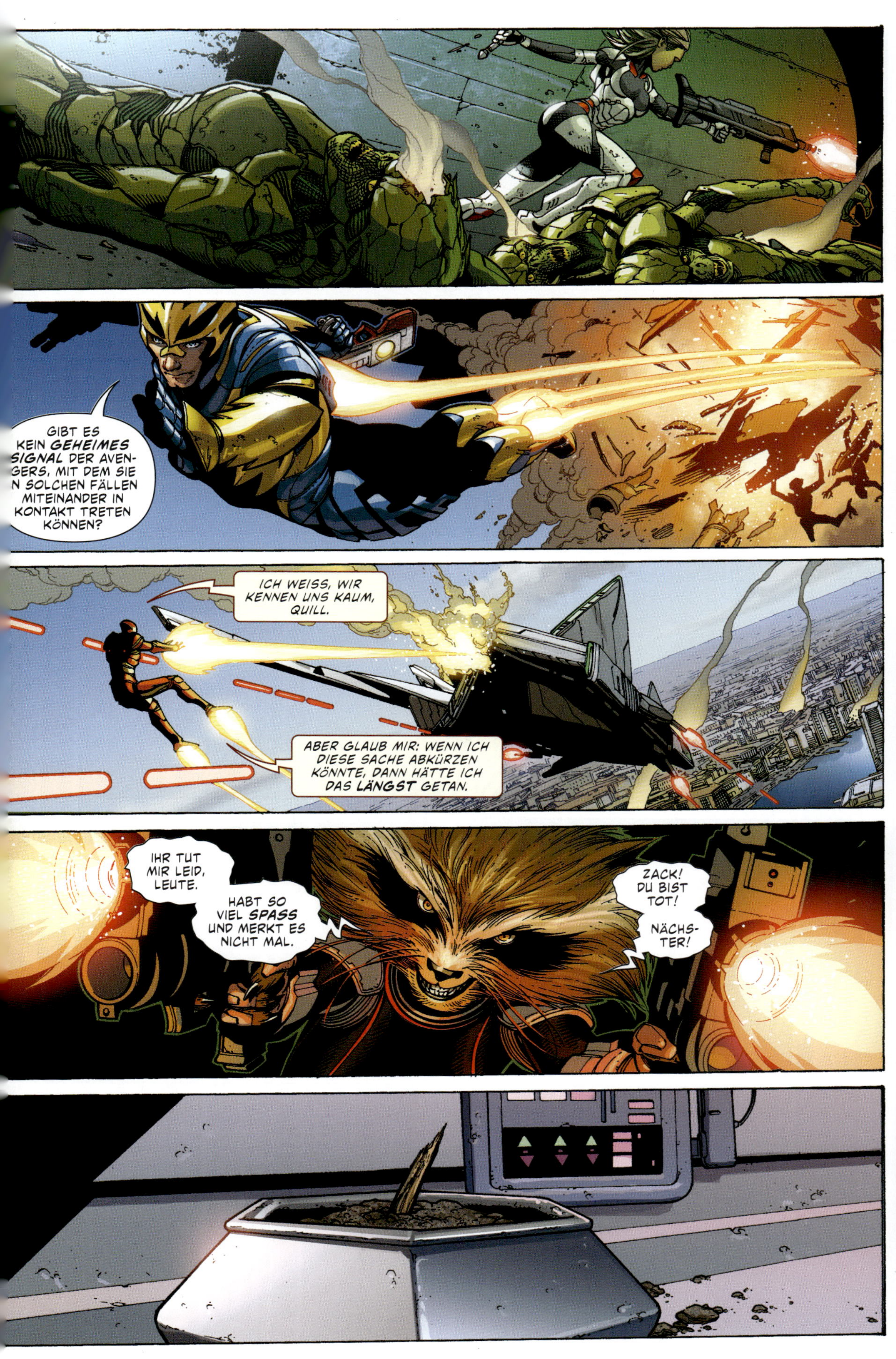
GIBT ES KEIN GEHEIMES SIGNAL DER AVENGERS, MIT DEM SIE IN SOLCHEN FÄLLEN MITEINANDER IN KONTAKT TRETEN KÖNNEN?
ICH WEISS, WIR KENNEN UNS KAUM, QUILL.
ABER GLAUB MIR: WENN ICH DIESE SACHE ABKÜRZEN KÖNNTE, DANN HÄTTE ICH DAS LÄNGST GETAN.
IHR TUT MIR LEID, LEUTE.
HABT SO VIEL SPASS UND MERKT ES NICHT MAL.
ZACK! DU BIST TOT!
NÄCHSTER!

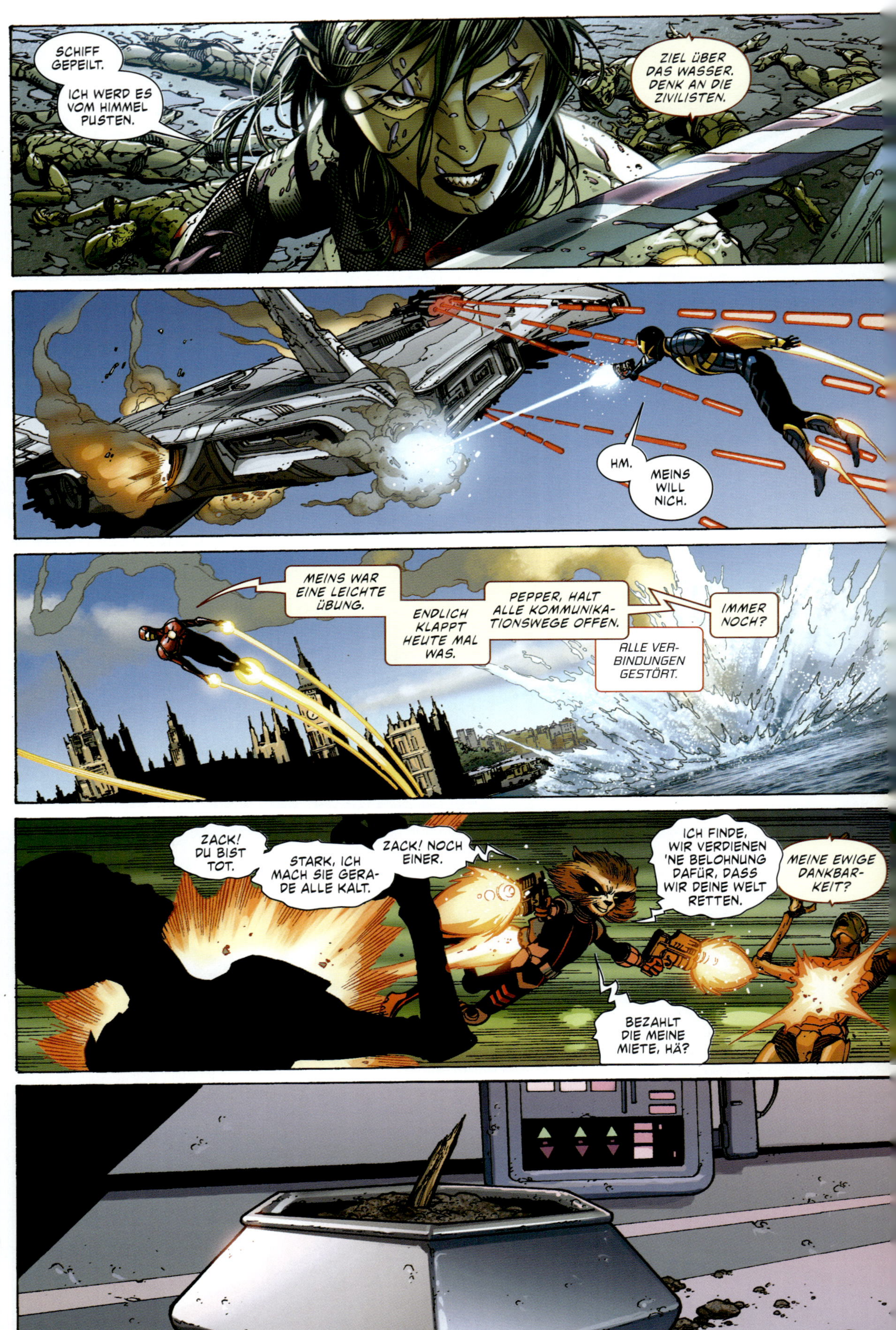
SCHIFF GEPEILT.
ICH WERD ES VOM HIMMEL PUSTEN.
ZIEL ÜBER DAS WASSER. DENK AN DIE ZIVILISTEN.
HM.
MEINS WILL NICH.
MEINS WAR EINE LEICHTE ÜBUNG.
ENDLICH KLAPPT HEUTE MAL WAS.
PEPPER, HALT ALLE KOMMUNIKA-TIONSWEGE OFFEN.
IMMER NOCH?
ALLE VER-BINDUNGEN GESTÖRT.
ZACK! DU BIST TOT.
STARK, ICH MACH SIE GERA-DE ALLE KALT.
ZACK! NOCH EINER.
ICH FINDE, WIR VERDIENEN 'NE BELOHNUNG DAFÜR, DASS WIR DEINE WELT RETTEN.
MEINE EWIGE DANKBAR-KEIT?
BEZAHLT DIE MEINE MIETE, HÄ?

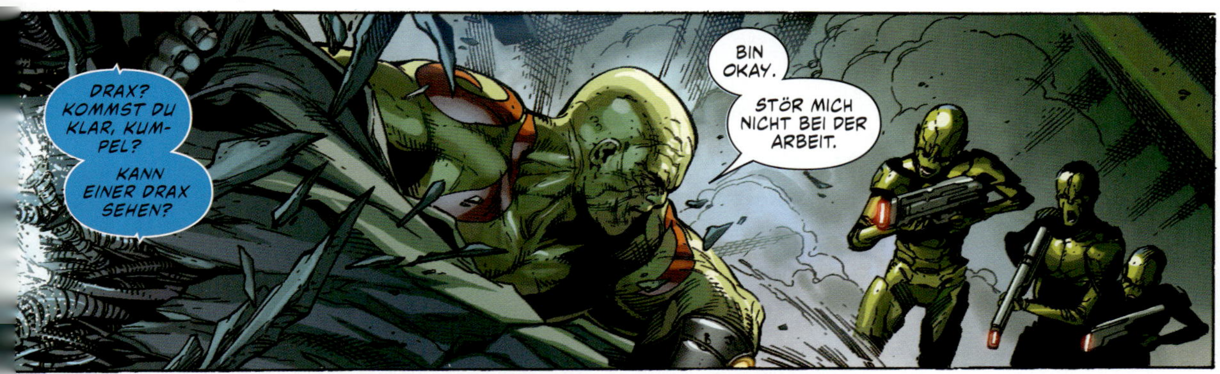
DRAX? KOMMST DU KLAR, KUMPEL?
KANN EINER DRAX SEHEN?
BIN OKAY.
STÖR MICH NICHT BEI DER ARBEIT.

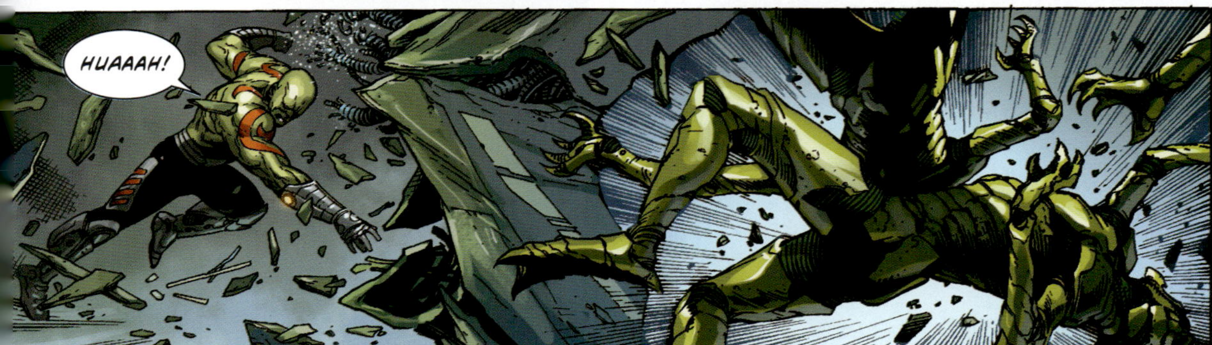
HUAAAH!

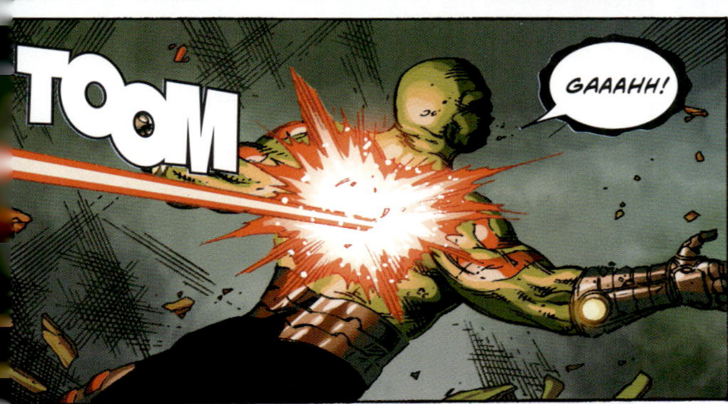
TOOM
GAAAHH!

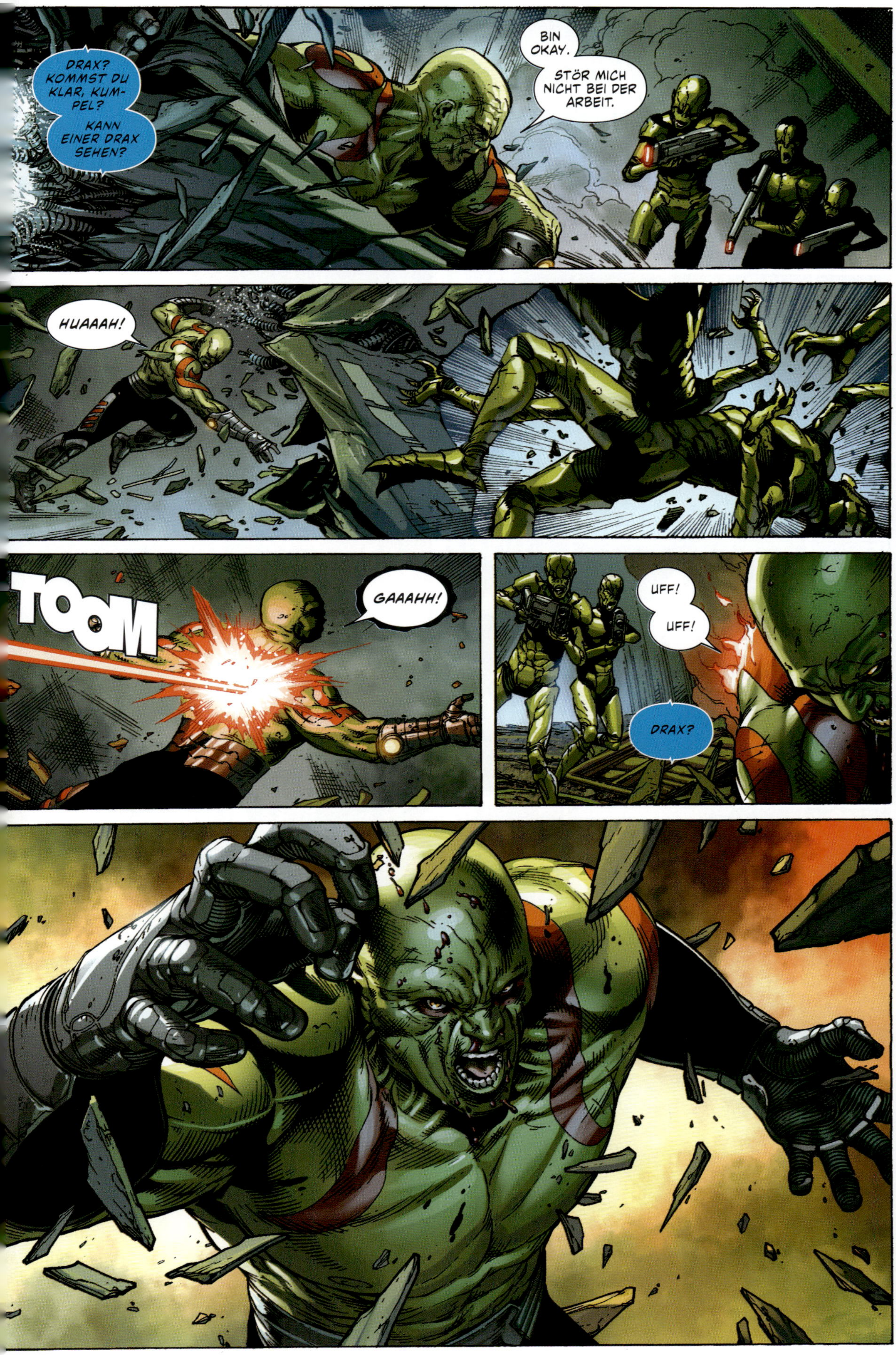

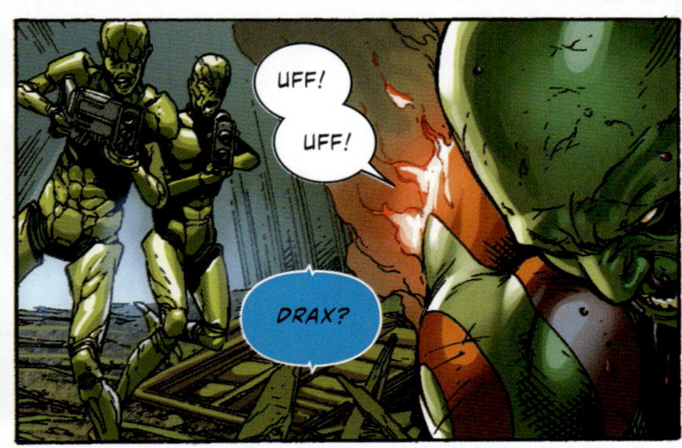
UFF!
UFF!
DRAX?

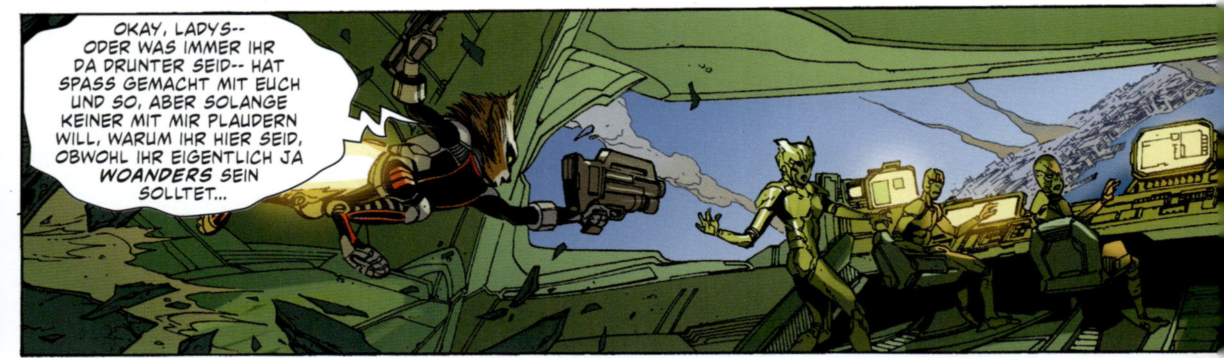
OKAY, LADYS-- ODER WAS IMMER IHR DA DRUNTER SEID-- HAT SPASS GEMACHT MIT EUCH UND SO, ABER SOLANGE KEINER MIT MIR PLAUDERN WILL, WARUM IHR HIER SEID, OBWOHL IHR EIGENTLICH JA WOANDERS SEIN SOLLTET...

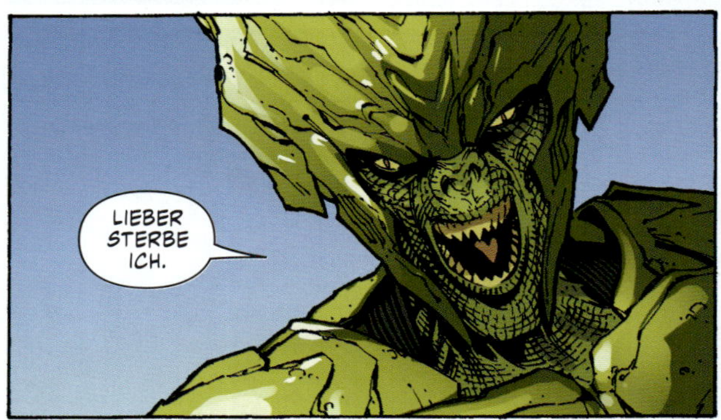
LIEBER STERBE ICH.

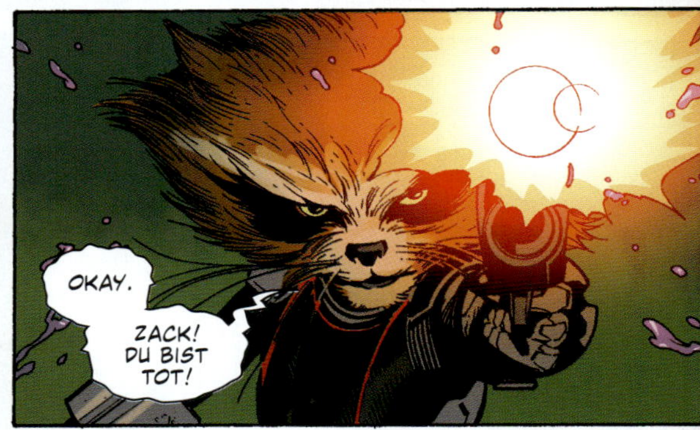
OKAY.
ZACK! DU BIST TOT!

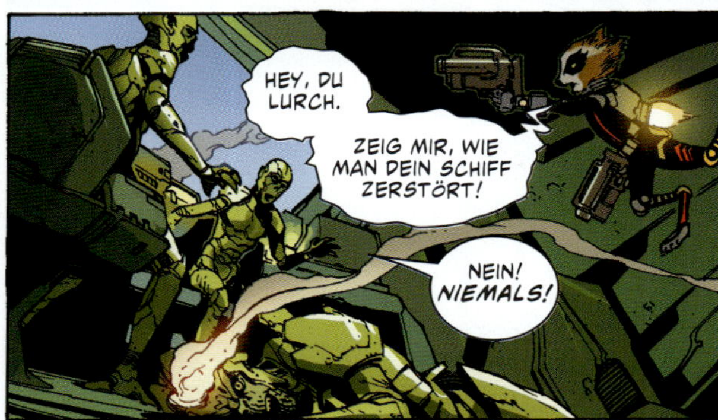
HEY, DU LURCH.
ZEIG MIR, WIE MAN DEIN SCHIFF ZERSTÖRT!
NEIN! NIEMALS!

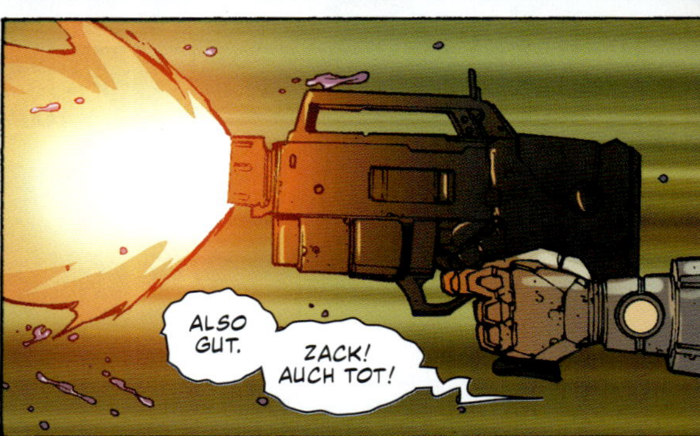
ALSO GUT.
ZACK! AUCH TOT!

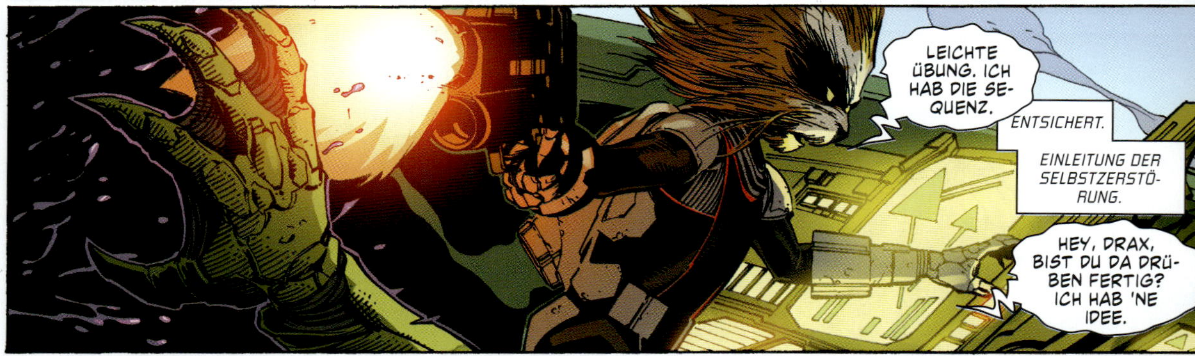
LEICHTE ÜBUNG. ICH HAB DIE SE-QUENZ.
ENTSICHERT.
EINLEITUNG DER SELBSTZERSTÖ-RUNG.
HEY, DRAX, BIST DU DA DRÜ-BEN FERTIG? ICH HAB 'NE IDEE.

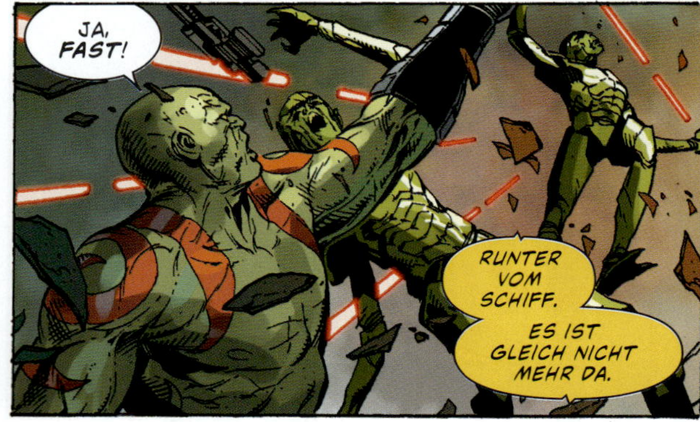
JA, FAST!
RUNTER VOM SCHIFF.
ES IST GLEICH NICHT MEHR DA.

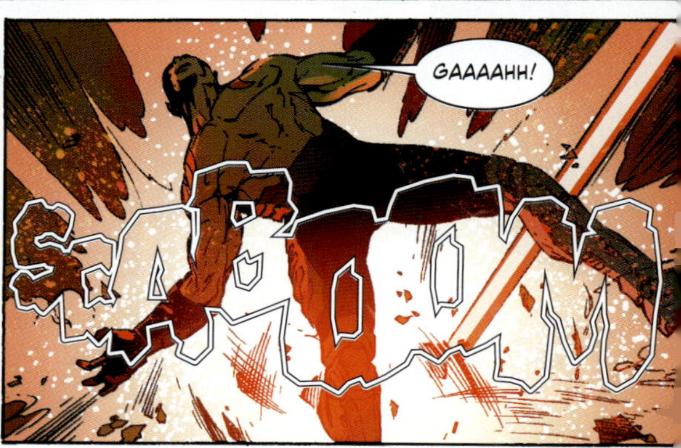
GAAAAHH!
SKA-BOOM

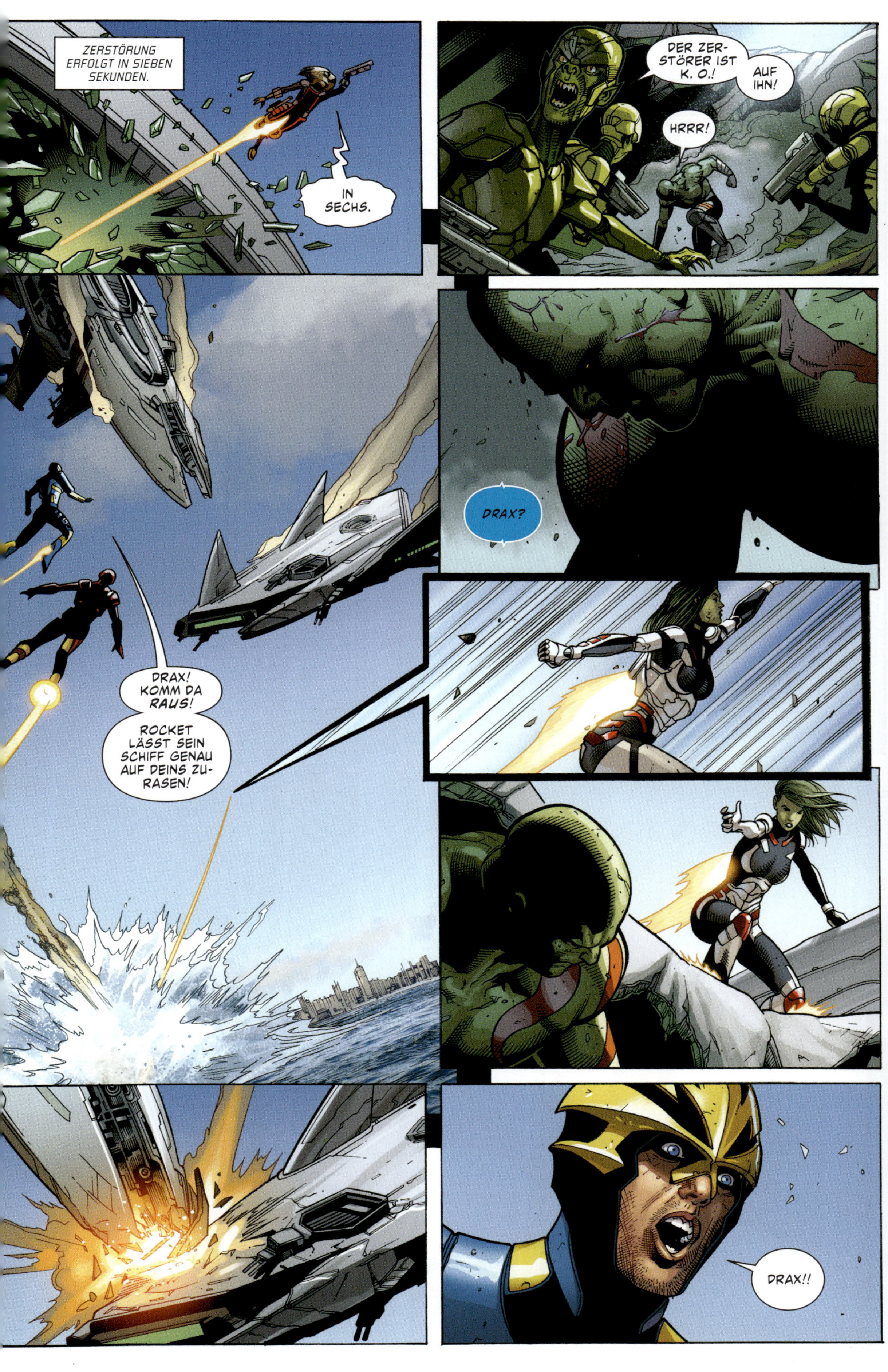
ZERSTÖRUNG ERFOLGT IN SIEBEN SEKUNDEN.
IN SECHS.
DER ZERSTÖRER IST K. O.!
AUF IHN!
HRRR!
DRAX?
DRAX! KOMM DA RAUS!
ROCKET LÄSST SEIN SCHIFF GENAU AUF DEINS ZURASEN!
DRAX!!

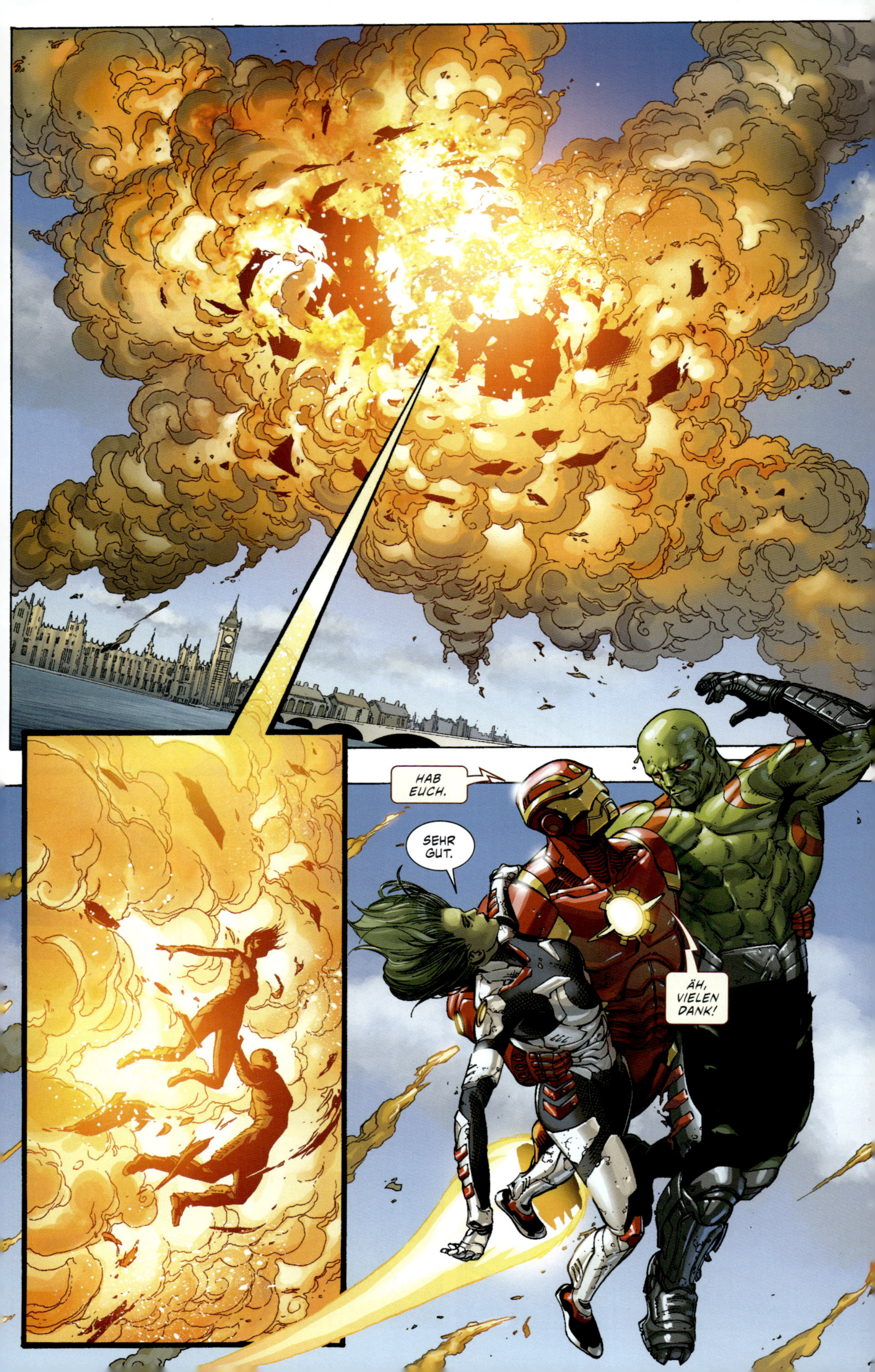
HAB EUCH.
SEHR GUT.
ÄH, VIELEN DANK!

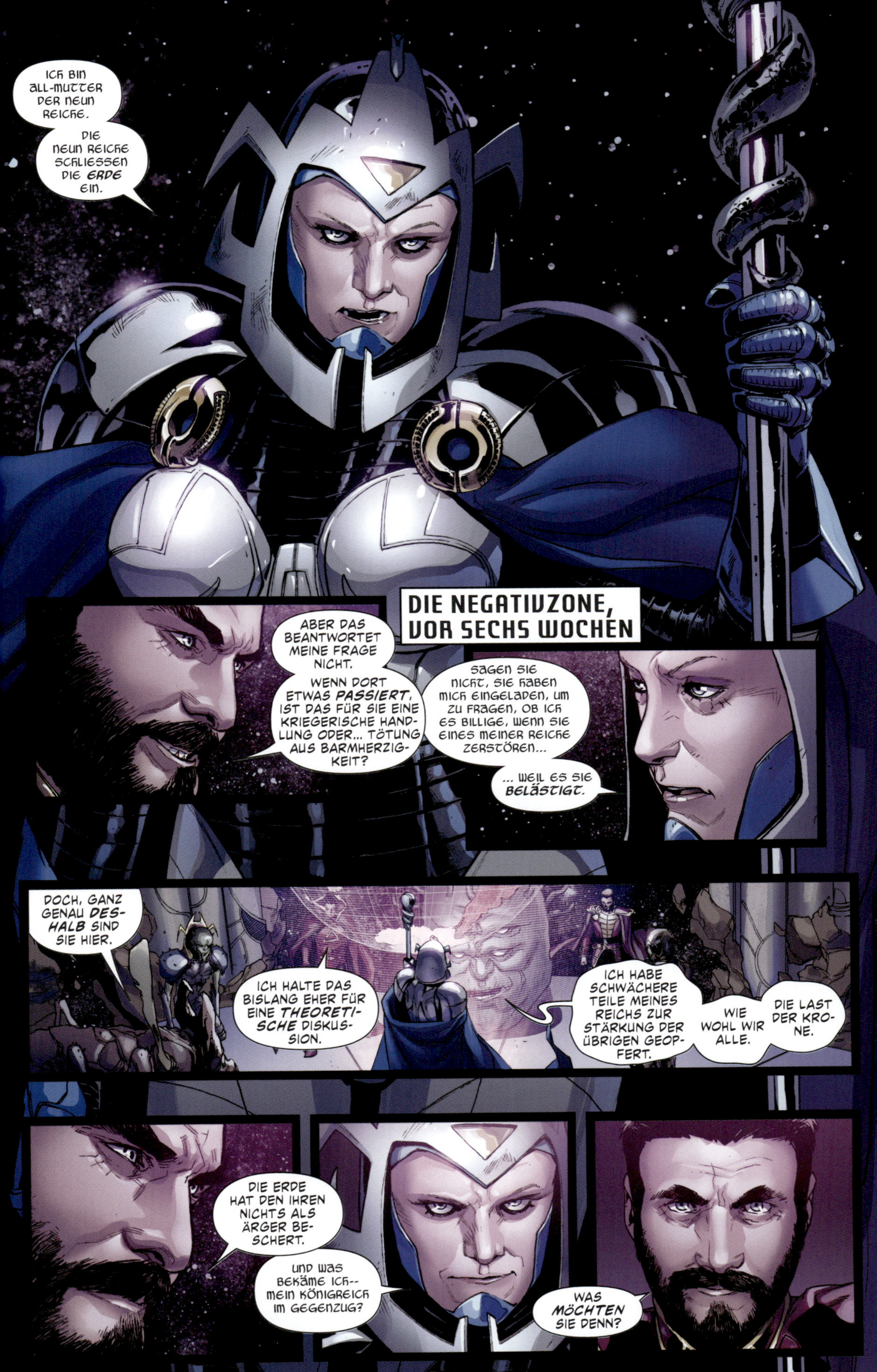
ICH BIN ALL-MUTTER DER NEUN REICHE.
DIE NEUN REICHE SCHLIESSEN DIE ERDE EIN.
DIE NEGATIVZONE, VOR SECHS WOCHEN
ABER DAS BEANTWORTET MEINE FRAGE NICHT.
WENN DORT ETWAS PASSIERT, IST DAS FÜR SIE EINE KRIEGERISCHE HANDLUNG ODER... TÖTUNG AUS BARMHERZIGKEIT?
SAGEN SIE NICHT, SIE HABEN MICH EINGELADEN, UM ZU FRAGEN, OB ICH ES BILLIGE, WENN SIE EINES MEINER REICHE ZERSTÖREN...
... WEIL ES SIE BELÄSTIGT.
DOCH, GANZ GENAU DESHALB SIND SIE HIER.
ICH HALTE DAS BISLANG EHER FÜR EINE THEORETISCHE DISKUSSION.
ICH HABE SCHWÄCHERE TEILE MEINES REICHS ZUR STÄRKUNG DER ÜBRIGEN GEOPFERT.
WIE WOHL WIR ALLE.
DIE LAST DER KRONE.
DIE ERDE HAT DEN IHREN NICHTS ALS ÄRGER BESCHERT.
UND WAS BEKÄME ICH-- MEIN KÖNIGREICH IM GEGENZUG?
WAS MÖCHTEN SIE DENN?

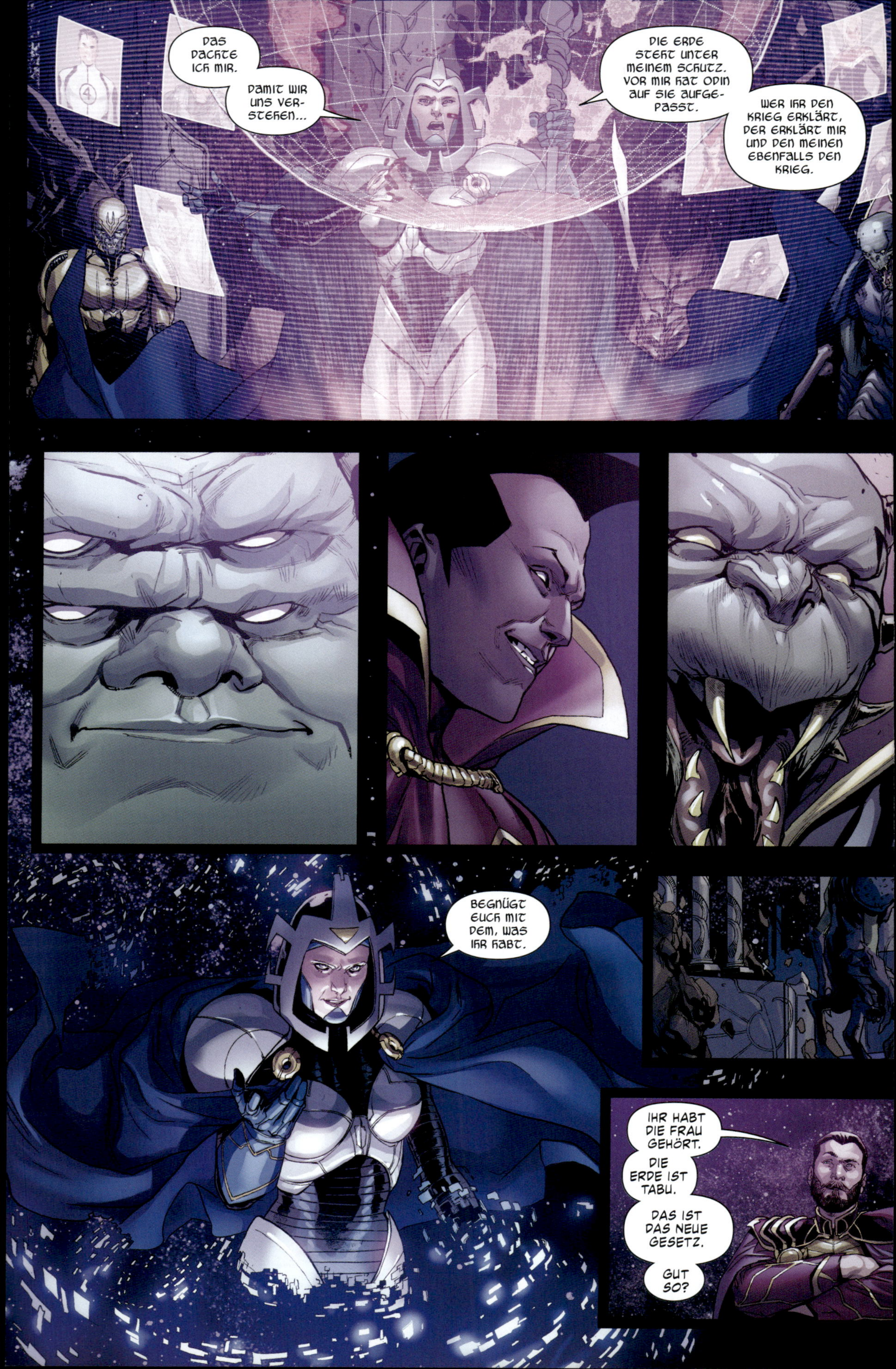

DAS DACHTE ICH MIR.
DAMIT WIR UNS VERSTEHEN...
DIE ERDE STEHT UNTER MEINEM SCHUTZ. VOR MIR HAT ODIN AUF SIE AUFGEPASST.
WER IHR DEN KRIEG ERKLÄRT, DER ERKLÄRT MIR UND DEN MEINEN EBENFALLS DEN KRIEG.
BEGNÜGT EUCH MIT DEM, WAS IHR HABT.
IHR HABT DIE FRAU GEHÖRT.
DIE ERDE IST TABU.
DAS IST DAS NEUE GESETZ.
GUT SO?

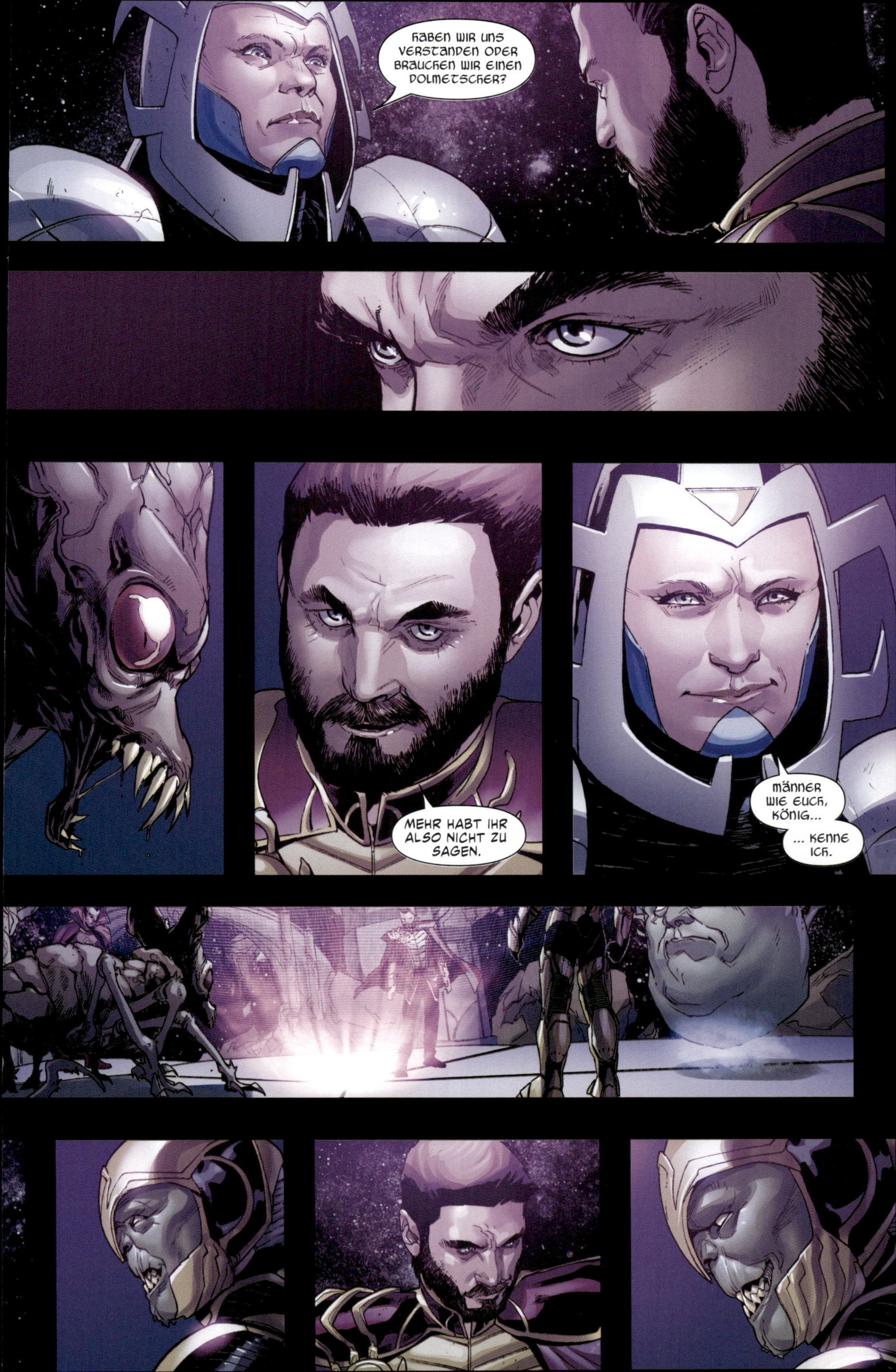

HABEN WIR UNS VERSTANDEN ODER BRAUCHEN WIR EINEN DOLMETSCHER?

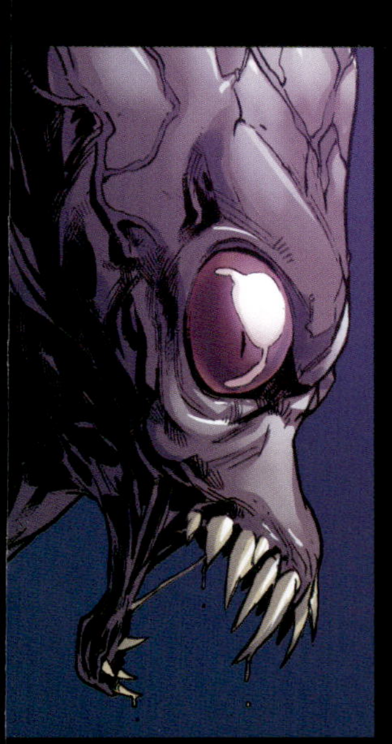

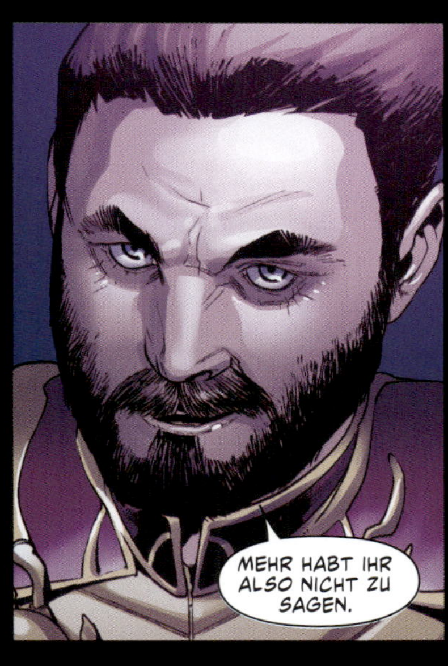

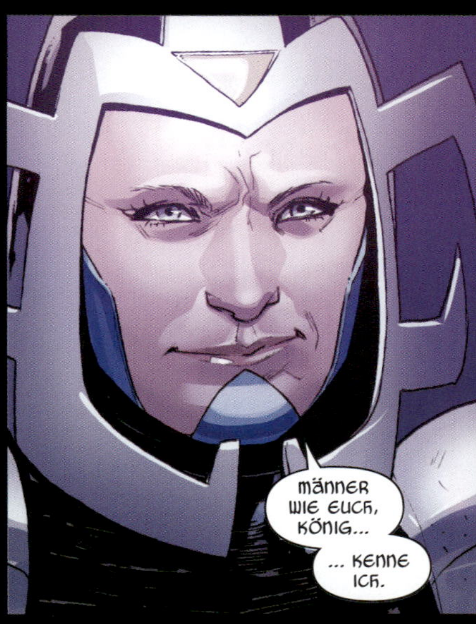

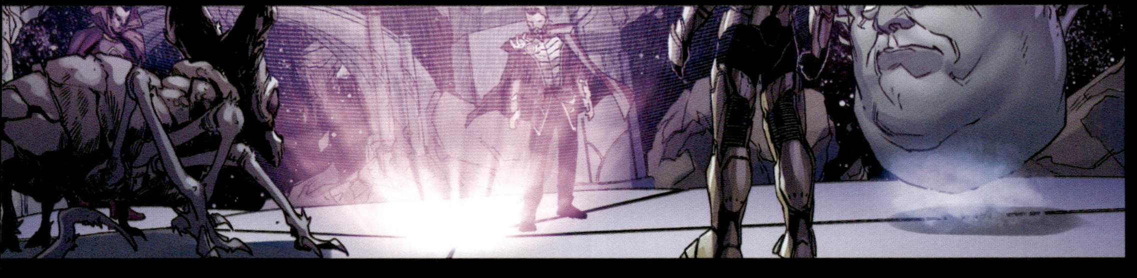

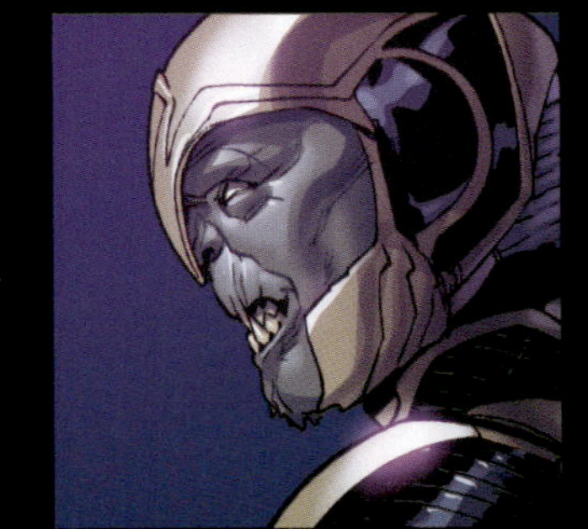

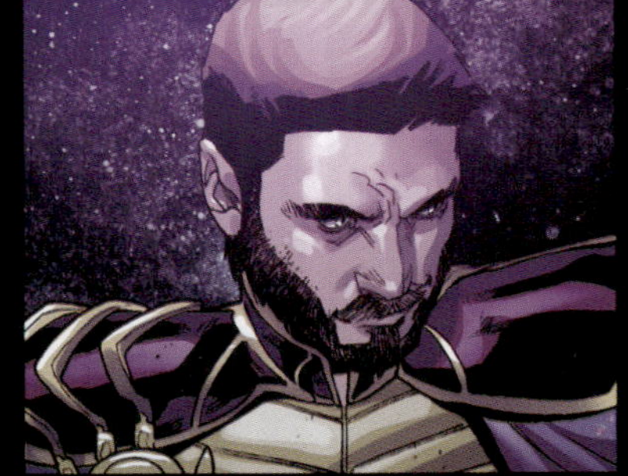

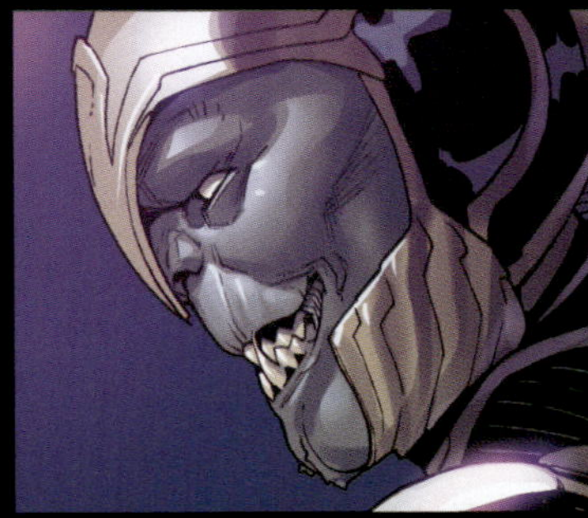

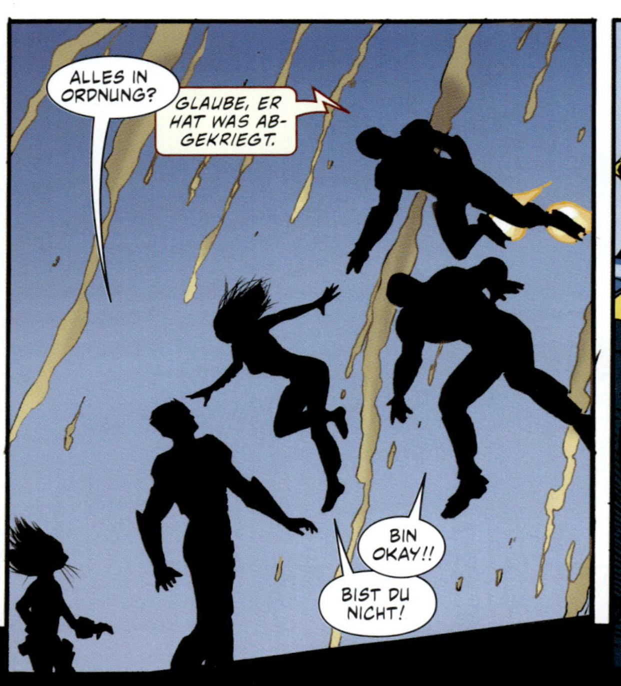
ALLES IN ORDNUNG?
GLAUBE, ER HAT WAS ABGEKRIEGT.
BIN OKAY!!
BIST DU NICHT!

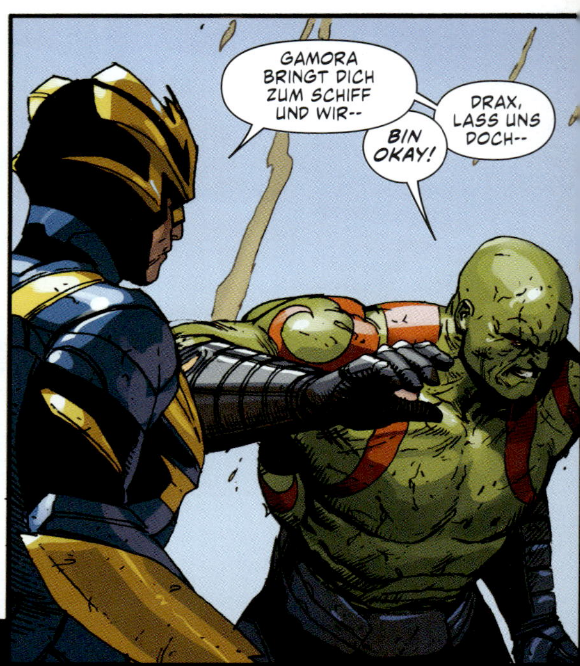
GAMORA BRINGT DICH ZUM SCHIFF UND WIR--
DRAX, LASS UNS DOCH--
BIN OKAY!

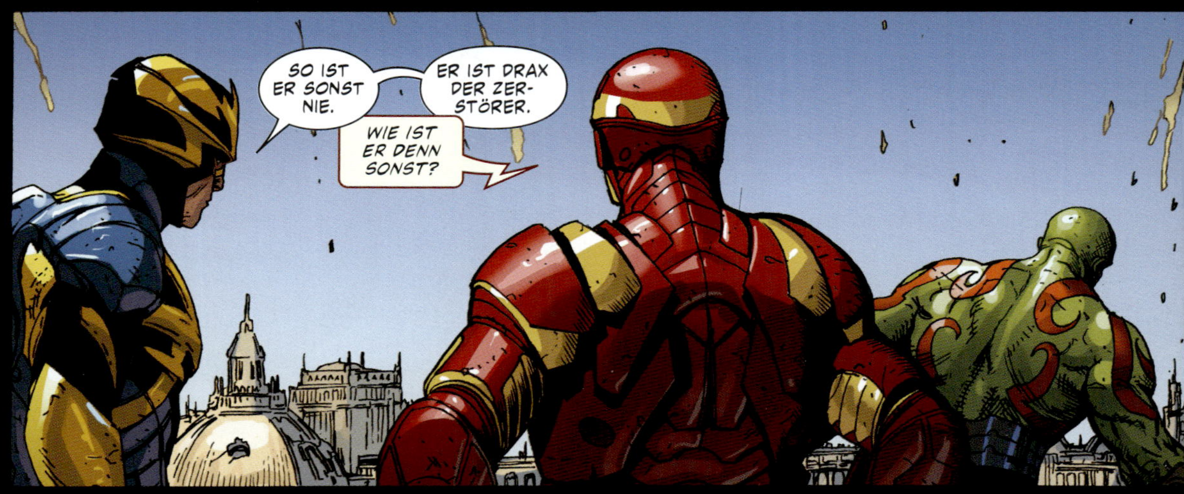
SO IST ER SONST NIE.
ER IST DRAX DER ZERSTÖRER.
WIE IST ER DENN SONST?

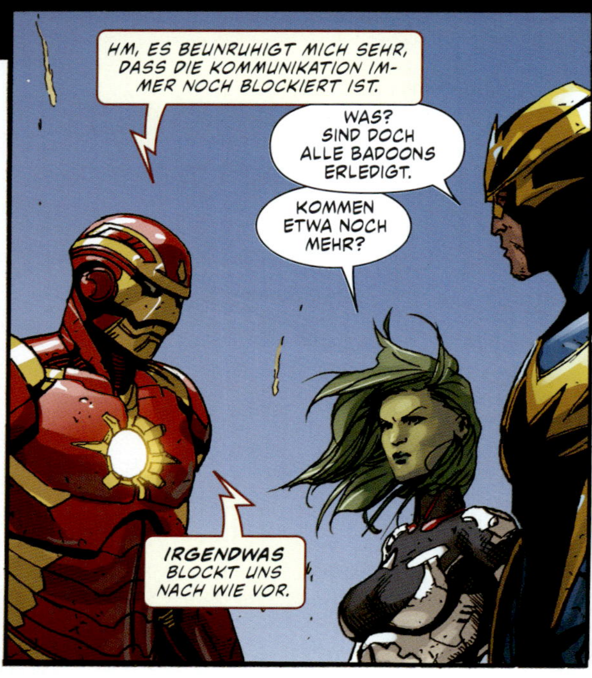
HM, ES BEUNRUHIGT MICH SEHR, DASS DIE KOMMUNIKATION IMMER NOCH BLOCKIERT IST.
WAS? SIND DOCH ALLE BADOONS ERLEDIGT.
KOMMEN ETWA NOCH MEHR?
IRGENDWAS BLOCKT UNS NACH WIE VOR.

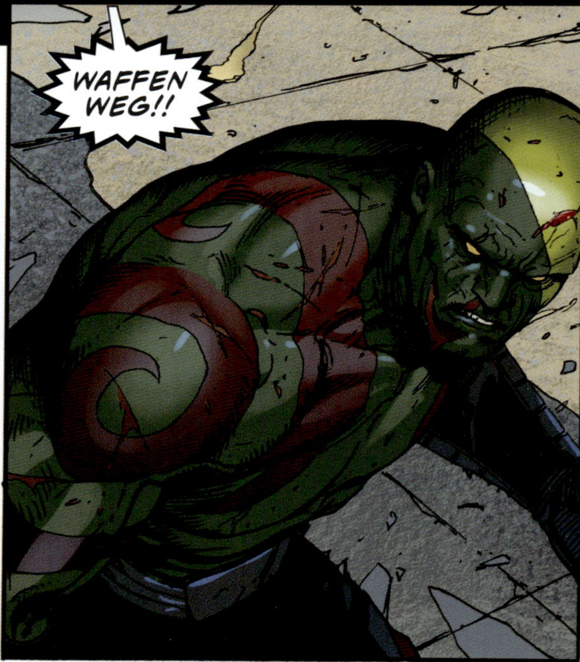
WAFFEN WEG!!

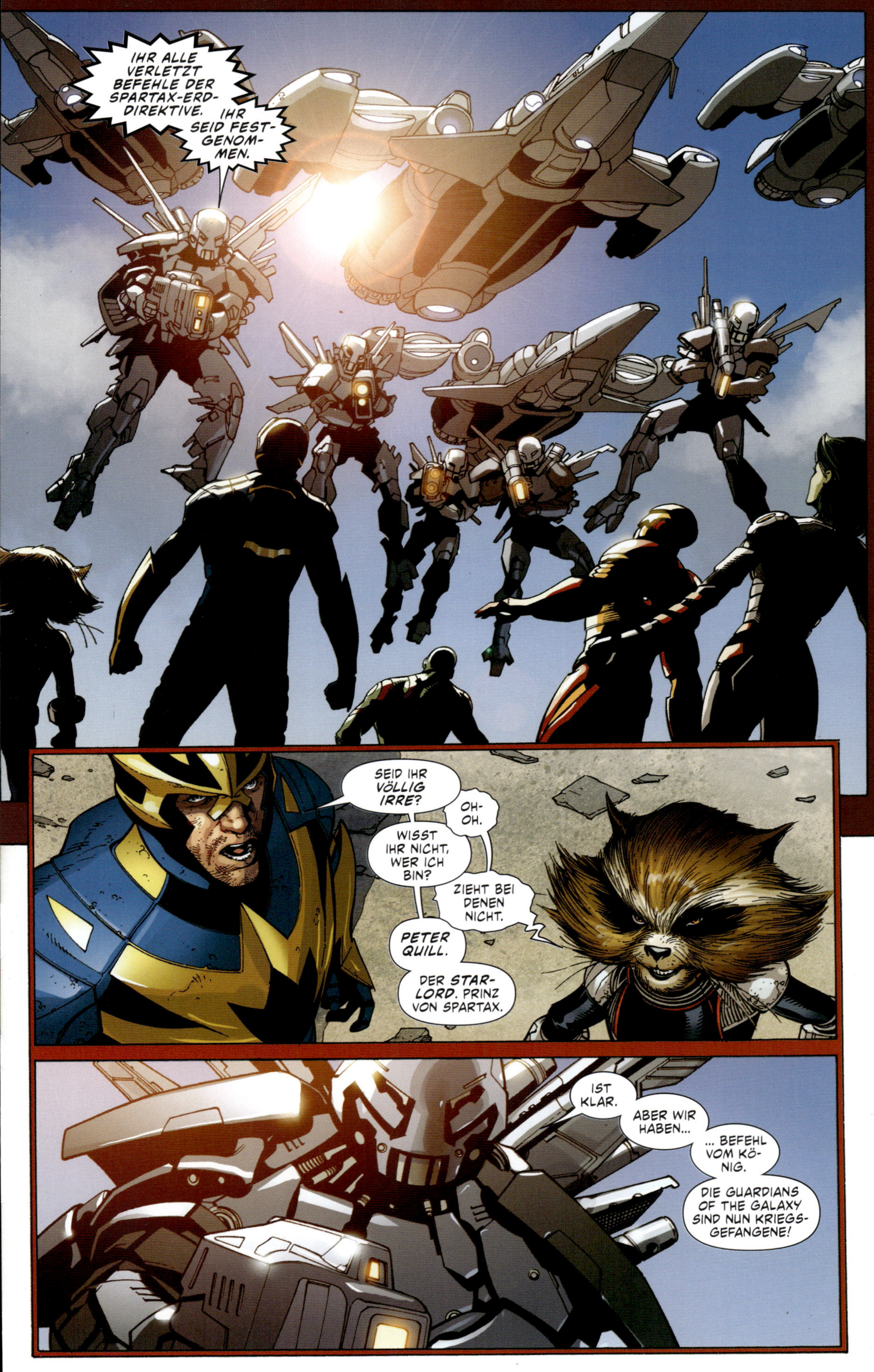
IHR ALLE VERLETZT BEFEHLE DER SPARTAX-ERD-DIREKTIVE.
IHR SEID FEST-GENOM-MEN.
SEID IHR VÖLLIG IRRE?
OH-OH.
WISST IHR NICHT, WER ICH BIN?
ZIEHT BEI DENEN NICHT.
PETER QUILL.
DER STAR-LORD. PRINZ VON SPARTAX.
IST KLAR.
ABER WIR HABEN...
... BEFEHL VOM KÖ-NIG.
DIE GUARDIANS OF THE GALAXY SIND NUN KRIEGS-GEFANGENE!

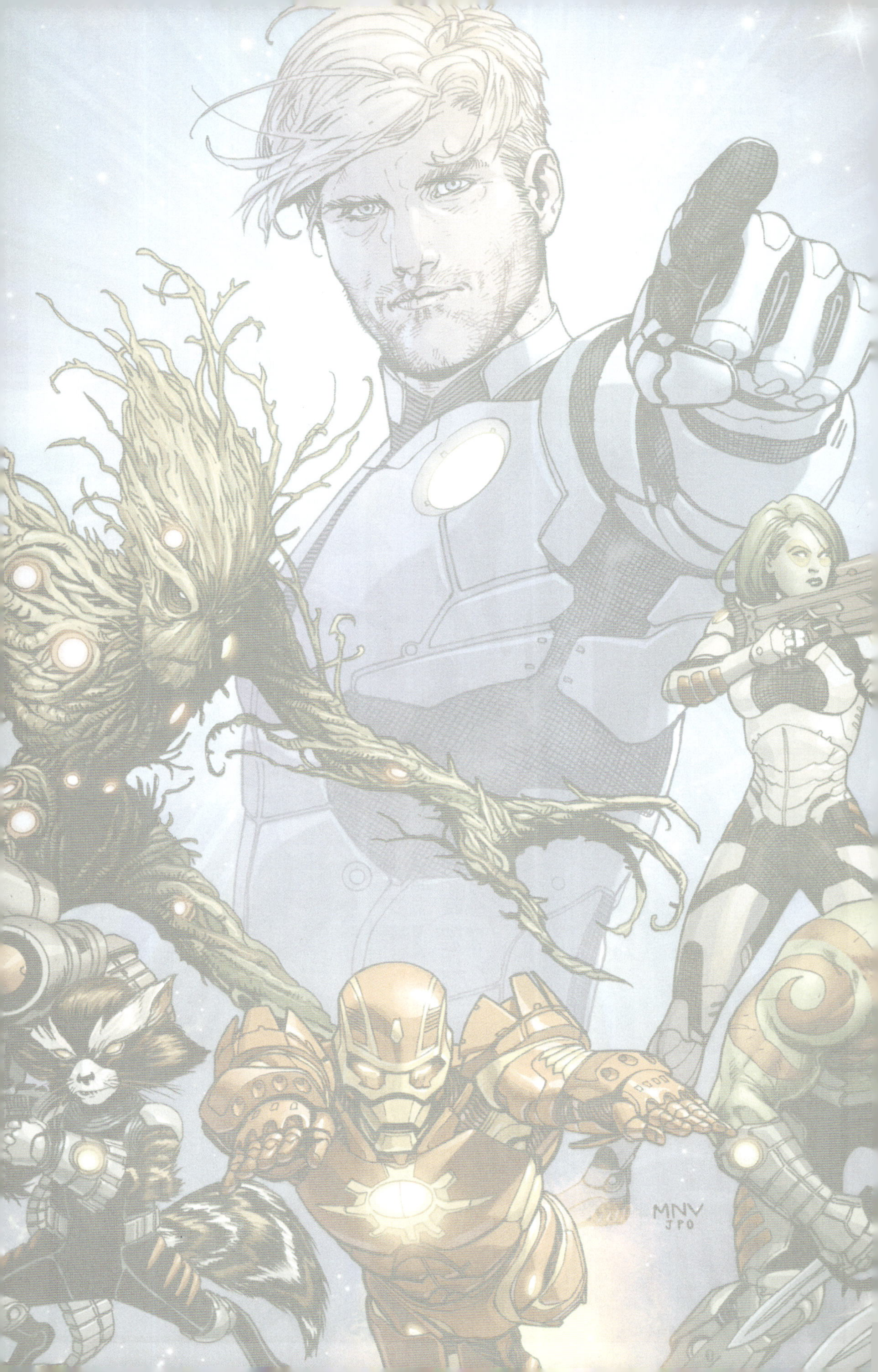
MNV
JPO

SPACE-AVENGERS, TEIL 4

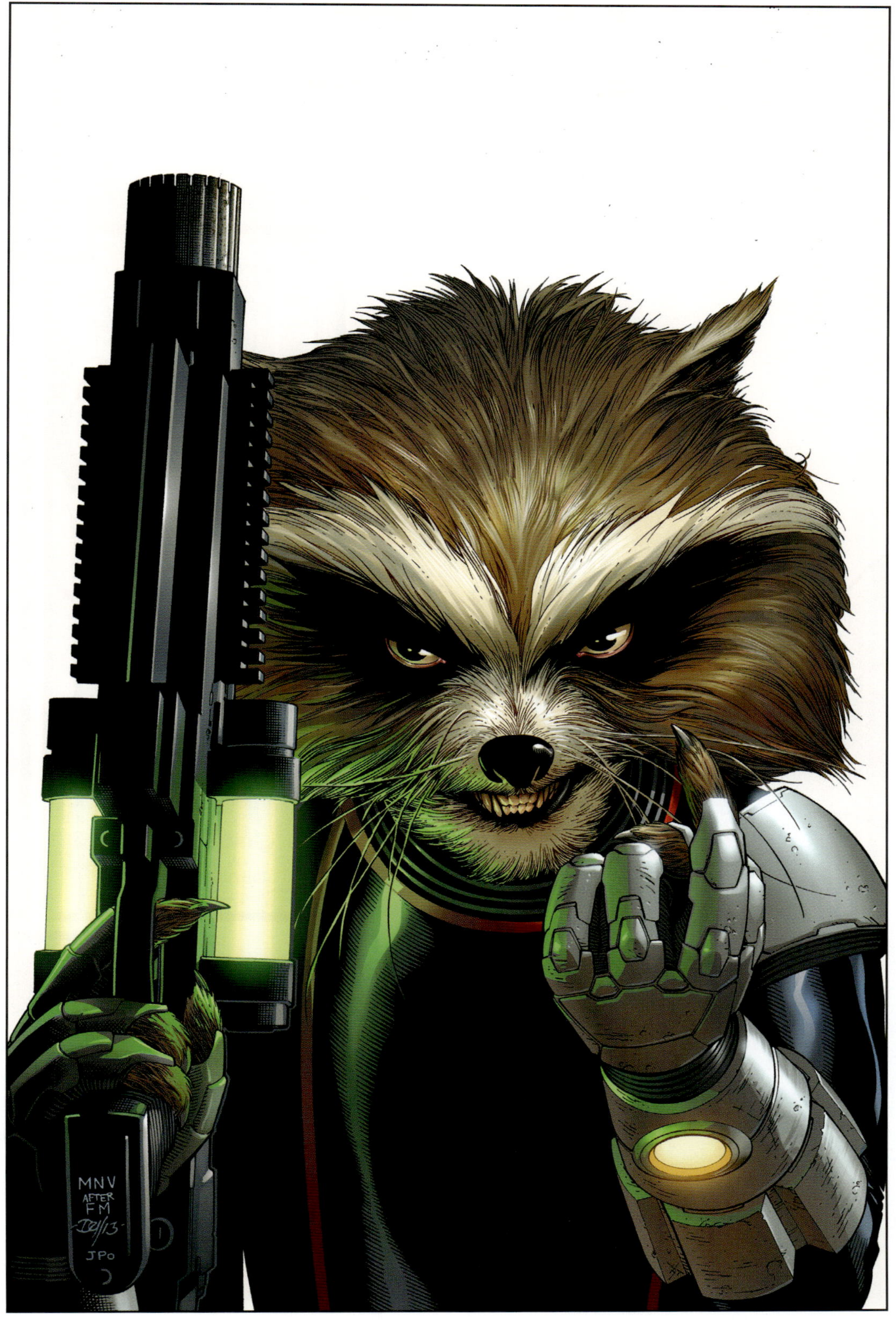

Guardians of the Galaxy (2013) 3
Cover von **STEVE McNIVEN**

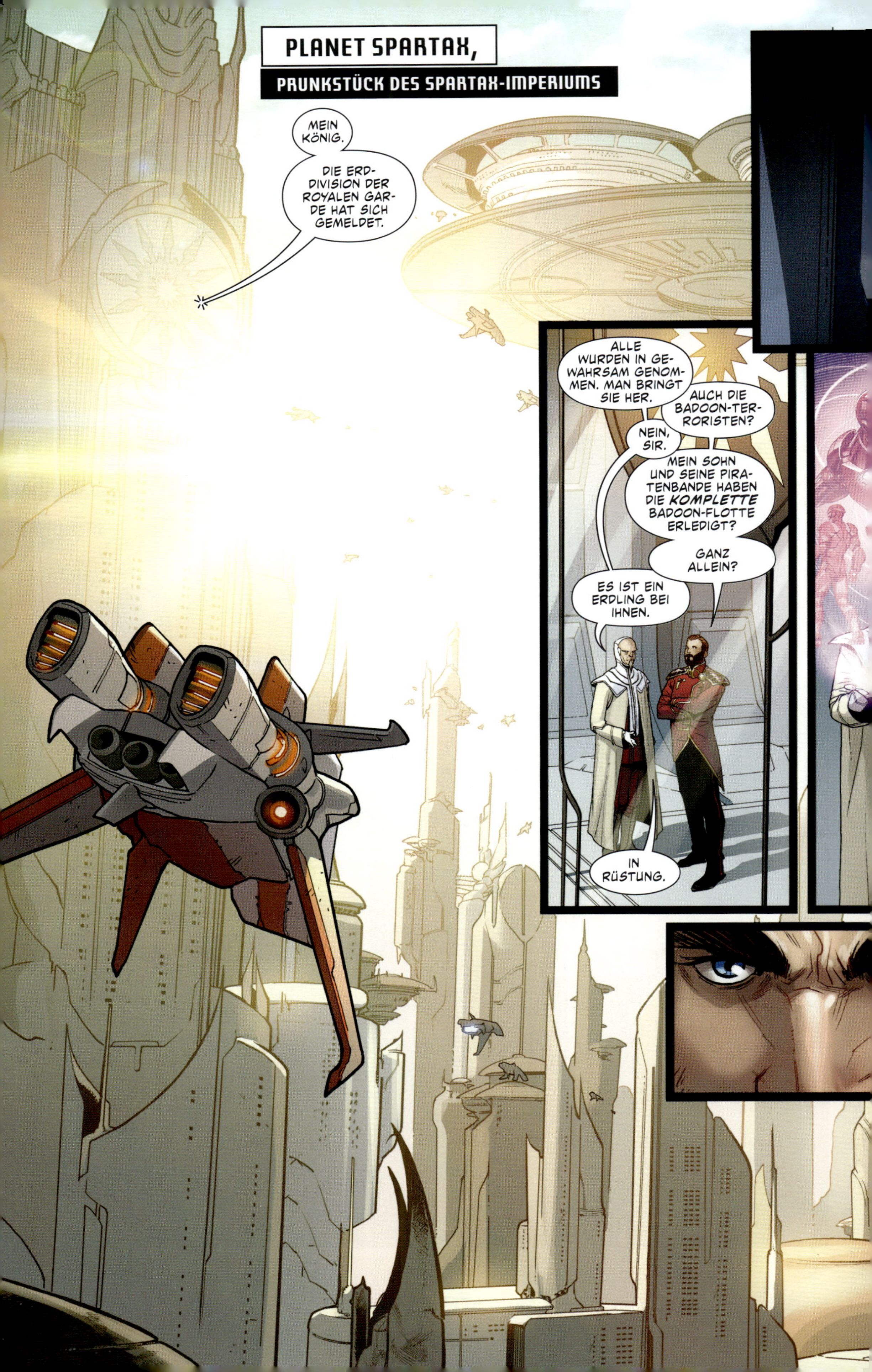
PLANET SPARTAX,
PRUNKSTÜCK DES SPARTAX-IMPERIUMS
MEIN KÖNIG.
DIE ERD-DIVISION DER ROYALEN GAR-DE HAT SICH GEMELDET.
ALLE WURDEN IN GE-WAHRSAM GENOM-MEN. MAN BRINGT SIE HER.
AUCH DIE BADOON-TER-RORISTEN?
NEIN, SIR.
MEIN SOHN UND SEINE PIRA-TENBANDE HABEN DIE KOMPLETTE BADOON-FLOTTE ERLEDIGT?
GANZ ALLEIN?
ES IST EIN ERDLING BEI IHNEN.
IN RÜSTUNG.

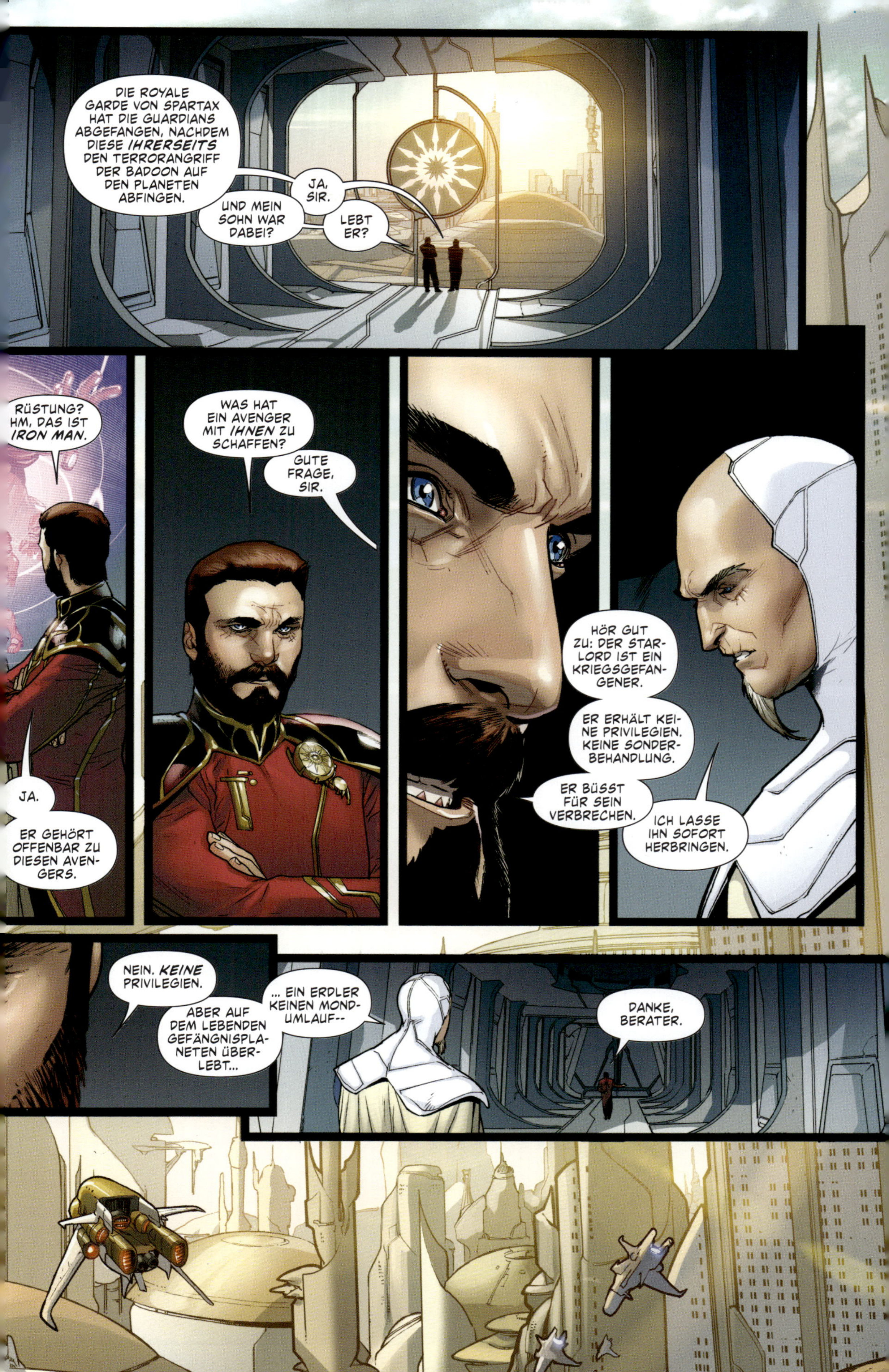
DIE ROYALE GARDE VON SPARTAX HAT DIE GUARDIANS ABGEFANGEN, NACHDEM DIESE IHRERSEITS DEN TERRORANGRIFF DER BADOON AUF DEN PLANETEN ABFINGEN.
JA, SIR.
UND MEIN SOHN WAR DABEI?
LEBT ER?
RÜSTUNG? HM, DAS IST IRON MAN.
JA.
ER GEHÖRT OFFENBAR ZU DIESEN AVEN-GERS.
WAS HAT EIN AVENGER MIT IHNEN ZU SCHAFFEN?
GUTE FRAGE, SIR.
HÖR GUT ZU: DER STAR-LORD IST EIN KRIEGSGEFAN-GENER.
ER ERHÄLT KEI-NE PRIVILEGIEN. KEINE SONDER-BEHANDLUNG.
ER BÜSST FÜR SEIN VERBRECHEN.
ICH LASSE IHN SOFORT HERBRINGEN.
NEIN. KEINE PRIVILEGIEN.
ABER AUF DEM LEBENDEN GEFÄNGNISPLA-NETEN ÜBER-LEBT...
... EIN ERDLER KEINEN MOND-UMLAUF--
DANKE, BERATER.

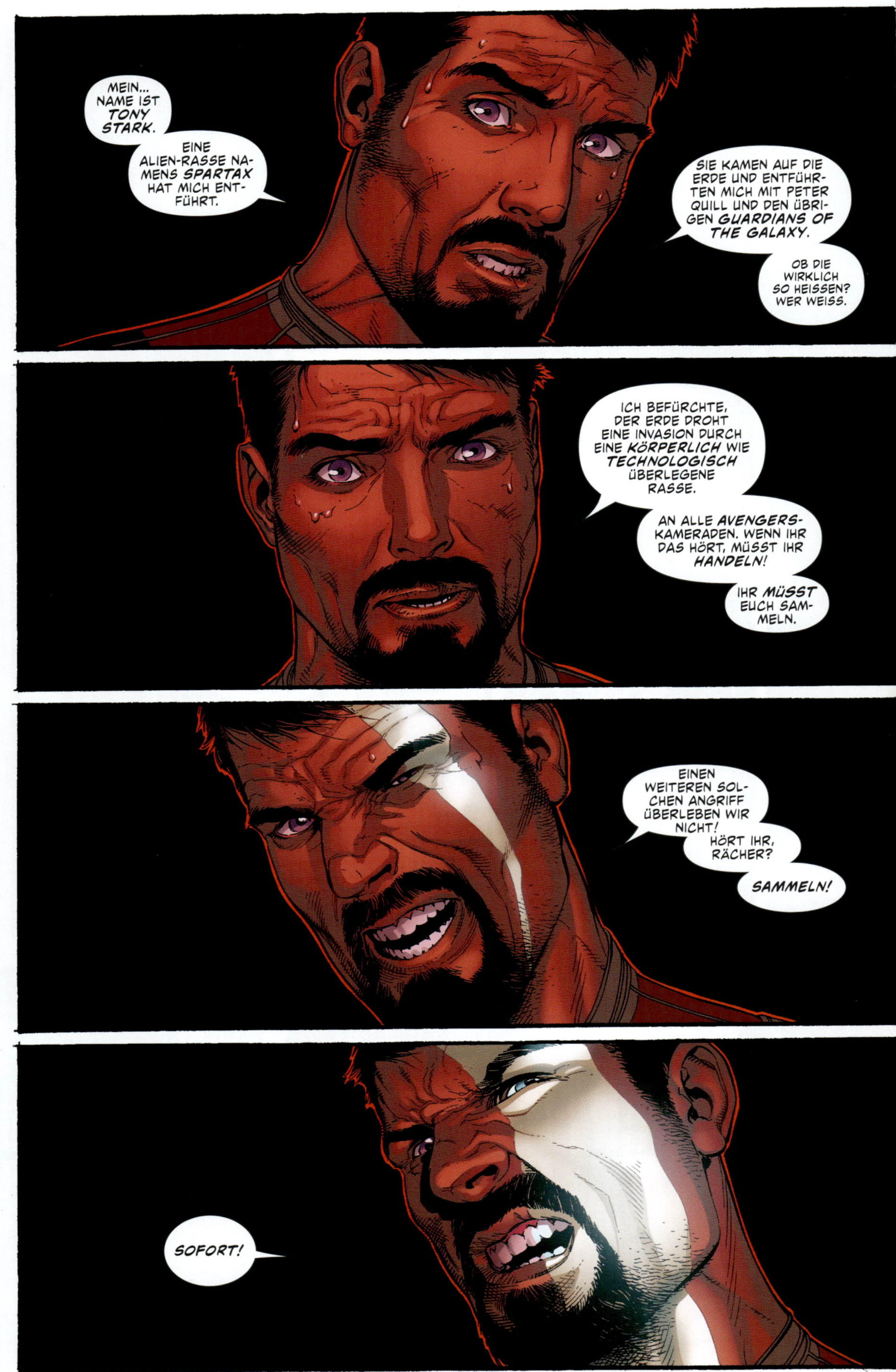

MEIN... NAME IST TONY STARK.
EINE ALIEN-RASSE NAMENS SPARTAX HAT MICH ENTFÜHRT.
SIE KAMEN AUF DIE ERDE UND ENTFÜHRTEN MICH MIT PETER QUILL UND DEN ÜBRIGEN GUARDIANS OF THE GALAXY.
OB DIE WIRKLICH SO HEISSEN? WER WEISS.
ICH BEFÜRCHTETE, DER ERDE DROHT EINE INVASION DURCH EINE KÖRPERLICH WIE TECHNOLOGISCH ÜBERLEGENE RASSE.
AN ALLE AVENGERS-KAMERADEN. WENN IHR DAS HÖRT, MÜSST IHR HANDELN!
IHR MÜSST EUCH SAMMELN.
EINEN WEITEREN SOLCHEN ANGRIFF ÜBERLEBEN WIR NICHT!
HÖRT IHR, RÄCHER?
SAMMELN!
SOFORT!

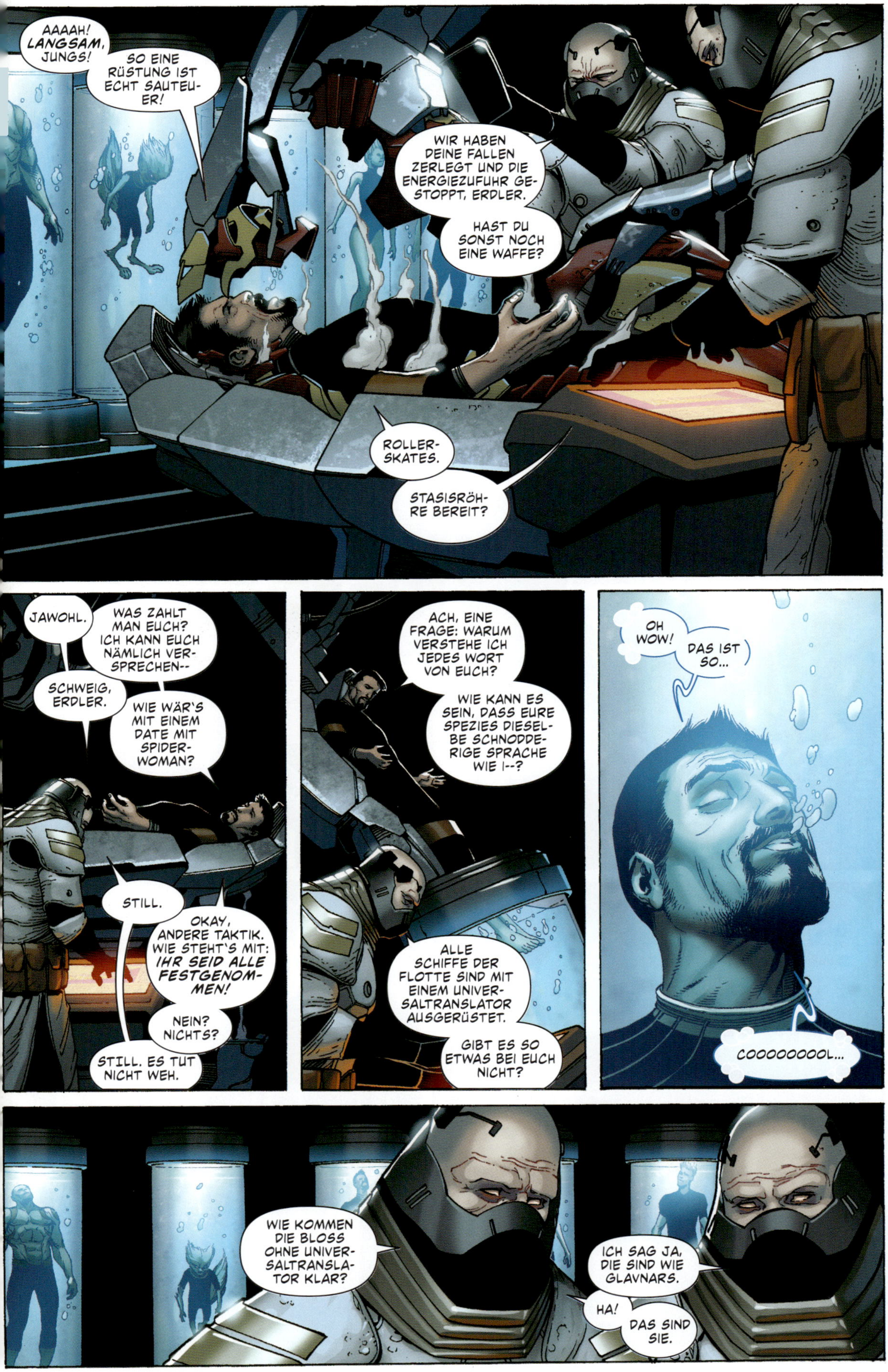

AAAAH! *LANGSAM*, JUNGS!
SO EINE RÜSTUNG IST ECHT SAUTEU-ER!
WIR HABEN DEINE FALLEN ZERLEGT UND DIE ENERGIEZUFUHR GE-STOPPT, ERDLER.
HAST DU SONST NOCH EINE WAFFE?
ROLLER-SKATES.
STASISRÖH-RE BEREIT?

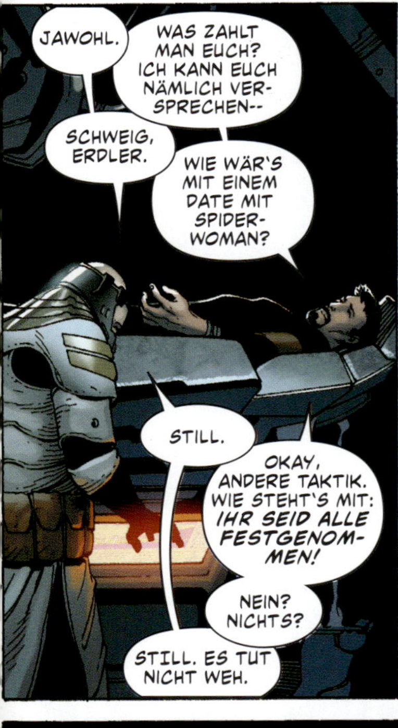

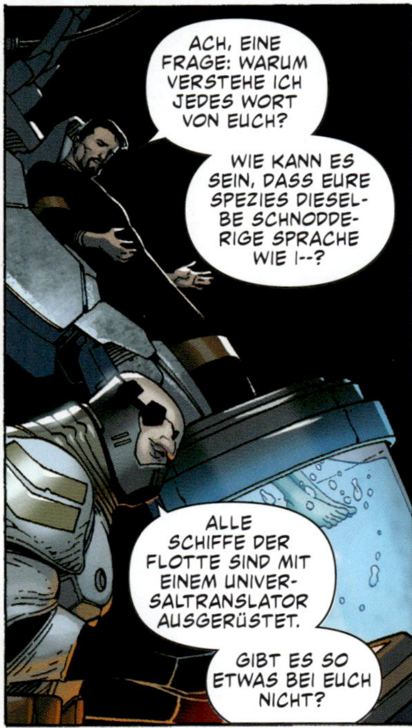

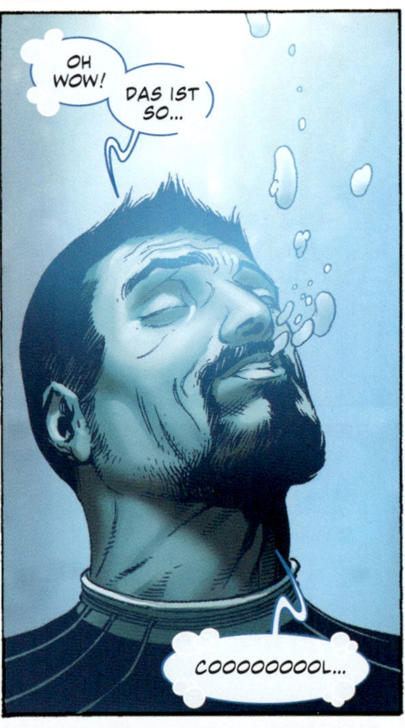

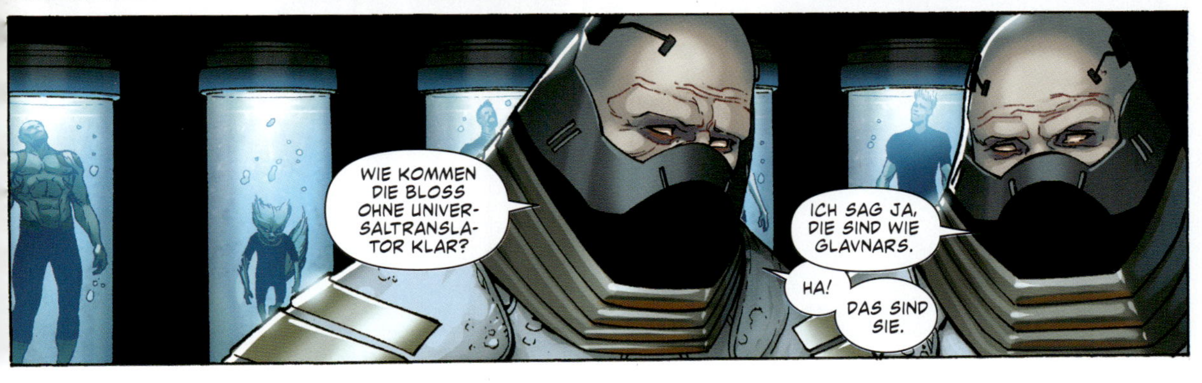

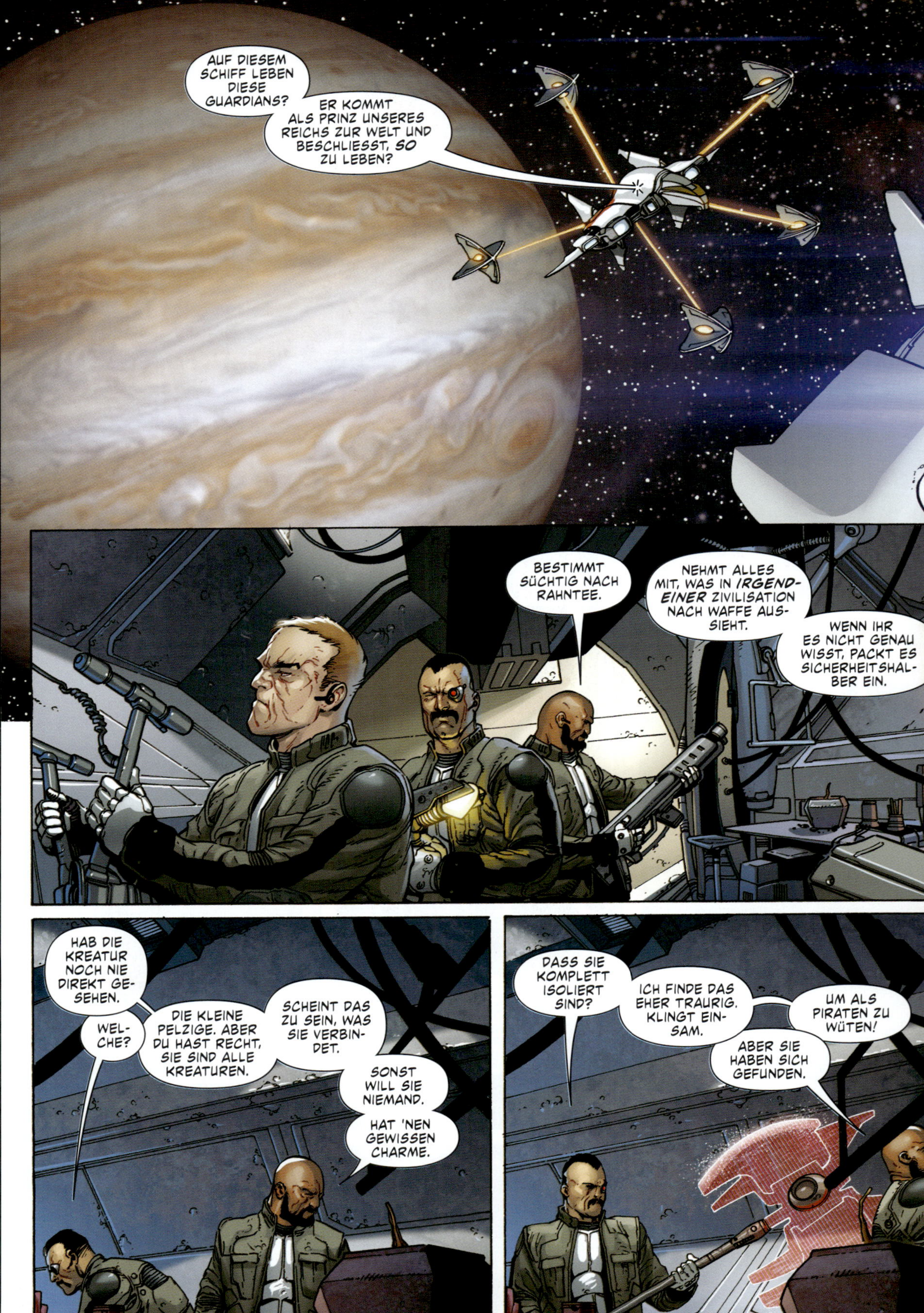
AUF DIESEM SCHIFF LEBEN DIESE GUARDIANS?
ER KOMMT ALS PRINZ UNSERES REICHS ZUR WELT UND BESCHLIESST, SO ZU LEBEN?
BESTIMMT SÜCHTIG NACH RAHNTEE.
NEHMT ALLES MIT, WAS IN IRGENDEINER ZIVILISATION NACH WAFFE AUSSIEHT.
WENN IHR ES NICHT GENAU WISST, PACKT ES SICHERHEITSHALBER EIN.
HAB DIE KREATUR NOCH NIE DIREKT GESEHEN.
WELCHE?
DIE KLEINE PELZIGE. ABER DU HAST RECHT, SIE SIND ALLE KREATUREN.
SCHEINT DAS ZU SEIN, WAS SIE VERBINDET.
SONST WILL SIE NIEMAND.
HAT 'NEN GEWISSEN CHARME.
DASS SIE KOMPLETT ISOLIERT SIND?
ICH FINDE DAS EHER TRAURIG. KLINGT EINSAM.
UM ALS PIRATEN ZU WÜTEN!
ABER SIE HABEN SICH GEFUNDEN.

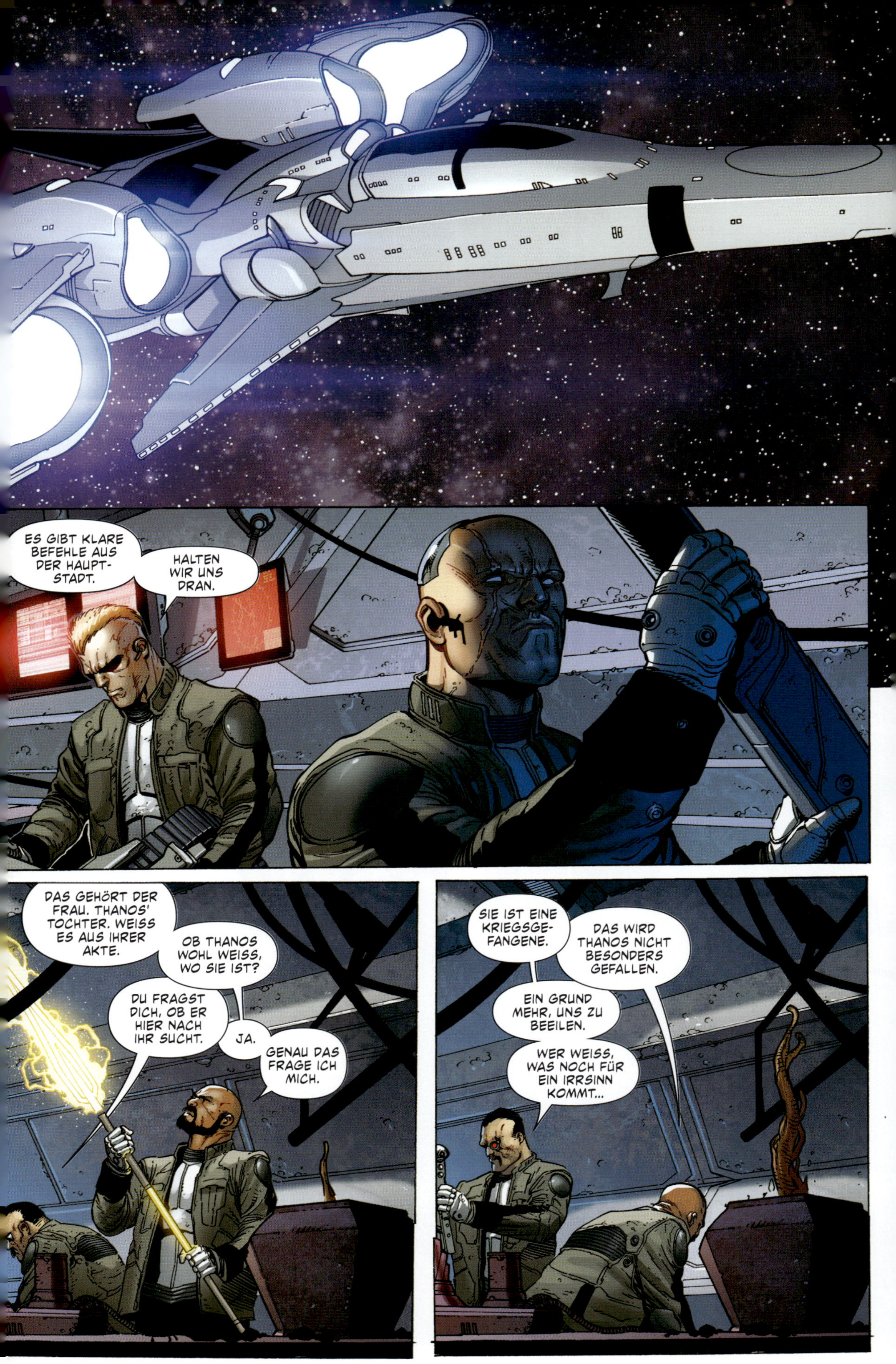

ES GIBT KLARE BEFEHLE AUS DER HAUPT-STADT.
HALTEN WIR UNS DRAN.

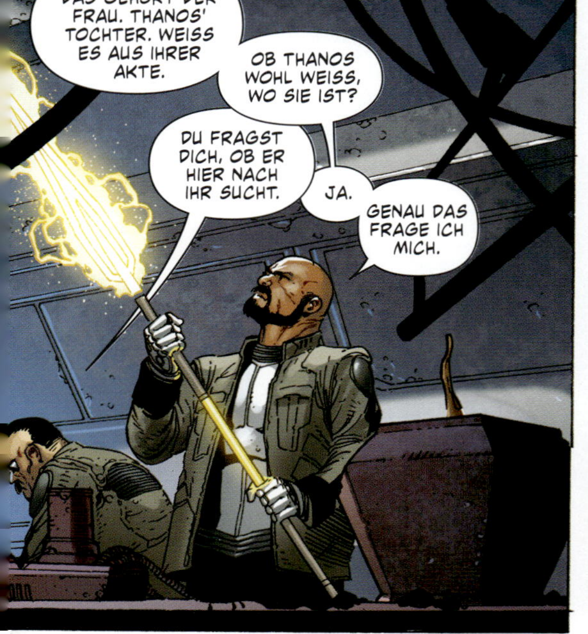

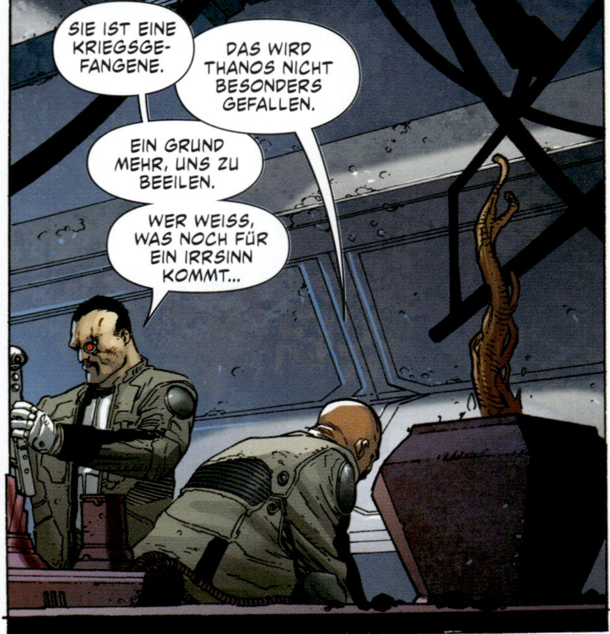

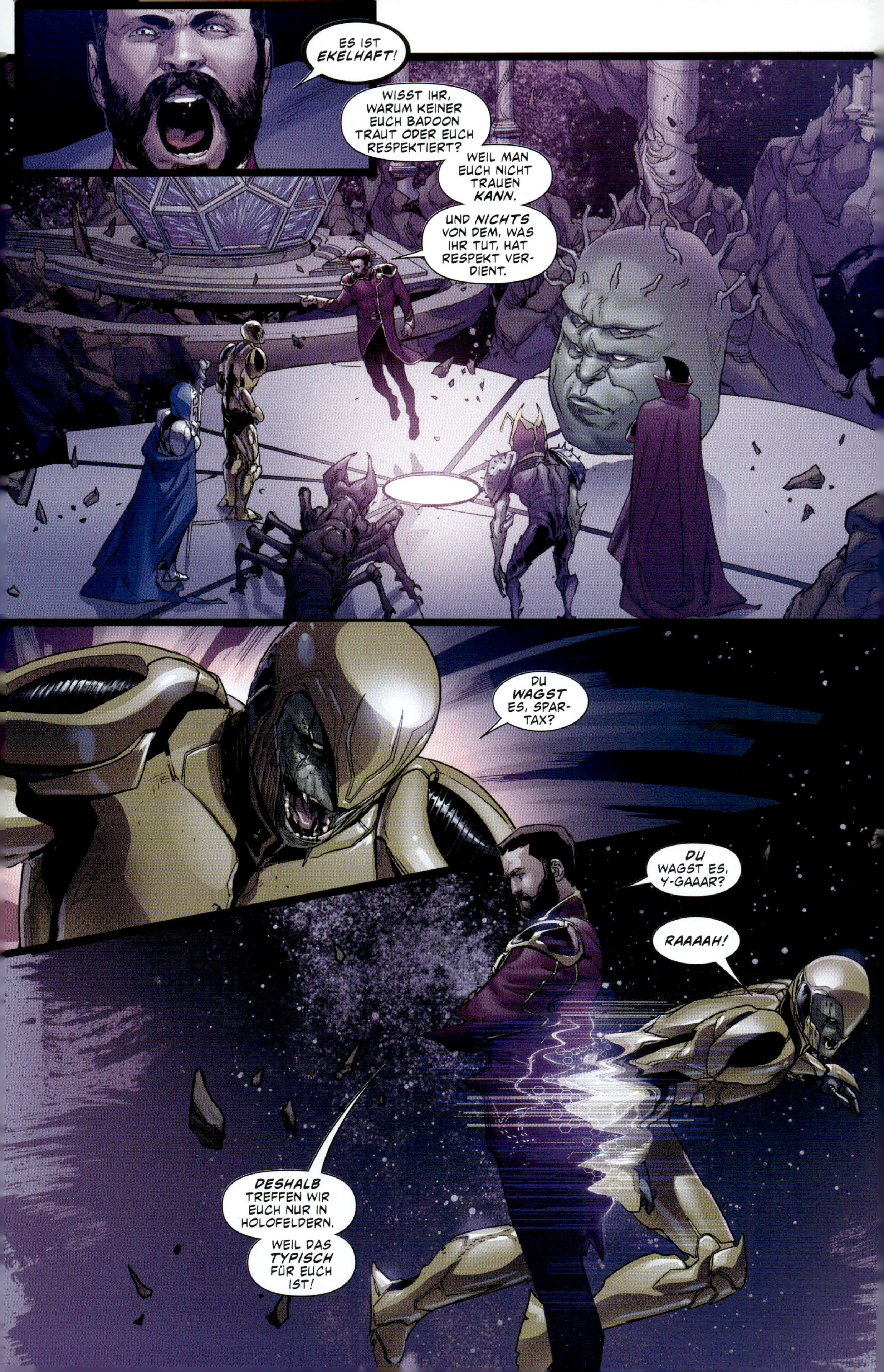
ES IST *EKELHAFT!*
WISST IHR, WARUM KEINER EUCH BADOON TRAUT ODER EUCH RESPEKTIERT?
WEIL MAN EUCH NICHT TRAUEN *KANN.*
UND *NICHTS* VON DEM, WAS IHR TUT, HAT RESPEKT VERDIENT.
DU *WAGST* ES, SPARTAX?
DU WAGST ES, Y-GAAAR?
RAAAAH!
DESHALB TREFFEN WIR EUCH NUR IN HOLOFELDERN.
WEIL DAS *TYPISCH* FÜR EUCH IST!

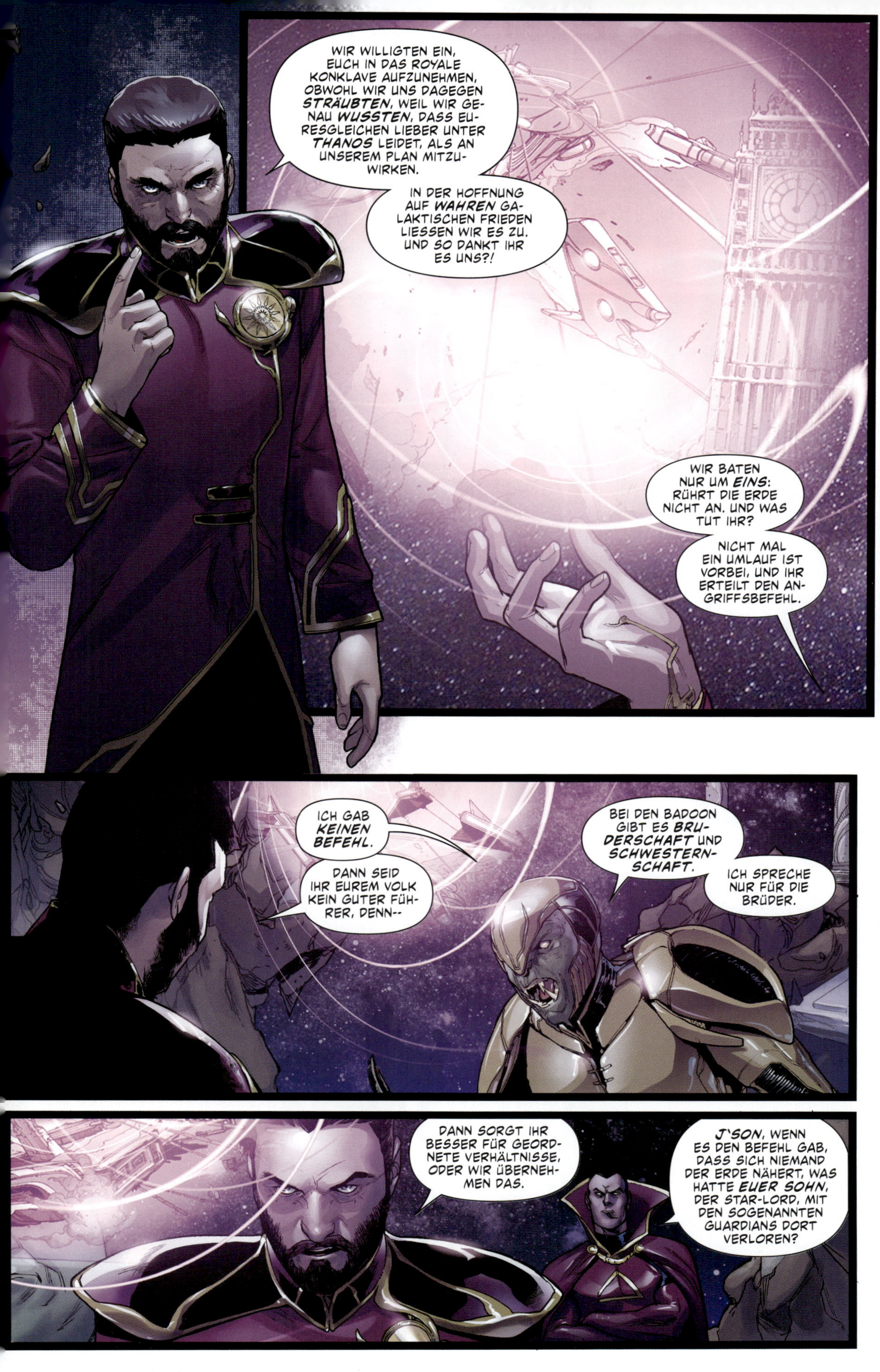
WIR WILLIGTEN EIN, EUCH IN DAS ROYALE KONKLAVE AUFZUNEHMEN, OBWOHL WIR UNS DAGEGEN STRÄUBTEN, WEIL WIR GENAU WUSSTEN, DASS EURESGLEICHEN LIEBER UNTER THANOS LEIDET, ALS AN UNSEREM PLAN MITZUWIRKEN.
IN DER HOFFNUNG AUF WAHREN GALAKTISCHEN FRIEDEN LIESSEN WIR ES ZU. UND SO DANKT IHR ES UNS?!
WIR BATEN NUR UM EINS: RÜHRT DIE ERDE NICHT AN. UND WAS TUT IHR?
NICHT MAL EIN UMLAUF IST VORBEI, UND IHR ERTEILT DEN ANGRIFFSBEFEHL.
ICH GAB KEINEN BEFEHL.
DANN SEID IHR EUREM VOLK KEIN GUTER FÜHRER, DENN--
BEI DEN BADOON GIBT ES BRUDERSCHAFT UND SCHWESTERNSCHAFT.
ICH SPRECHE NUR FÜR DIE BRÜDER.
DANN SORGT IHR BESSER FÜR GEORDNETE VERHÄLTNISSE, ODER WIR ÜBERNEHMEN DAS.
J'SON, WENN ES DEN BEFEHL GAB, DASS SICH NIEMAND DER ERDE NÄHERT, WAS HATTE EUER SOHN, DER STAR-LORD, MIT DEN SOGENANNTEN GUARDIANS DORT VERLOREN?

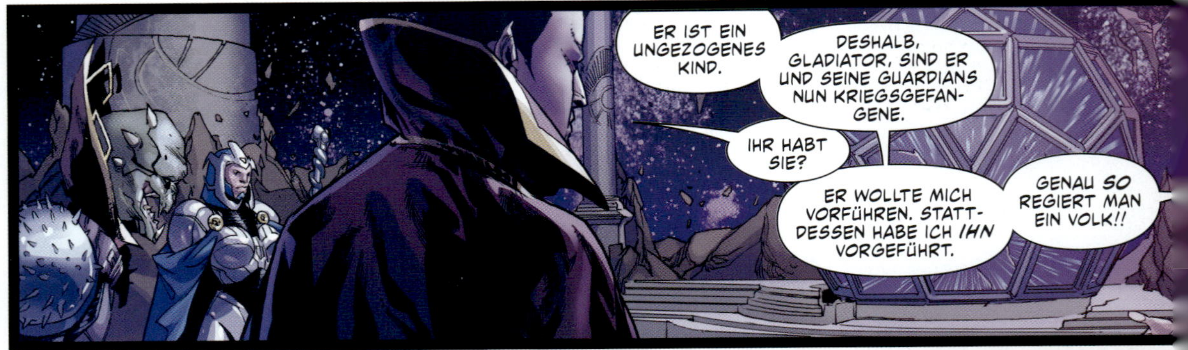
ER IST EIN UNGEZOGENES KIND.
DESHALB, GLADIATOR, SIND ER UND SEINE GUARDIANS NUN KRIEGSGEFAN-GENE.
IHR HABT SIE?
ER WOLLTE MICH VORFÜHREN. STATT-DESSEN HABE ICH *IHN* VORGEFÜHRT.
GENAU *SO* REGIERT MAN EIN VOLK!!

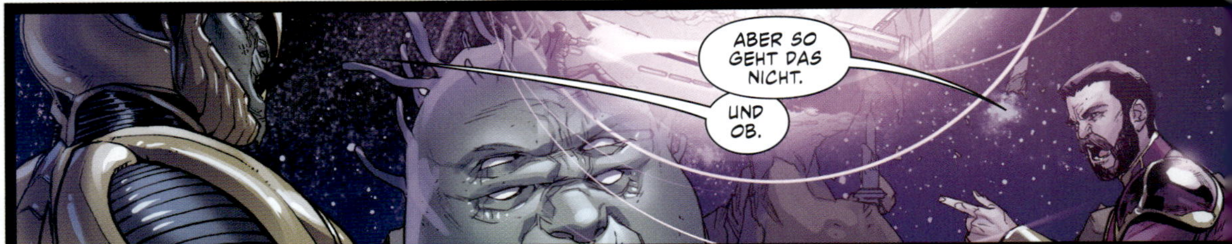
ABER SO GEHT DAS NICHT.
UND OB.

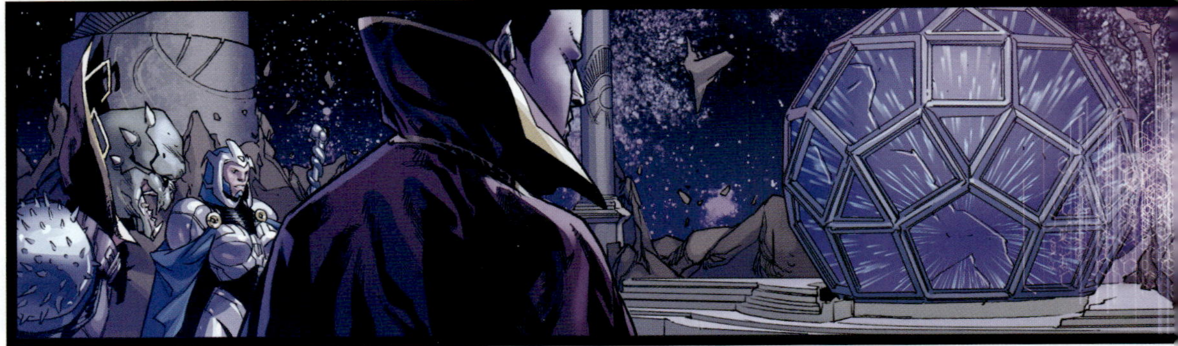

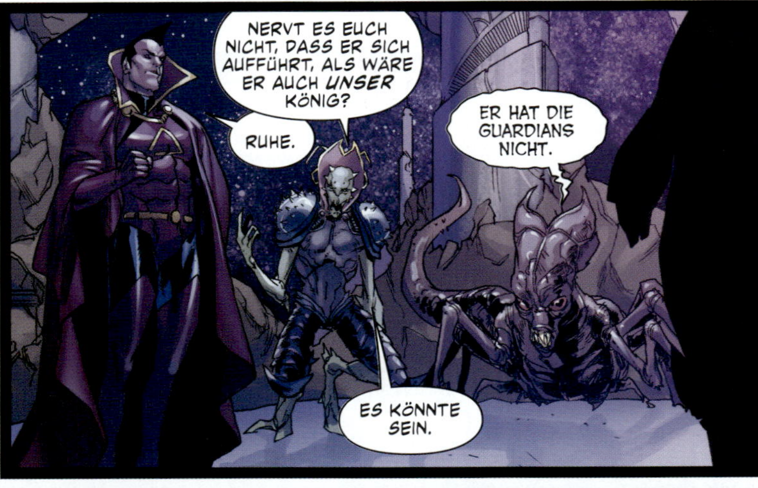
NERVT ES EUCH NICHT, DASS ER SICH AUFFÜHRT, ALS WÄRE ER AUCH *UNSER* KÖNIG?
RUHE.
ER HAT DIE GUARDIANS NICHT.
ES KÖNNTE SEIN.

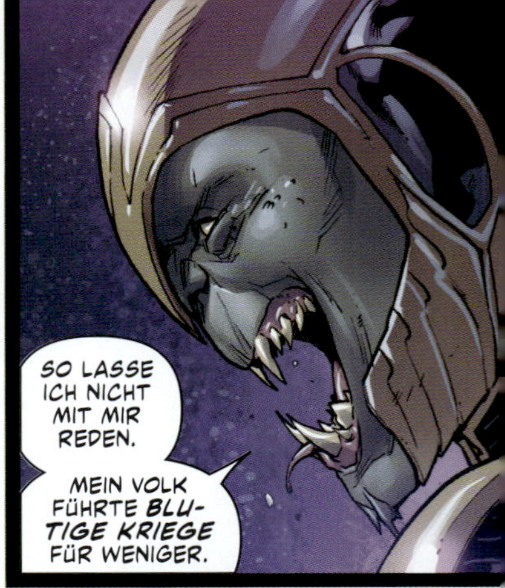
SO LASSE ICH NICHT MIT MIR REDEN.
MEIN VOLK FÜHRTE *BLUTIGE KRIEGE* FÜR WENIGER.

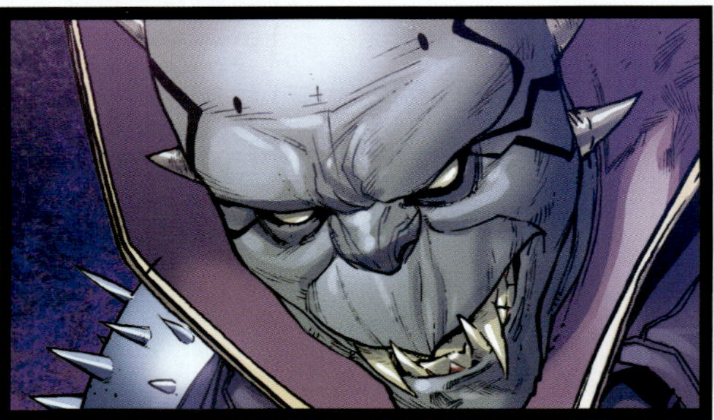

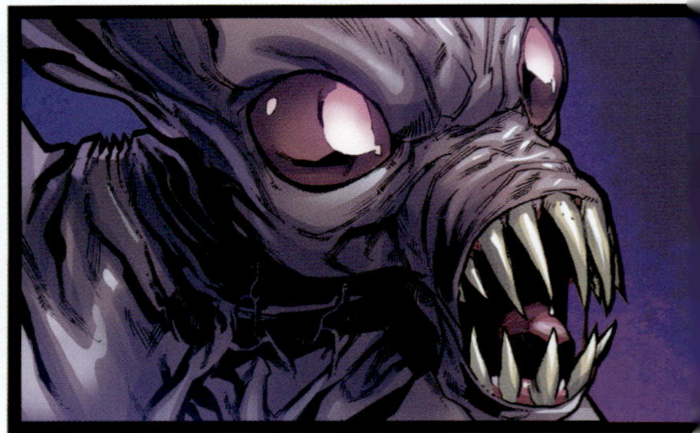

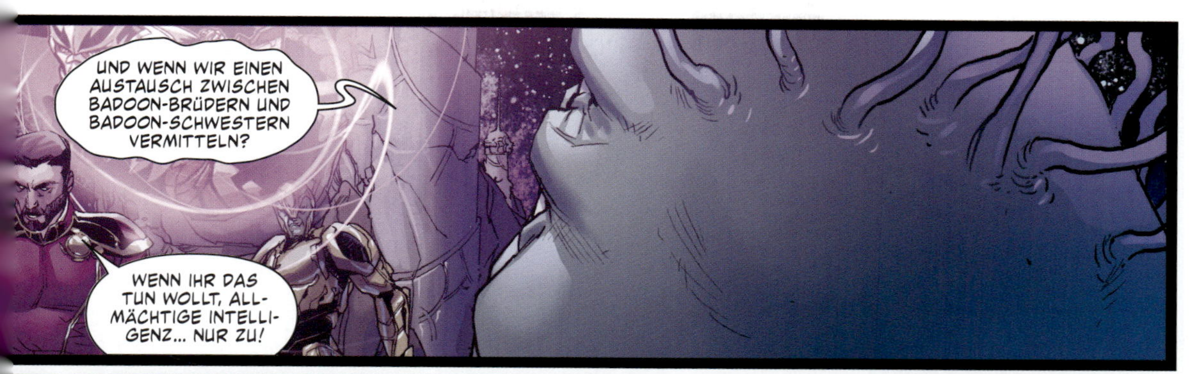
UND WENN WIR EINEN AUSTAUSCH ZWISCHEN BADOON-BRÜDERN UND BADOON-SCHWESTERN VERMITTELN?
WENN IHR DAS TUN WOLLT, ALLMÄCHTIGE INTELLIGENZ... NUR ZU!

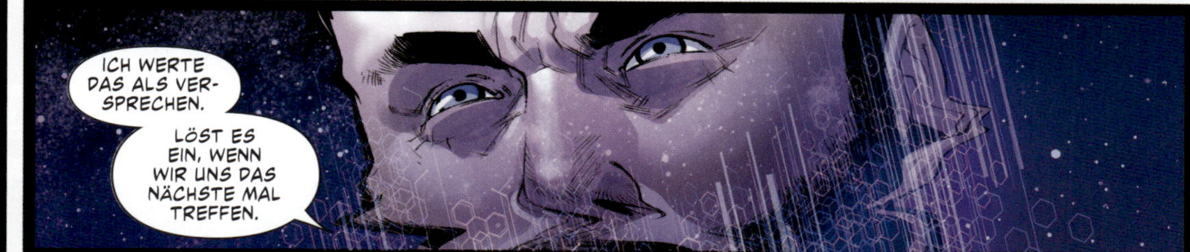
ICH WERTE DAS ALS VERSPRECHEN.
LÖST ES EIN, WENN WIR UNS DAS NÄCHSTE MAL TREFFEN.

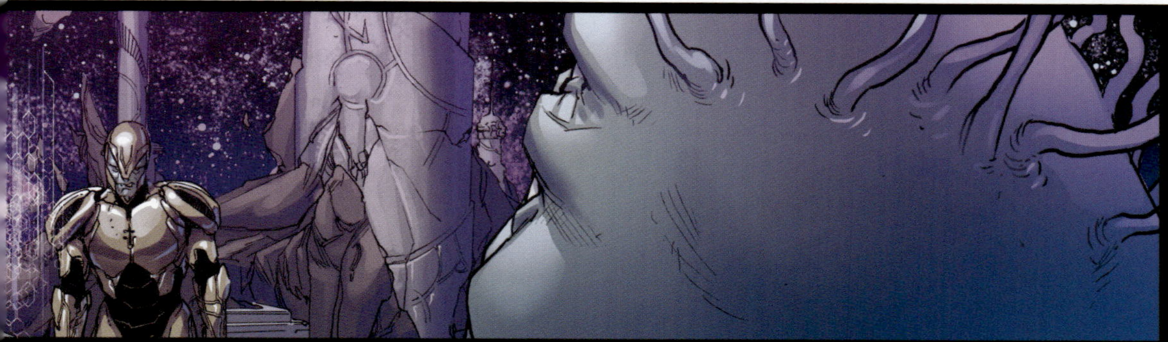

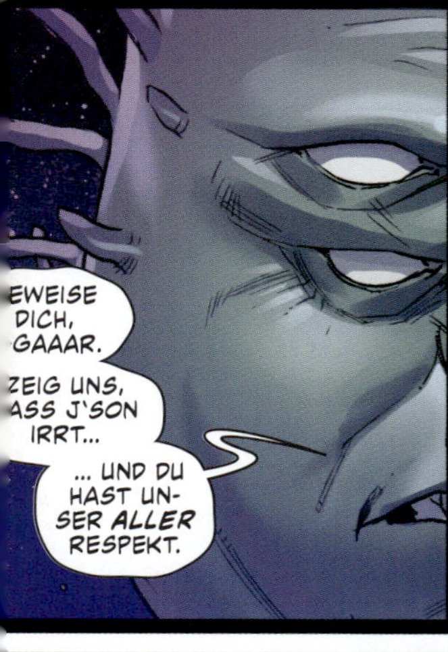
EWEISE DICH, GAAAR.
ZEIG UNS, ASS J'SON IRRT...
... UND DU HAST UNSER ALLER RESPEKT.

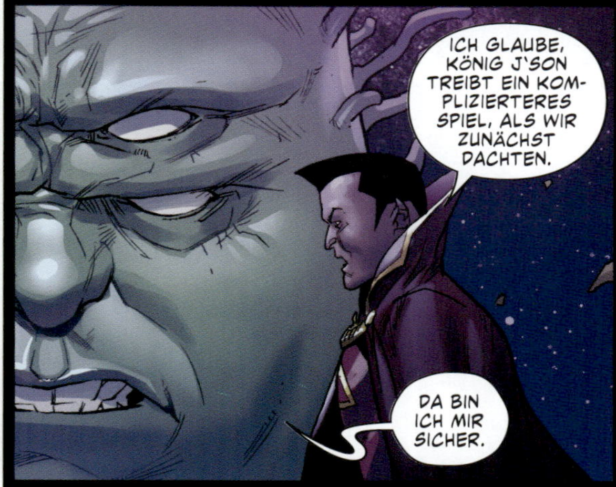
ICH GLAUBE, KÖNIG J'SON TREIBT EIN KOMPLIZIERTERES SPIEL, ALS WIR ZUNÄCHST DACHTEN.
DA BIN ICH MIR SICHER.

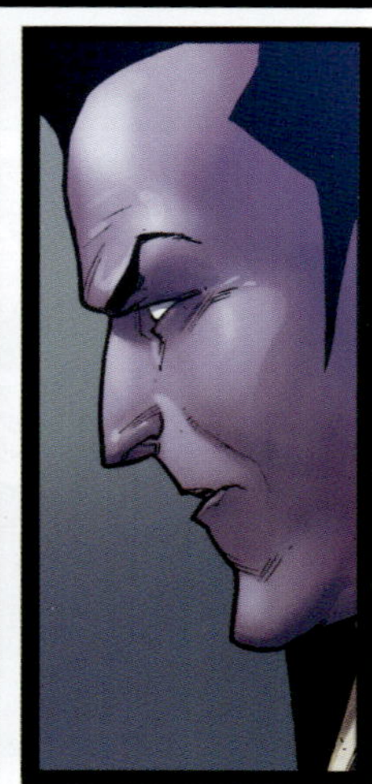

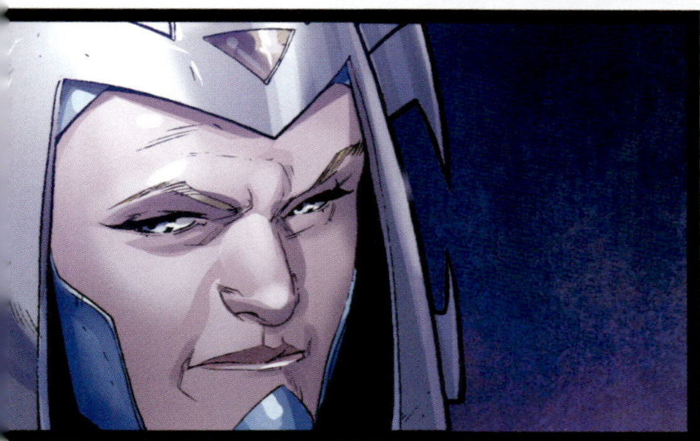

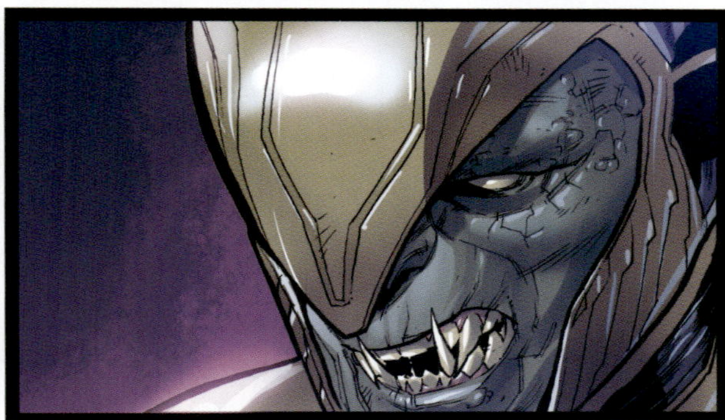

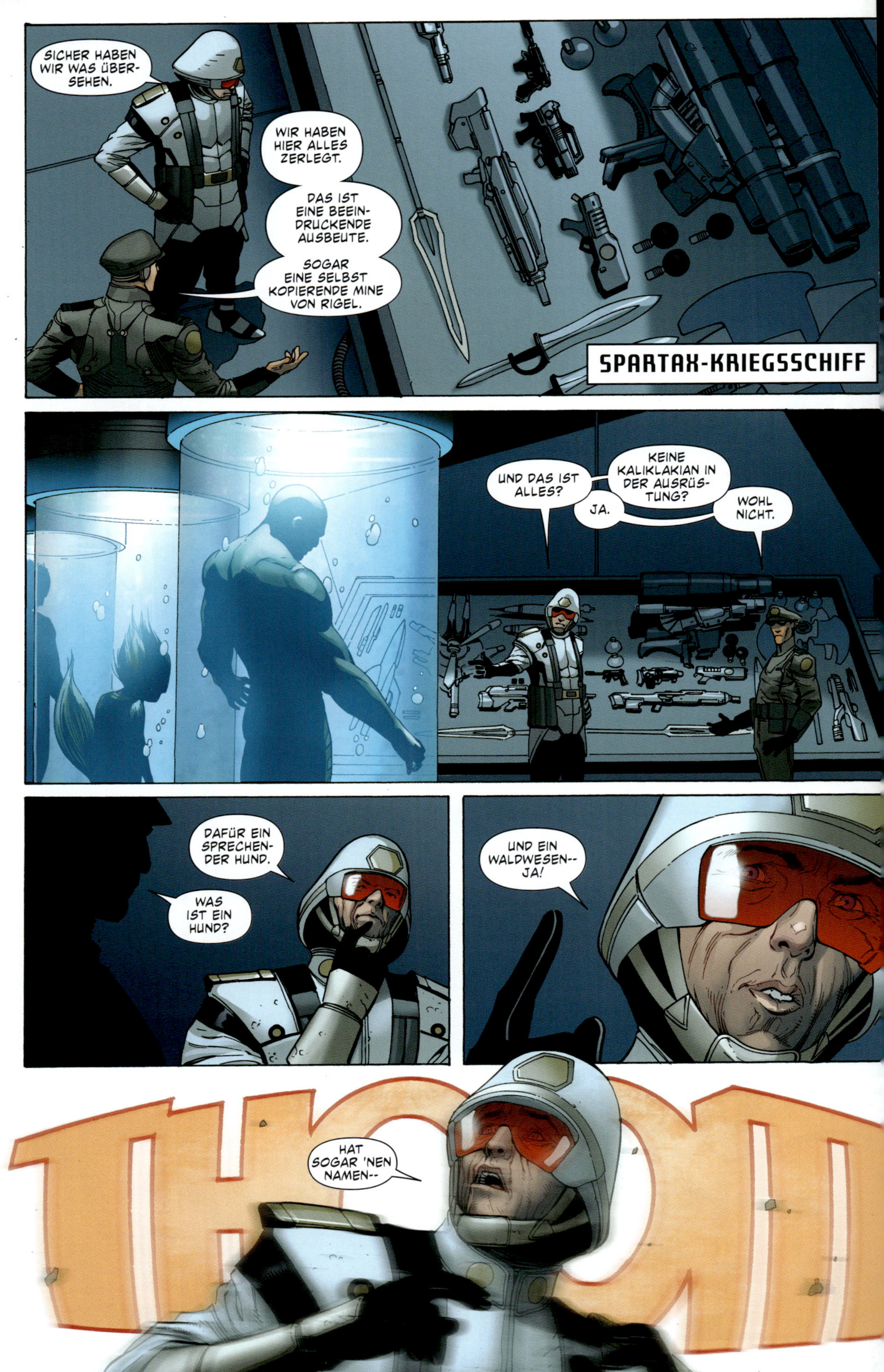
SICHER HABEN WIR WAS ÜBERSEHEN.
WIR HABEN HIER ALLES ZERLEGT.
DAS IST EINE BEEINDRUCKENDE AUSBEUTE.
SOGAR EINE SELBST KOPIERENDE MINE VON RIGEL.
SPARTAX-KRIEGSSCHIFF
UND DAS IST ALLES?
KEINE KALIKLAKIAN IN DER AUSRÜSTUNG?
JA.
WOHL NICHT.
DAFÜR EIN SPRECHENDER HUND.
WAS IST EIN HUND?
UND EIN WALDWESEN-- JA!
THOOM
HAT SOGAR 'NEN NAMEN--

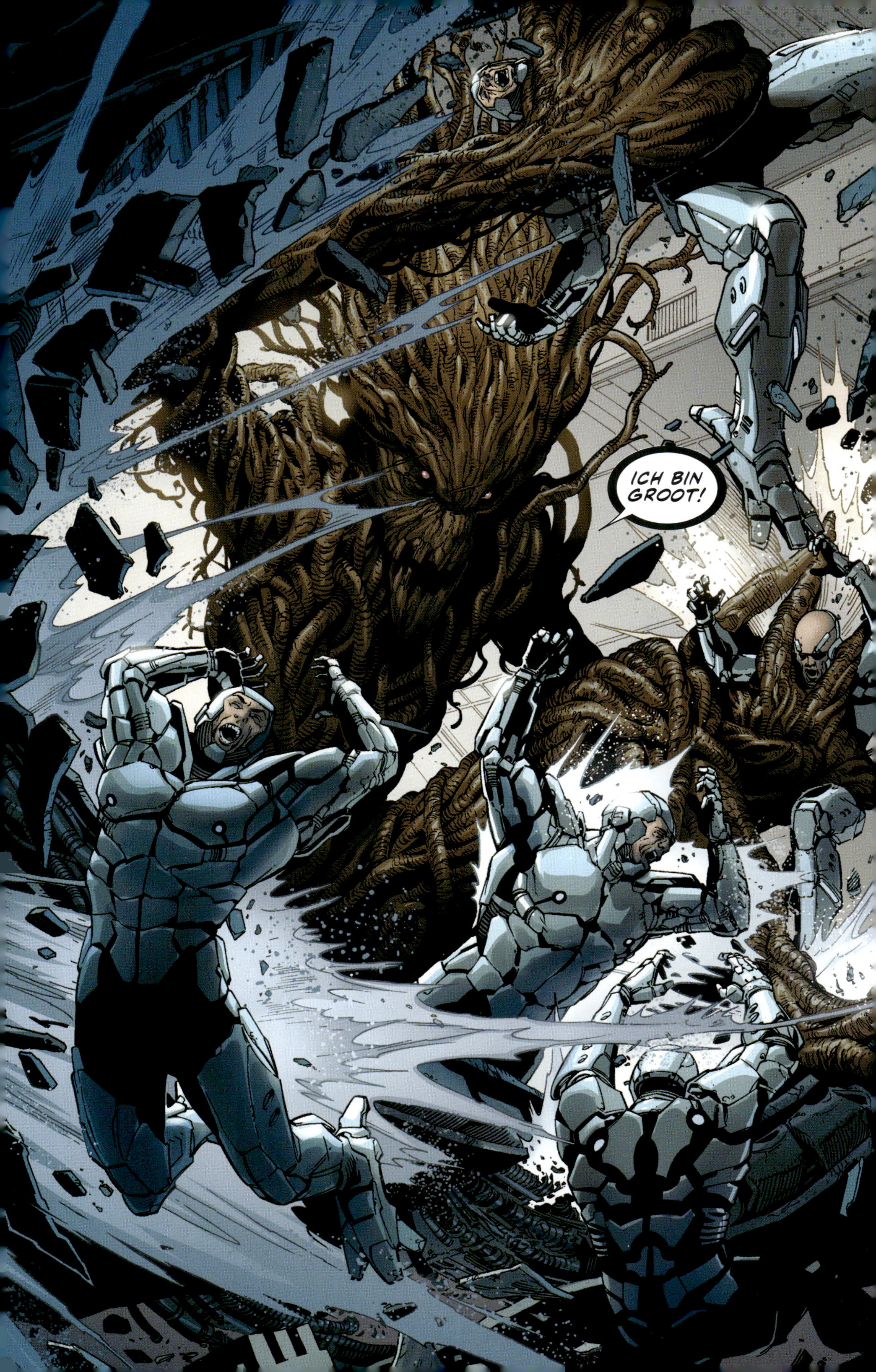
ICH BIN GROOT!

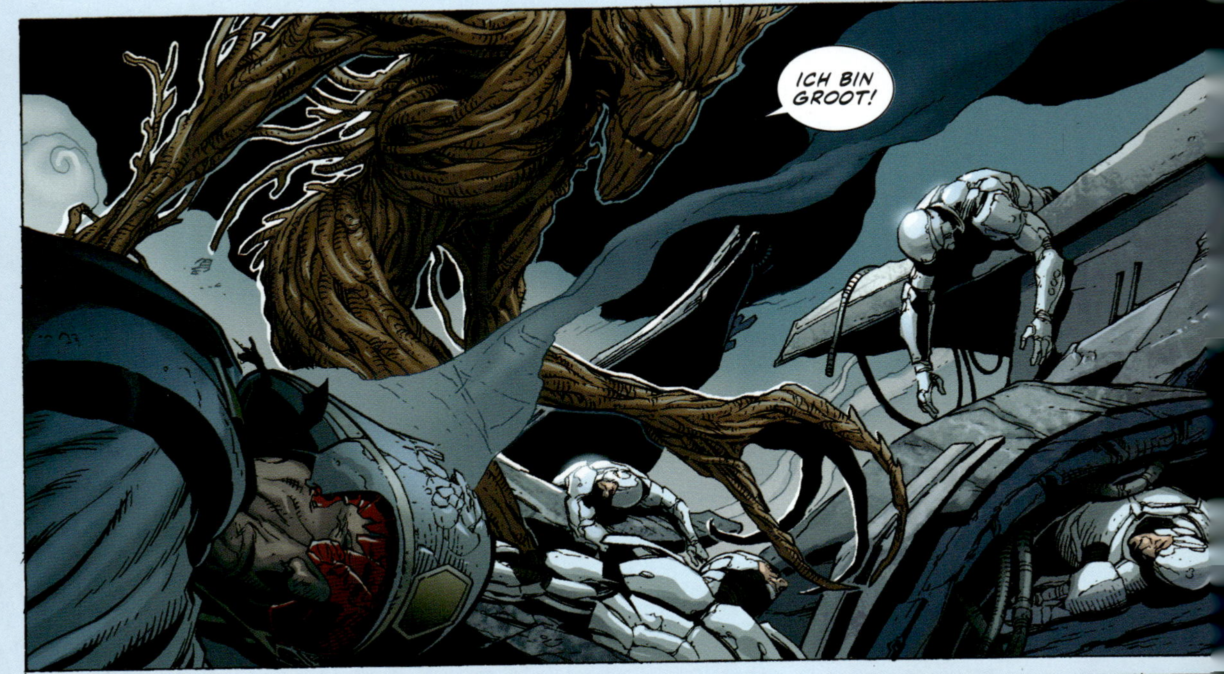
ICH BIN GROOT!

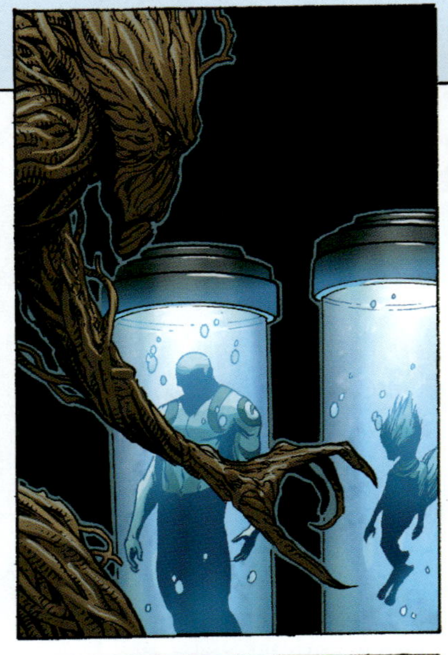

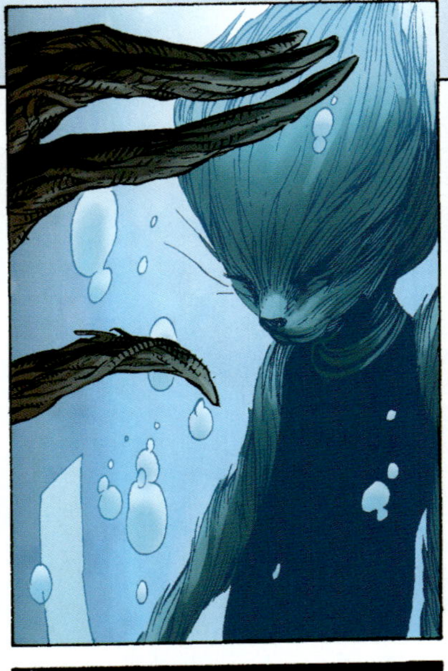

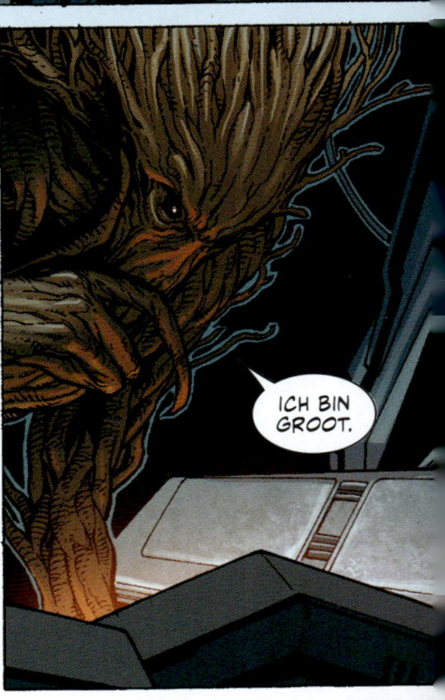
ICH BIN GROOT.

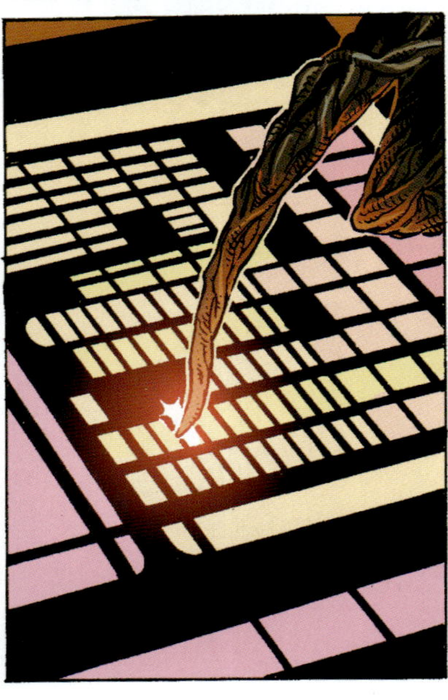

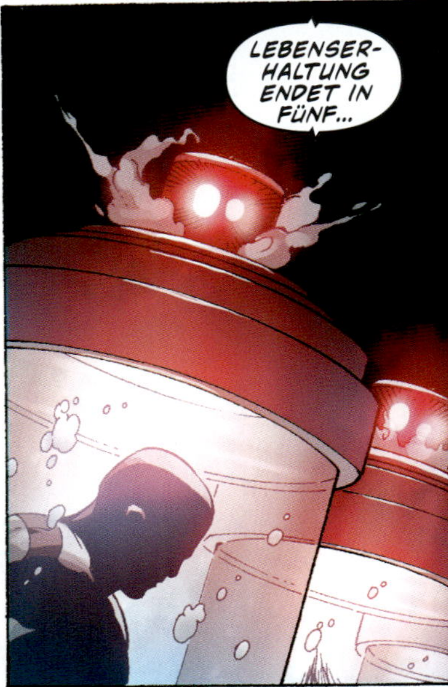
LEBENSER-HALTUNG ENDET IN FÜNF...

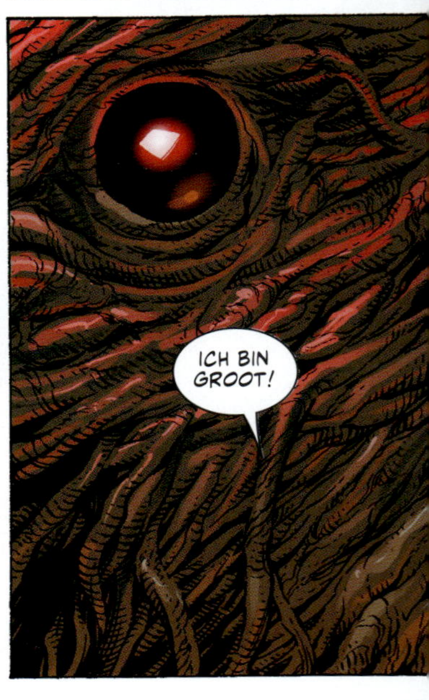
ICH BIN GROOT!

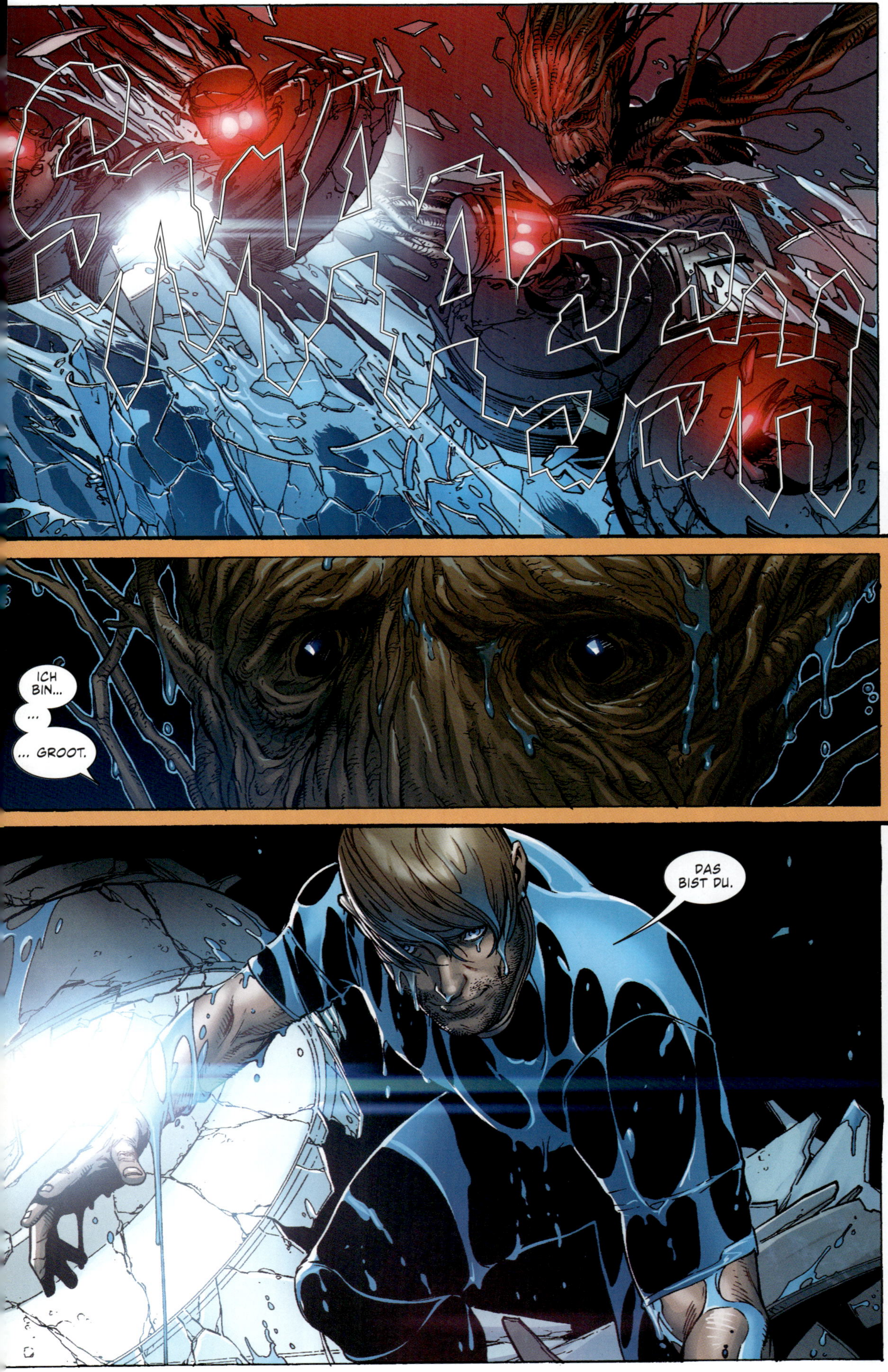

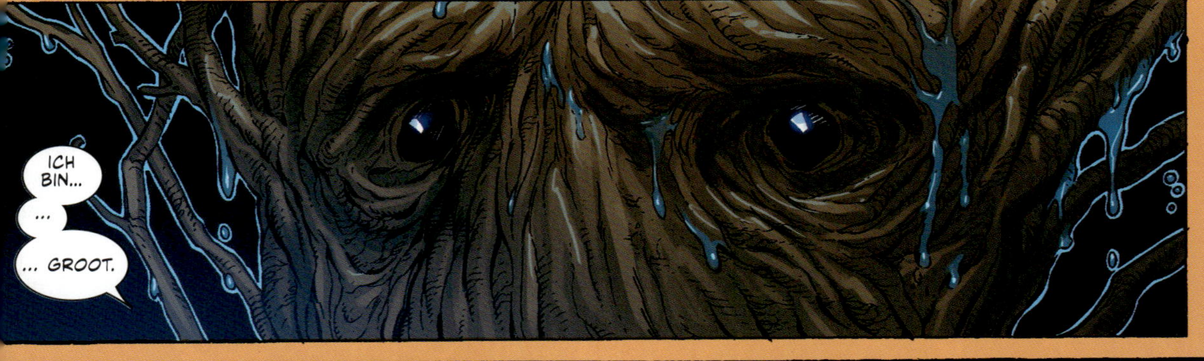
ICH BIN...
...
... GROOT.

DAS BIST DU.

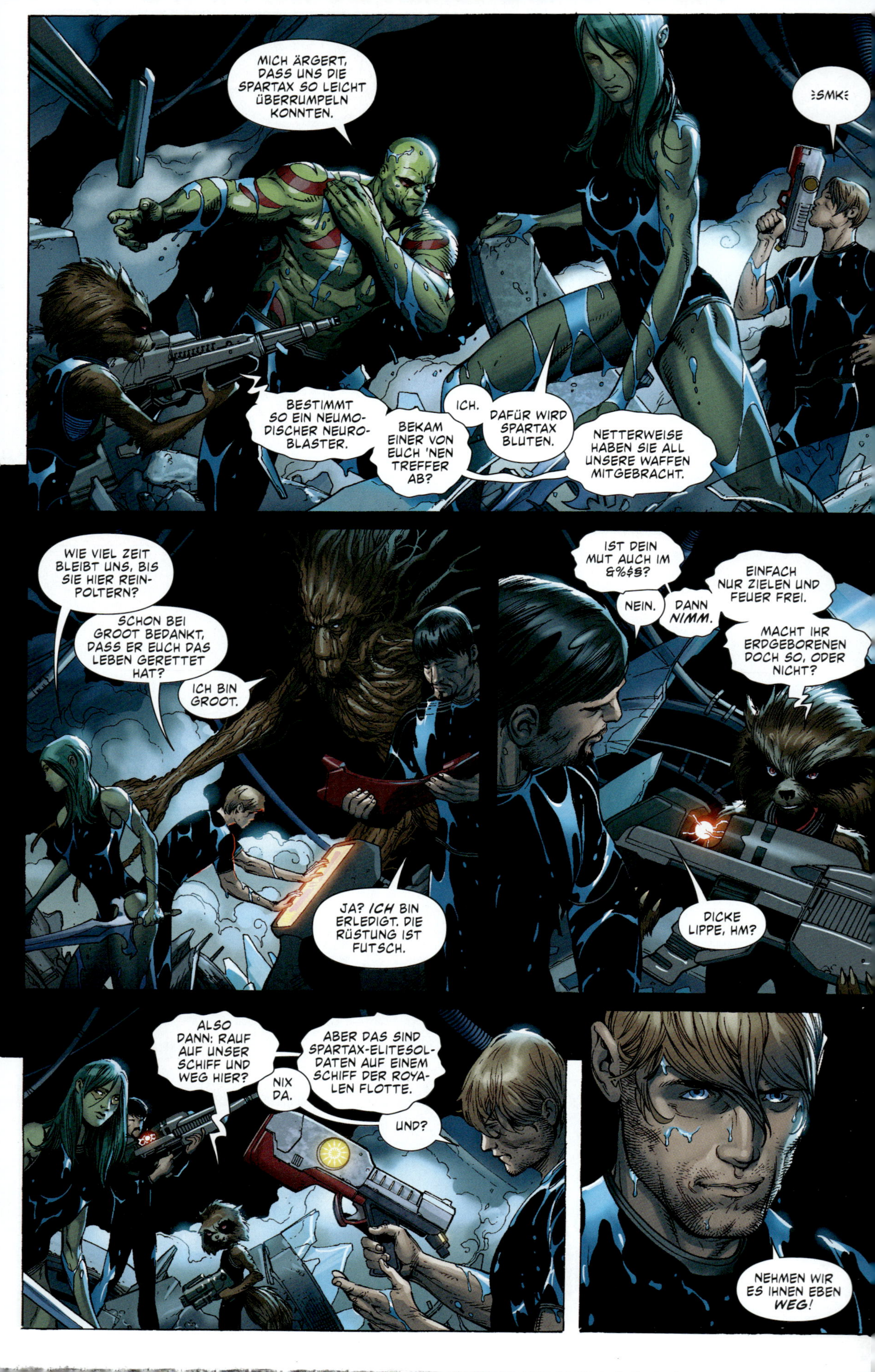

MICH ÄRGERT, DASS UNS DIE SPARTAX SO LEICHT ÜBERRUMPELN KONNTEN.
SMK
BESTIMMT SO EIN NEUMODISCHER NEUROBLASTER.
BEKAM EINER VON EUCH 'NEN TREFFER AB?
ICH.
DAFÜR WIRD SPARTAX BLUTEN.
NETTERWEISE HABEN SIE ALL UNSERE WAFFEN MITGEBRACHT.
WIE VIEL ZEIT BLEIBT UNS, BIS SIE HIER REINPOLTERN?
SCHON BEI GROOT BEDANKT, DASS ER EUCH DAS LEBEN GERETTET HAT?
ICH BIN GROOT.
JA? *ICH* BIN ERLEDIGT. DIE RÜSTUNG IST FUTSCH.
IST DEIN MUT AUCH IM &%$§?
NEIN.
DANN *NIMM*.
EINFACH NUR ZIELEN UND FEUER FREI.
MACHT IHR ERDGEBORENEN DOCH SO, ODER NICHT?
DICKE LIPPE, HM?
ALSO DANN: RAUF AUF UNSER SCHIFF UND WEG HIER?
NIX DA.
ABER DAS SIND SPARTAX-ELITESOLDATEN AUF EINEM SCHIFF DER ROYALEN FLOTTE.
UND?
NEHMEN WIR ES IHNEN EBEN *WEG*!

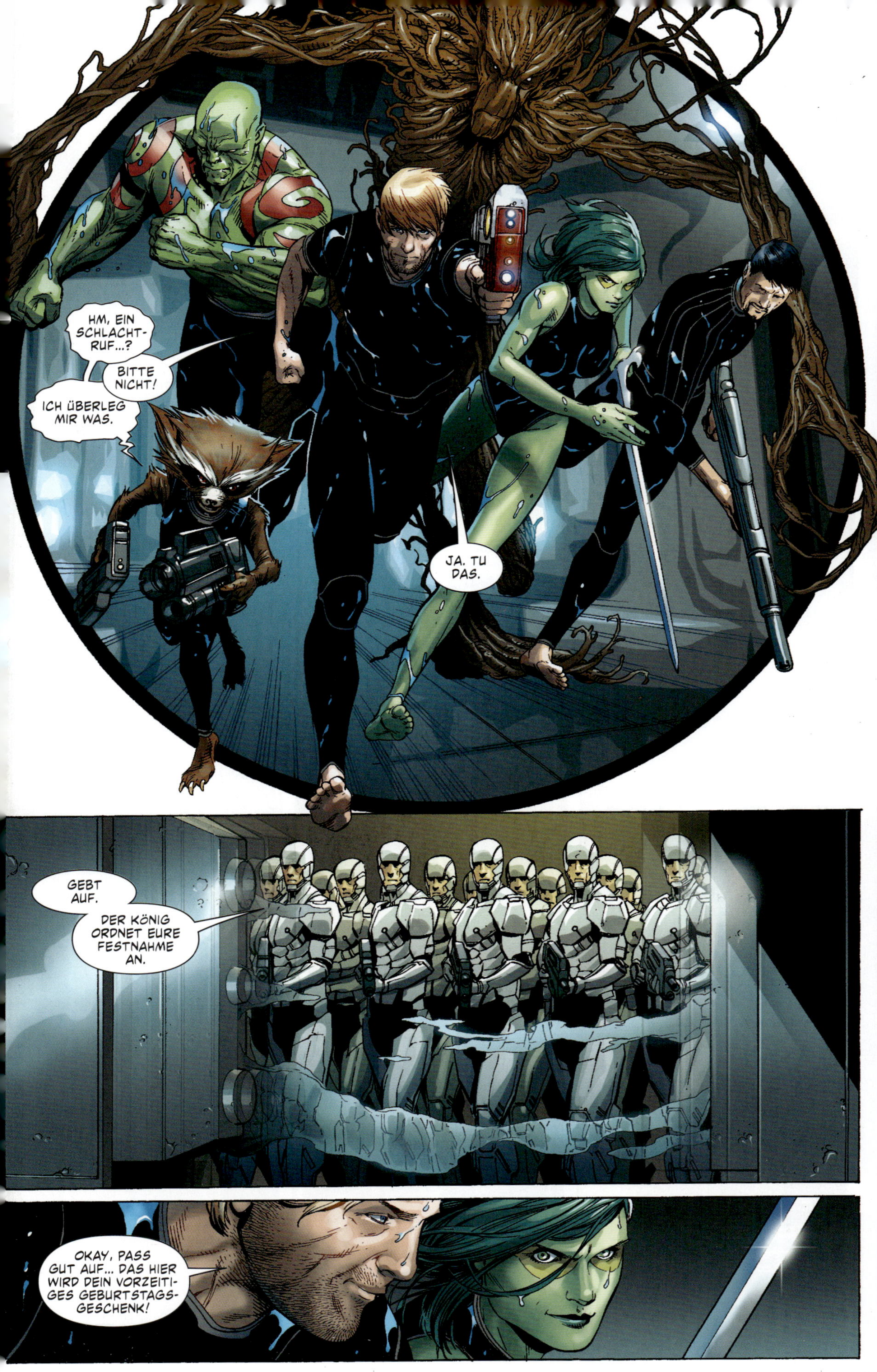
HM, EIN SCHLACHT-RUF...?
BITTE NICHT!
ICH ÜBERLEG MIR WAS.
JA. TU DAS.
GEBT AUF.
DER KÖNIG ORDNET EURE FESTNAHME AN.
OKAY, PASS GUT AUF... DAS HIER WIRD DEIN VORZEITI-GES GEBURTSTAGS-GESCHENK!

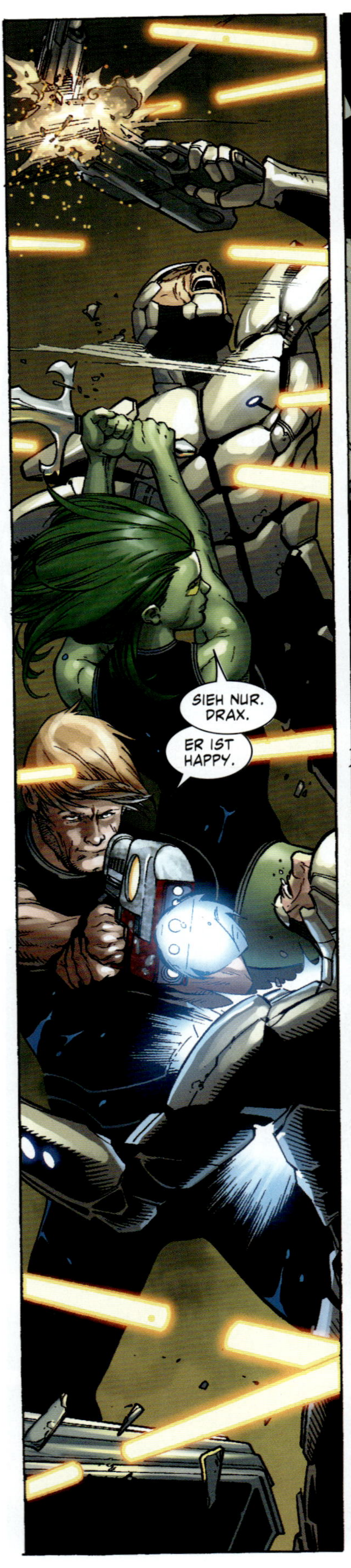
SIEH NUR. DRAX.
ER IST HAPPY.

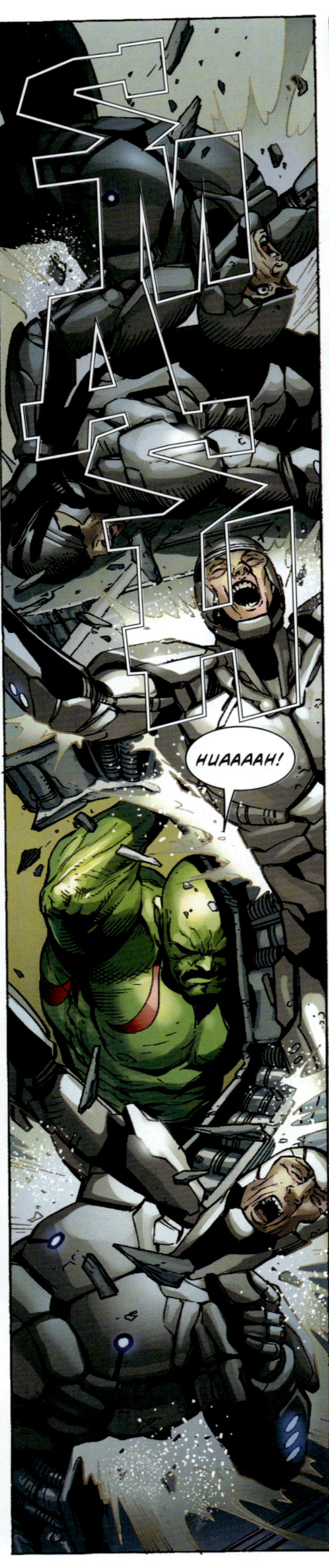
SMASH
HUAAAAH!

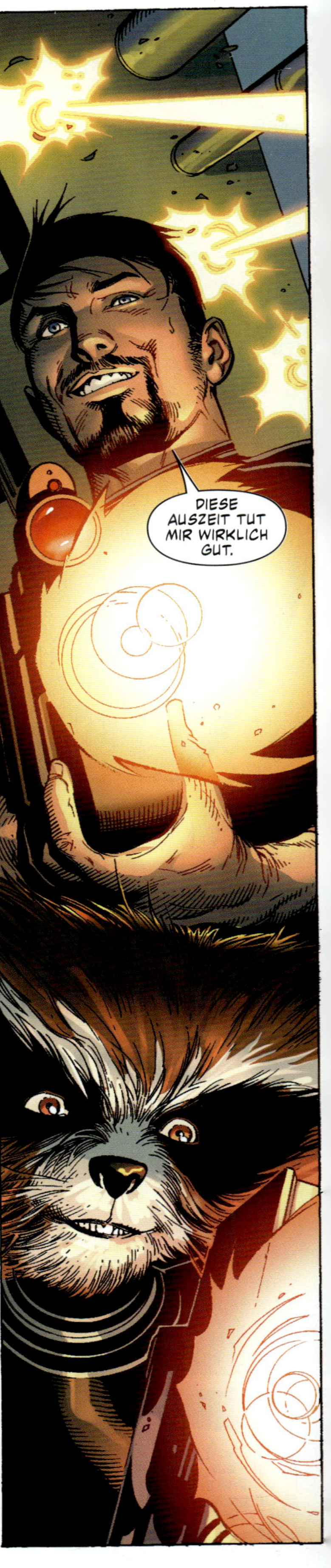
DIESE AUSZEIT TUT MIR WIRKLICH GUT.

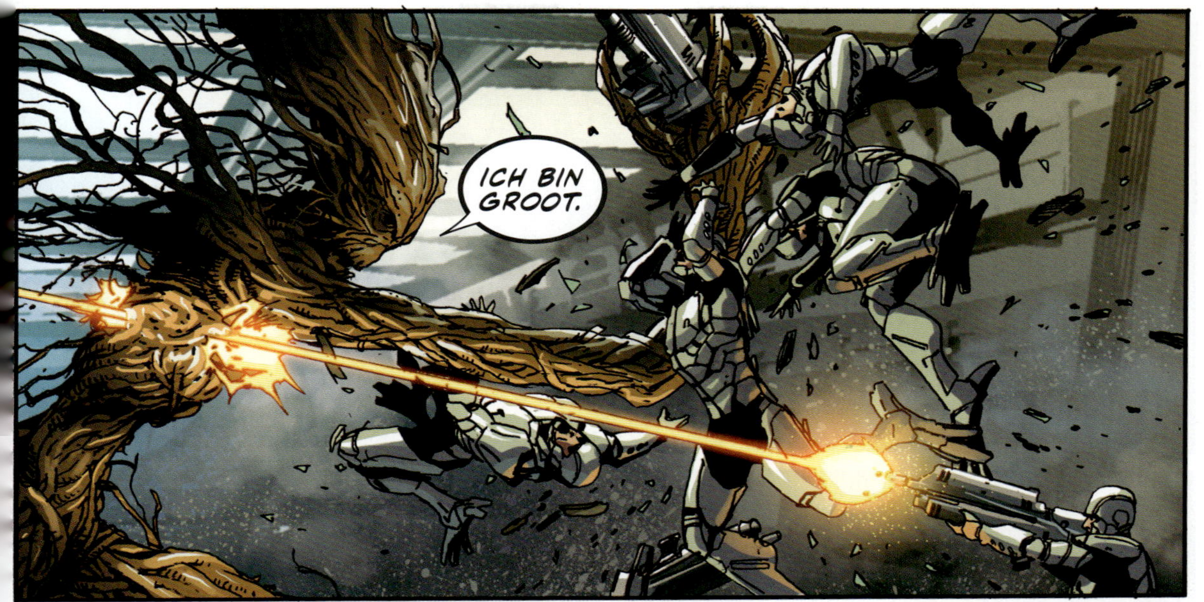
ICH BIN GROOT.

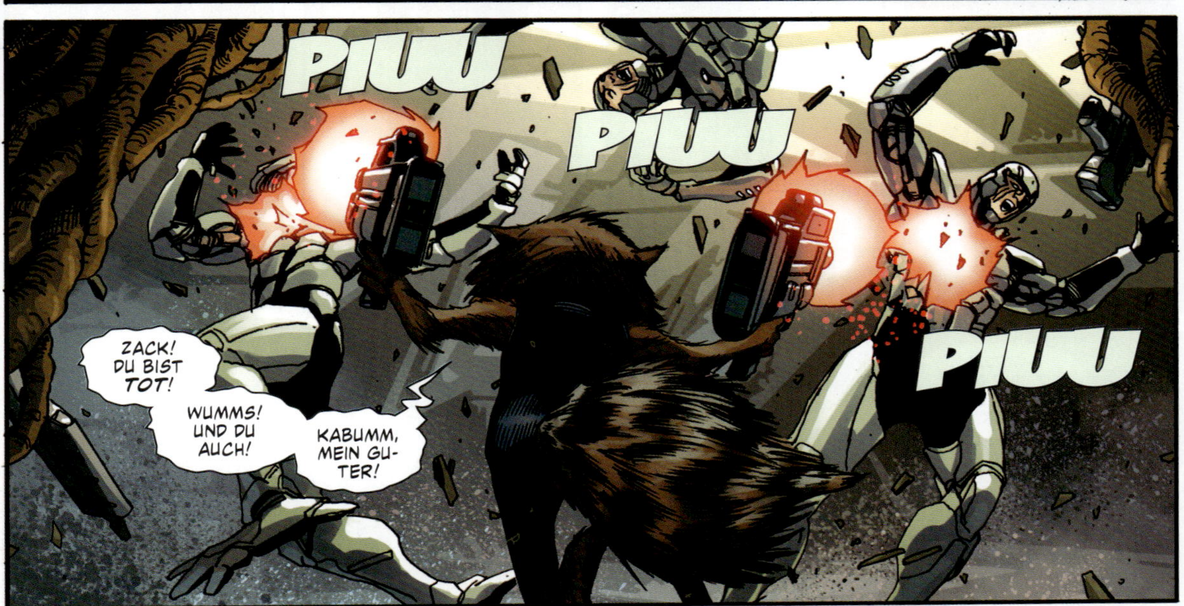
PIUU
PIUU
PIUU
ZACK! DU BIST TOT!
WUMMS! UND DU AUCH!
KABUMM, MEIN GU-TER!

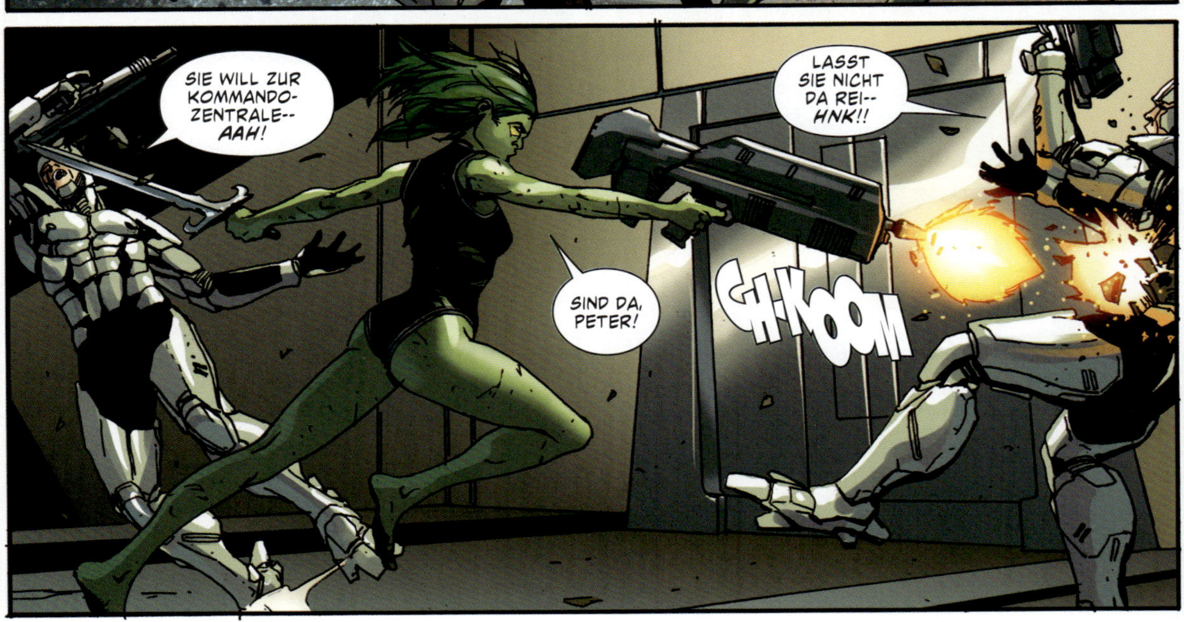
SIE WILL ZUR KOMMANDO-ZENTRALE-- AAH!
LASST SIE NICHT DA REI-- HNK!!
SIND DA, PETER!
CH-KOOM

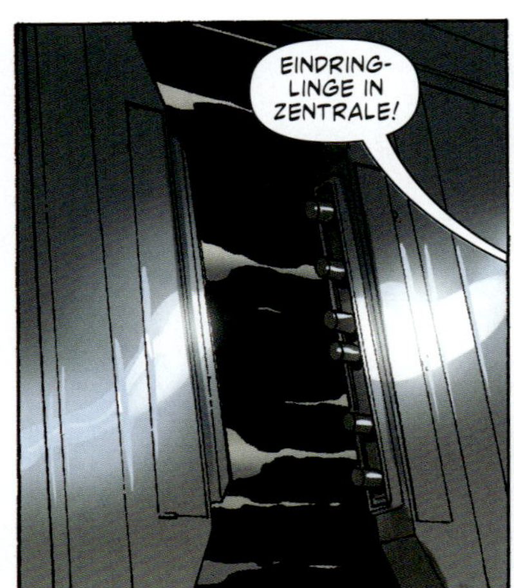
EINDRING-
LINGE IN
ZENTRALE!
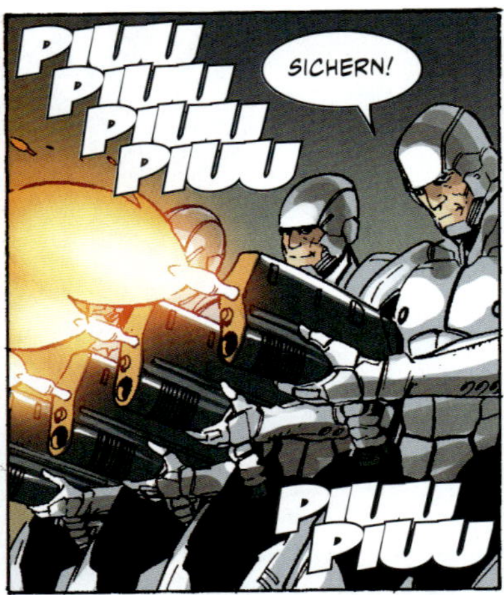
PIUU
PIUU
PIUU
PIUU
SICHERN!
PIUU
PIUU
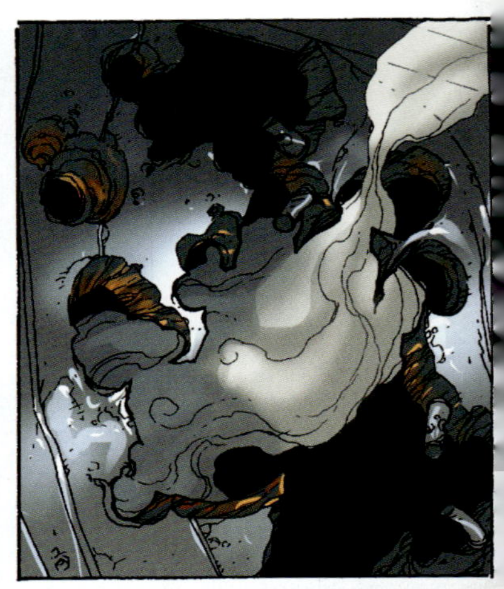
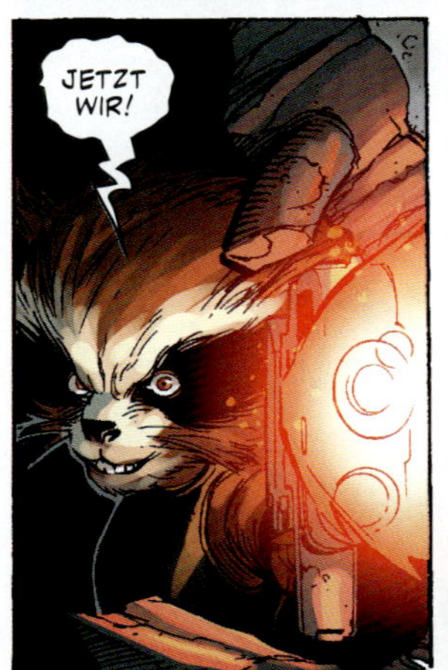
JETZT
WIR!
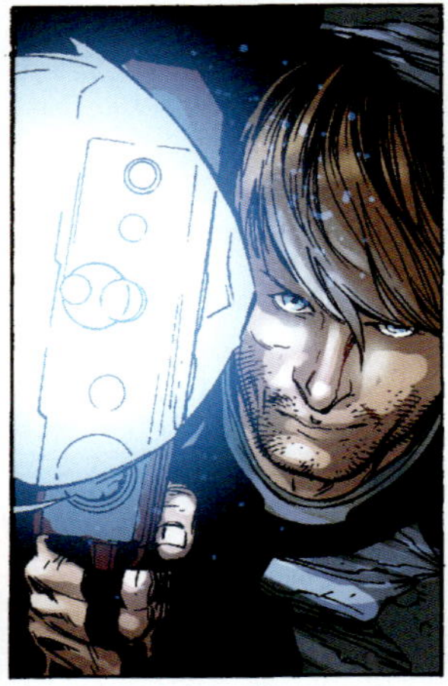
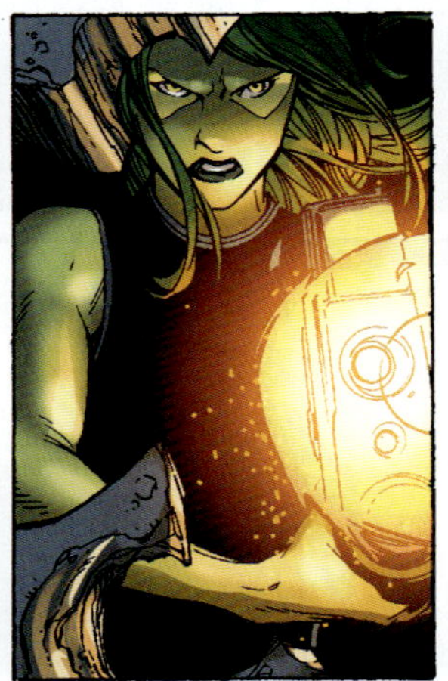
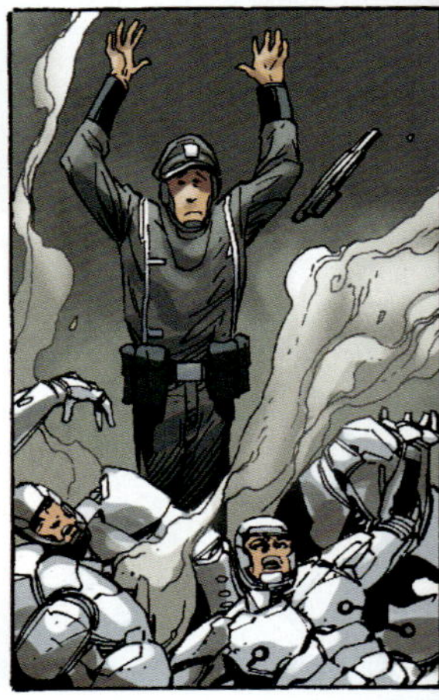
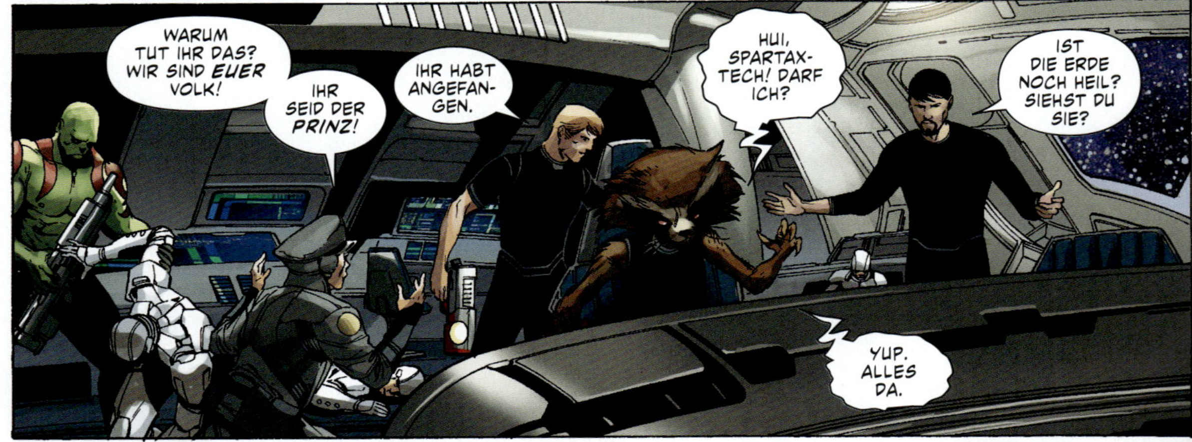
WARUM
TUT IHR DAS?
WIR SIND EUER
VOLK!
IHR
SEID DER
PRINZ!
IHR HABT
ANGEFAN-
GEN.
HUI,
SPARTAX-
TECH! DARF
ICH?
IST
DIE ERDE
NOCH HEIL?
SIEHST DU
SIE?
YUP.
ALLES
DA.
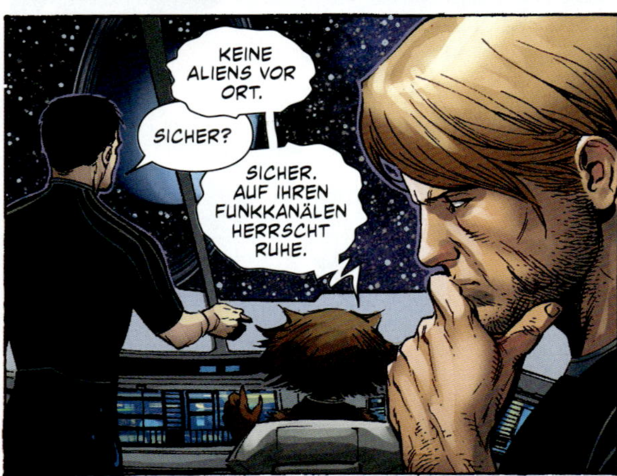
KEINE
ALIENS VOR
ORT.
SICHER?
SICHER.
AUF IHREN
FUNKKANÄLEN
HERRSCHT
RUHE.
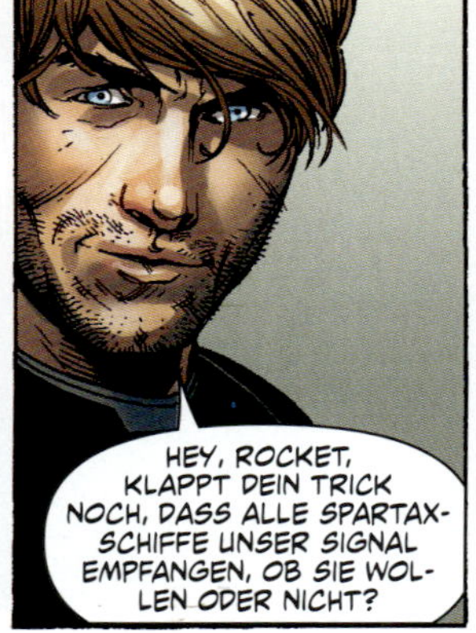
HEY, ROCKET,
KLAPPT DEIN TRICK
NOCH, DASS ALLE SPARTAX-
SCHIFFE UNSER SIGNAL
EMPFANGEN, OB SIE WOL-
LEN ODER NICHT?
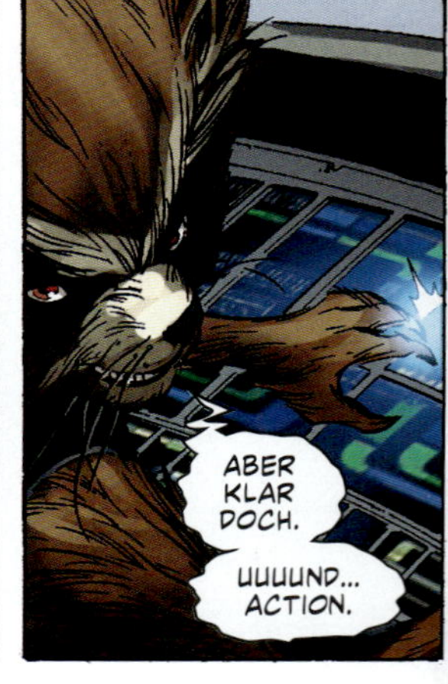
ABER
KLAR
DOCH.
UUUUND...
ACTION.

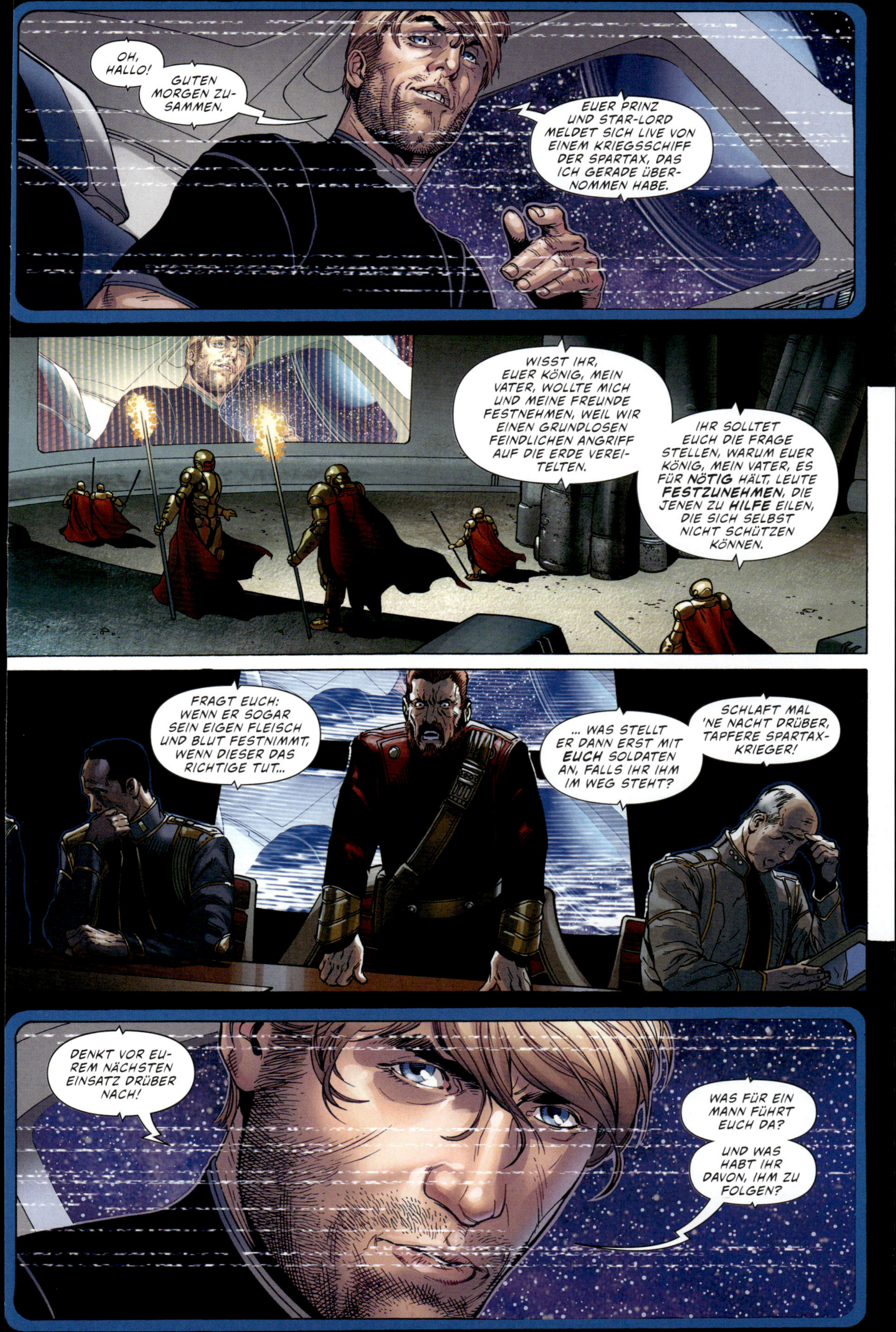

OH, HALLO!
GUTEN MORGEN ZUSAMMEN.
EUER PRINZ UND STAR-LORD MELDET SICH LIVE VON EINEM KRIEGSSCHIFF DER SPARTAX, DAS ICH GERADE ÜBERNOMMEN HABE.

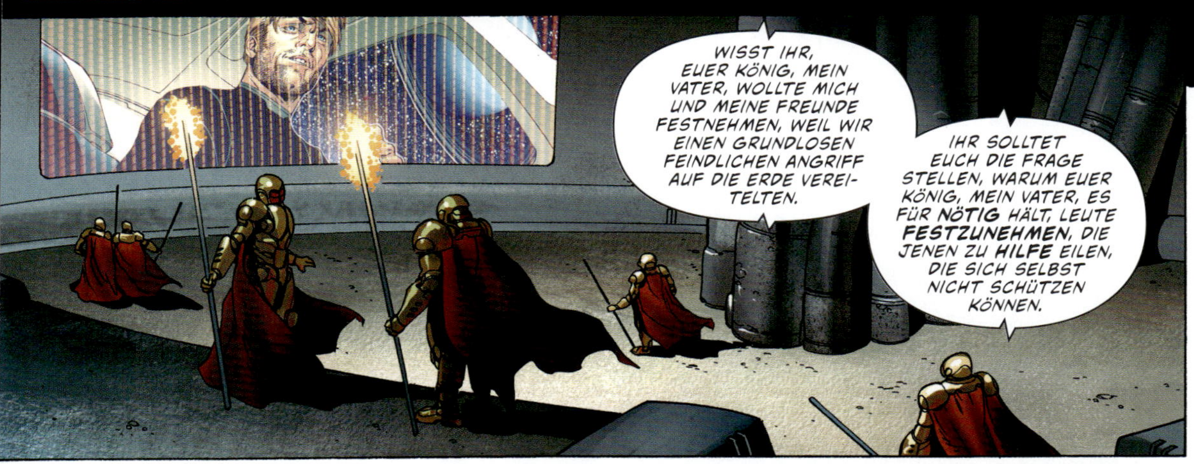

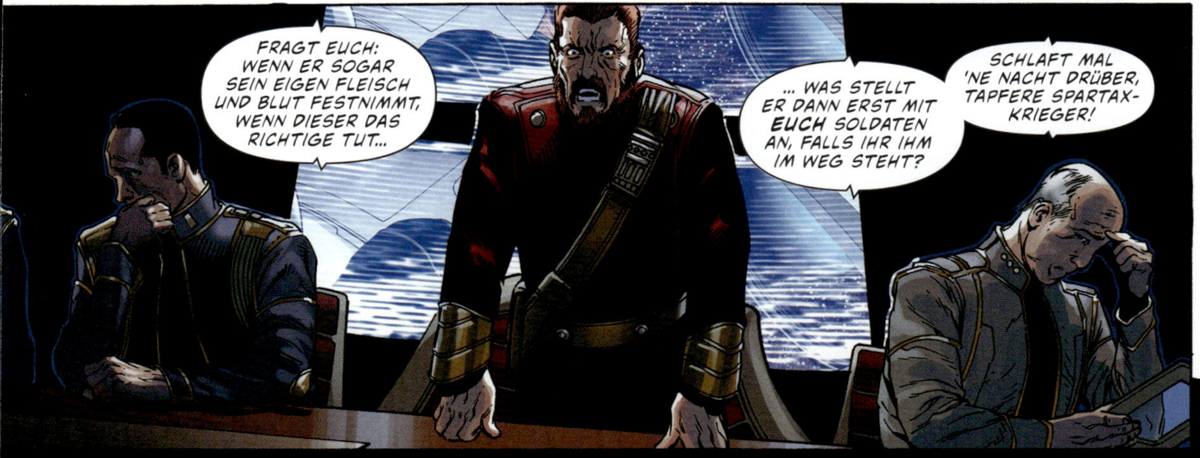

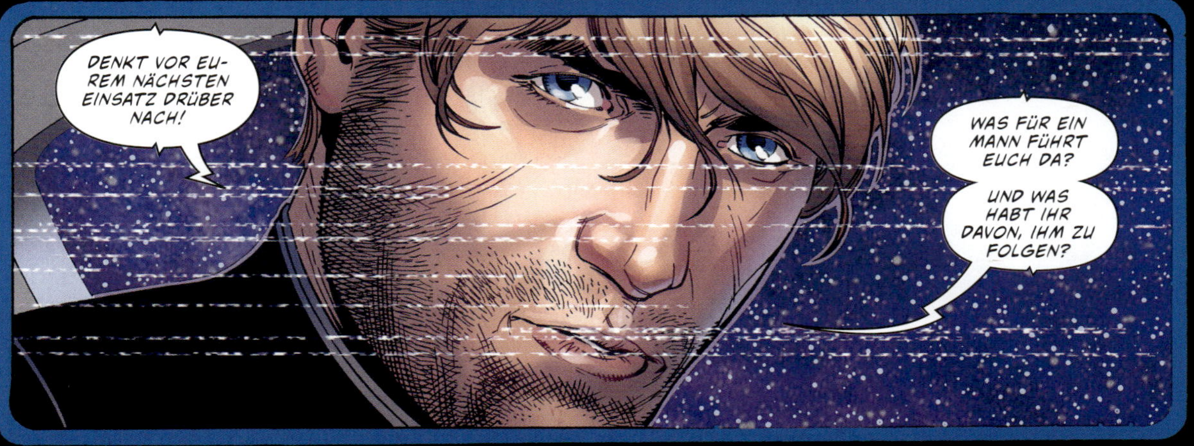

SPACE-AVENGERS, TEIL 5

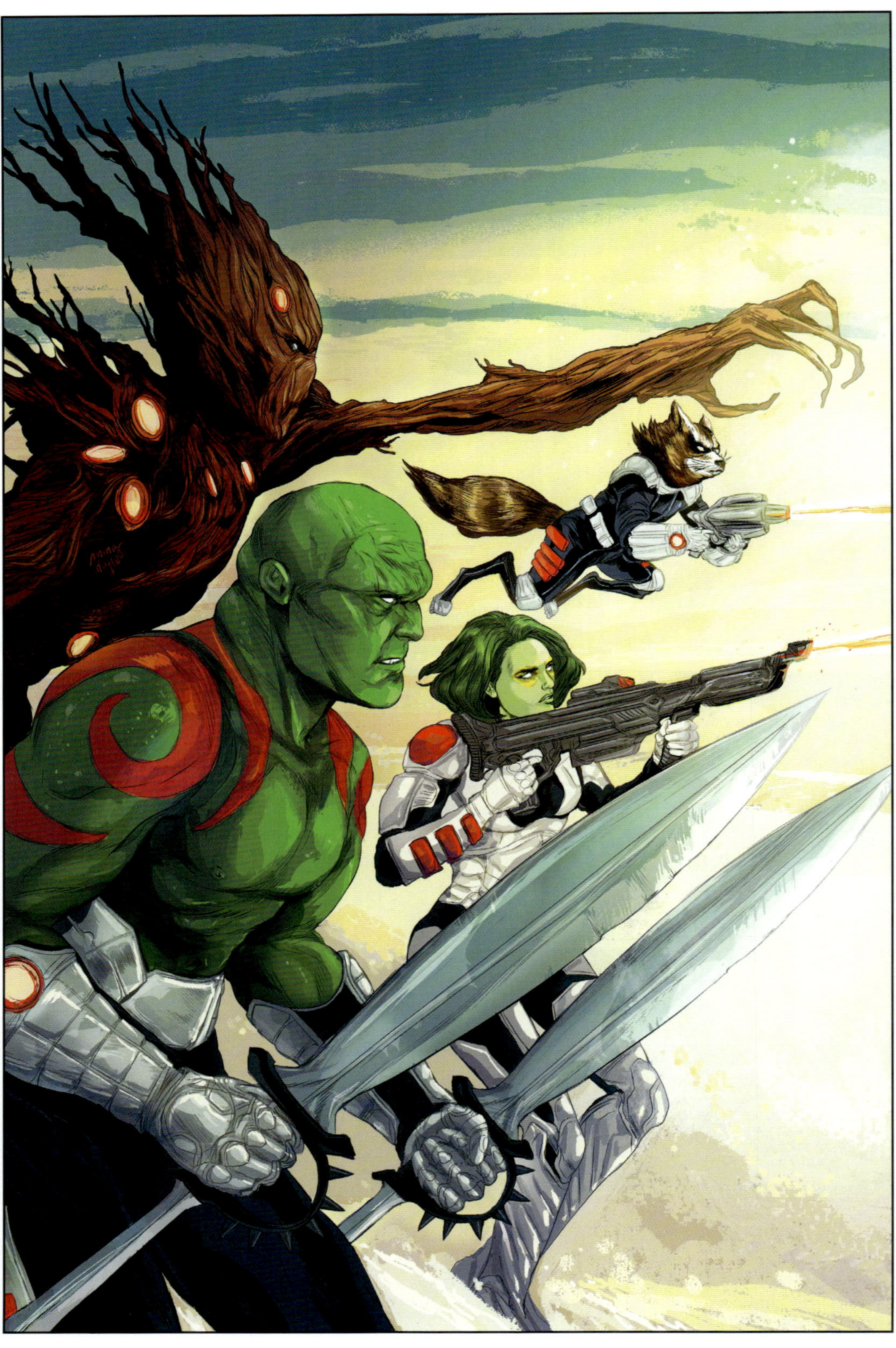

Guardians of the Galaxy: Tomorrow's Avengers (2013) 1
Cover von **MING DOYLE**

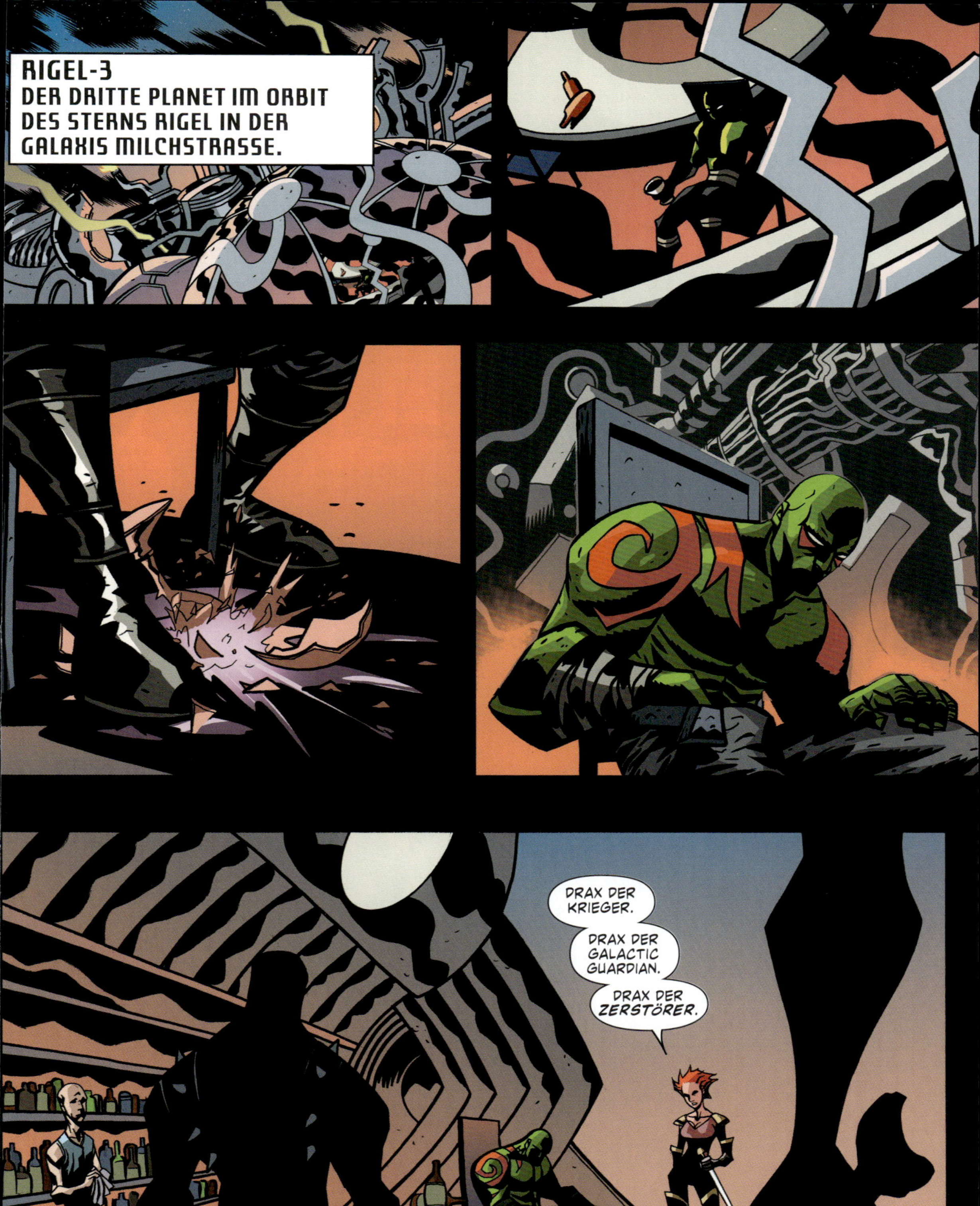
RIGEL-3
DER DRITTE PLANET IM ORBIT DES STERNS RIGEL IN DER GALAXIS MILCHSTRASSE.
DRAX DER KRIEGER.
DRAX DER GALACTIC GUARDIAN.
DRAX DER *ZERSTÖRER*.

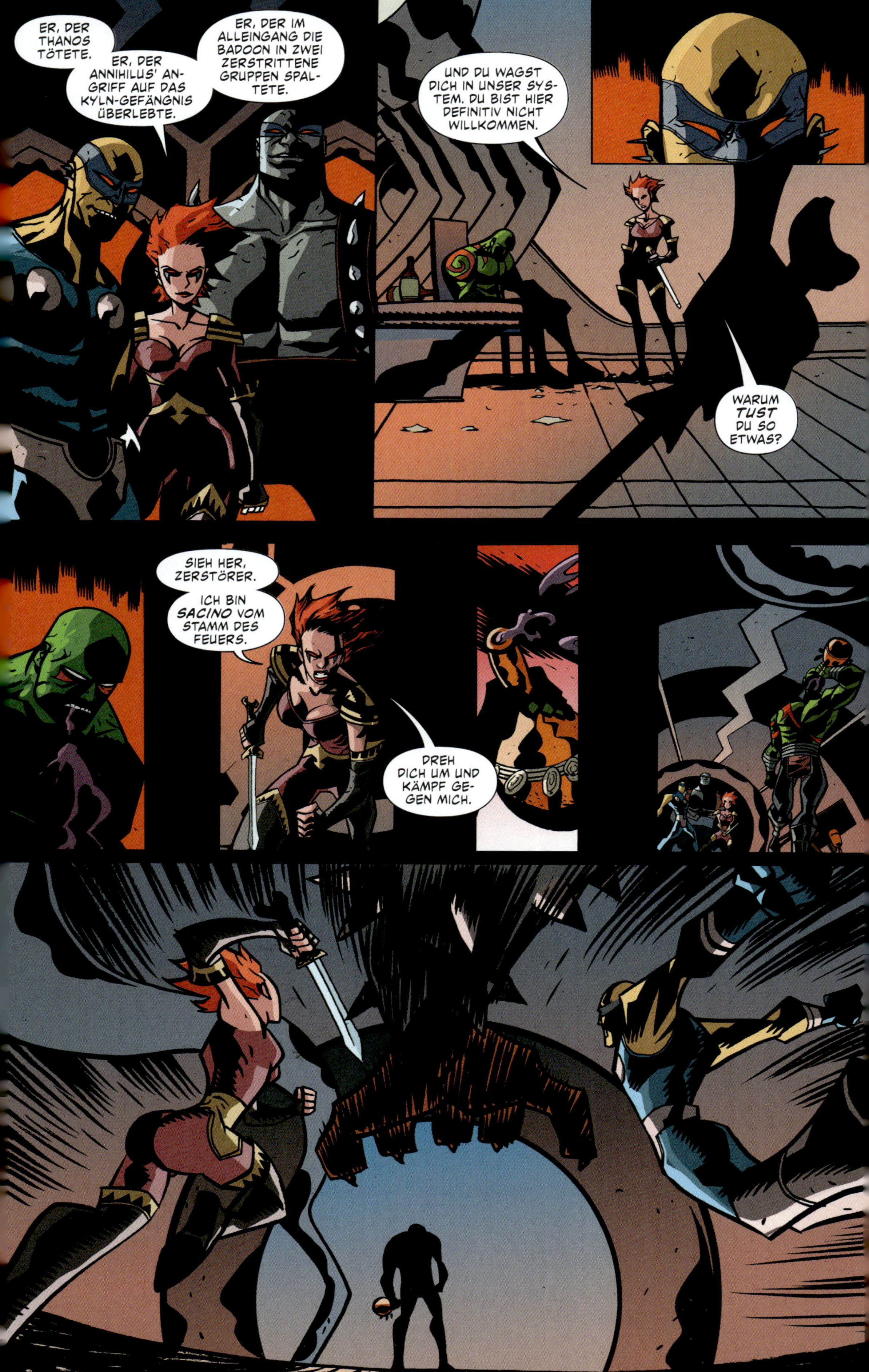
ER, DER THANOS TÖTETE.
ER, DER ANNIHILUS' ANGRIFF AUF DAS KYLN-GEFÄNGNIS ÜBERLEBTE.
ER, DER IM ALLEINGANG DIE BADOON IN ZWEI ZERSTRITTENE GRUPPEN SPALTETE.
UND DU WAGST DICH IN UNSER SYSTEM. DU BIST HIER DEFINITIV NICHT WILLKOMMEN.
WARUM *TUST* DU SO ETWAS?
SIEH HER, ZERSTÖRER.
ICH BIN *SACINO* VOM STAMM DES FEUERS.
DREH DICH UM UND KÄMPF GEGEN MICH.

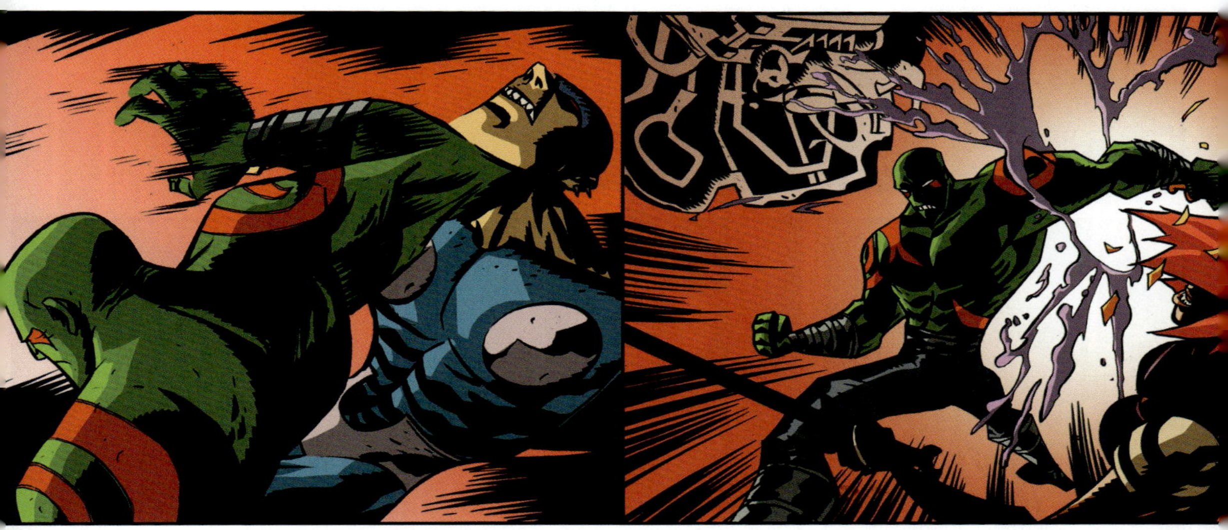

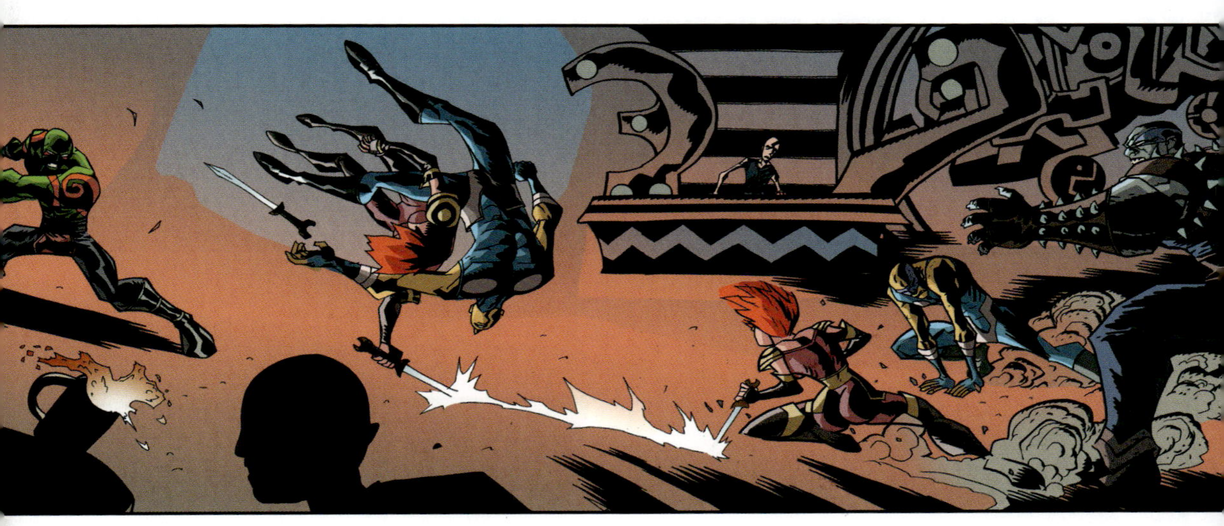

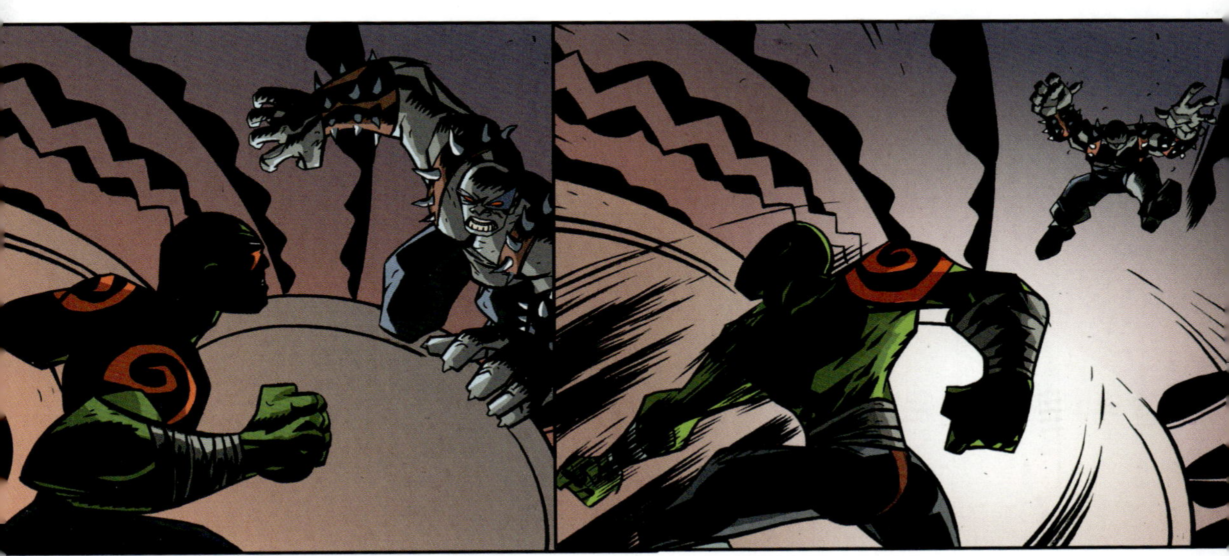

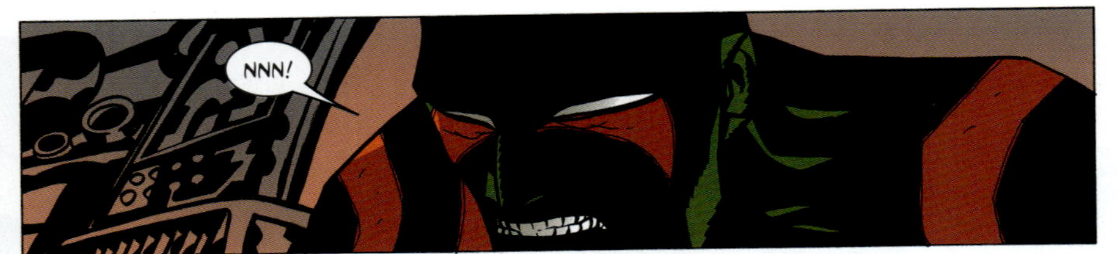
NNN!
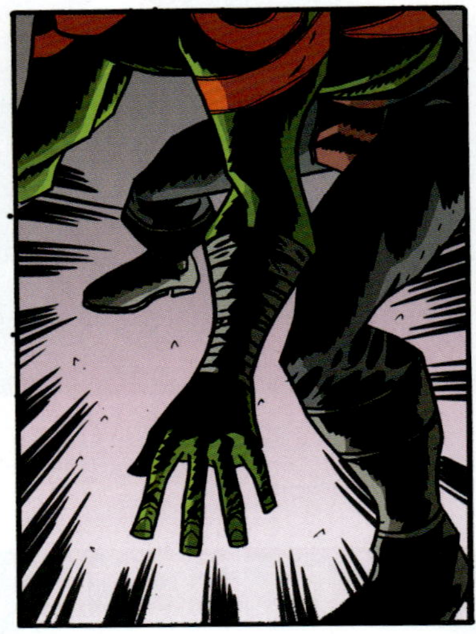
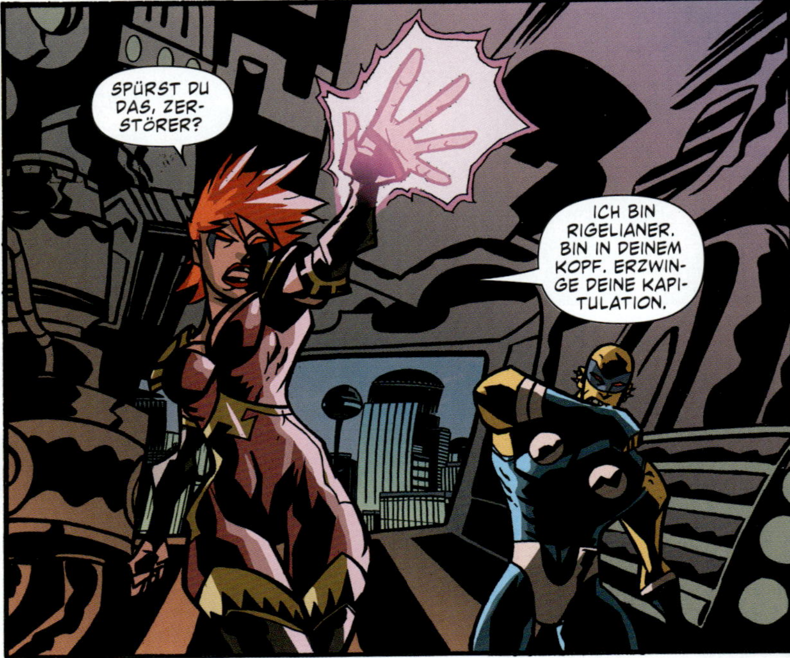
SPÜRST DU DAS, ZER-STÖRER?
ICH BIN RIGELIANER. BIN IN DEINEM KOPF. ERZWINGE DEINE KAPITULATION.
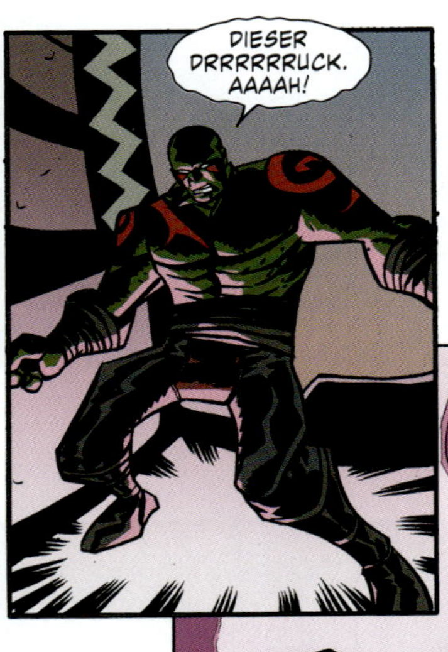
DIESER DRRRRRRUCK. AAAAH!
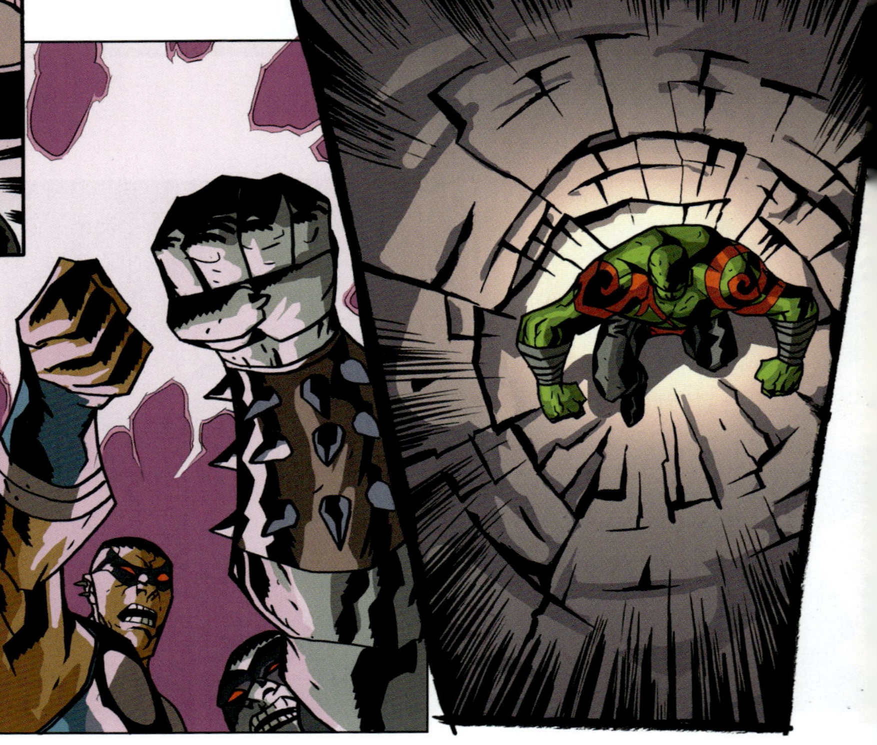

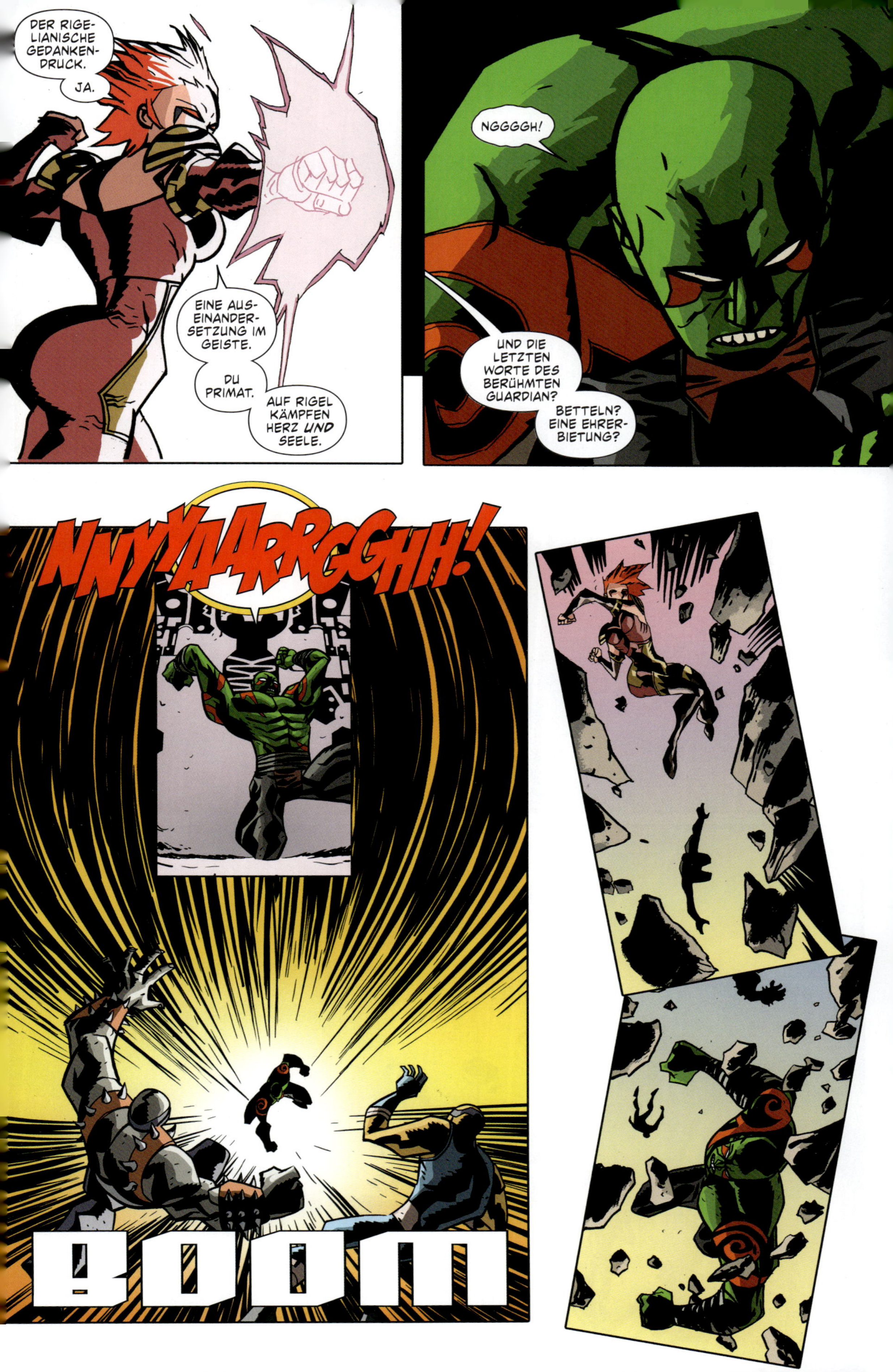

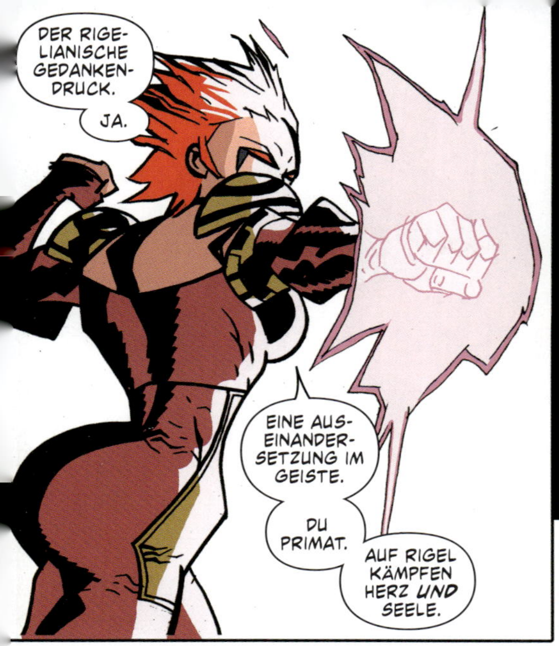

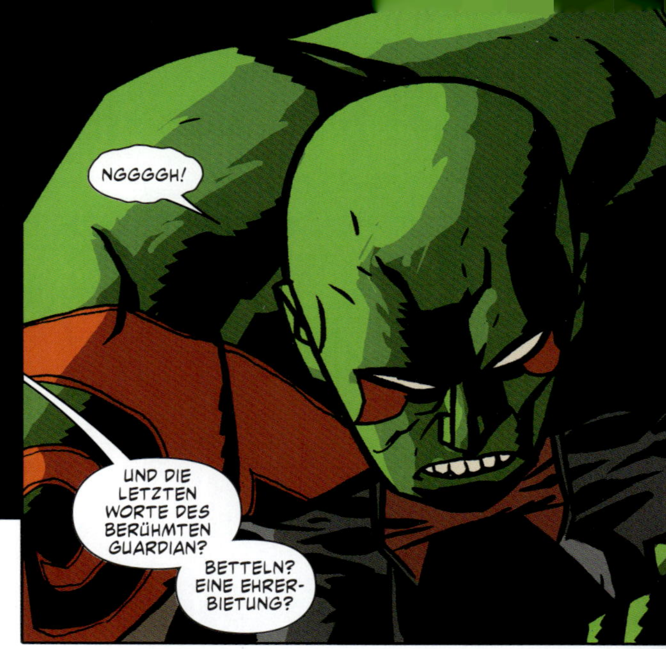

NNYYAARRGGHH!

BOOM

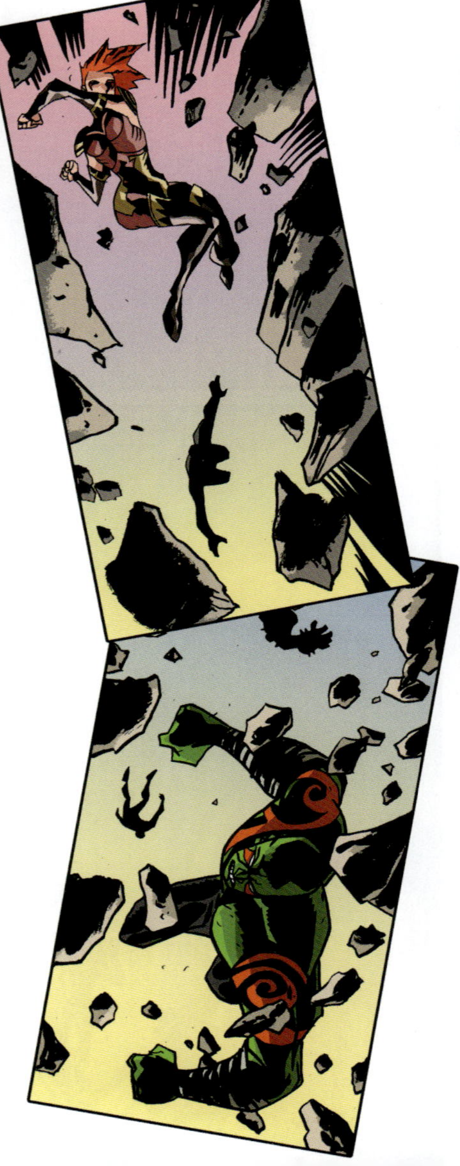

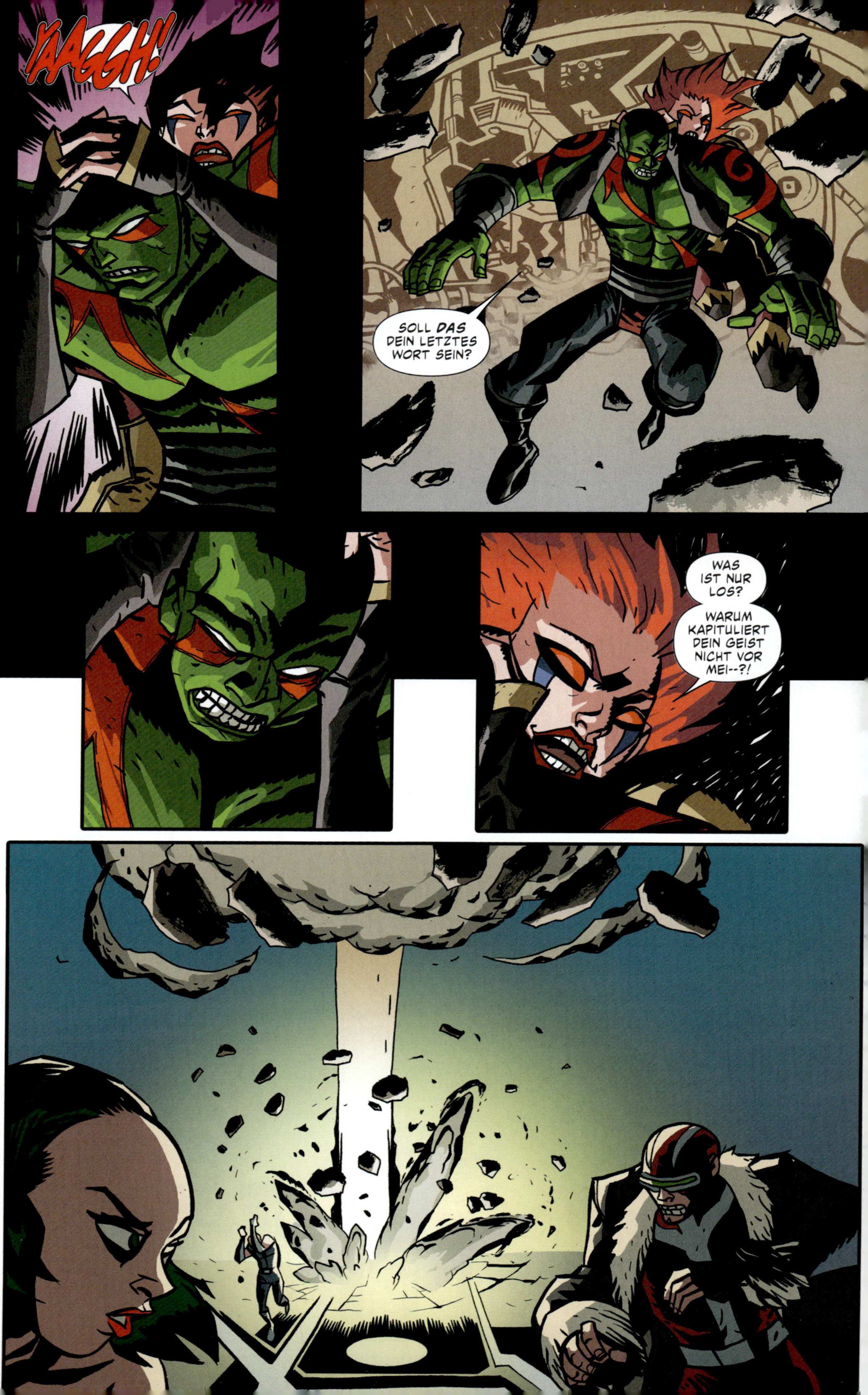

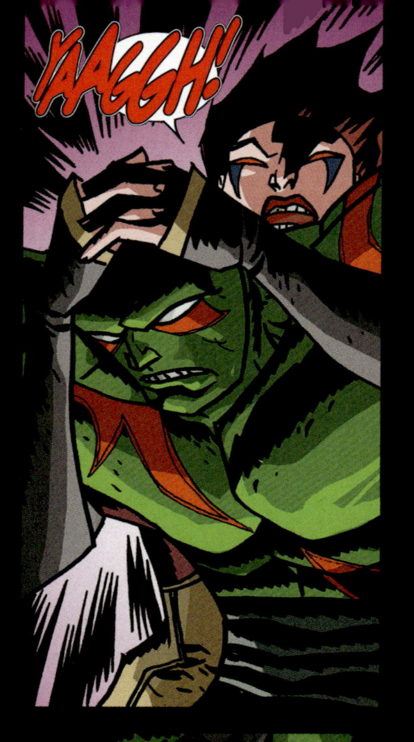
YAAGGH!

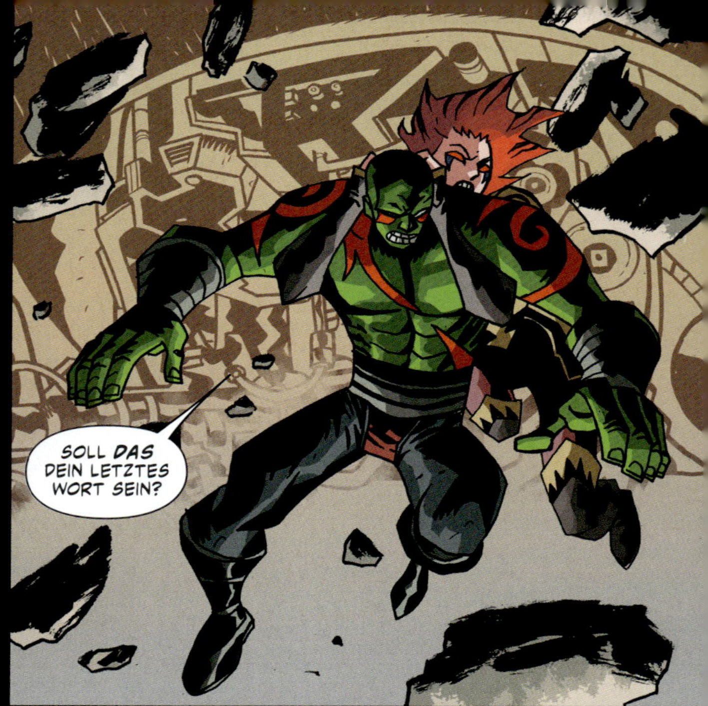
SOLL DAS DEIN LETZTES WORT SEIN?

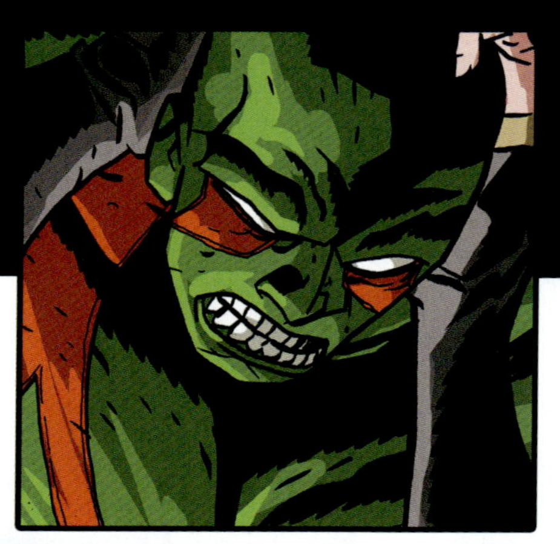

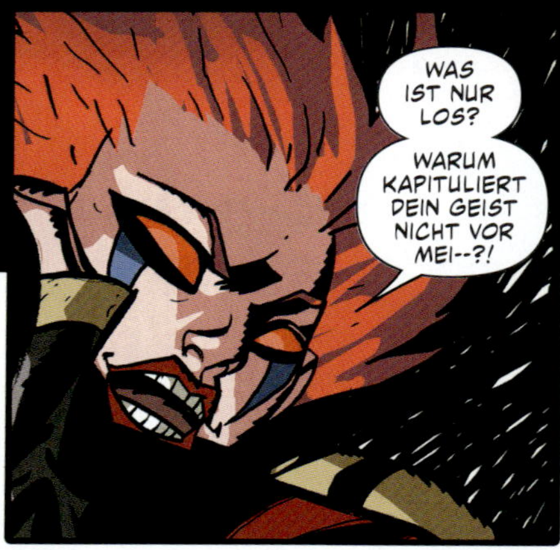
WAS IST NUR LOS?
WARUM KAPITULIERT DEIN GEIST NICHT VOR MEI--?!

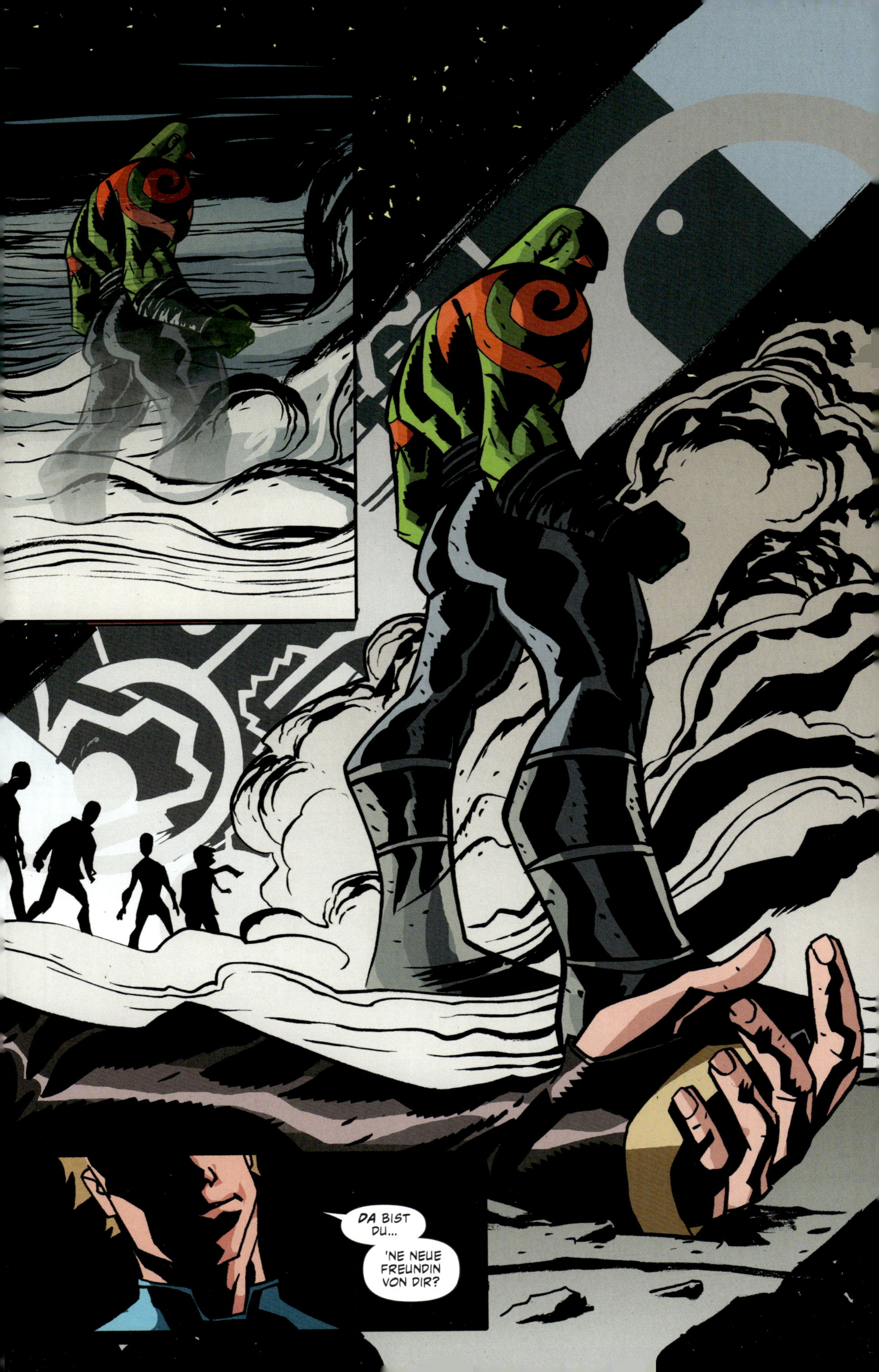
DA BIST DU...
'NE NEUE FREUNDIN VON DIR?

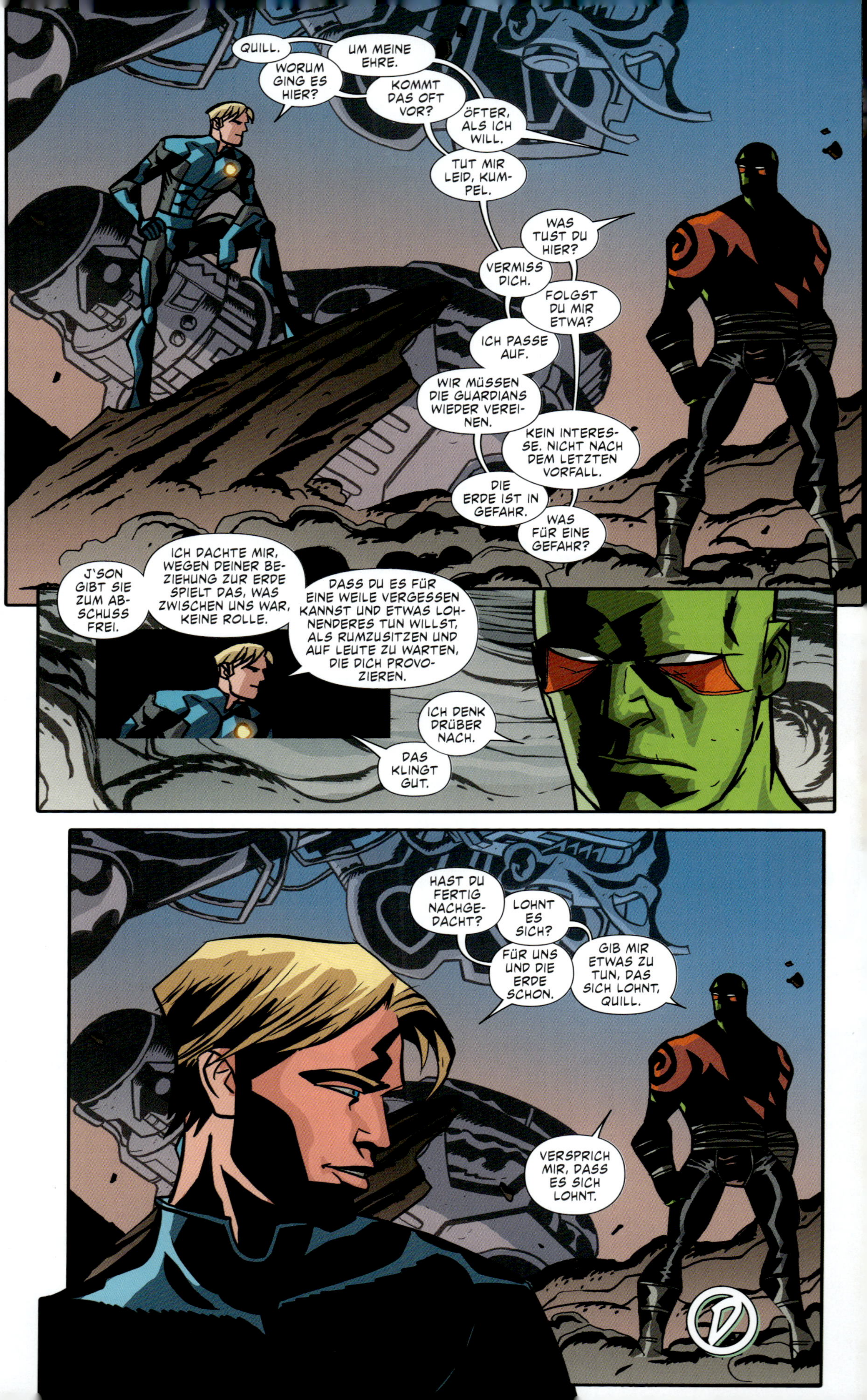

QUILL.
UM MEINE EHRE.
WORUM GING ES HIER?
KOMMT DAS OFT VOR?
ÖFTER, ALS ICH WILL.
TUT MIR LEID, KUMPEL.
WAS TUST DU HIER?
VERMISS DICH.
FOLGST DU MIR ETWA?
ICH PASSE AUF.
WIR MÜSSEN DIE GUARDIANS WIEDER VEREINEN.
KEIN INTERESSE. NICHT NACH DEM LETZTEN VORFALL.
DIE ERDE IST IN GEFAHR.
WAS FÜR EINE GEFAHR?
J‘SON GIBT SIE ZUM ABSCHUSS FREI.
ICH DACHTE MIR, WEGEN DEINER BEZIEHUNG ZUR ERDE SPIELT DAS, WAS ZWISCHEN UNS WAR, KEINE ROLLE.
DASS DU ES FÜR EINE WEILE VERGESSEN KANNST UND ETWAS LOHNENDERES TUN WILLST, ALS RUMZUSITZEN UND AUF LEUTE ZU WARTEN, DIE DICH PROVOZIEREN.
ICH DENK DRÜBER NACH.
DAS KLINGT GUT.
HAST DU FERTIG NACHGEDACHT?
LOHNT ES SICH?
FÜR UNS UND DIE ERDE SCHON.
GIB MIR ETWAS ZU TUN, DAS SICH LOHNT, QUILL.
VERSPRICH MIR, DASS ES SICH LOHNT.

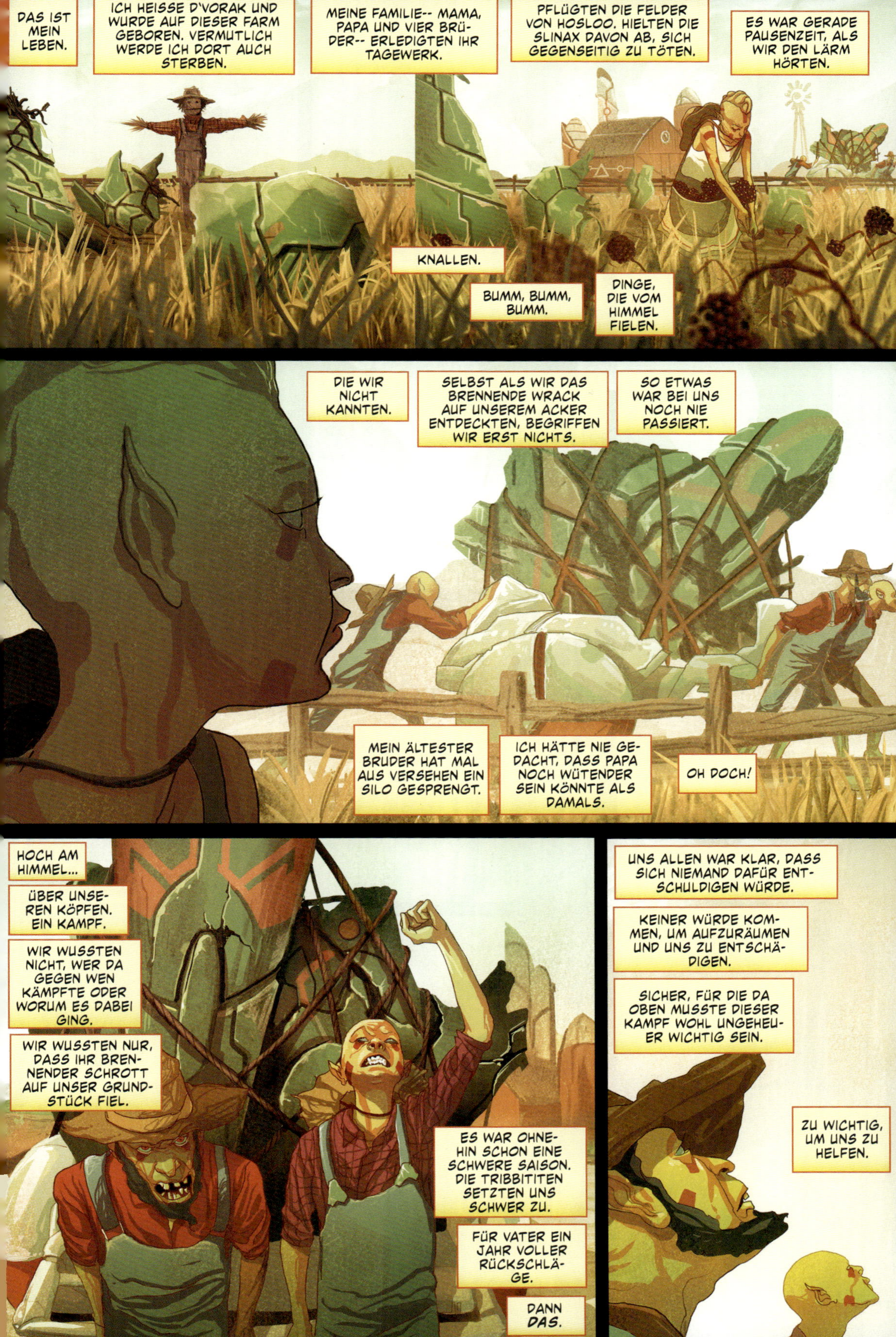
DAS IST MEIN LEBEN.
ICH HEISSE D'VORAK UND WURDE AUF DIESER FARM GEBOREN. VERMUTLICH WERDE ICH DORT AUCH STERBEN.
MEINE FAMILIE-- MAMA, PAPA UND VIER BRÜDER-- ERLEDIGTEN IHR TAGEWERK.
PFLÜGTEN DIE FELDER VON HOSLOO. HIELTEN DIE SLINAX DAVON AB, SICH GEGENSEITIG ZU TÖTEN.
ES WAR GERADE PAUSENZEIT, ALS WIR DEN LÄRM HÖRTEN.
KNALLEN.
BUMM, BUMM, BUMM.
DINGE, DIE VOM HIMMEL FIELEN.
DIE WIR NICHT KANNTEN.
SELBST ALS WIR DAS BRENNENDE WRACK AUF UNSEREM ACKER ENTDECKTEN, BEGRIFFEN WIR ERST NICHTS.
SO ETWAS WAR BEI UNS NOCH NIE PASSIERT.
MEIN ÄLTESTER BRUDER HAT MAL AUS VERSEHEN EIN SILO GESPRENGT.
ICH HÄTTE NIE GEDACHT, DASS PAPA NOCH WÜTENDER SEIN KÖNNTE ALS DAMALS.
OH DOCH!
HOCH AM HIMMEL...
ÜBER UNSEREN KÖPFEN. EIN KAMPF.
WIR WUSSTEN NICHT, WER DA GEGEN WEN KÄMPFTE ODER WORUM ES DABEI GING.
WIR WUSSTEN NUR, DASS IHR BRENNENDER SCHROTT AUF UNSER GRUNDSTÜCK FIEL.
ES WAR OHNEHIN SCHON EINE SCHWERE SAISON. DIE TRIBBITITEN SETZTEN UNS SCHWER ZU.
FÜR VATER EIN JAHR VOLLER RÜCKSCHLÄGE.
DANN *DAS*.
UNS ALLEN WAR KLAR, DASS SICH NIEMAND DAFÜR ENTSCHULDIGEN WÜRDE.
KEINER WÜRDE KOMMEN, UM AUFZURÄUMEN UND UNS ZU ENTSCHÄDIGEN.
SICHER, FÜR DIE DA OBEN MUSSTE DIESER KAMPF WOHL UNGEHEUER WICHTIG SEIN.
ZU WICHTIG, UM UNS ZU HELFEN.

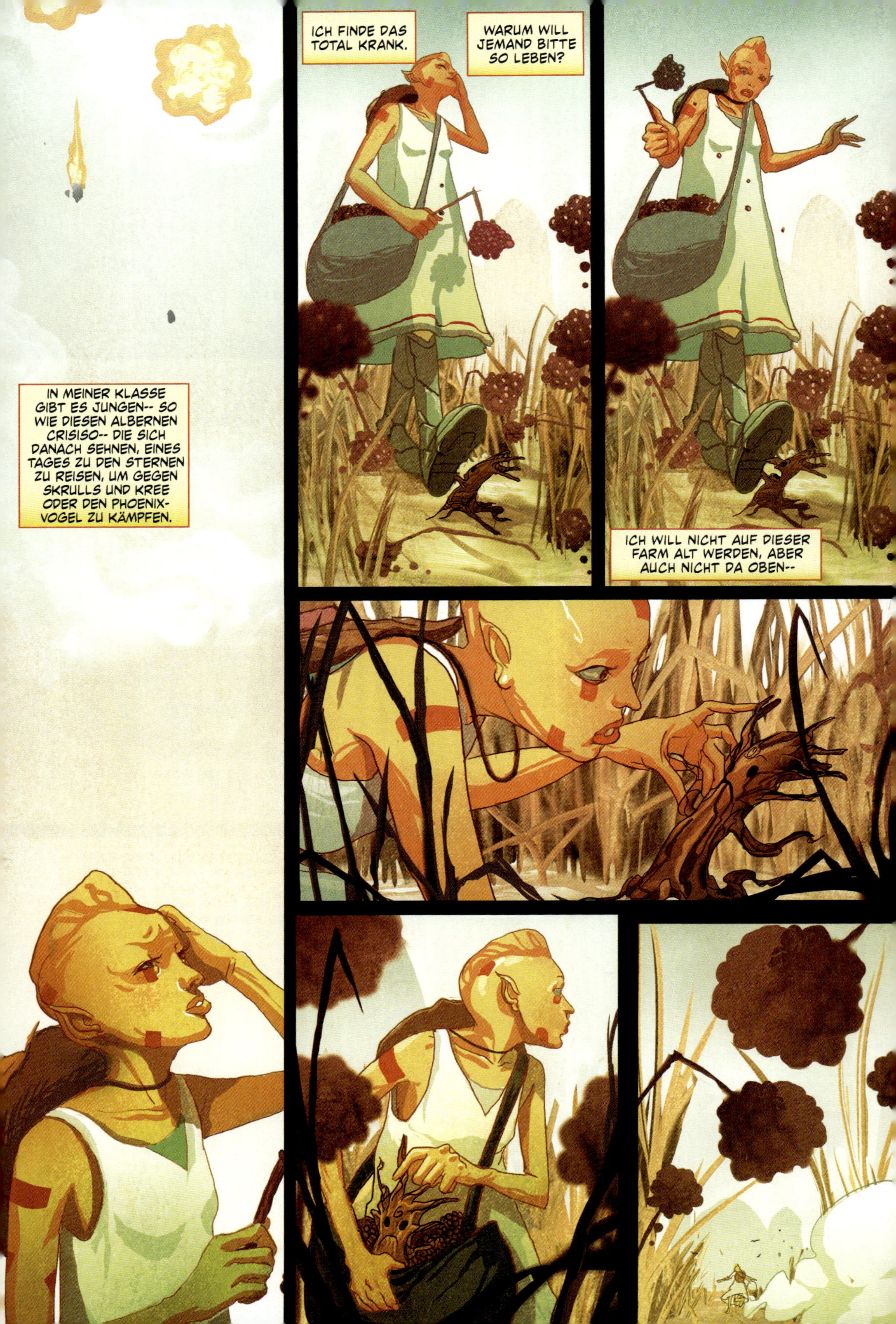
IN MEINER KLASSE GIBT ES JUNGEN-- SO WIE DIESEN ALBERNEN CRISISO-- DIE SICH DANACH SEHNEN, EINES TAGES ZU DEN STERNEN ZU REISEN, UM GEGEN SKRULLS UND KREE ODER DEN PHOENIX-VOGEL ZU KÄMPFEN.
ICH FINDE DAS TOTAL KRANK.
WARUM WILL JEMAND BITTE SO LEBEN?
ICH WILL NICHT AUF DIESER FARM ALT WERDEN, ABER AUCH NICHT DA OBEN--

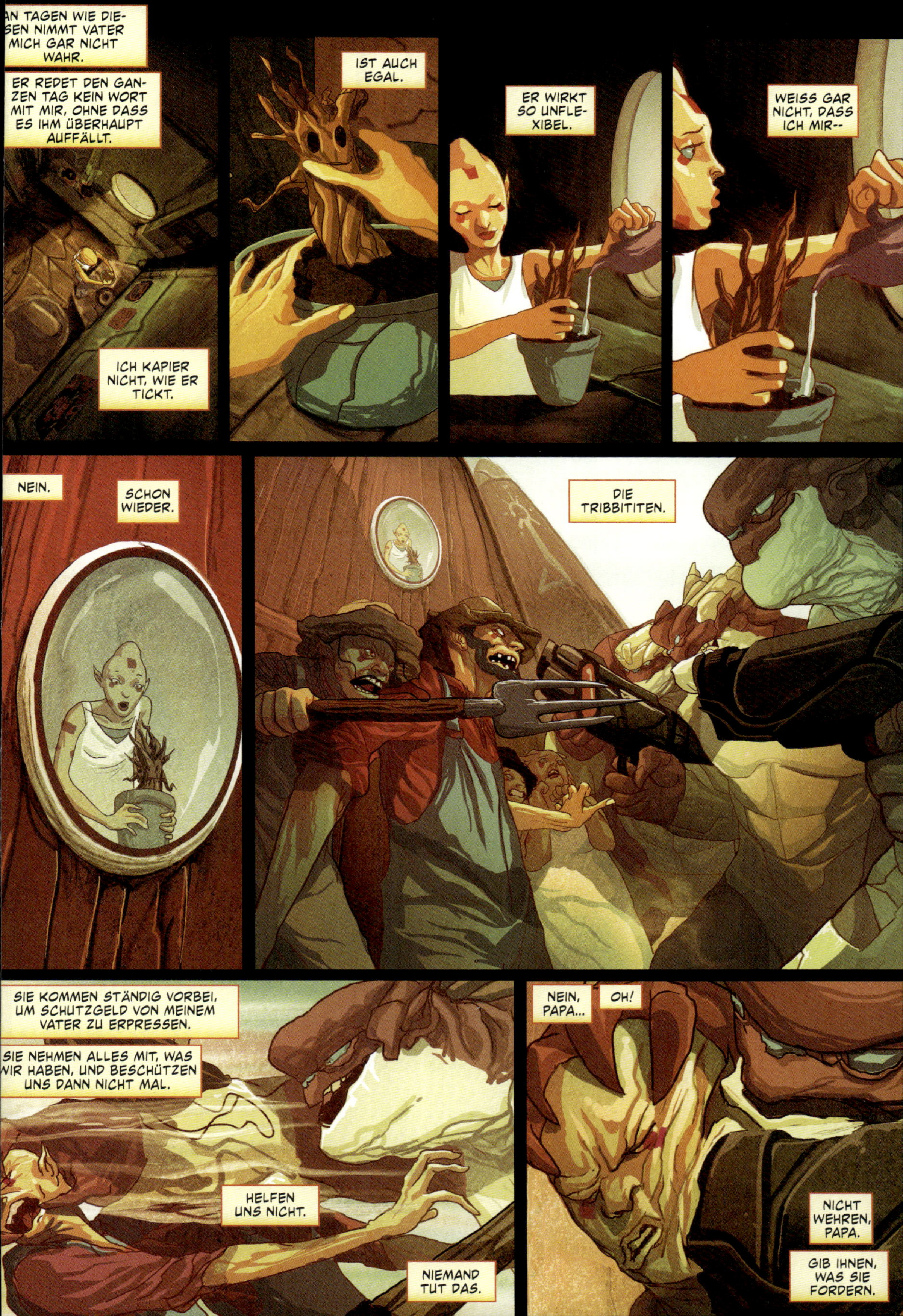

AN TAGEN WIE DIESEN NIMMT VATER MICH GAR NICHT WAHR.
ER REDET DEN GANZEN TAG KEIN WORT MIT MIR, OHNE DASS ES IHM ÜBERHAUPT AUFFÄLLT.
ICH KAPIER NICHT, WIE ER TICKT.
IST AUCH EGAL.
ER WIRKT SO UNFLEXIBEL.
WEISS GAR NICHT, DASS ICH MIR--
NEIN.
SCHON WIEDER.
DIE TRIBBITITEN.

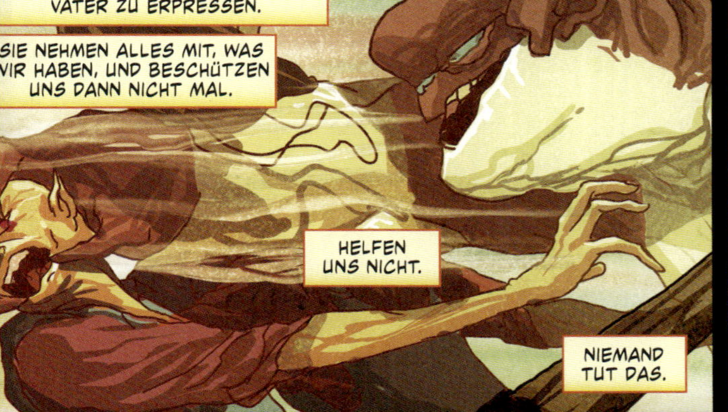

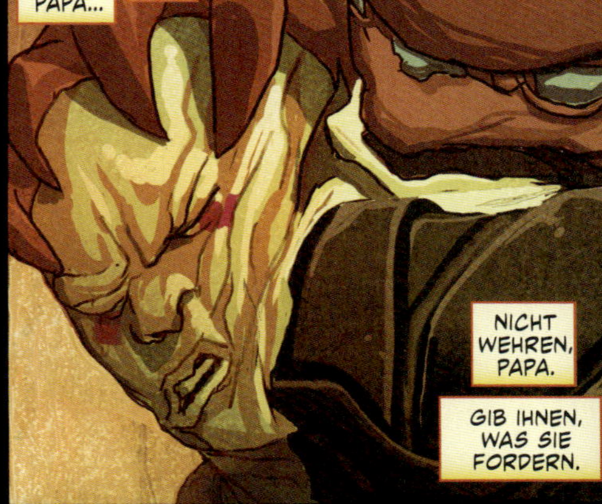

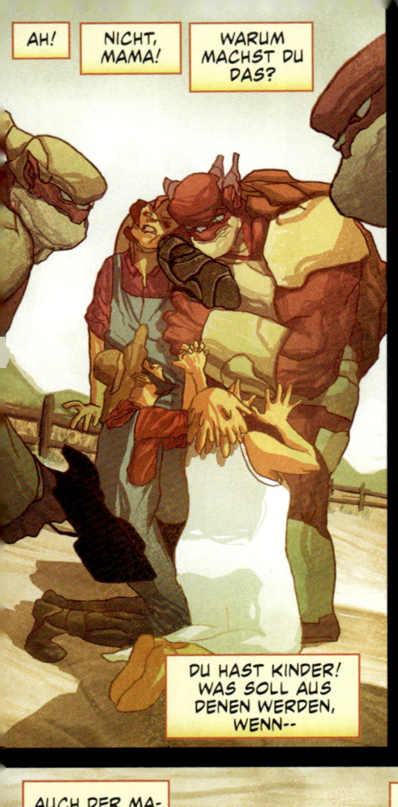
AH!
NICHT, MAMA!
WARUM MACHST DU DAS?
DU HAST KINDER! WAS SOLL AUS DENEN WERDEN, WENN--
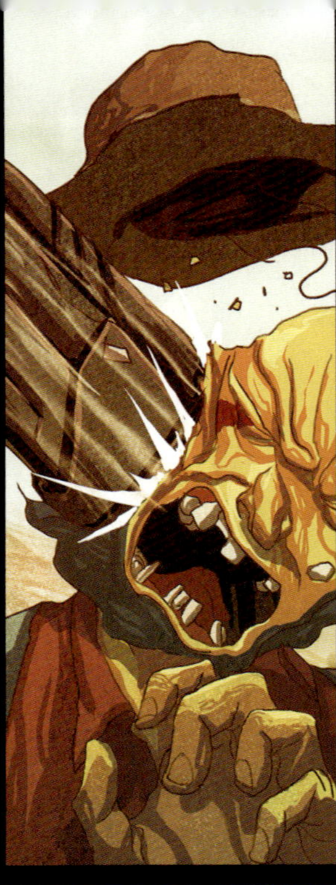
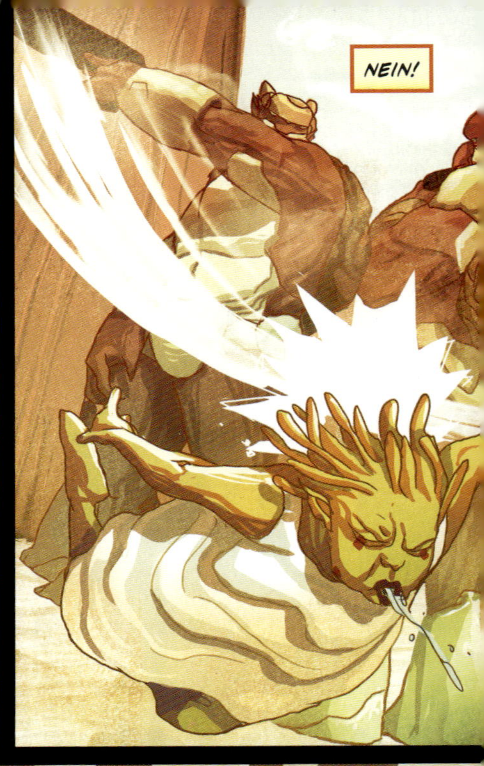
NEIN!
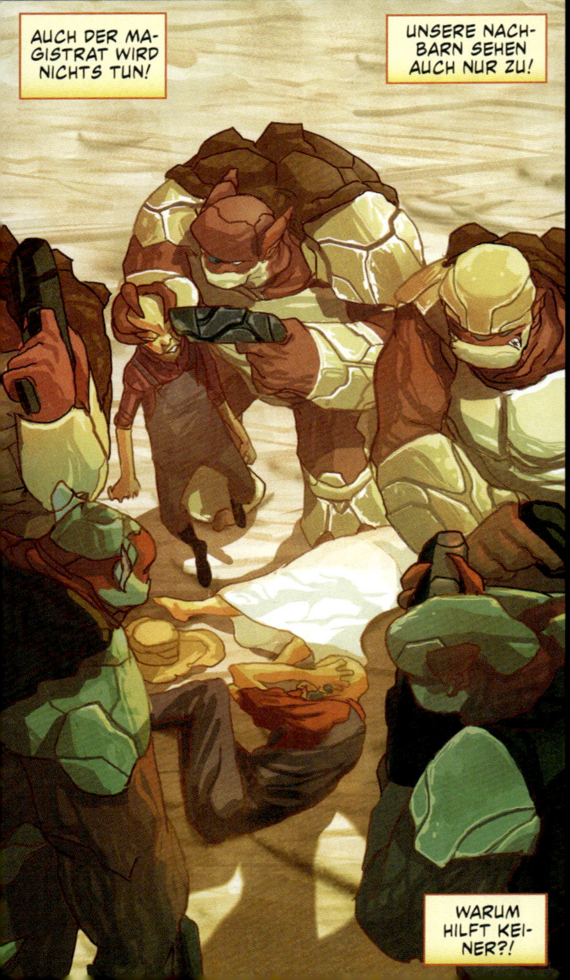
AUCH DER MAGISTRAT WIRD NICHTS TUN!
UNSERE NACHBARN SEHEN AUCH NUR ZU!
WARUM HILFT KEINER?!
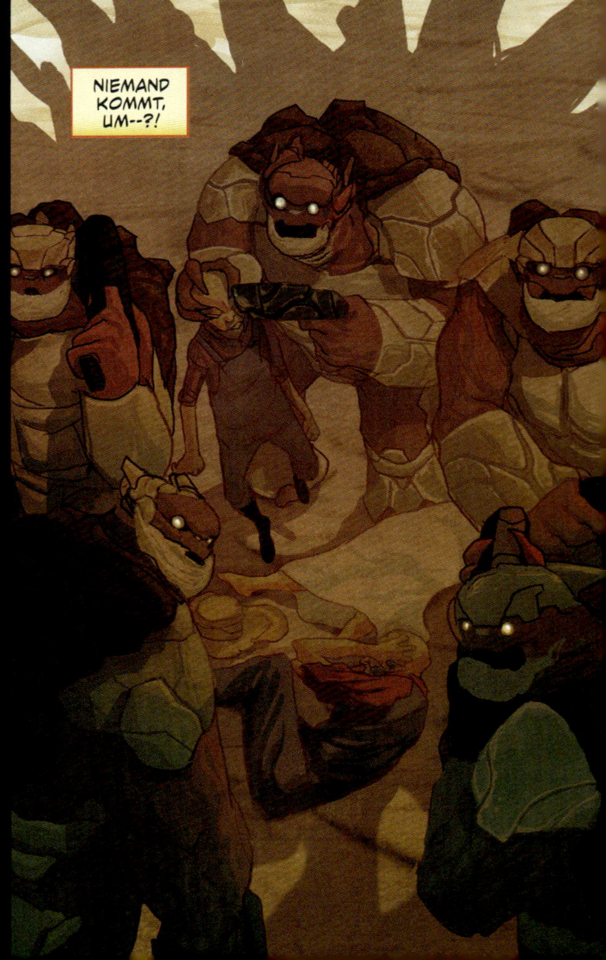
NIEMAND KOMMT, UM--?!

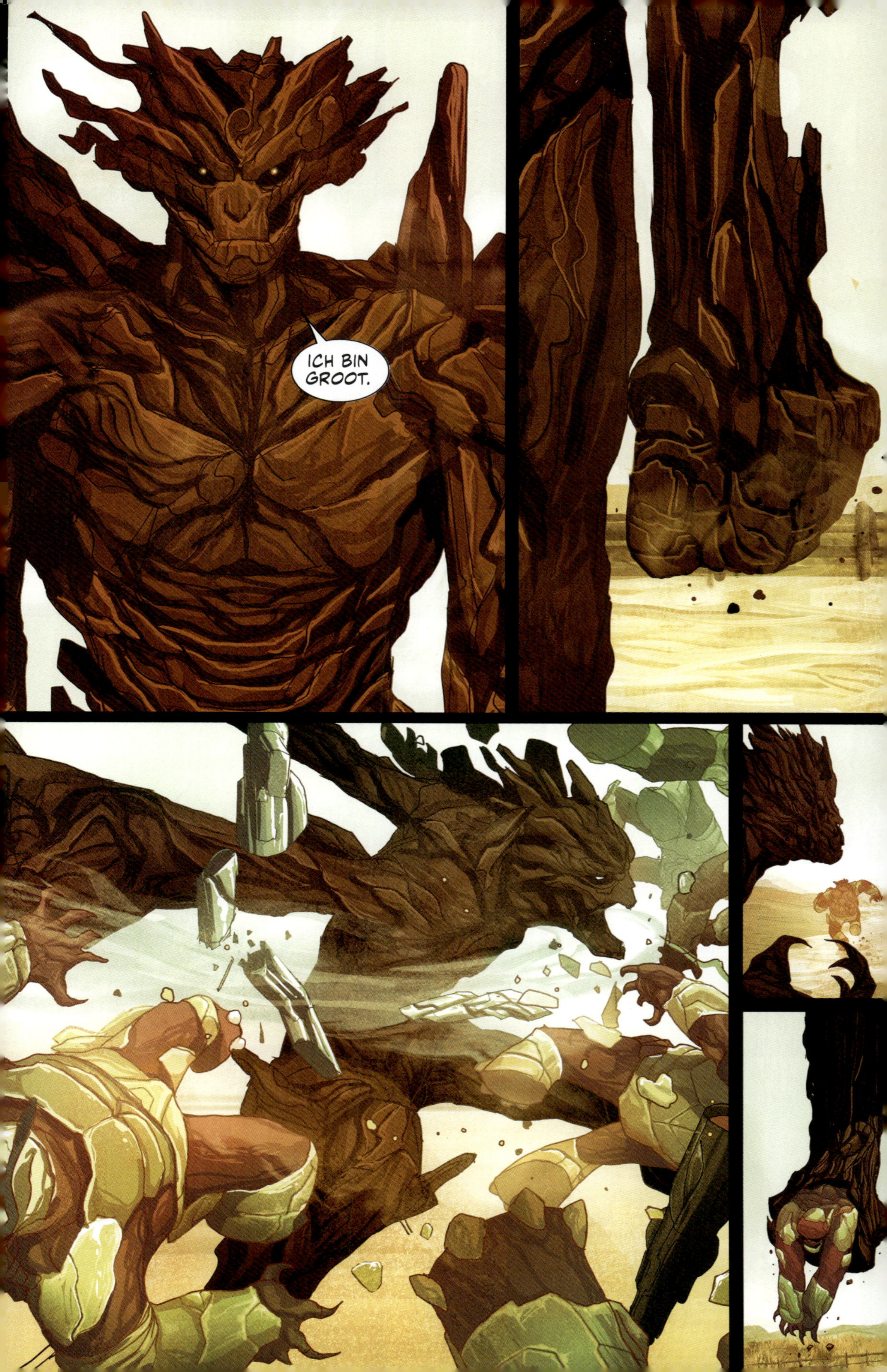
ICH BIN GROOT.

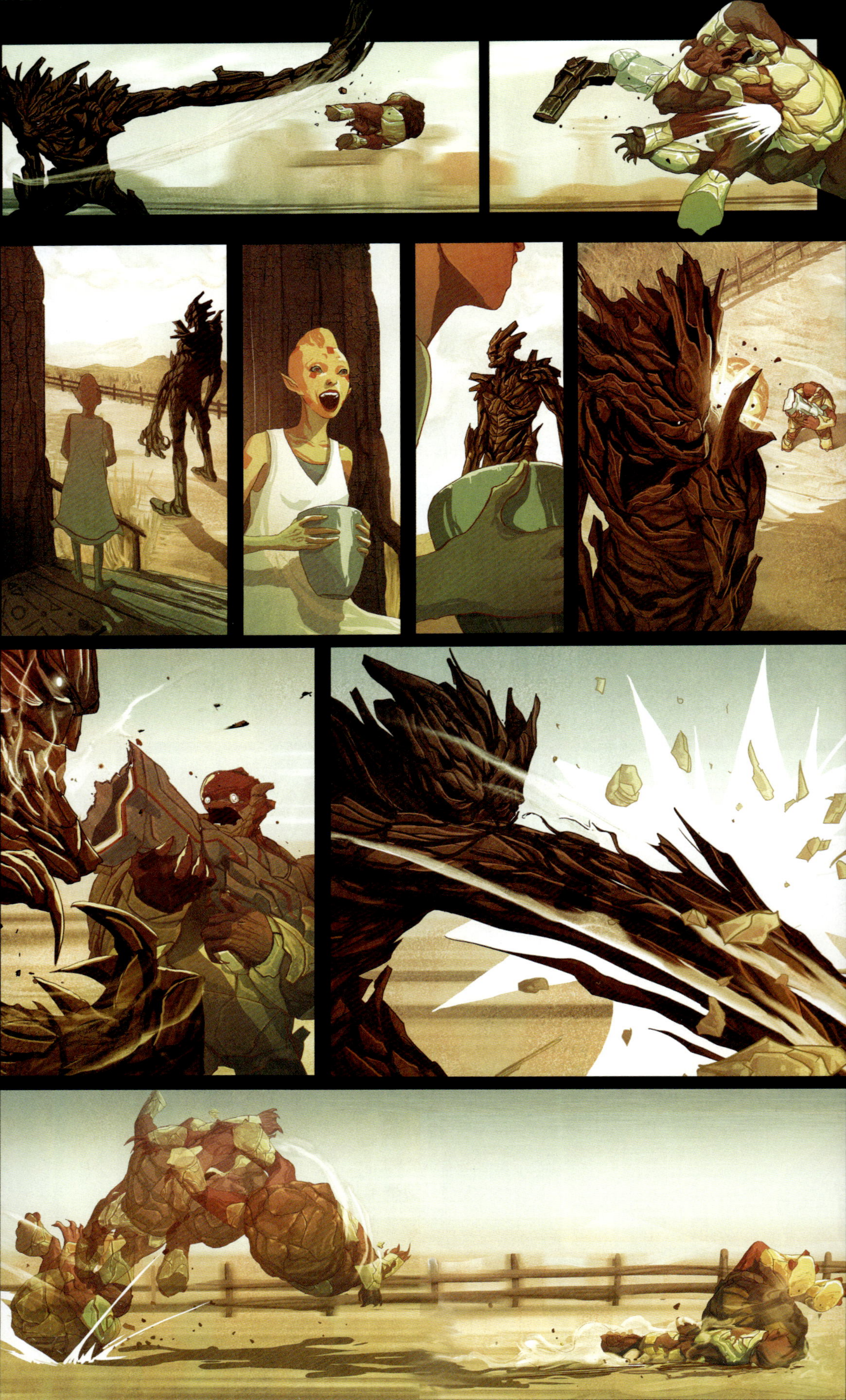

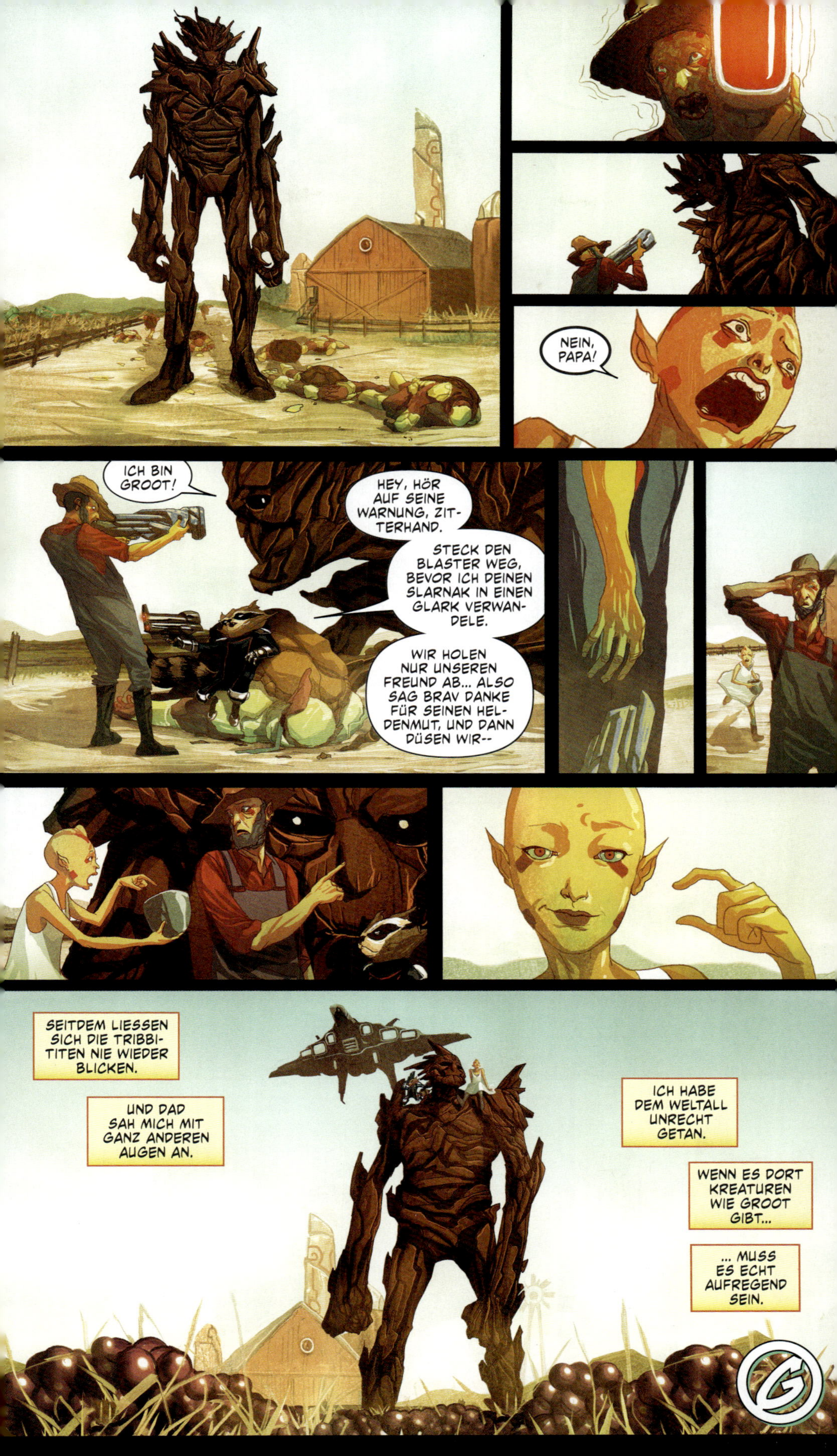
NEIN, PAPA!
ICH BIN GROOT!
HEY, HÖR AUF SEINE WARNUNG, ZITTERHAND.
STECK DEN BLASTER WEG, BEVOR ICH DEINEN SLARNAK IN EINEN GLARK VERWANDELE.
WIR HOLEN NUR UNSEREN FREUND AB... ALSO SAG BRAV DANKE FÜR SEINEN HELDENMUT, UND DANN DÜSEN WIR--
SEITDEM LIESSEN SICH DIE TRIBBITITEN NIE WIEDER BLICKEN.
UND DAD SAH MICH MIT GANZ ANDEREN AUGEN AN.
ICH HABE DEM WELTALL UNRECHT GETAN.
WENN ES DORT KREATUREN WIE GROOT GIBT...
... MUSS ES ECHT AUFREGEND SEIN.

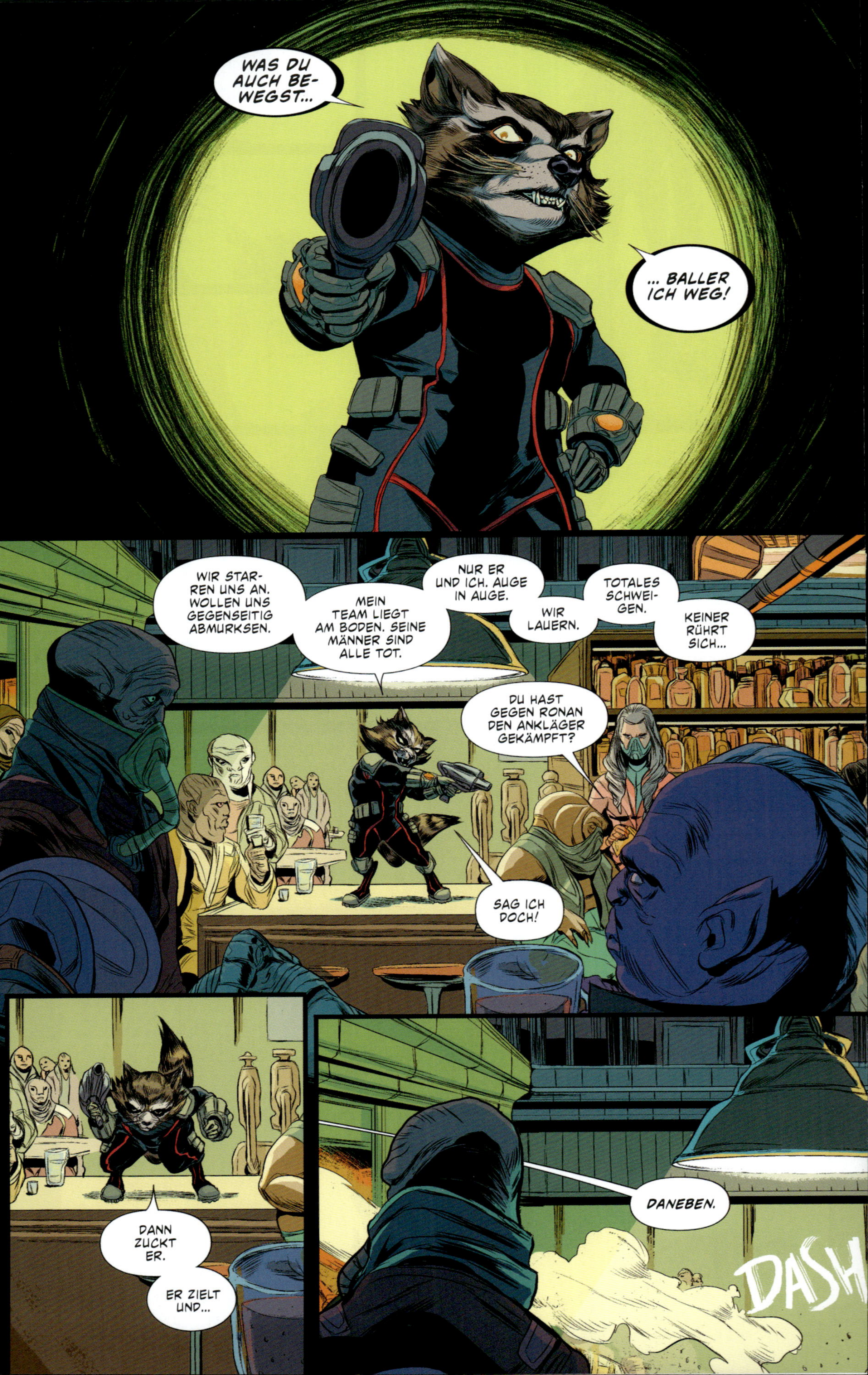
WAS DU AUCH BE-WEGST...
... BALLER ICH WEG!
WIR STAR-REN UNS AN. WOLLEN UNS GEGENSEITIG ABMURKSEN.
MEIN TEAM LIEGT AM BODEN. SEINE MÄNNER SIND ALLE TOT.
NUR ER UND ICH. AUGE IN AUGE.
WIR LAUERN.
TOTALES SCHWEI-GEN.
KEINER RÜHRT SICH...
DU HAST GEGEN RONAN DEN ANKLÄGER GEKÄMPFT?
SAG ICH DOCH!
DANN ZUCKT ER.
ER ZIELT UND...
DANEBEN.
DASH

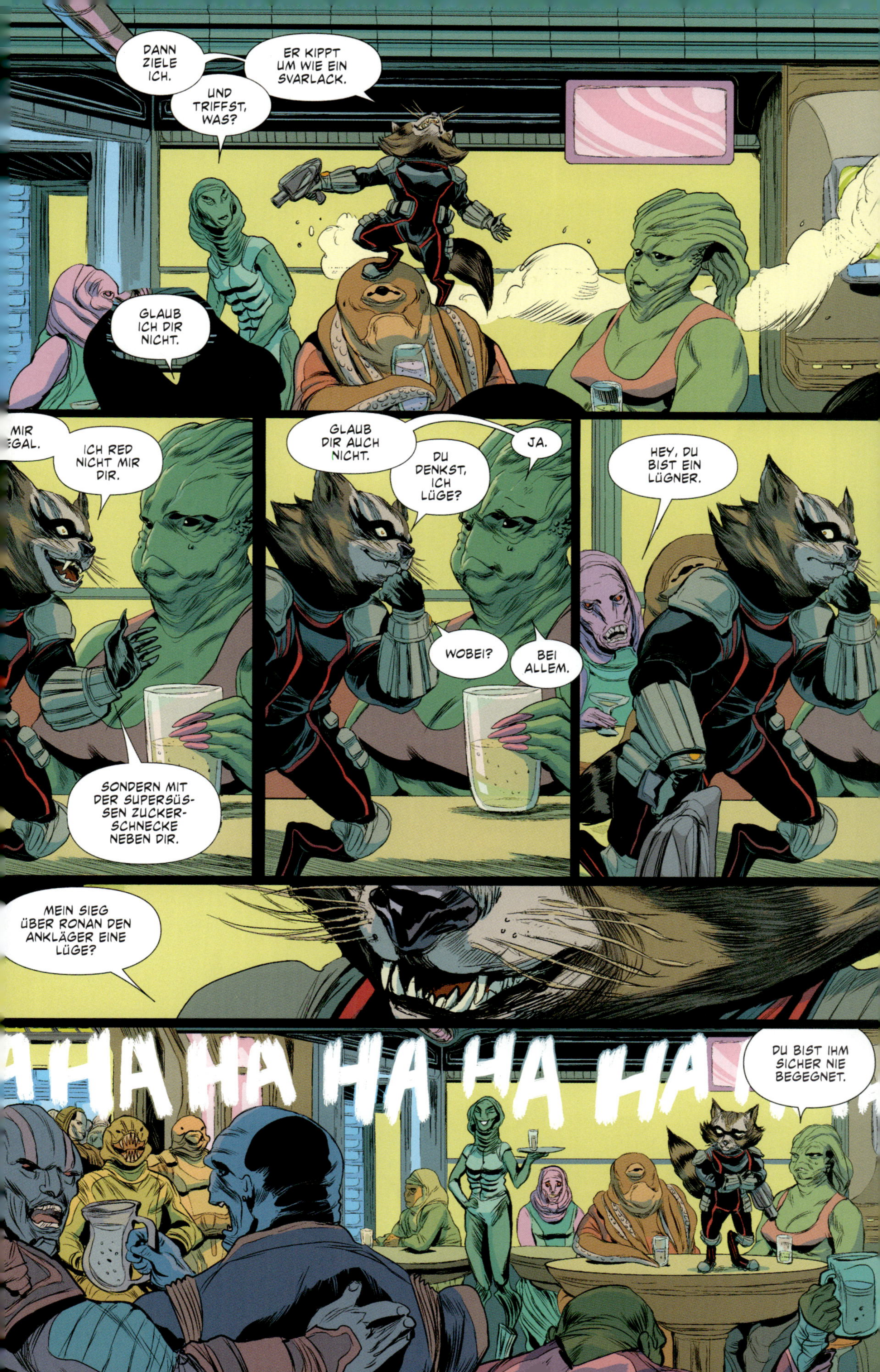
DANN ZIELE ICH.
ER KIPPT UM WIE EIN SVARLACK.
UND TRIFFST, WAS?
GLAUB ICH DIR NICHT.
MIR EGAL.
ICH RED NICHT MIR DIR.
SONDERN MIT DER SUPERSÜS-SEN ZUCKER-SCHNECKE NEBEN DIR.
GLAUB DIR AUCH NICHT.
JA.
DU DENKST, ICH LÜGE?
WOBEI?
BEI ALLEM.
HEY, DU BIST EIN LÜGNER.
MEIN SIEG ÜBER RONAN DEN ANKLÄGER EINE LÜGE?
HAHAHA HA HA HA
DU BIST IHM SICHER NIE BEGEGNET.

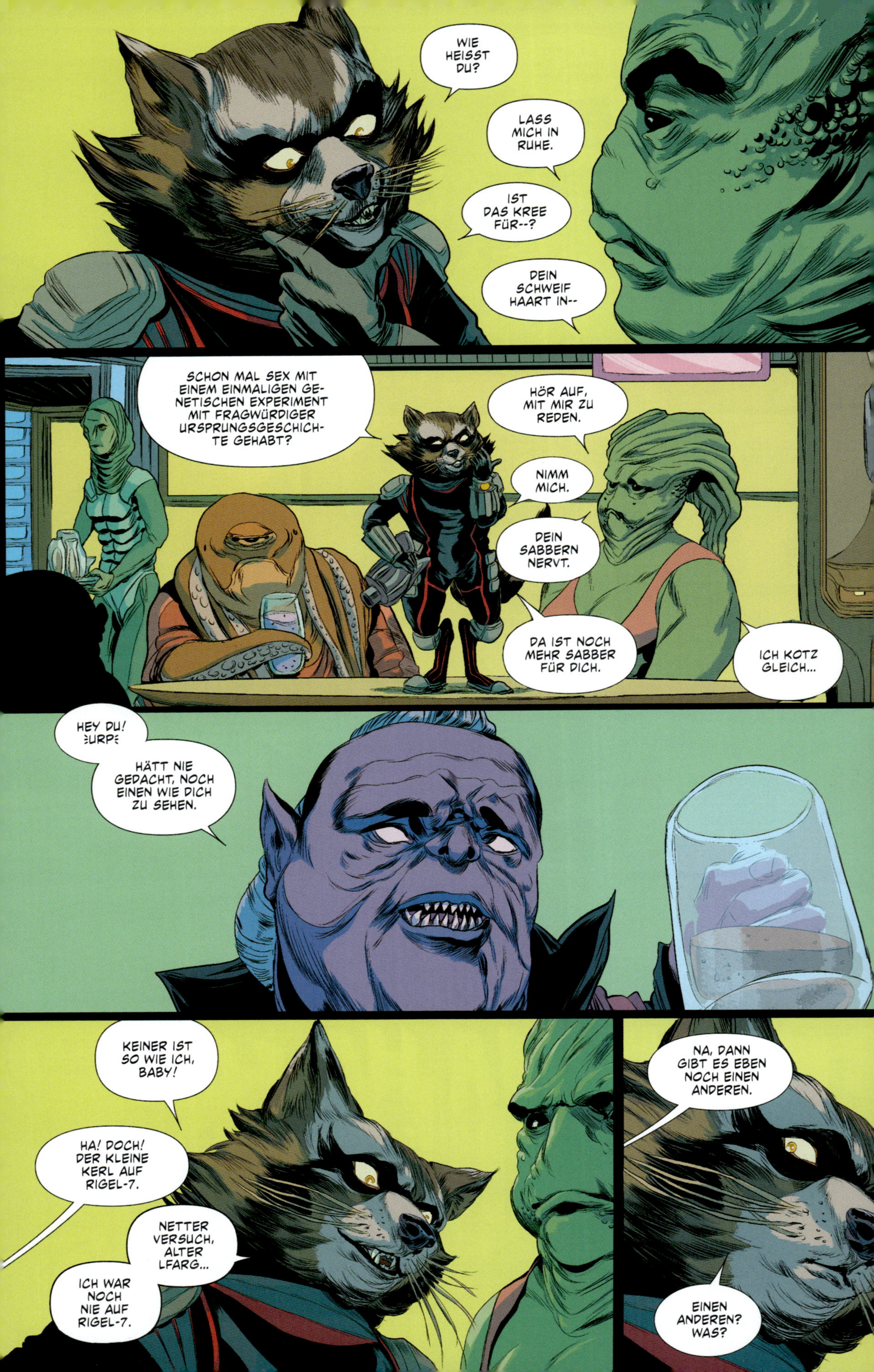
WIE HEISST DU?
LASS MICH IN RUHE.
IST DAS KREE FÜR--?
DEIN SCHWEIF HAART IN--
SCHON MAL SEX MIT EINEM EINMALIGEN GENETISCHEN EXPERIMENT MIT FRAGWÜRDIGER URSPRUNGSGESCHICHTE GEHABT?
HÖR AUF, MIT MIR ZU REDEN.
NIMM MICH.
DEIN SABBERN NERVT.
DA IST NOCH MEHR SABBER FÜR DICH.
ICH KOTZ GLEICH...
HEY DU! *URP*
HÄTT NIE GEDACHT, NOCH EINEN WIE DICH ZU SEHEN.
KEINER IST SO WIE ICH, BABY!
HA! DOCH! DER KLEINE KERL AUF RIGEL-7.
NETTER VERSUCH, ALTER LFARG...
ICH WAR NOCH NIE AUF RIGEL-7.
NA, DANN GIBT ES EBEN NOCH EINEN ANDEREN.
EINEN ANDEREN? WAS?

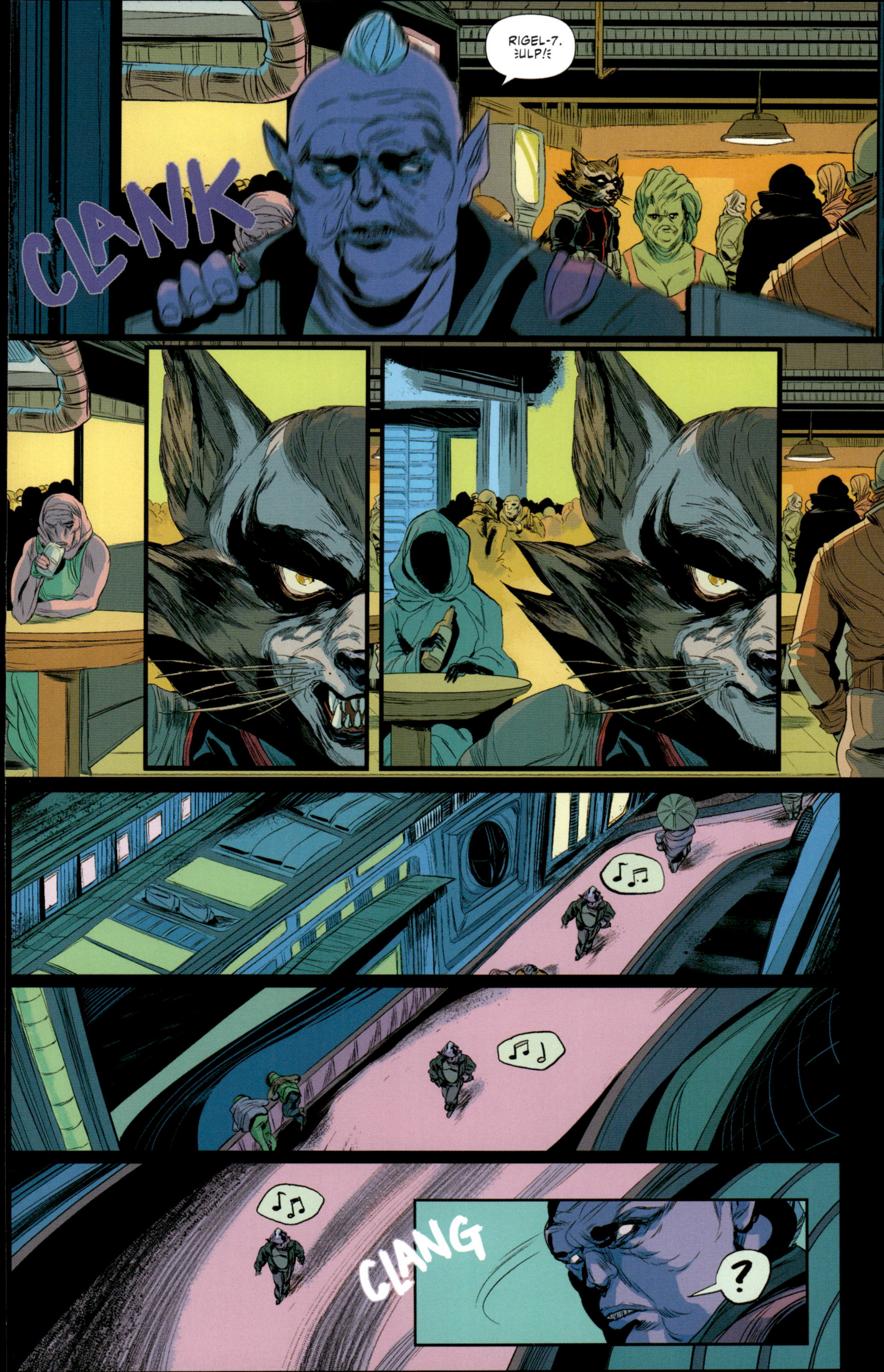
RIGEL-7.
ULP!
CLANK
♪♫
♫♩
♪♫
CLANG
?

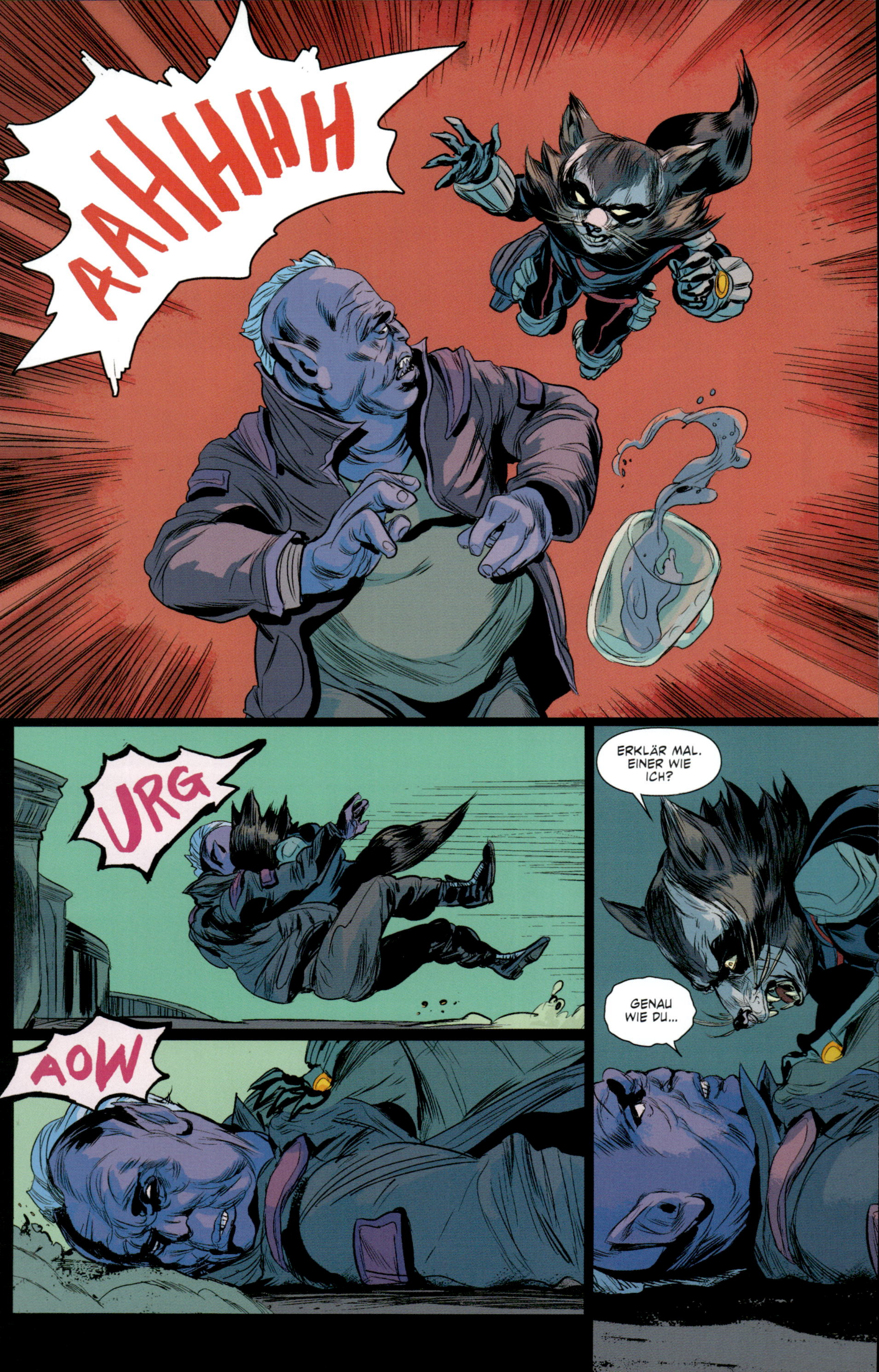
AAHHHH
URG
AOW
ERKLÄR MAL. EINER WIE ICH?
GENAU WIE DU...

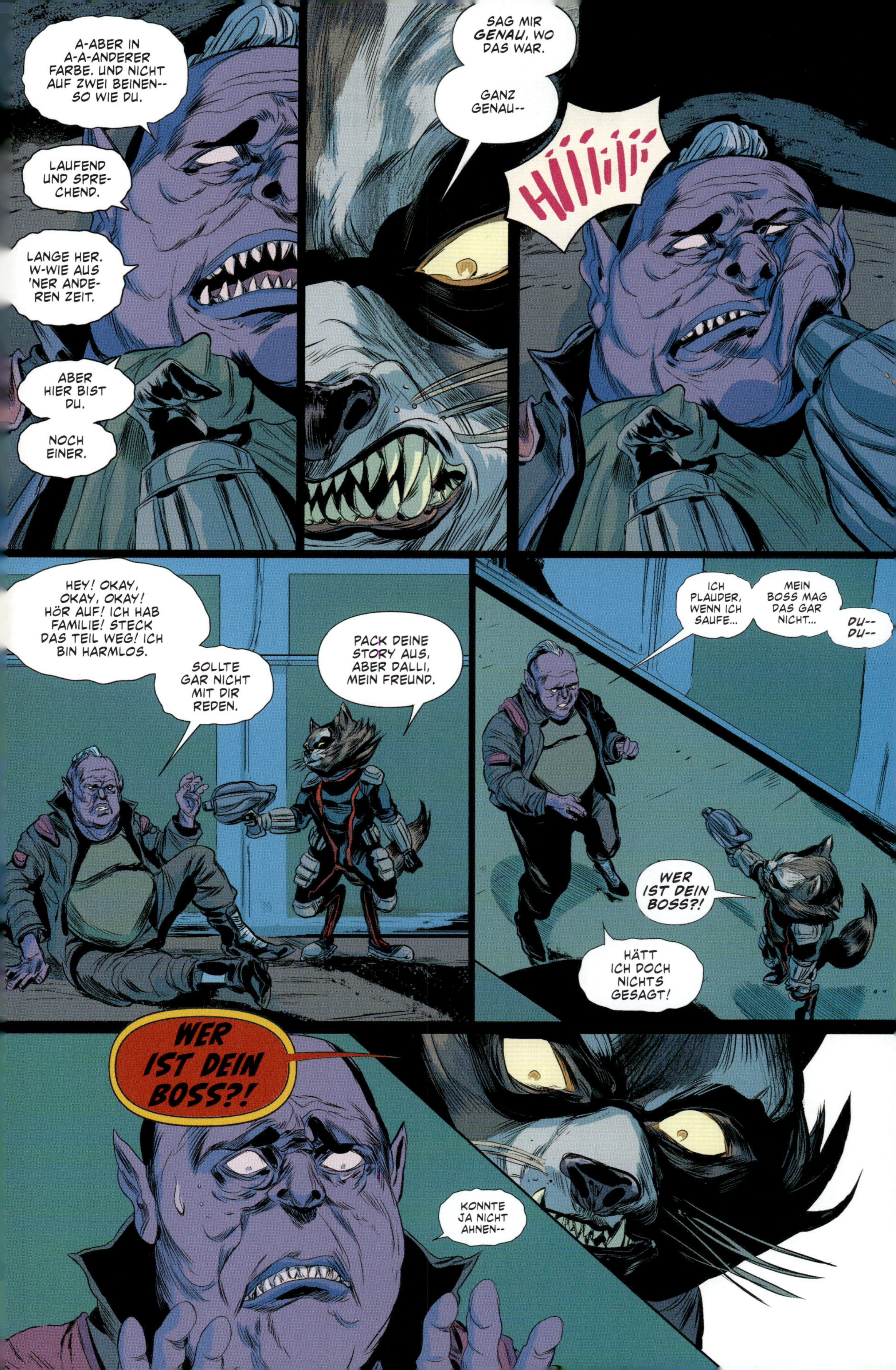
A-ABER IN A-A-ANDERER FARBE. UND NICHT AUF ZWEI BEINEN-- SO WIE DU.
LAUFEND UND SPRECHEND.
LANGE HER. W-WIE AUS 'NER ANDEREN ZEIT.
ABER HIER BIST DU.
NOCH EINER.
SAG MIR GENAU, WO DAS WAR.
GANZ GENAU--
HIIIIII!
HEY! OKAY, OKAY, OKAY! HÖR AUF! ICH HAB FAMILIE! STECK DAS TEIL WEG! ICH BIN HARMLOS.
SOLLTE GAR NICHT MIT DIR REDEN.
PACK DEINE STORY AUS, ABER DALLI, MEIN FREUND.
ICH PLAUDER, WENN ICH SAUFE...
MEIN BOSS MAG DAS GAR NICHT...
DU-- DU--
WER IST DEIN BOSS?!
HÄTT ICH DOCH NICHTS GESAGT!
WER IST DEIN BOSS?!
KONNTE JA NICHT AHNEN--

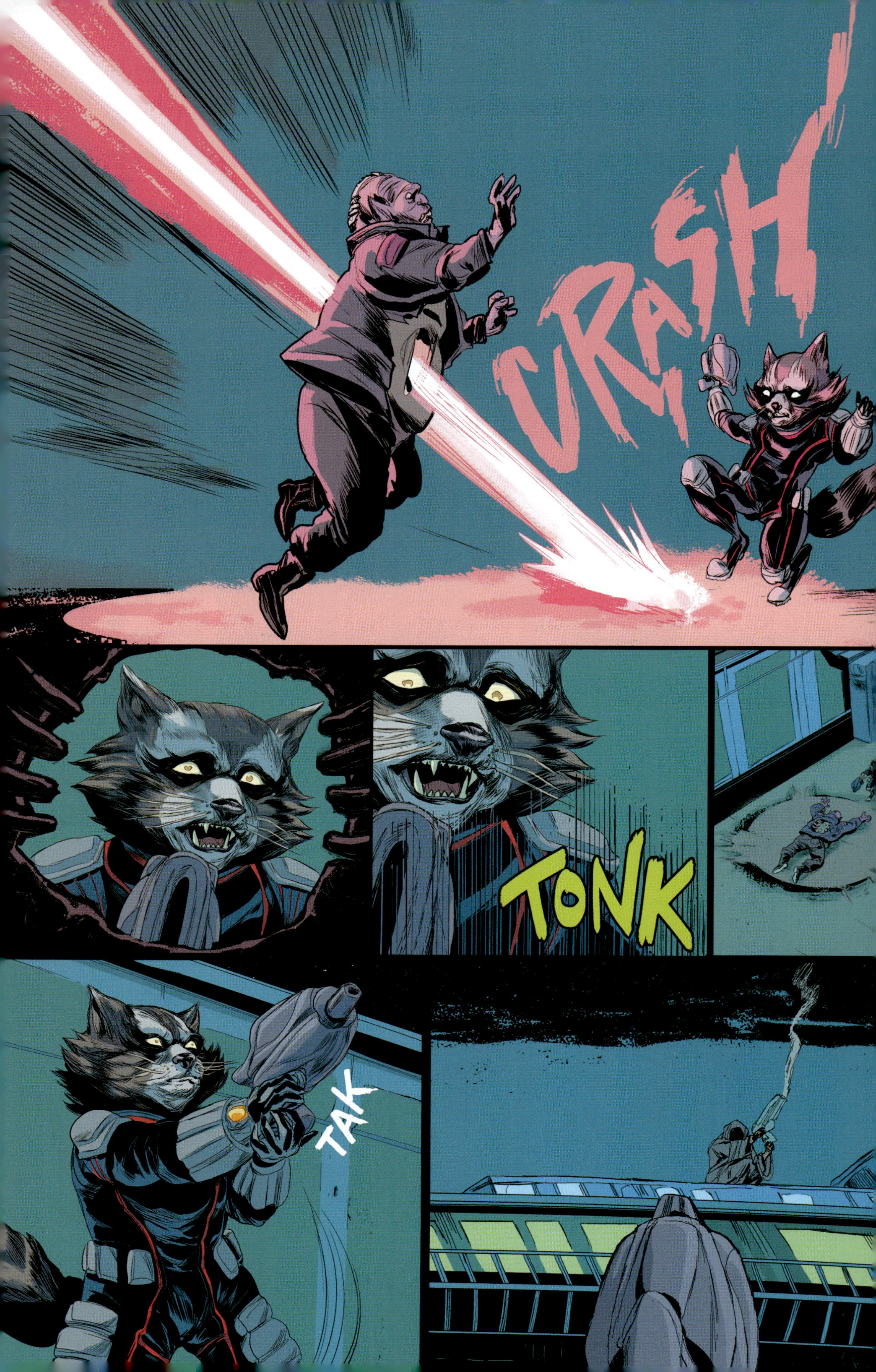
CRASH
TONK
TAK

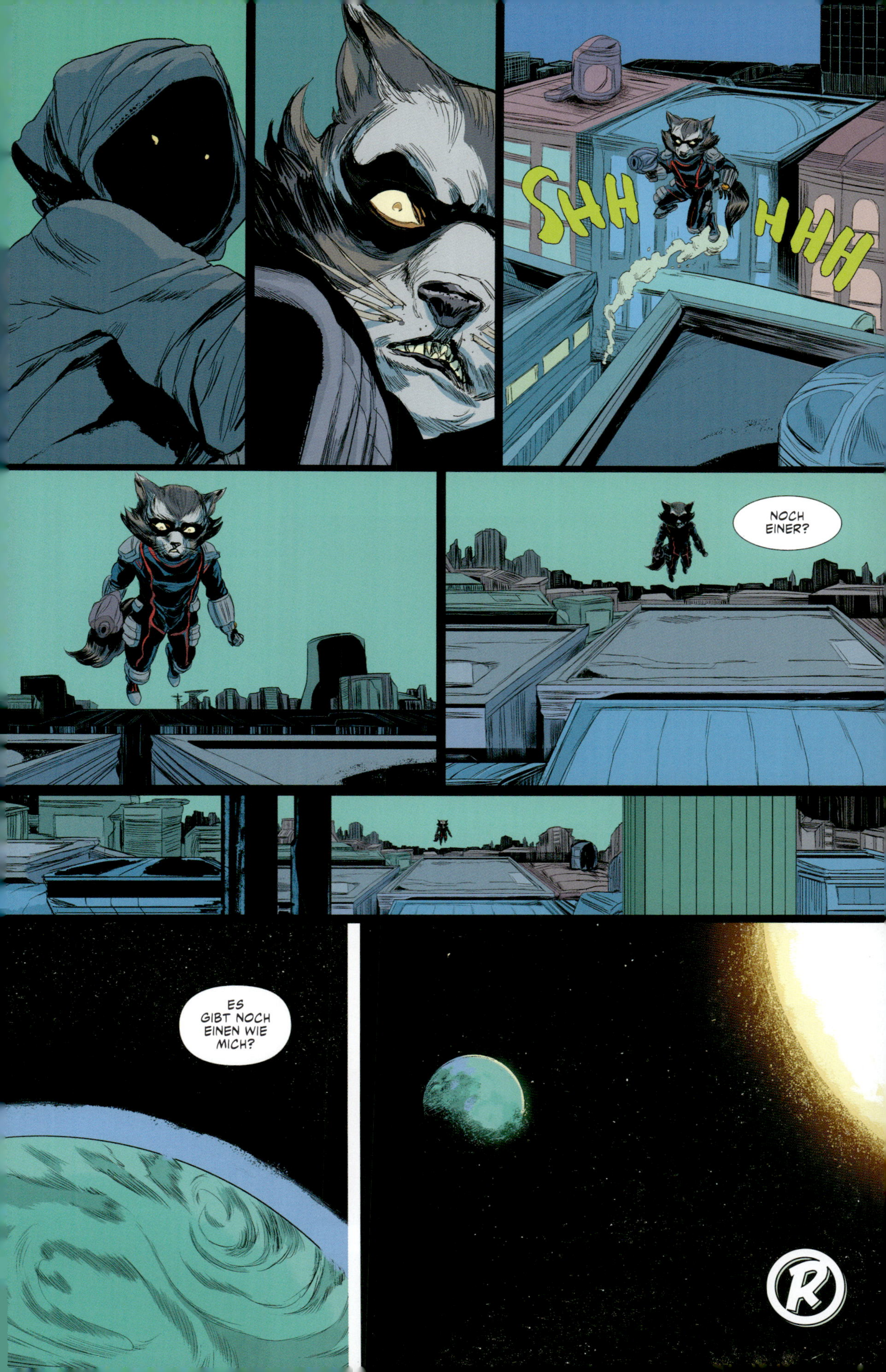
SHHHHHH
NOCH EINER?
ES GIBT NOCH EINEN WIE MICH?

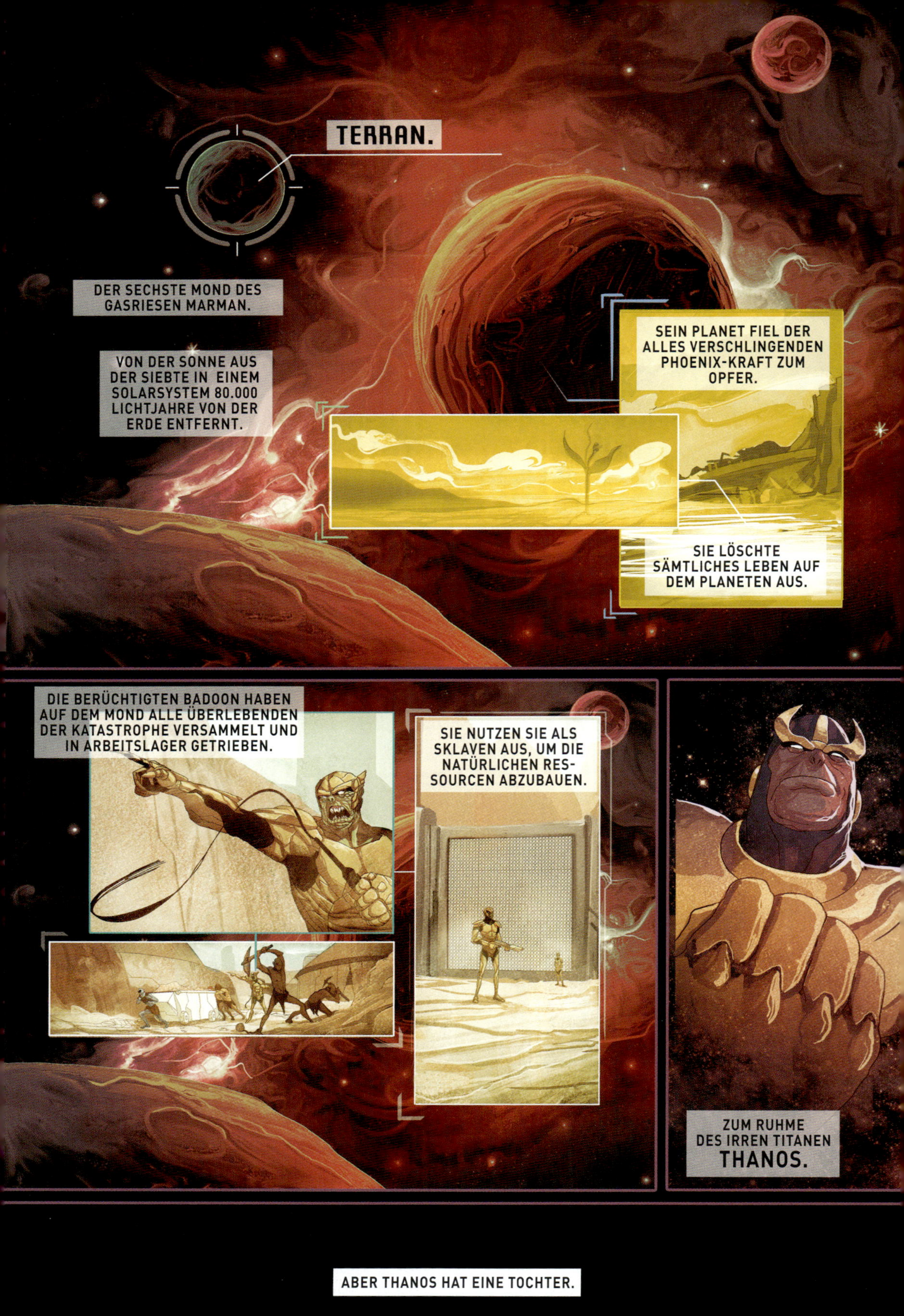

TERRAN.

DER SECHSTE MOND DES GASRIESEN MARMAN.

VON DER SONNE AUS DER SIEBTE IN EINEM SOLARSYSTEM 80.000 LICHTJAHRE VON DER ERDE ENTFERNT.

SEIN PLANET FIEL DER ALLES VERSCHLINGENDEN PHOENIX-KRAFT ZUM OPFER.

SIE LÖSCHTE SÄMTLICHES LEBEN AUF DEM PLANETEN AUS.

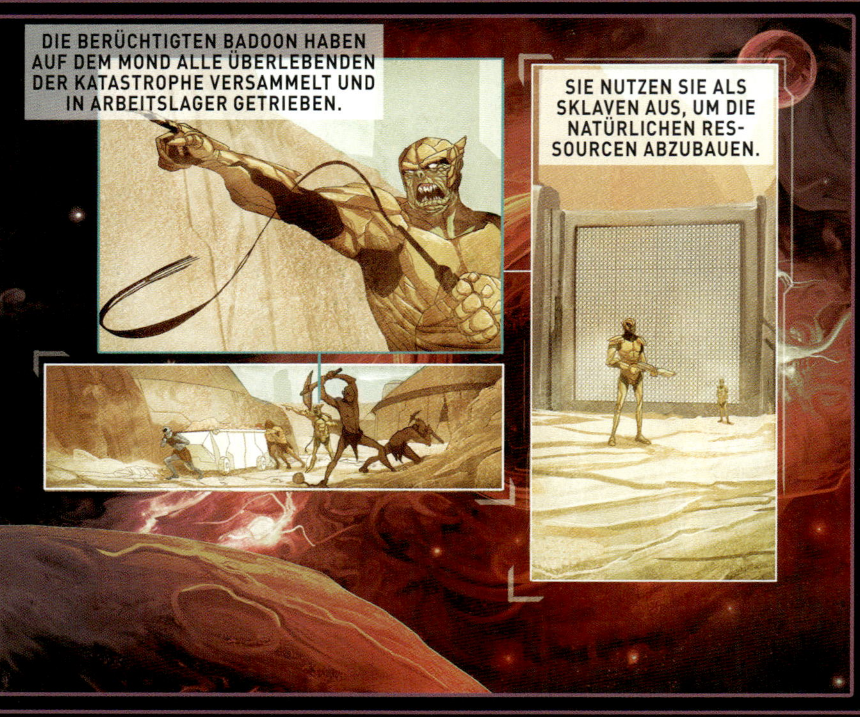

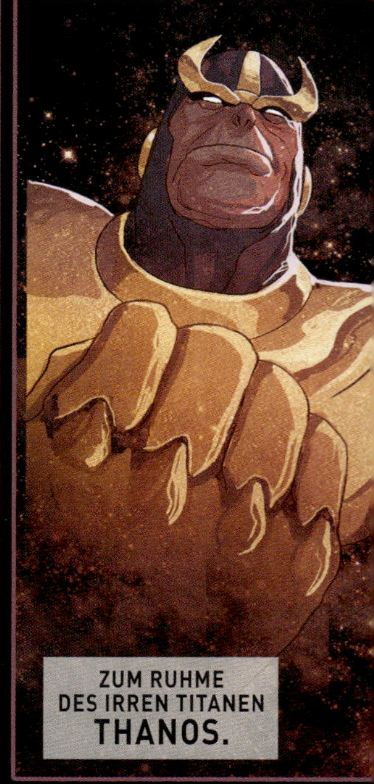

ABER THANOS HAT EINE TOCHTER.

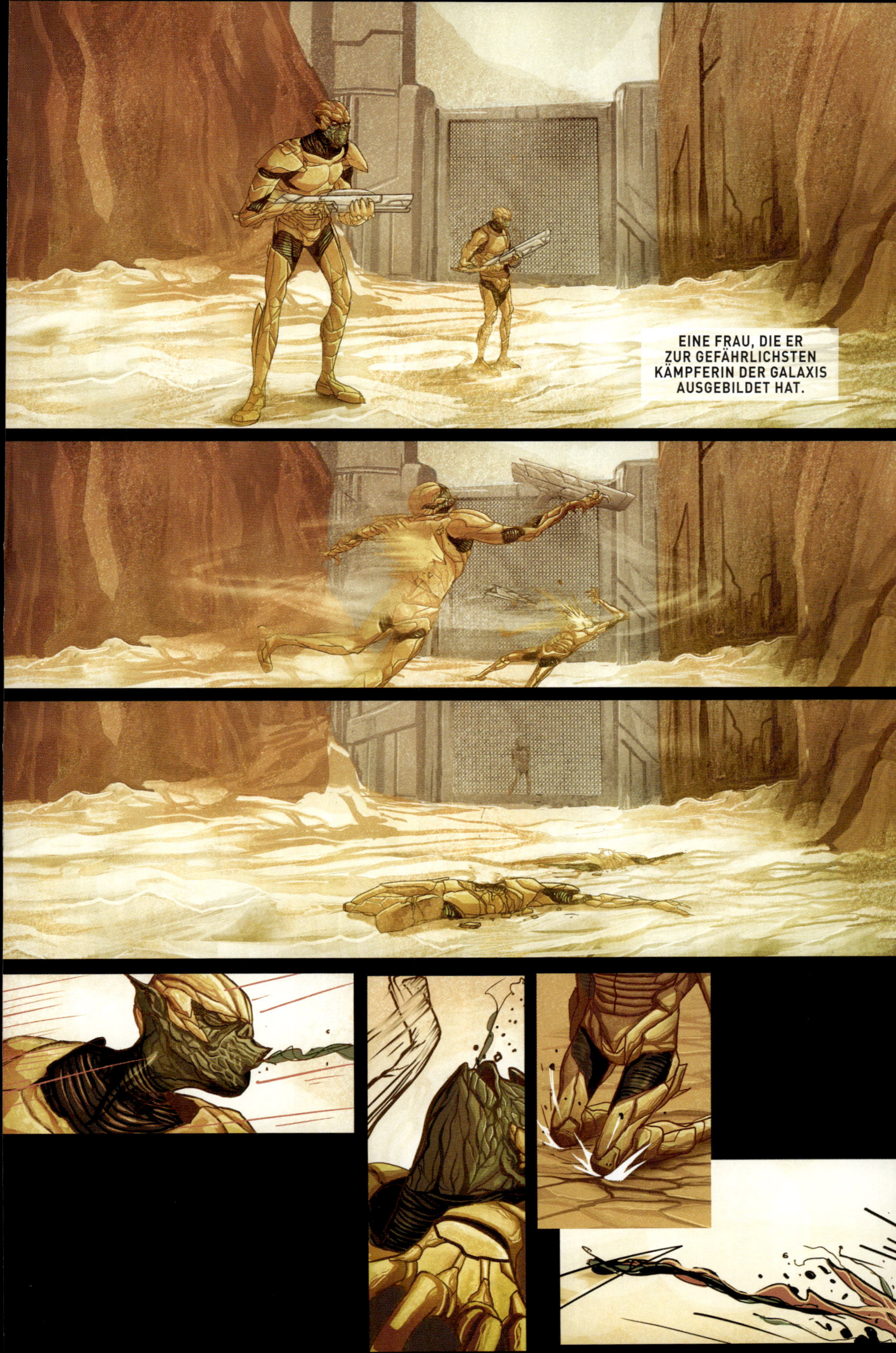
EINE FRAU, DIE ER
ZUR GEFÄHRLICHSTEN
KÄMPFERIN DER GALAXIS
AUSGEBILDET HAT.

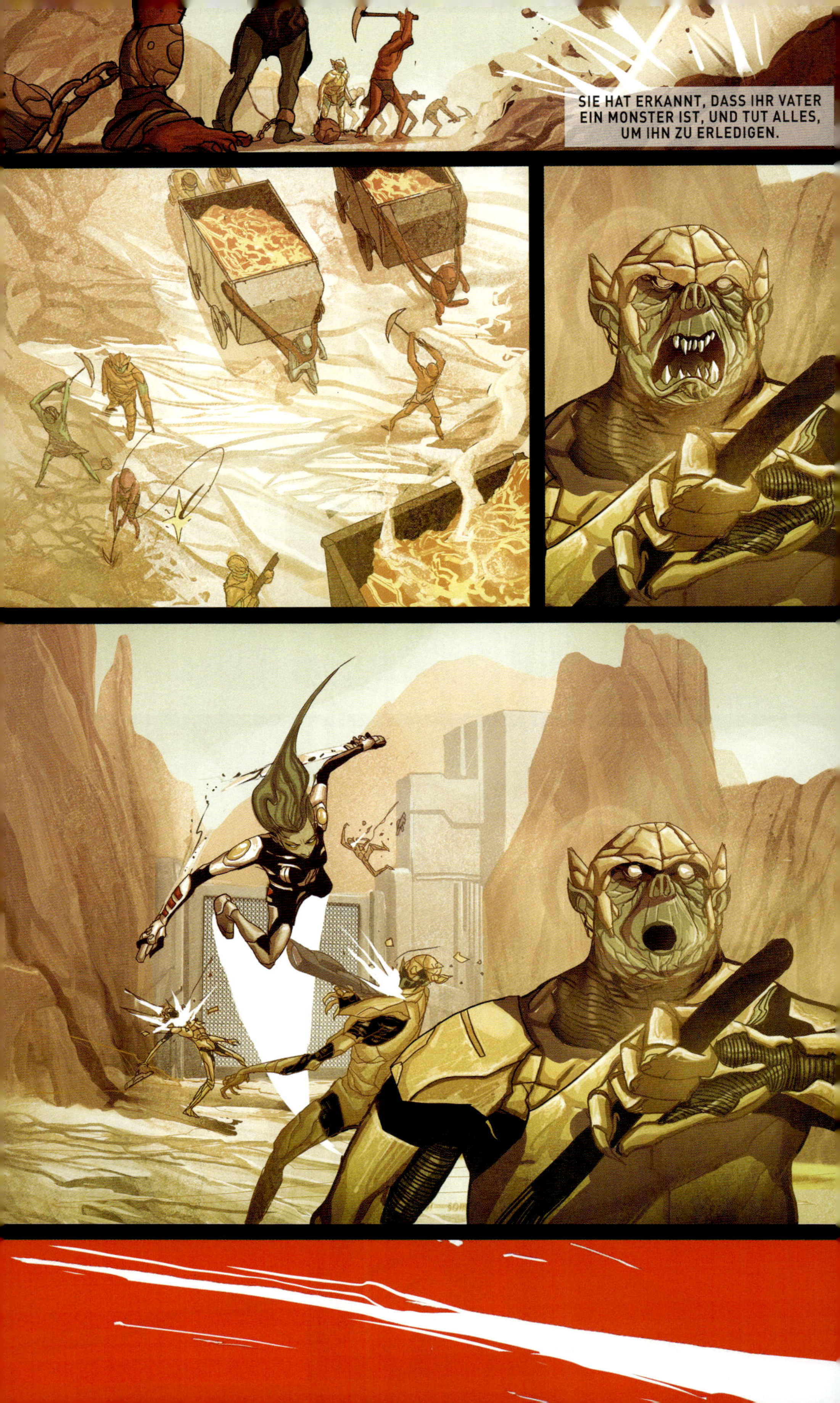
SIE HAT ERKANNT, DASS IHR VATER
EIN MONSTER IST, UND TUT ALLES,
UM IHN ZU ERLEDIGEN.

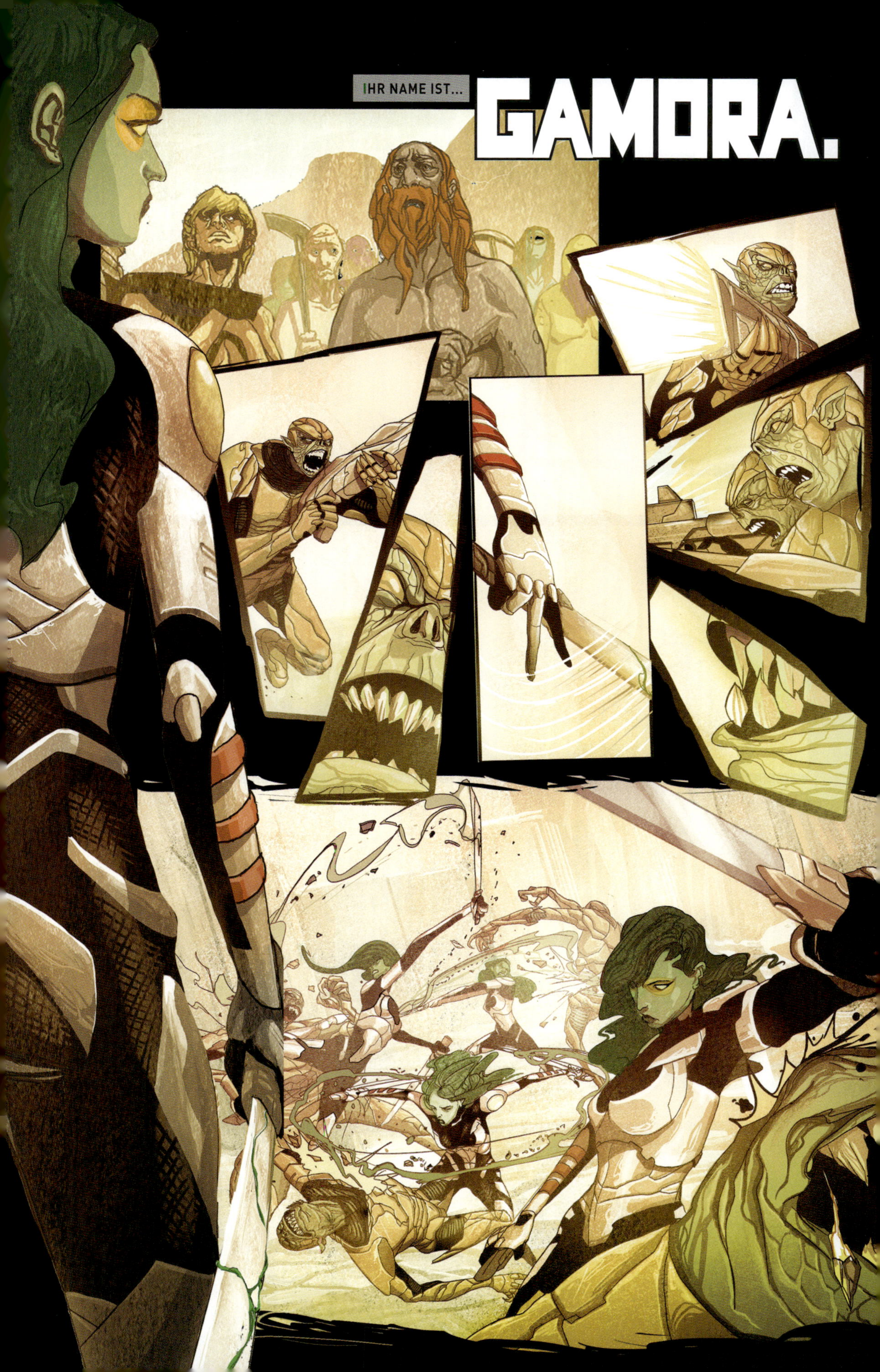
IHR NAME IST…
GAMORA.

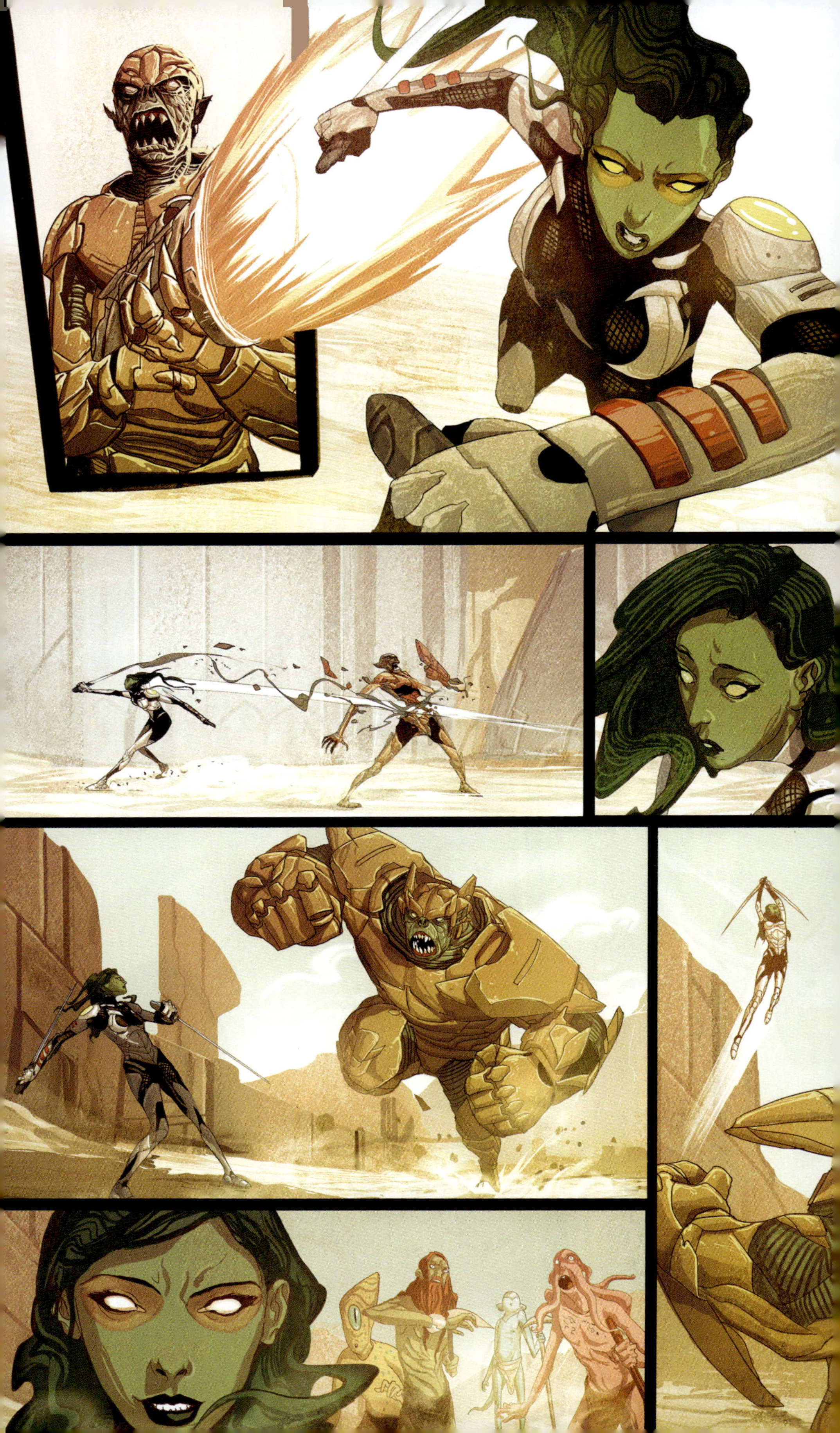

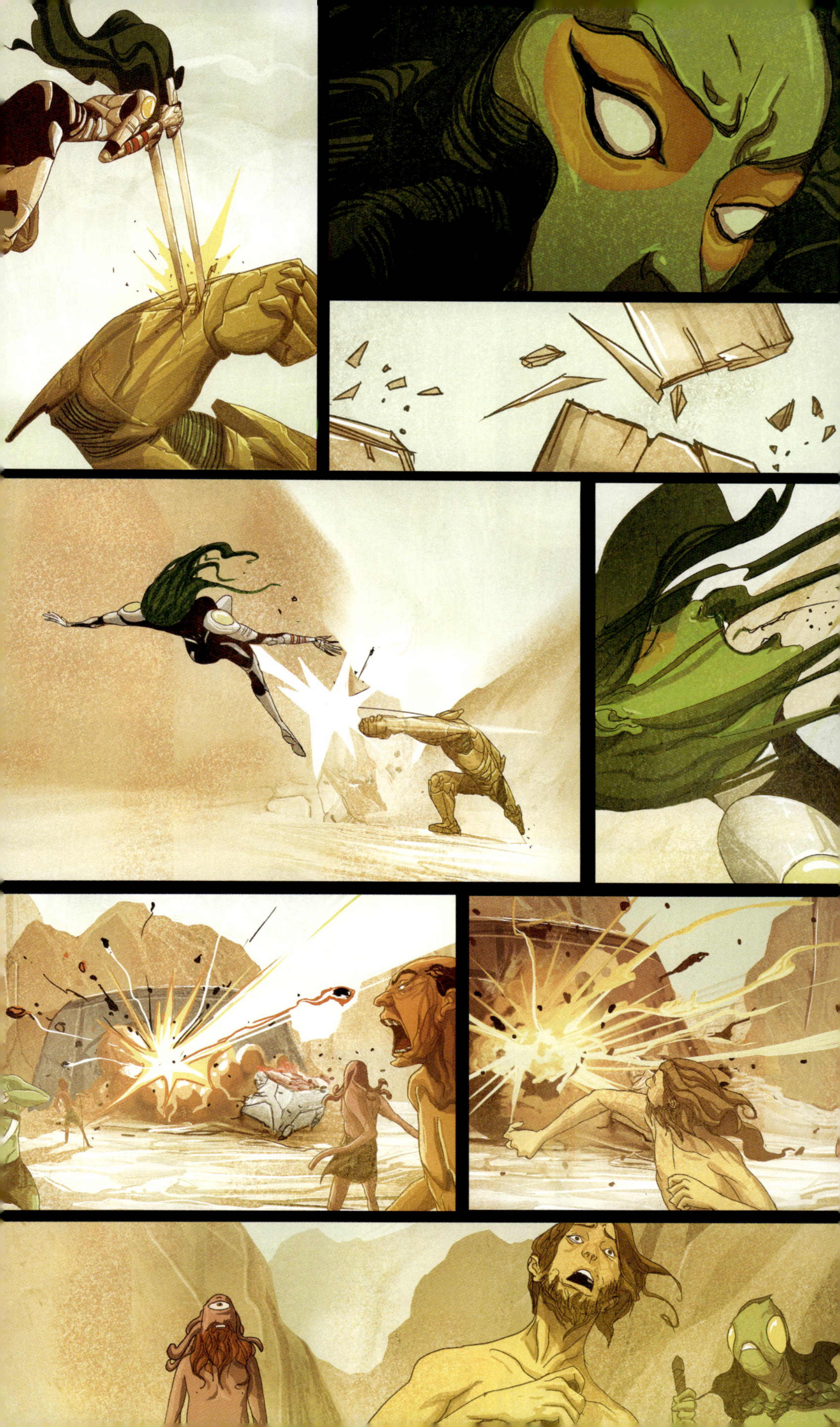

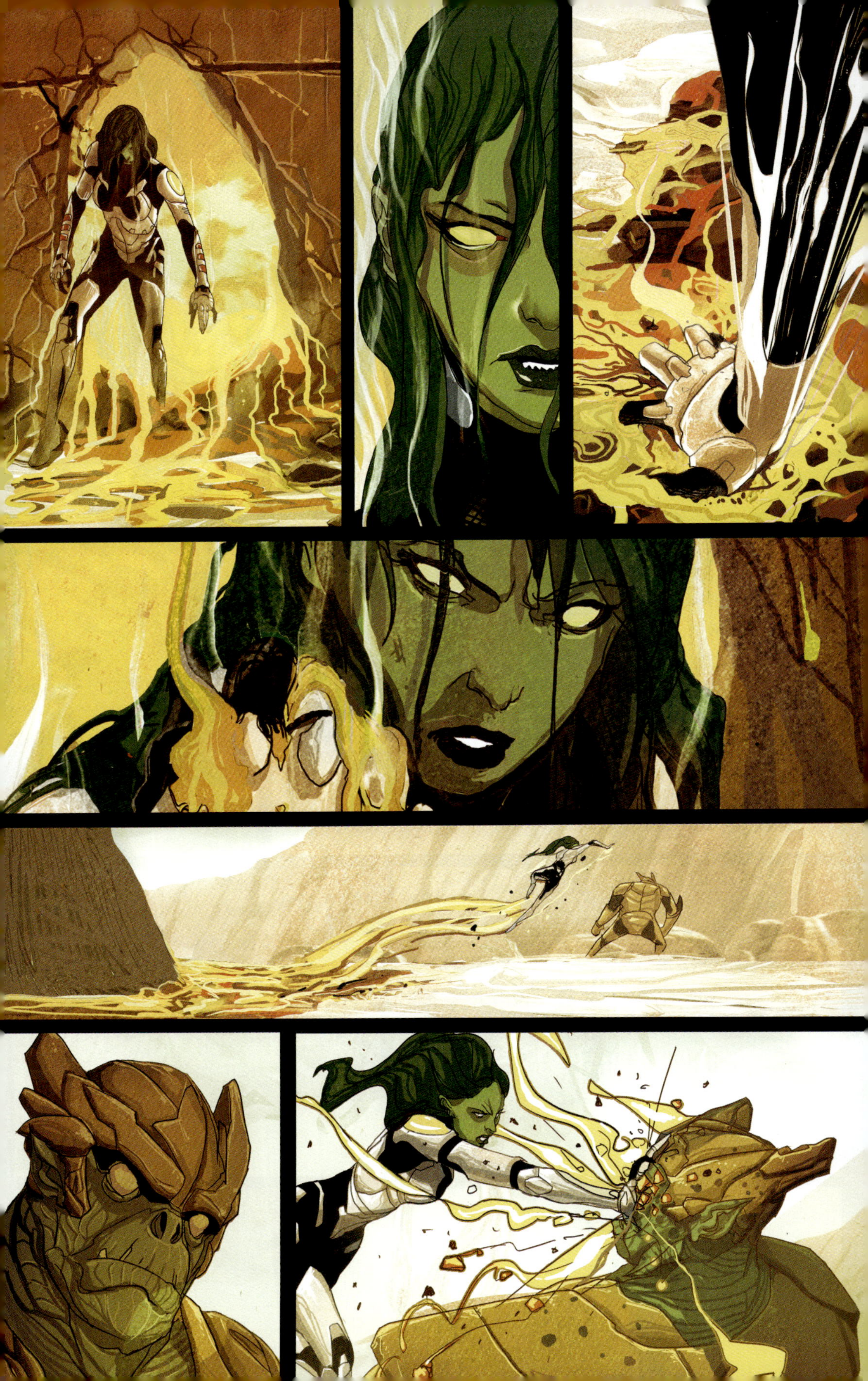

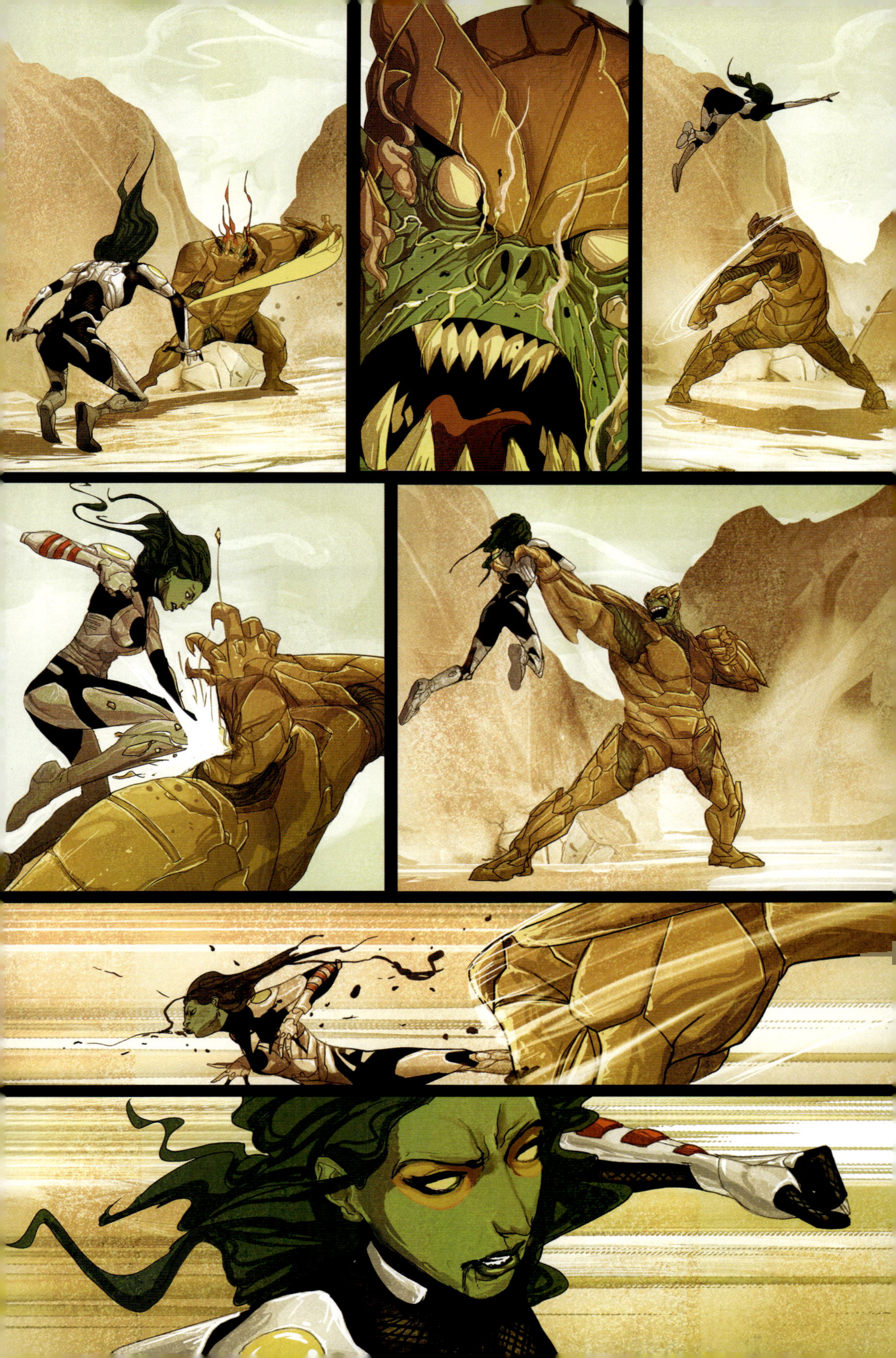

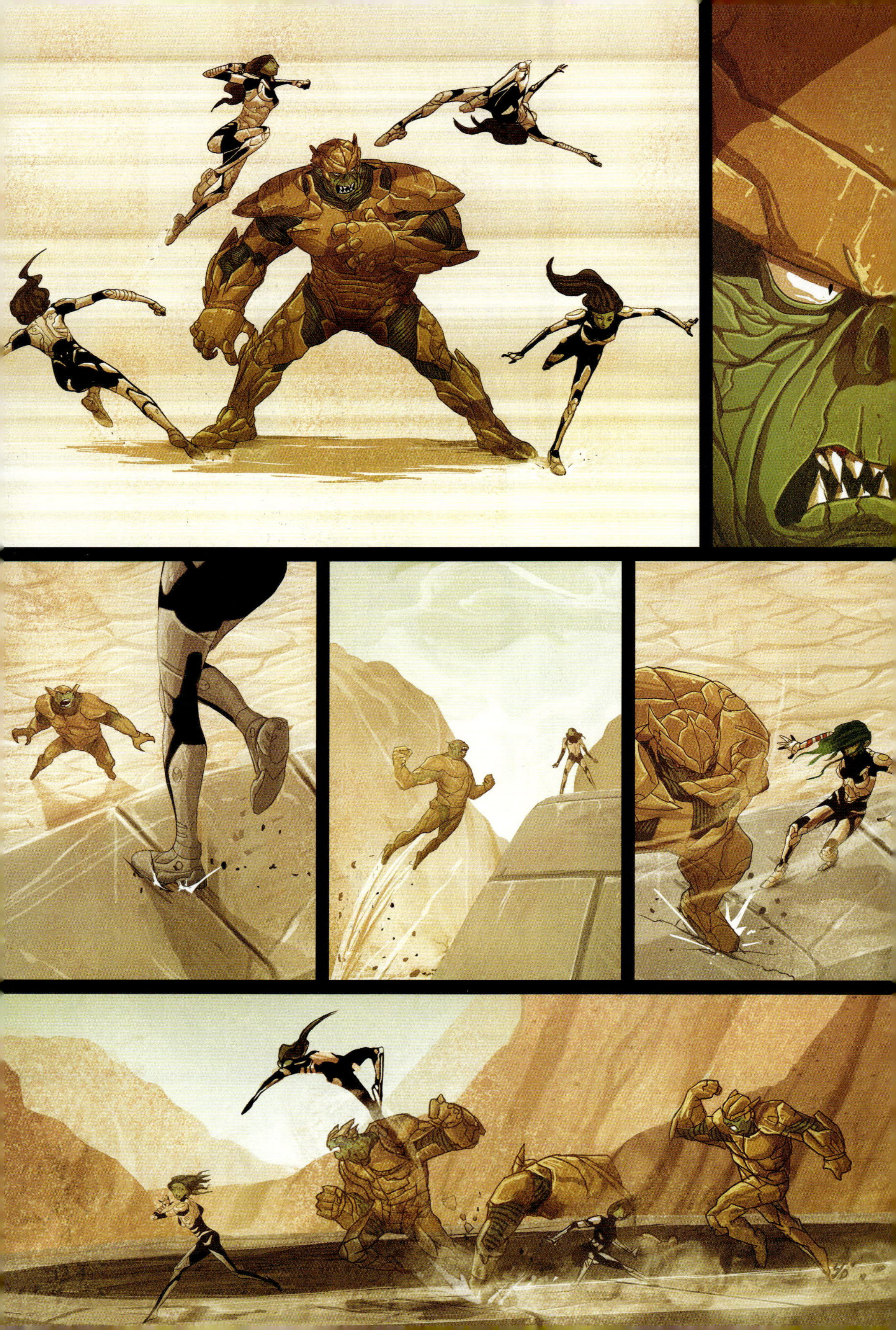

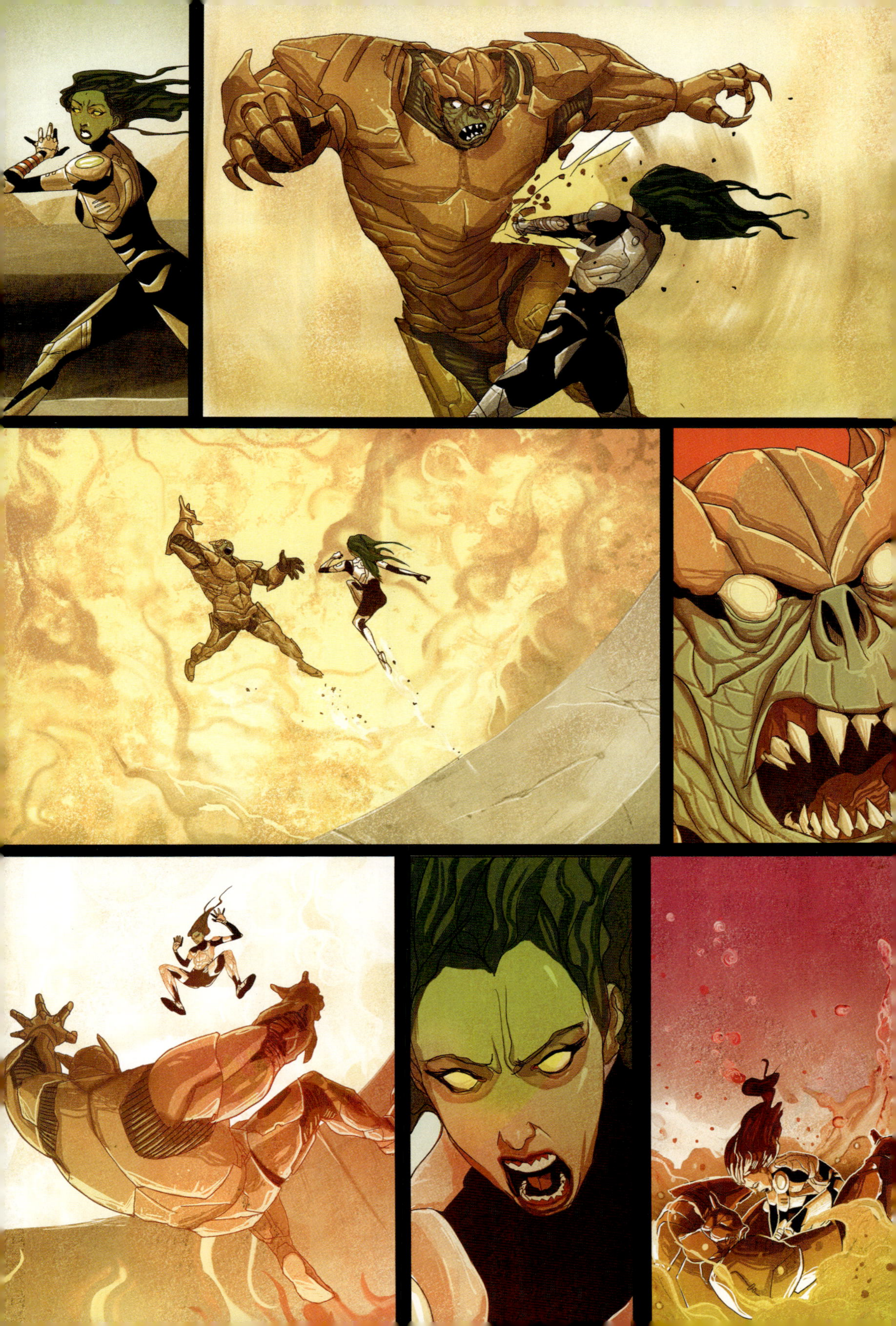

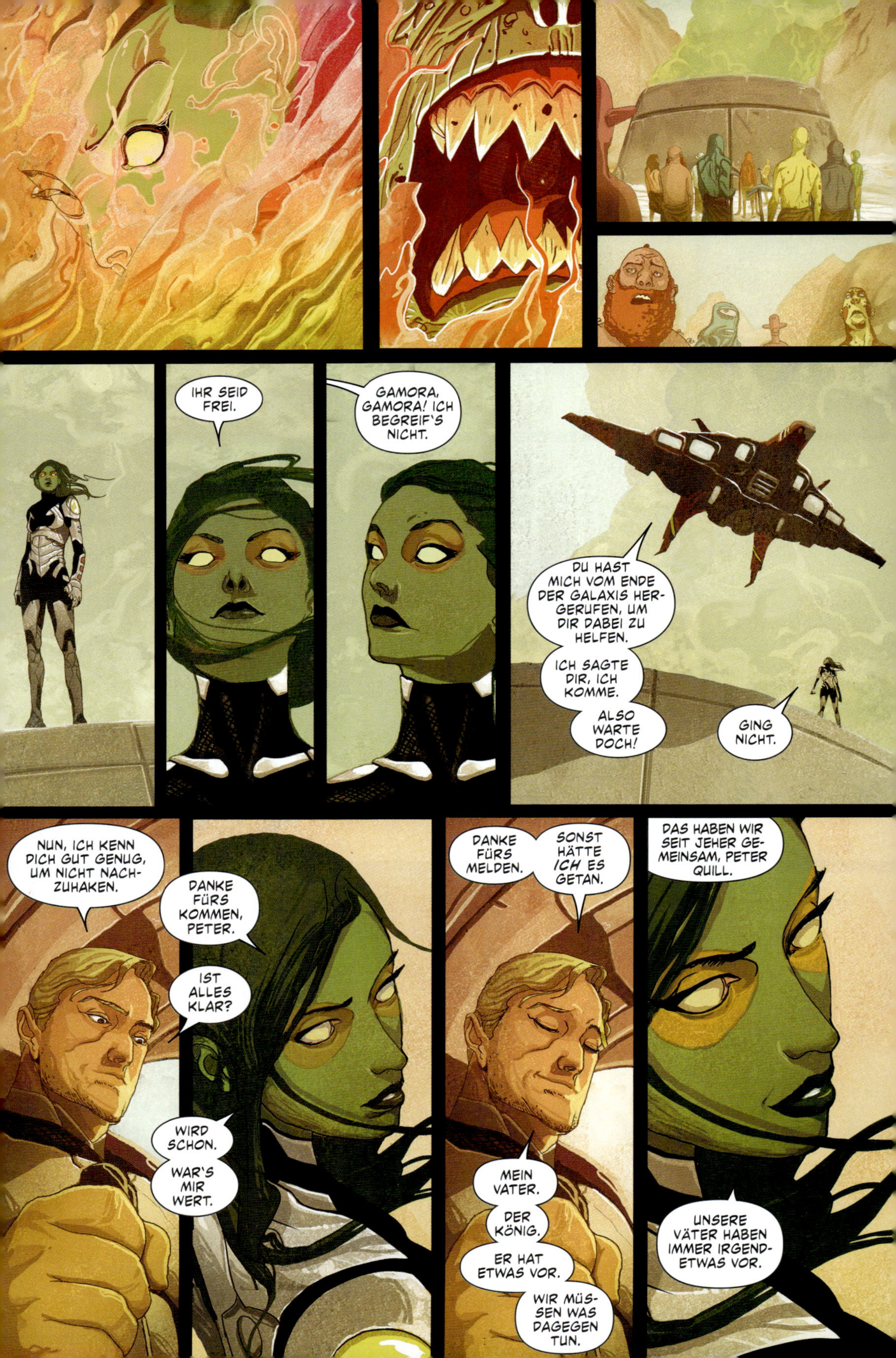
IHR SEID FREI.
GAMORA, GAMORA! ICH BEGREIF'S NICHT.
DU HAST MICH VOM ENDE DER GALAXIS HERGERUFEN, UM DIR DABEI ZU HELFEN.
ICH SAGTE DIR, ICH KOMME.
ALSO WARTE DOCH!
GING NICHT.
NUN, ICH KENN DICH GUT GENUG, UM NICHT NACHZUHAKEN.
DANKE FÜRS KOMMEN, PETER.
IST ALLES KLAR?
WIRD SCHON.
WAR'S MIR WERT.
DANKE FÜRS MELDEN.
SONST HÄTTE *ICH* ES GETAN.
MEIN VATER.
DER KÖNIG.
ER HAT ETWAS VOR.
WIR MÜSSEN WAS DAGEGEN TUN.
DAS HABEN WIR SEIT JEHER GEMEINSAM, PETER QUILL.
UNSERE VÄTER HABEN IMMER IRGENDETWAS VOR.

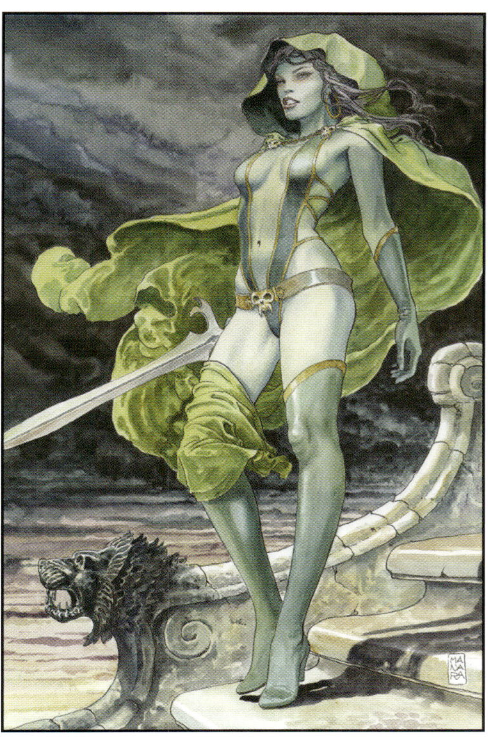

Guardians of the Galaxy (2013) 1
Variant-Cover von **MILO MANARA**

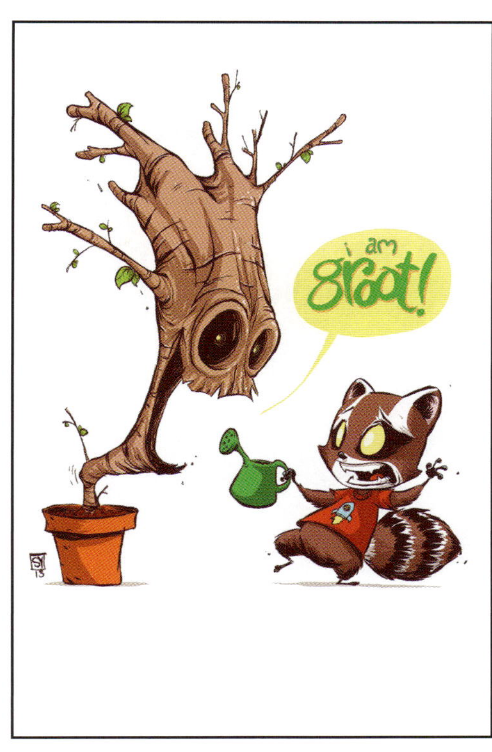

Guardians of the Galaxy (2013) 1
Variant-Cover von **SKOTTIE YOUNG**

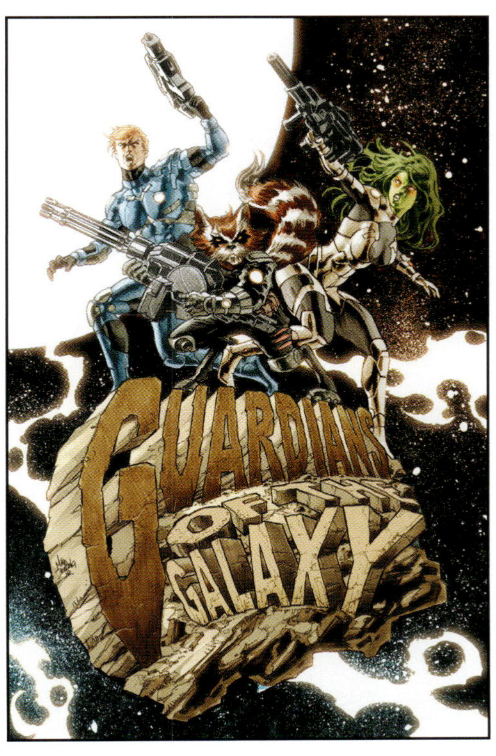

Guardians of the Galaxy (2013) 1
Variant-Cover von **MIKE DEODATO JR.**

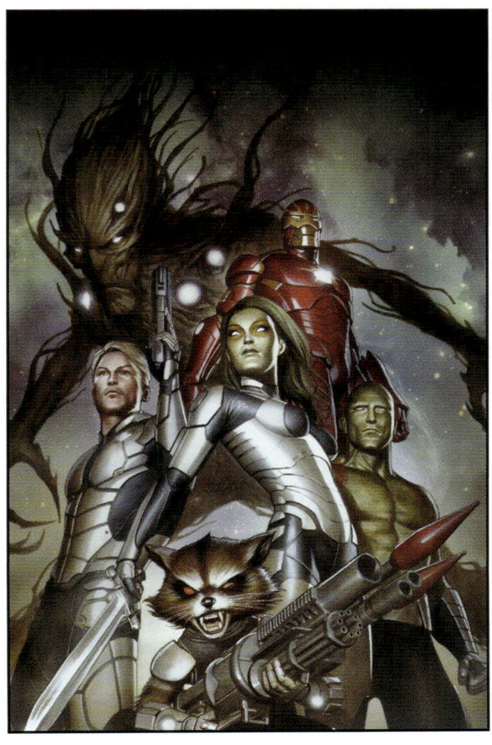

Guardians of the Galaxy (2013) 1
Variant-Cover von **ADI GRANOV**

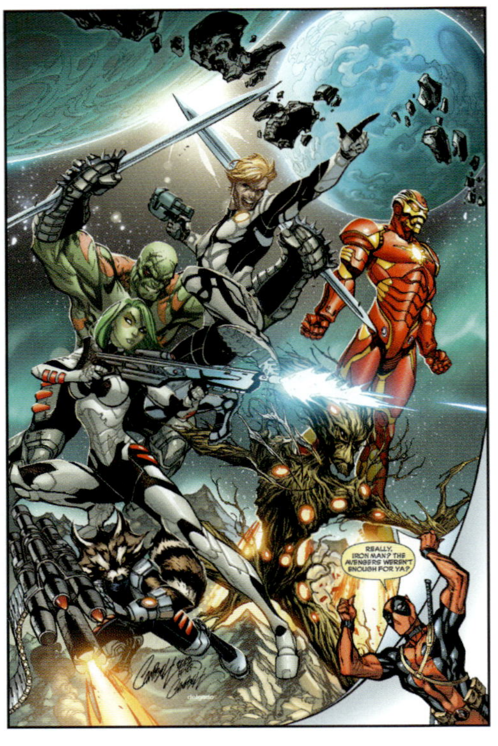

Guardians of the Galaxy (2013) 1
Variant-Cover von **J. SCOTT CAMPBELL**

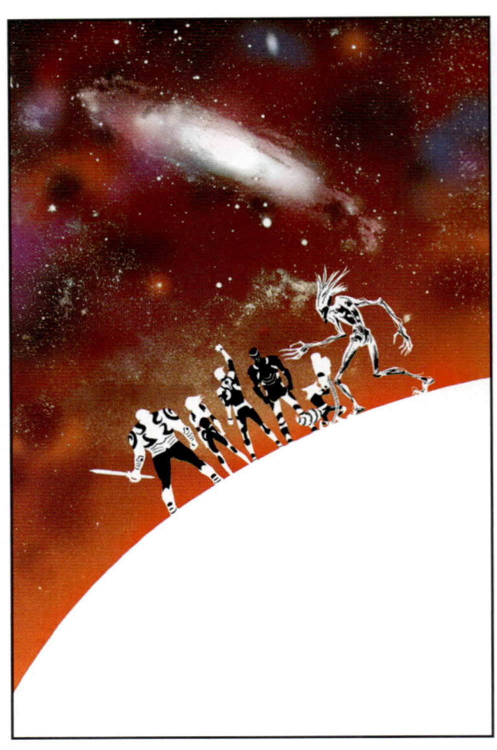

Guardians of the Galaxy (2013) 1
Variant-Cover von **MARCOS MARTIN**

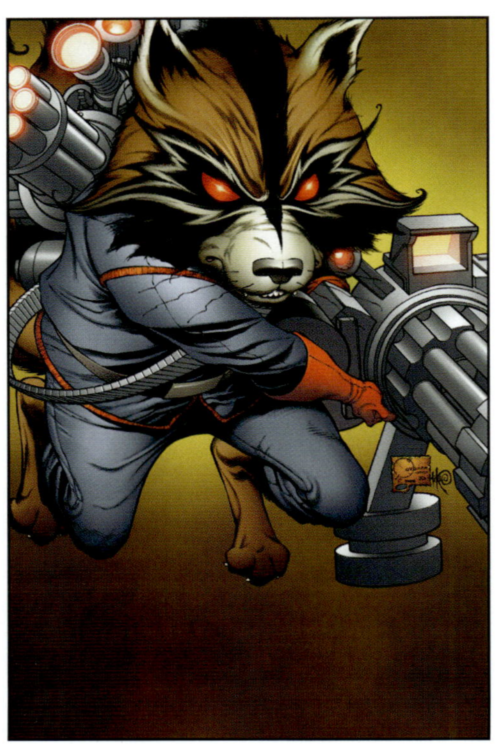

Guardians of the Galaxy (2013) 1
Variant-Cover von **JOE QUESADA**

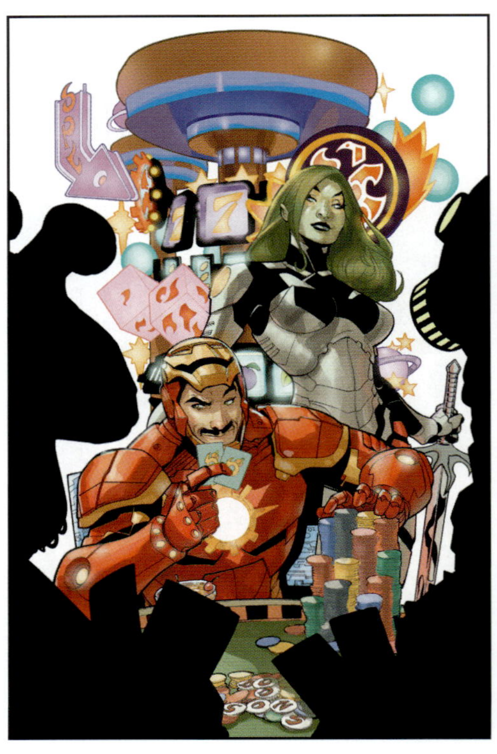

Guardians of the Galaxy (2013) 1
Variant-Cover von **TERRY DODSON**

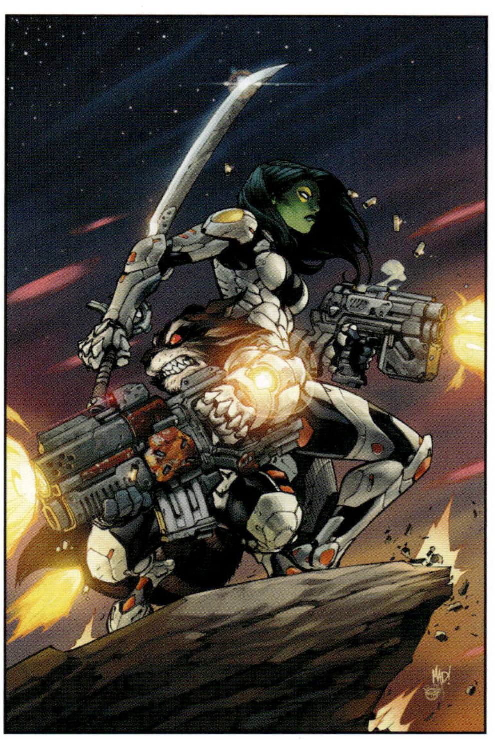

Guardians of the Galaxy (2013) 2
Variant-Cover von **JOE MADUREIRA**

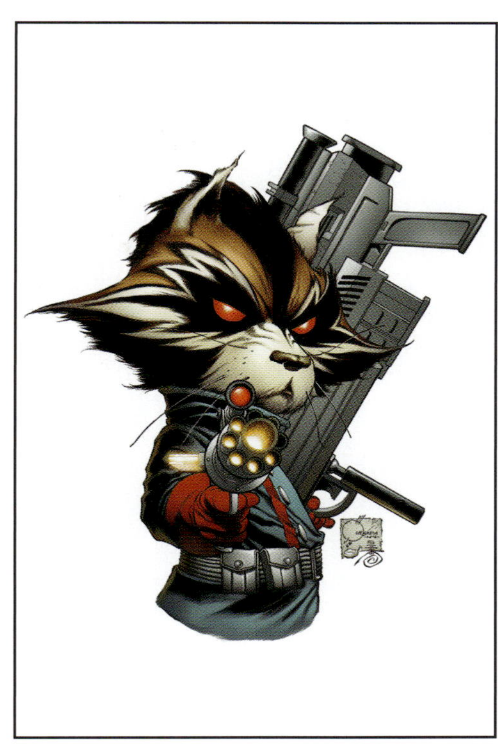

Guardians of the Galaxy (2013) 2
Variant-Cover von **JOE QUESADA**

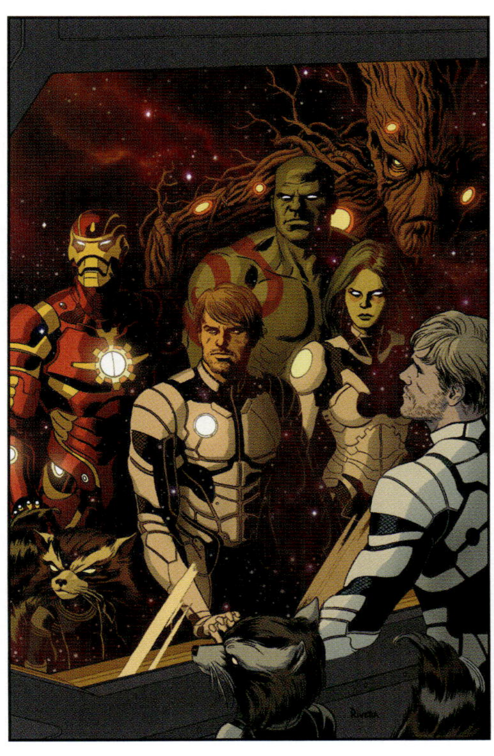

Guardians of the Galaxy (2013) 2
Variant-Cover von **PAOLO RIVERA**

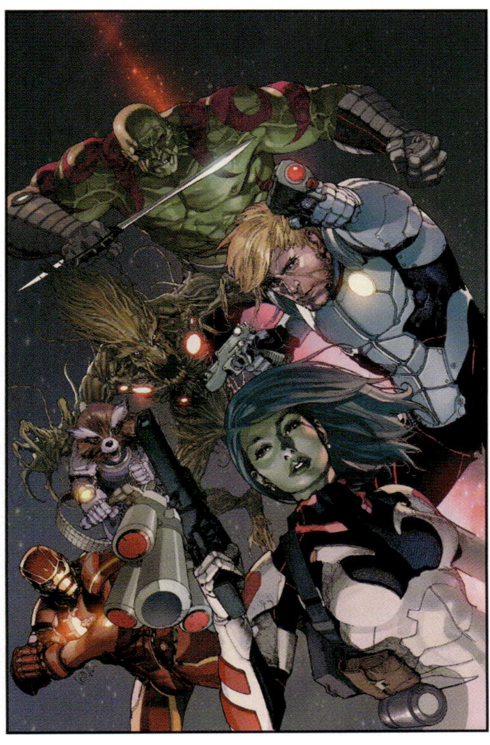

Guardians of the Galaxy (2013) 3
Variant-Cover von **LEINIL FRANCIS YU**

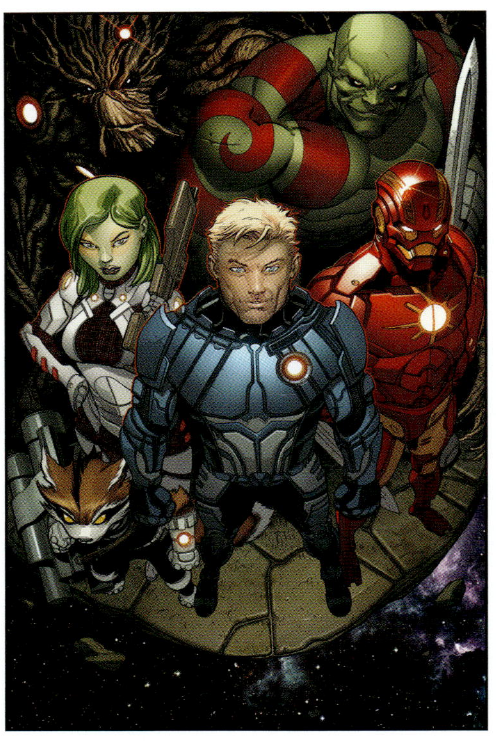

Guardians of the Galaxy (2013) 0.1
Variant-Cover von **ED McGUINNESS**

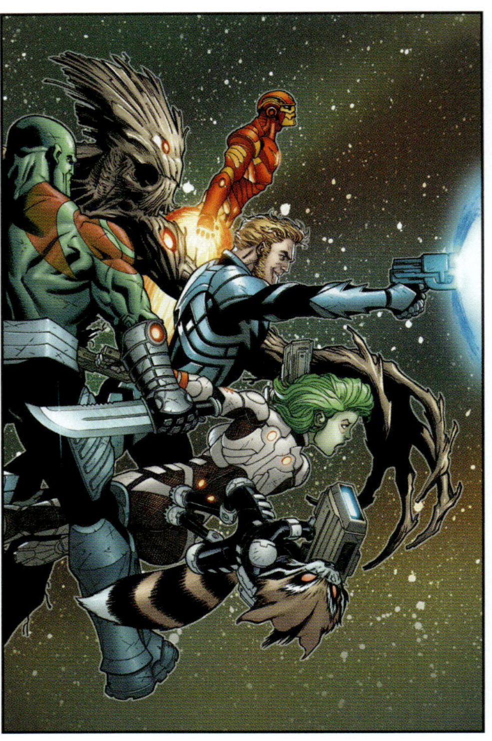

Guardians of the Galaxy (2013) 3
Variant-Cover von **ED McGUINNESS**

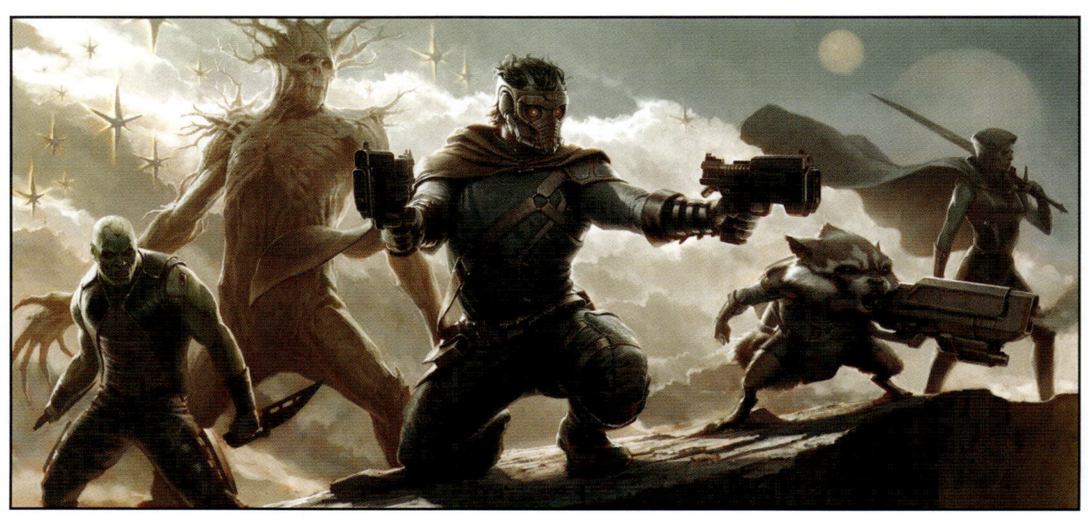

Guardians of the Galaxy (2013) 2-4
Variant-Cover von **CHARLIE WEN**

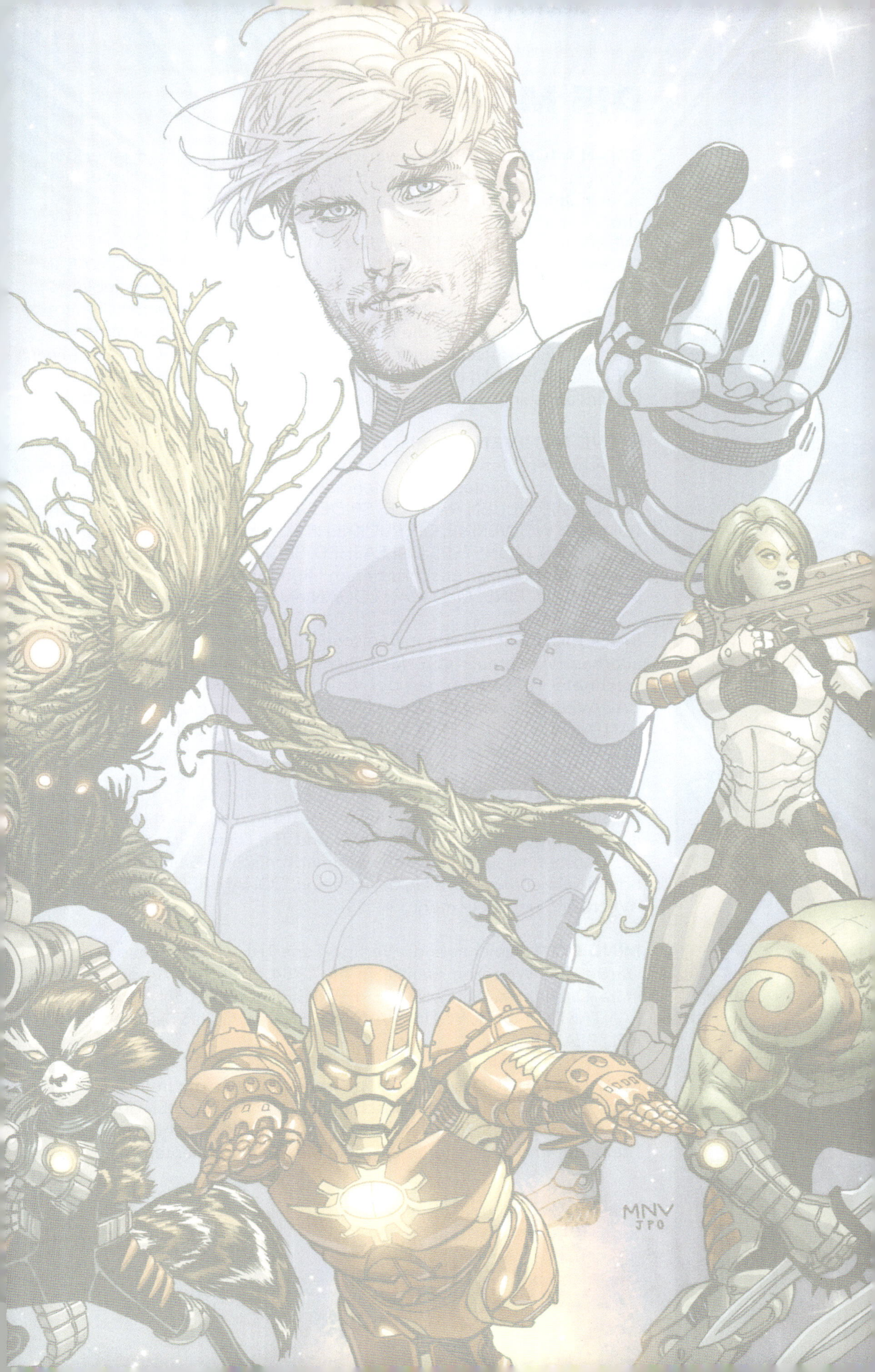
MNV
JPO

DIE MACHER

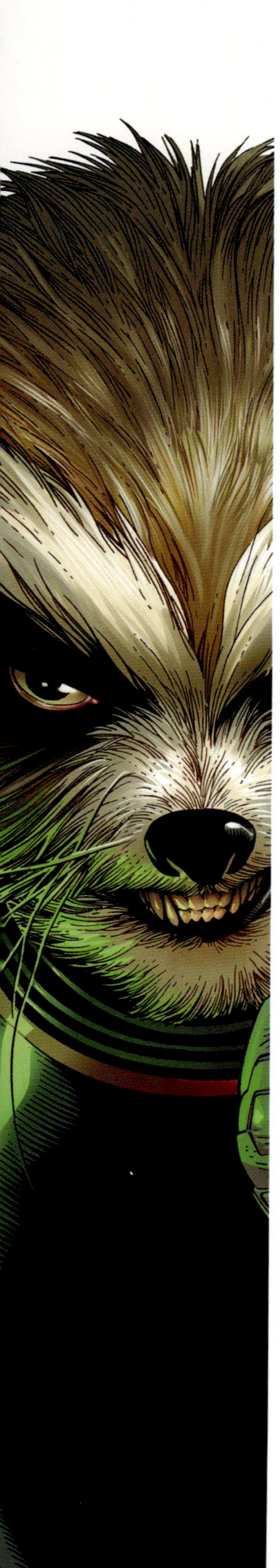

BRIAN MICHAEL BENDIS war zwischen 2000 und 2018 einer der wichtigsten Autoren bei Marvel. Er half dabei, das Ultimative Universum zu erschaffen, und erzählte darin die Legende von Spider-Man neu. Dazu kommen DAREDEVIL, AVENGERS, NEW AVENGERS, DARK AVENGERS, IRON MAN, DIE NEUEN X-MEN, SECRET INVASION, HOUSE OF M, AVENGERS VS. X-MEN, AGE OF ULTRON und CIVIL WAR II. Außerdem ersann der 1967 geborene Bendis die Publikumslieblinge Jessica Jones und Miles Morales und wirkte an Videogames, Filmen und Fernsehserien über die Marvel-Helden mit. Für DC verfasste der preisgekrönte Bestsellerautor SUPERMAN, YOUNG JUSTICE, BATMAN: DIE JAGD DES DUNKLEN RITTERS und JUSTICE LEAGUE. Weitere Comics aus seiner Feder sind *Takio*, *Jinx*, HALO, SCARLET und POWERS.

STEVE McNIVEN gilt als einer der beliebtesten Zeichner im Superhelden-Metier. Im beeindruckenden Portfolio des Kanadiers finden sich die Fantasy-Serie *Meridian,* MARVEL KNIGHTS: 4, SPIDER-MAN & DIE NEUEN RÄCHER, SPIDER-MAN: EIN NEUER TAG, DER TOD VON WOLVERINE, DIE RÜCKKEHR VON WOLVERINE, UNCANNY INHUMANS, MONSTERS UNLEASHED, SECRET EMPIRE und natürlich die von Mark Millar geschriebenen Highlights und Bestseller CIVIL WAR, WOLVERINE: OLD MAN LOGAN und NEMESIS.

SARA PICHELLI ist eine italienische Künstlerin, die das Debüt und allerhand Abenteuer von Nachwuchs-Netzschwinger Miles Morales zeichnete. Hinzu kommen der viel beachtete Band SPIDER-MAN: CADAVEROUS von J. J. Abrams und dessen Sohn Henry, AVENGERS, FANTASTIC FOUR, X-MEN SONDERBAND: PIXIE SCHLÄGT ZURÜCK!, RUNAWAYS und Bendis' SPIDER-MEN-Crossover.

MICHAEL AVON OEMING schuf mit Brian Michael Bendis die Cop-Superhelden-Serie POWERS, die fürs Fernsehen adaptiert wurde, aber auch die eigenständigen Titel *Takio* und *The United States of Murder Inc.* Darüber hinaus inszenierte das amerikanische Multitalent als Autor oder Zeichner *Mice Templar*, *Cave Carson*, CONAN, RED SONJA, THOR, AVENGERS und viele mehr.

MING DOYLE zeichnete die Vertigo-Serie THE KITCHEN, die verfilmt wurde. Des Weiteren realisierte die 1984 geborene Amerikanerin *Mara*, *Quantum & Woody*, FAIREST, BATGIRL – DIE NEUEN ABENTEUER, FANTASTIC FOUR, YOUNG AVENGERS und CONSTANTINE: THE HELLBLAZER.

MIKE DEL MUNDO ist ein philippinischer Künstler, der in Toronto lebt. Er gestaltete in seinem malerischen Stil AVENGERS, ELEKTRA, THOR, HULK, INHUMANS: ROYALS, MIGHTY AVENGERS, Buchcover, Comic-Titelbilder und Illustrationen für viele Medien und Klienten.

GUARDIANS OF THE GALAXY

SPACE-AVENGERS

BONUSTEIL

- HINTER DEN KULISSEN
- TIMELINE
- WEITERE LEKTÜRE
- ANMERKUNGEN
- WEITERE MUST-HAVE-TITEL

Mit dem Neustart von *Guardians of the Galaxy* hauchten **Brian Michael Bendis** und **Steve McNiven** Marvels galaktischen Außenseitern 2013 neues Leben ein. Sie bauten auf dem auf, was zuvor geschehen war, und führten das Team in eine ganz neue Richtung, erneuerten dessen Verbindung zur Erde und erweiterten zugleich seine kosmischen Horizonte. Schauen wir uns genauer an, wie die neue Ära der **Guardians of the Galaxy** begann.

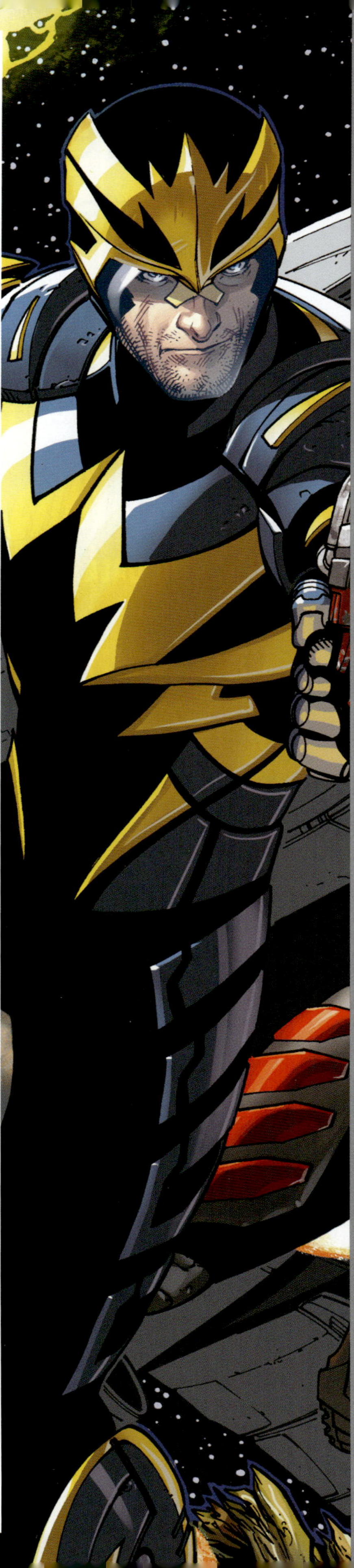

Die neuen Guardians

Die ursprünglichen **Guardians of the Galaxy** erschienen erstmals 1969 in *Marvel Super Heroes* 18 und waren eine Gruppe von Helden aus dem 31. Jahrhundert, die das Sonnensystem von den berüchtigten **Badoon** befreien wollten. Das Team, das von **Arnold Drake** und **Gene Colan** erfunden wurde, tauchte in den 1970ern sporadisch auf, in Form von Miniserien oder Gastauftritten in anderen Serien – die bekannteste Geschichte ist vielleicht die *Korvac Saga*, ein Zeitreiseabenteuer mit den größten Helden der Erde, das in *Thor* Annual 6 und *Avengers* 167-177 lief. Die Guardians waren nie so populär, wie Marvel gehofft hatte, in den 1980ern waren sie sogar praktisch gar nicht präsent, aber von 1990-1995 brachte es eine eigene Serie auf immerhin 62 Ausgaben.

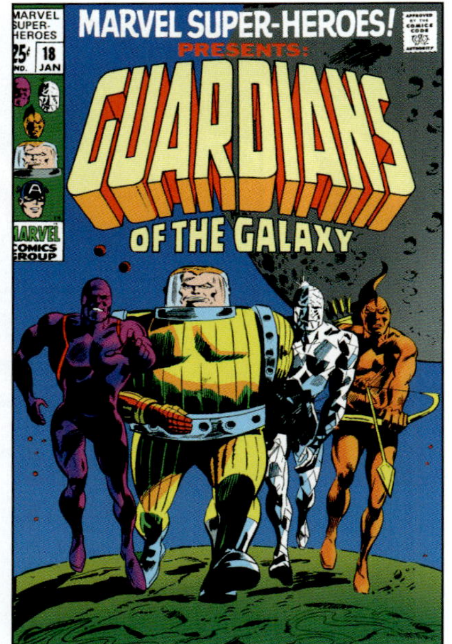

Die ersten Guardians of the Galaxy feiern ihr Debüt. Zeichnung von Gene Colan.

Erst 13 Jahre später sollte ein neuer Guardians of the Galaxy-Comic erscheinen. Die Autoren **Dan Abnett** und **Andy Lanning** hatten gerade Marvels kosmischen Helden mit zwei gigantischen Crossover-Events neuen Schwung verpasst: *Annihilation* und *Annihilation Conquest*. Und in der Miniserie *Annihilation Conquest: Starlord* wurde 2008 die Grundlage eines neuen Guardians of the Galaxy-Teams gelegt. Diese Serie versammelte eine wilde Mischung von Figuren aus allen Ecken von Marvels kosmischer Geschichte und wurde ein enormer Erfolg. Und dieses Team war es auch, das den *Guardians of the Galaxy*-Film von Marvel Studios inspirierte.

Nachdem Abnett und Lanning die Reihe verließen, gönnte Marvel den Guardians 2013 einen weiteren Neustart. Diesmal hielten Autor **Brian Michael Bendis** und Zeichner **Steve McNiven** die Zügel in der Hand. Doch obwohl Bendis im Verlauf der vergangenen zehn Jahre für viele der größten Geschichten von Marvel verantwortlich gewesen war, fand er die Idee einschüchternd, die Guardians zu schreiben. Er verriet: „Als ich darum gebeten wurde, war ich total begeistert, weil die Herausforderung enorm war. Die letzte Serie galt als Top-Beispiel eines guten Marvel-Comics und als eine der besten aller Zeiten. Es liegt an diesen Arbei-

▶ Die Gelegenheit, *Guardians of the Galaxy* zu zeichnen, konnte Steve McNiven sich nicht entgehen lassen. Er erklärte das so: „Ich war fast mein ganzes Leben ein SF-Fan. Daran ist mein Vater schuld. Wir lesen immer noch viel und tauschen die Bücher untereinander aus. Es ist ein bisschen zur Familientradition geworden. Als ich die Gelegenheit bekam, mich in der SF-Ecke des Marvel-Universums auszutoben, war ich daher sofort dabei."

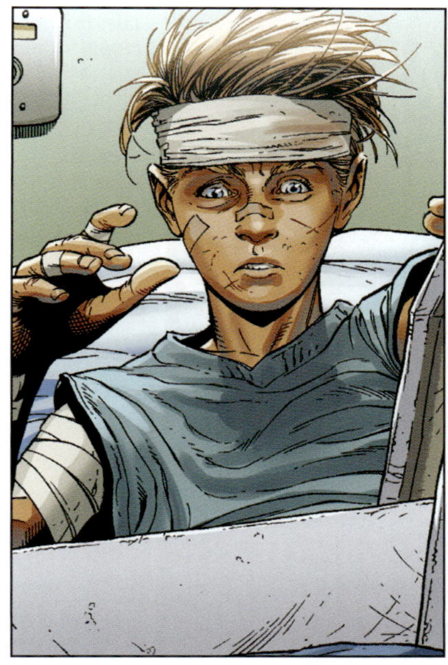
Brian Michael Bendis gefiel es, Quills Origin-Geschichte neu erzählen zu können. Zeichnung von Steve McNiven.

ten, dass es überhaupt einen Film gibt. Wenn man eine Reihe übernimmt, die so beliebt bei den Fans ist, muss man beweisen, was man kann. Da ist es völlig egal, was man vorher gemacht hat. Daher war ich sehr dankbar, diese Chance zu bekommen."

Bendis hat den Ruf, Comics zu schreiben, die stark an den Figuren orientiert sind, und *Guardians* ist keine Ausnahme. Für ihn war es ihr Status als Außenseiter, die ihre eigene Familie gründen, der die Interaktion zwischen den Figuren bestimmt. Trotz allem, was ihnen in der Vergangenheit zugestoßen war, schien es offensichtlich zu sein, so Bendis, „wie sehr sich diese Personen mögen und wie viel sie dem Marvel-Universum zu geben haben. Es sind gebeutelte Figuren. Das haben sie alle gemein. Sie wurden durch den Wolf gedreht und wollen unbedingt, dass es ihnen in Zukunft besser geht."

Während der Recherche wurde Bendis klar, wie großartig **Peter Quills** Vorgeschichte war, und er ordnete sie ganz oben ein, „direkt neben **Spider-Mans** Origin-Story". Zur Vorbereitung für die Serie schrieb er ein Probeskript, in dem er den Wurzeln der Figur ein Update verpasste, um sich Quill besser vorstellen zu können. Ursprünglich wollte er nicht, dass dieses Skript veröffentlicht wird, aber nachdem er es den Redakteuren **Tom Brevoort** und **Stephen Wacker** gezeigt hatte, war man sich einig, dass es einen tollen Prolog abgeben würde. Es erschien in *Guardians of the Galaxy* 0.1 und war in der Tat die perfekte Einführung für die Serie.

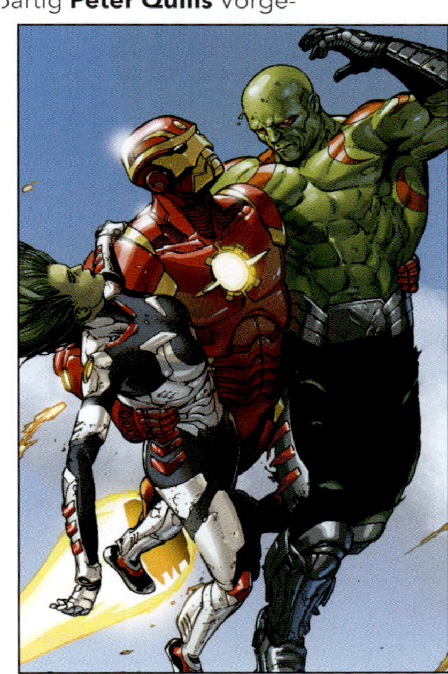
Tony Stark war der erste von vielen Helden, die den Guardians zur Seite sprangen. Zeichnung von Steve McNiven.

Diese Überarbeitung von Quills Vorgeschichte hatte großen Einfluss auf die Richtung, die Bendis mit der ersten Geschichte einschlug. Es erlaubte ihm auch, einen Plot zu entwickeln, der die Guardians näher an der Erde agieren ließ als bisher üblich, gleichzeitig aber die Weite des Alls nicht aus den Augen verlor. So waren mehr Crossover mit Marvels irdischen Helden möglich und auch ein neues Mitglied konnte ins Team aufgenommen werden: **Iron Man**. Bendis beschrieb diese Phase von **Tonys** Leben als „Arbeitsurlaub", während Redakteur Wacker meinte: „Tony macht jede Geschichte interessanter. In dieser Serie ist der klügste Kopf im Raum nun plötzlich ein Fisch auf dem Trockenen. Und zu sehen, wie sein Ego damit umgeht, ist allein schon das Eintrittsgeld wert."

TIMELINE

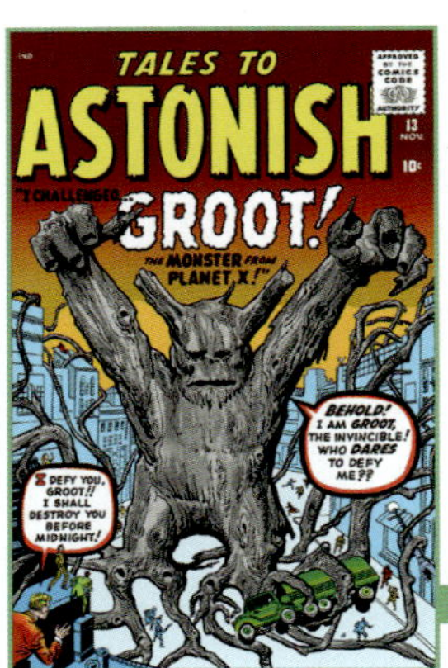

***Tales to Astonish* 13 (1960)**
STAN LEE
LARRY LIEBER
JACK KIRBY
***Groot**, der baumartige Held der Guardians, feiert sein Debüt – aber in dieser Geschichte spielt er den Schurken!*

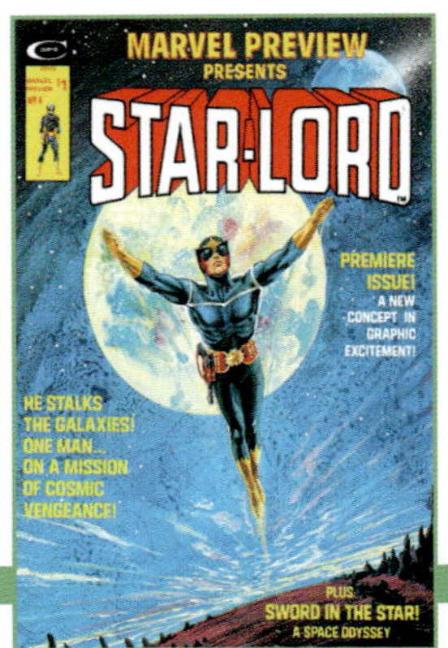

***Marvel Preview* 4 (1976)**
STEVE ENGLEHART
STEVE GAN
BOB McLEOD
*Die Legende von Star-Lord beginnt: **Peter Quill** nimmt seine kosmische Bestimmung an.*

GUARDIANS OF THE GALAXY
SPACE-AVENGERS

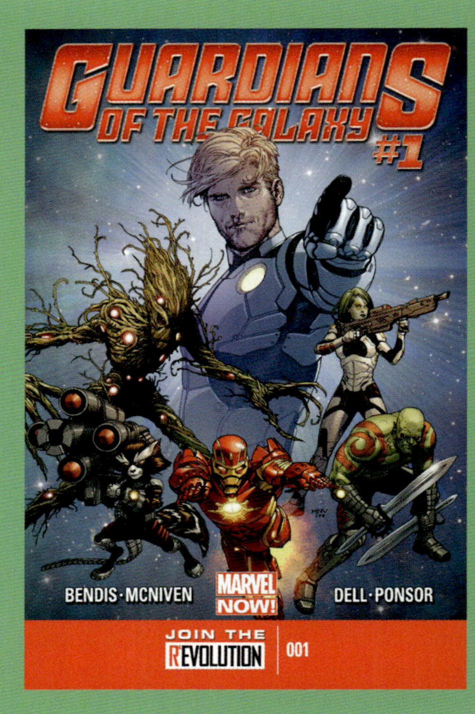

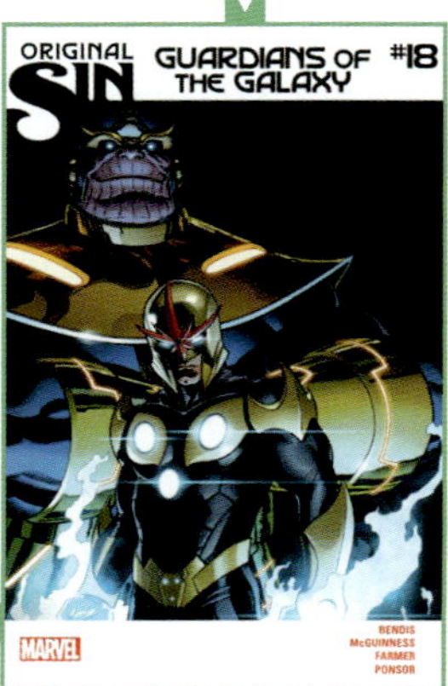

***Guardians of the Galaxy* 18 (2014)**
BRIAN MICHAEL BENDIS
ED McGUINNESS
Das Geheimnis wird gelüftet, wie es Star-Lord und Nova gelang, dem Tod von der Schippe zu springen und dem Cancerverse zu entkommen.

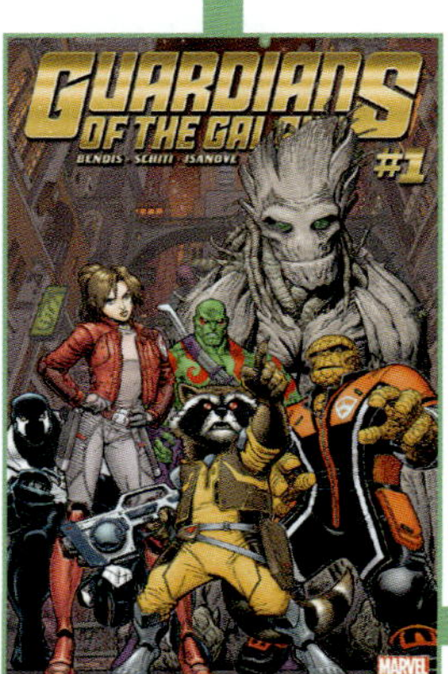

***Guardians of the Galaxy* 1 (2015)**
BRIAN MICHAEL BENDIS
VALERIO SCHITI
*Beim Neustart der Serie gibt es ein neues Team. Rocket, Groot und Drax werden **Agent Venom**, das **Ding** und **Kitty Pryde** zur Seite gestellt.*

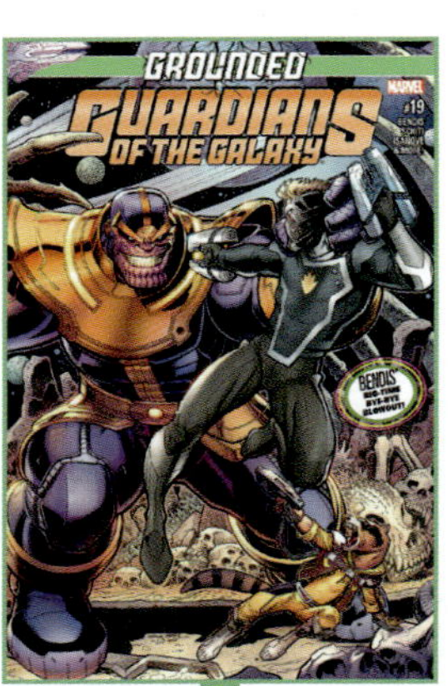

***Guardians of the Galaxy* 19 (2017)**
BRIAN MICHAEL BENDIS
VALERIO SCHITI U. A.
Die Guardians-Ära von Brian Michael Bendis endet mit einem Knall, denn das Team kriegt es mit Thanos zu tun!

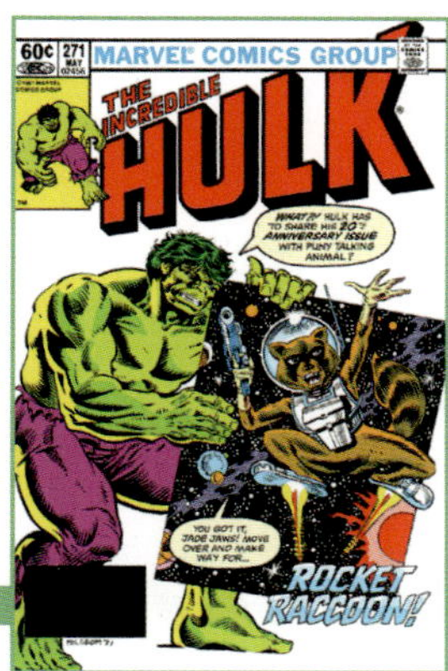

***The Incredible Hulk* 271 (1982)**
BILL MANTLO
SAL BUSCEMA
Rocket Raccoon *taucht erstmals im Marvel-Hauptuniversum auf und bildet ein Team mit* ***Hulk****.*

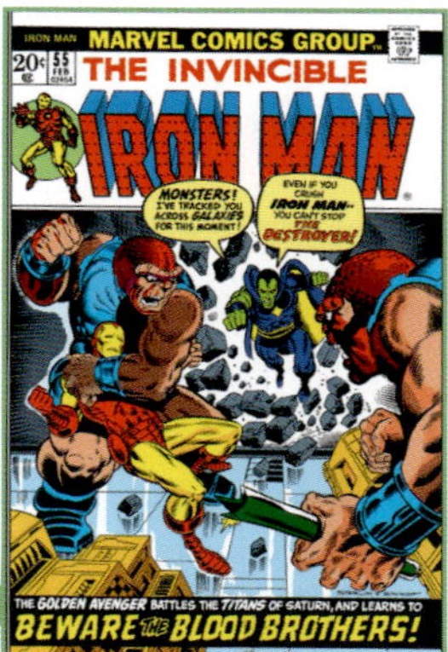

***The Invincible Iron Man* 55 (1973)**
JIM STARLIN
MIKE FRIEDRICH
Drax *der Zerstörer hat seinen ersten Auftritt im Marvel-Universum. Er bittet* ***Iron Man****, die Gefahr, die von den* ***Blood Brothers*** *und ihrem Boss* ***Thanos*** *ausgeht, zu beenden.*

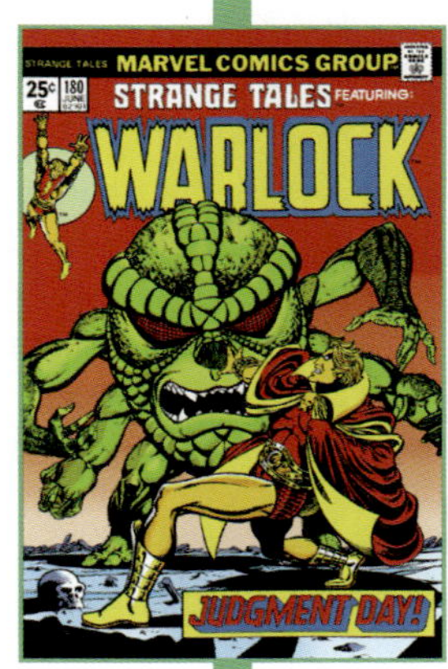

***Strange Tales* 180 (1975)**
JIM STARLIN
Gamoras *Einstand. Sie will sich mit* ***Warlock*** *verbünden, um* ***Magus*** *zu vernichten.*

Die prägende Guardians-Zeit von **Dan Abnett** und **Andy Lanning** endete 2010 mit *The Thanos Imperative* – eine Geschichte, in der **Star-Lord** und **Nova** sich opfern, um die Bedrohung durch das **Cancerverse** zu beenden. Doch etwas mehr als drei Jahre später kehrten die **Guardians of the Galaxy** einmal mehr für ein weiteres hochgeschätztes Werk zurück, bei dem diesmal **Brian Michael Bendis** und **Steve McNiven** das Steuer übernahmen. Das Kreativ-Team sorgte dafür, dass die neue Serie im Herzen des Marvel-Universums angesiedelt war und überdachte die Beziehung der Erde zu außerirdischen Spezies gründlich.

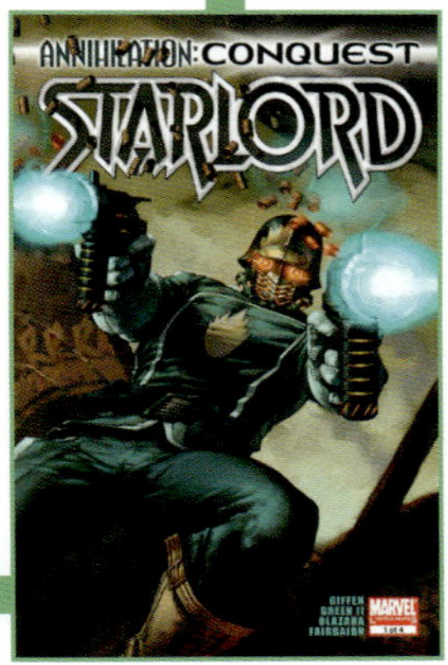

***Annihilation Conquest: Starlord* 1 (2007)**
KEITH GIFFEN
TIMOTHY GREEN II
Bug*,* ***Captain Universe****,* ***Deathcry****,* ***Mantis****, Groot und Rocket Raccoon verbünden sich mit Star-Lord, um die Galaxie gegen die* ***Phalanx*** *zu verteidigen.*

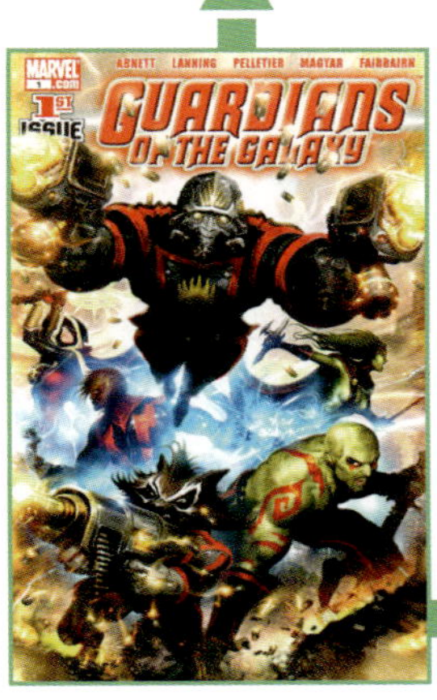

***Guardians of the Galaxy* 1 (2008)**
DAN ABNETT
ANDY LANNING
PAUL PELLETIER
Als Folge des Phalanx-Kriegs taucht ein neues Team kosmischer Helden auf, um intergalaktische Gefahren zu bekämpfen.

Kosmische Epen

Die Wurzeln des modernen **Guardians of the Galaxy**-Teams findet man in den beiden kolossalen kosmischen Crossover-Events *Annihilation* und *Annihilation Conquest*. Beide wurden von **Dan Abnett** und **Andy Lanning** verfasst und bestanden aus einer Hauptserie, die von mehreren Miniserien begleitet wurden. In *Annihilation Conquest: Starlord* tat sich der kosmische Held zum ersten Mal mit **Rocket** und **Groot** zusammen – sowie mit **Mantis**, **Bug**, **Captain Universe** und **Deathcry**. Die Serie wurde von **Timothy Green II** gezeichnet und drehte sich um ein Proto-Guardians of the Galaxy-Team – alles Gefangene der **Kree** –, das ein Himmelfahrtskommando im Stil von *Das dreckige Dutzend* unternimmt, um die **Phalanx** zu stoppen.

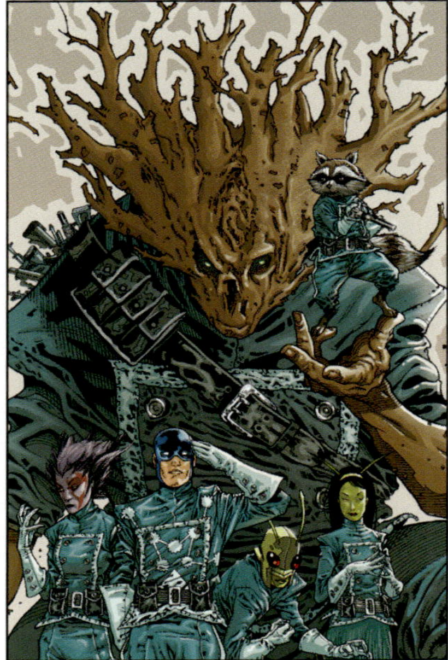

Star-Lords erstes Team ist einsatzbereit! Zeichnung von Timothy Green II.

Der Erfolg der Serie führte dazu, dass Abnett und Lanning eine fortlaufende *Guardians of the Galaxy*-Serie bekamen. In der ersten Geschichte, die von **Paul Pelletier** gezeichnet wurde, lernte das Team **Vance Astro** kennen, ein Mitglied des ersten Guardians of the Galaxy-Teams aus dem 31. Jahrhundert. Er regte sie dazu an, ihrem Team den gleichen Namen zu geben.

Diese Inkarnation der Guardians ging 2010 mit der grandiosen Story *The Thanos Imperative* zu Ende. Sie wurde erneut von Abnett und Lanning verfasst, am Zeichentisch saßen **Miguel Angel Sepulveda** und **Brad Walker**. Der 8-Teiler, in dem der wahnsinnige Titan des Titels und viele andere Marvel-Dauerbrenner zum Einsatz kamen, war ein mehr als angemessener Schluss für die Saga, die 2006 in *Annihilation* begonnen hatte.

In *Guardians* von **Brian Michael Bendis** gab es regelmäßig Gaststars der Helden von der Erde. Ein bemerkenswertes Team-up war ein **X-Men**/Guardians-Crossover-Event: *The Trial of Jean Grey*. Darin wurde **Jean** (eigentlich ihr zeitversetztes jüngeres Ich) für die Verbrechen zur Rechenschaft gezogen, die sie in der Zukunft als **Dark Phoenix** begehen würde. Die Guardians reagierten auf das Notsignal der X-Men, eilten ihr zu Hilfe und kämpften gegen die außerirdischen **Shi'ar**, um die Ungerechtigkeit zu stoppen.

▶ **Steve McNiven** hatte bereits 2005 beim Vierteiler *The Sentry*, der in *New Avengers* lief, mit Brian Michael Bendis zusammengearbeitet. In dieser Geschichte versuchten die größten Helden der Erde, ihrem extrem mächtigen, aber psychisch angeschlagenen Kollegen **Sentry** dabei zu helfen, sein Leben in den Griff zu bekommen, um endlich die Gefahr zu besiegen, die dessen Erzfeind **Void** darstellte.

Väter des Krieges

Trotz des Rückschlags in *Cosmic Avengers* gab **Imperator J'son** den Versuch nicht auf, **Quill** auf seine Seite zu ziehen. Mithilfe seiner eigenen Truppen und diverser Spartoi-Verbündeter wollte er sich um jedes Mitglied der **Guardians** einzeln kümmern. Doch er unterschätzte die Macht von **Captain Marvel**, ihrerseits eine Verbündete des Teams, die Peter vor J'son rettete. Während der Flucht konnte Quill dem ganzen Spartoi-Imperium mitteilen, was für ein herzloser Verbrecher sein Vater in Wirklichkeit war, und das Imperium rebellierte gegen J'son.

In aller Heimlichkeit begann J'son ein intergalaktisches kriminelles Imperium unter dem Decknamen **Mister Knife** aufzuziehen. Er kam erneut mit den Guardians in Konflikt, als er versuchte, ein uraltes Relikt der **Celestials** in die Finger zu bekommen, den schwarzen Vortex. Zu dieser Zeit erfuhr **Star-Lord**, dass Mister Knife in Wahrheit sein Vater ist. Doch ein leichtfertig ausgesuchter Verbündeter – nämlich **Thanos'** Sohn **Thane** – sollte sein Verderben sein. Als J'son und Thane gegen Captain Marvel kämpften, benutzte sie den schwarzen Vortex als Spiegel, um Thanes Kraft zu reflektieren. Daher wurde nicht sie, sondern J'son getroffen und in eine bernsteinähnliche Substanz eingeschlossen. Er wurde schließlich vom **Collector** gefunden, bevor J'son von seiner Tochter – und Quills Halbschwester – **Victoria** geborgen und zurück auf ihre Heimatwelt gebracht wurde.

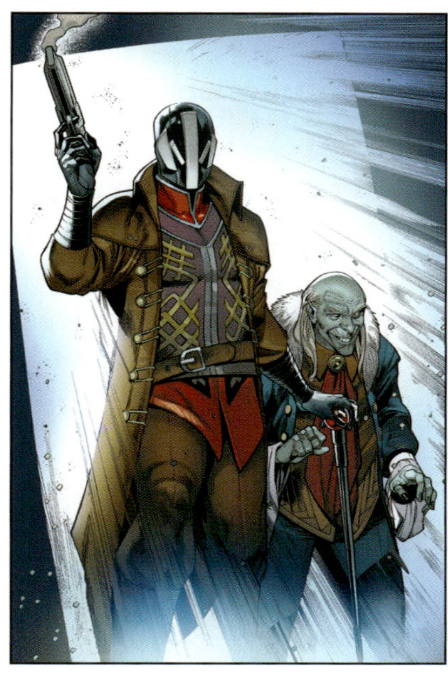

J'son legt einen spektakulären Auftritt als Mister Knife hin. Zeichnung von **Paco Medina**.

Die reptilartigen **Badoon** tauchten erstmals 1968 in *Silver Surfer* 2 auf. Und seitdem sind sie für viele Marvel-Helden ein Stachel im Fleisch. Durch ihre Gesellschaft läuft eine harte Geschlechtergrenze. Die Schwesternschaft der Badoon ist friedliebend, während die Bruderschaft der Badoon aus hochaggressiven Kriegern besteht, die im Krieg aufblühen. Obwohl sie als unwichtige Spezies gelten, haben die Badoon in der alternativen Zukunft, aus der die ursprünglichen Guardians of the Galaxy stammen, das Sonnensystem erobert. In der Schlacht verwenden die Badoon große, muskulöse Cyborg-Geschöpfe, die Monster der Badoon genannt werden. Außerdem sind sie bekannt dafür, ihre Reihen mit getöteten Feinden aufzufüllen, die sie in kybernetisch aufgemotzte Zombies verwandelt haben, sogenannte „Zoms".

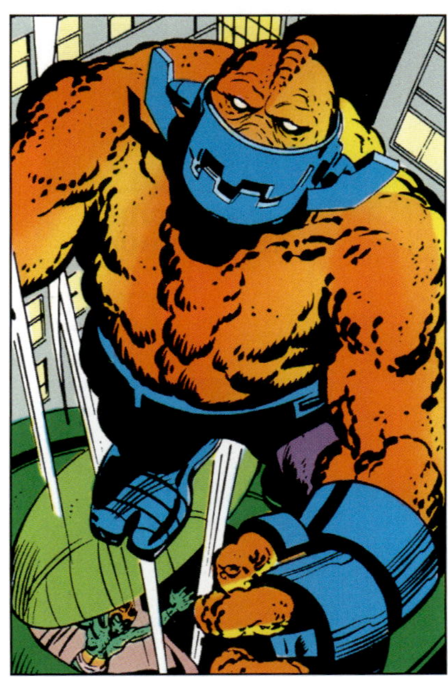

Die furchterregenden Monster der Badoon sind für alle Helden eine Gefahr! Zeichnung von **John Buscema**.

WEITERE MUST-HAVE-TITEL

BEREITS ERHÄLTLICH

CIVIL WAR
AVENGERS: HELDENFALL
SPIDER-MAN: SPIDER-VERSE
WOLVERINE: OLD MAN LOGAN
DEADPOOL KILLT DAS MARVEL-UNIVERSUM
THANOS: DIE GEBURT EINES MONSTERS
DAREDEVIL: DER MANN OHNE FURCHT
MILES MORALES: ULTIMATE SPIDER-MAN
MS. MARVEL: META-MORPHOSE
DER TOD VON WOLVERINE
INFINITY GAUNTLET: DIE EWIGE FEHDE
PLANET HULK
X-MEN: DIE DARK PHOENIX SAGA
VENOM: DARK ORIGIN
IRON MAN: EXTREMIS
FANTASTIC FOUR – 4
PUNISHER: FRANK IST ZURÜCK!
MARVEL KNIGHTS SPIDER-MAN
BLACK PANTHER: WER IST BLACK PANTHER?
X-MEN: EIN NEUER ANFANG
FANTASTIC FOUR: ALLES GELÖST?!
SPIDER-MAN: HEIMKEHR
CAPTAIN AMERICA: WINTER SOLDIER
ASTONISHING X-MEN: BEGABT
SPIDER-MAN: KRAVENS LETZTE JAGD
HOUSE OF M
DEADPOOL: WEIBER, WUMMEN UND WADE WILSON
AVENGERS: AUSBRUCH
ULTIMATE SPIDER-MAN: LEKTIONEN FÜRS LEBEN
DER TOD VON CAPTAIN AMERICA
ANNIHILATION
MARVELS

JETZT ERHÄLTLICH

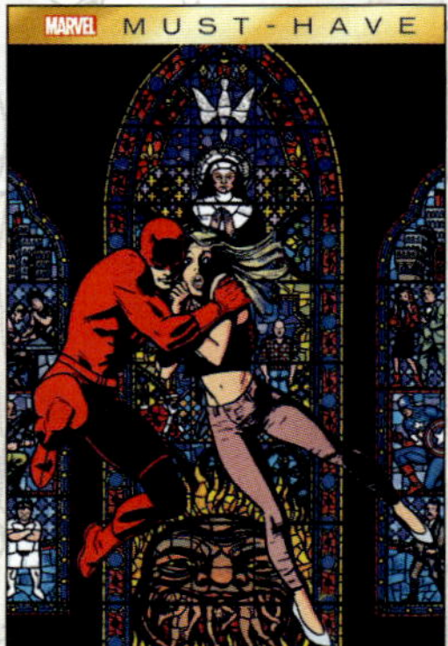

DAREDEVIL: AUFERSTEHUNG

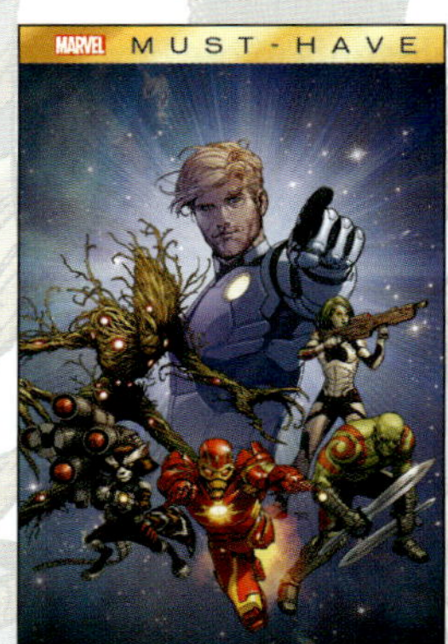

GUARDIANS OF THE GALAXY: SPACE-AVENGERS

DEMNÄCHST

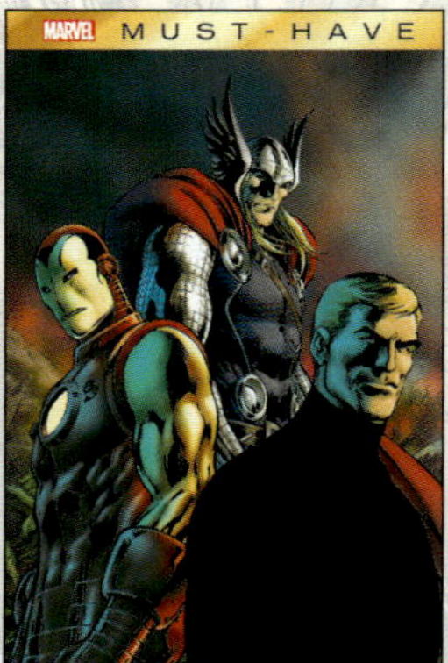

AVENGERS PRIME

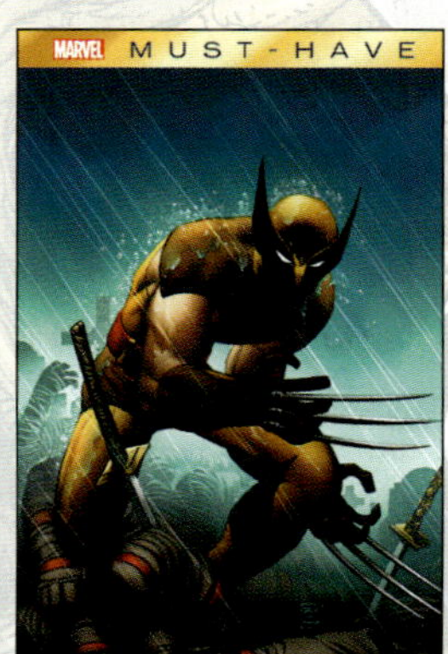

WOLVERINE: STAATSFEIND